Der Schutz von Unternehmensgeheimnissen im Öffentlichen Recht

STUDIEN UND MATERIALIEN ZUM ÖFFENTLICHEN RECHT

Herausgegeben von Herbert Bethge

Band 34

PETER LANG

Frankfurt am Main · Berlin · Bern · Bruxelles · New York · Oxford · Wien

Torben Frank

Der Schutz von Unternehmensgeheimnissen im Öffentlichen Recht

PETER LANG
Internationaler Verlag der Wissenschaften

Bibliografische Information der Deutschen Nationalbibliothek
Die Deutsche Nationalbibliothek verzeichnet diese Publikation in der Deutschen Nationalbibliografie; detaillierte bibliografische Daten sind im Internet über <http://www.d-nb.de> abrufbar.

Zugl.: Freiburg (Breisgau), Univ., Diss., 2008

D 25
ISSN 1433-1500
ISBN 978-3-631-58532-0

www.peterlang.de

Ein Geheimnis war ihm aufgeladen, ein Besitz,
rechtmäßig oder unrechtmäßig? sicher oder unsicher?

J. W. v. Goethe
Wilhelm Meisters Wanderjahre,
1. Buch, 4. Kap.

Es ist nichts verborgen, was nicht offenbar wird
und nichts geheim, was man nicht wissen wird.

Matthäus 10.26

Vorwort

Die vorliegende Arbeit wurde von der Rechtswissenschaftlichen Fakultät der Albert-Ludwigs-Universität Freiburg i. Br. als Dissertation angenommen; sie ist für die Veröffentlichung aktualisiert worden und befindet sich auf dem Stand von August 2008.

Eine solche Arbeit entsteht, auch wenn nur der Autor für sie verantwortlich zeichnet, nicht allein, sondern mit Hilfe der Unterstützung und des Zuspruchs vieler.
Herzlicher Dank gebührt daher vor allem meinem Doktorvater Professor Dr. Andreas Voßkuhle, der nicht nur die Arbeit gefördert und ihr auf dem nicht immer einfachen Weg zur Vollendung verholfen, sondern es darüber hinaus verstanden hat, meine Freiburger Zeit entscheidend zu prägen und eine die engen Fachgrenzen überschreitende Neugier in einem einzigartigen Lehrstuhlumfeld unter besten Bedingungen zu wecken und zu nähren.
Danken möchte ich auch Herrn Professor Dr. Maximilian Haedicke für die zügige Erstellung des Zweitgutachtens sowie die hilfreichen Anregungen zur Abrundung der Arbeit. Herrn Professor Dr. Herbert Bethge danke ich für die Aufnahme der Arbeit in seine Schriftenreihe.
Ebenfalls nicht unerwähnt bleiben dürfen sämtliche, auch ehemalige Mitarbeiterinnen und Mitarbeiter des Instituts für Staatswissenschaft und Rechtsphilosophie, die eine einmalig fruchtbare, freundliche und weltzugewandte Atmosphäre zu schaffen wussten. Insbesondere danke ich für ihre stete Aufmunterung, Begleitung und Ermahnung Dr. Anna-Bettina Kaiser, LL.M., Felix Hornfischer, Professor Dr. Franz Reimer, Ina Klingele und Markus Jerxsen sowie für anregende Gespräche und Ratschläge dem zeitweilig kooptierten Lehrstuhlmitglied Frau Priv.-Doz. Dr. Indra Spiecker genannt Döhmann.
Die schwere Last des Korrekturlesens haben Constanze Boeck, Markus Jerxsen und Stephan Paulini auf sich genommen. Hierfür sei ihnen herzlich gedankt.
Besonderer Dank für alle Unterstützung und Ermutigung, die ich schon lange vor Beginn der Arbeit von ihnen erfahren habe und noch darüber hinaus erfahren werde, gebührt meinen Eltern. Ihnen ist diese Arbeit gewidmet.

Hamburg, im September 2008

Der Autor

Inhaltsverzeichnis

Abkürzungsverzeichnis

Abl.	Amtsblatt
AIG-Bbg	Akteneinsichts- und Informationszugangsgesetz Brandenburg
Am. Econ. Rev.	American Economic Review
AnlBV	Verordnung über das Anlaufen der inneren Gewässer der Bundesrepublik Deutschland aus Seegebieten seewärts der Grenze des deutschen Küstenmeeres und das Auslaufen
AöR	Archiv des öffentlichen Rechts, Zeitschrift
ArchKrim	Archiv für Kriminologie, Zeitschrift
AtVfV	Atomrechtliche Verfahrensverordnung
Berk. Tech. L. J.	Berkeley Technology Law Journal
BFH	Bundesfinanzhof
BGH	Bundesgerichtshof
BKartA	Bundeskartellamt
BNetzA	Bundesnetzagentur für Elektrizität, Gas, Telekommunikation, Post und Eisenbahnen
BVerfG	Bundesverfassungsgericht
BVerwG	Bundesverwaltungsgericht
CR	Computer und Recht, Zeitschrift
DBA	Doppelbesteuerungsabkommen
DJT	Deutscher Juristentag
DSWR	Datenverarbeitung, Steuer, Wirtschaft, Recht, Zeitschrift für die Praxis der EDV
DuD	Datenschutz und Datensicherheit, Zeitschrift
Duke L. & Tech. Rev.	Duke Law & Technology Review
DV	Die Verwaltung, Zeitschrift für Verwaltungsrecht und Verwaltungswissenschaften
DVR	Datenverarbeitung im Recht, Zeitschrift
ECLR	European Competition Law Review
EnWG	Energiewirtschaftsgesetz
EuG	Europäisches Gericht erster Instanz
EuGH	Europäischer Gerichtshof
EurUP	Zeitschrift für europäisches Umwelt- und Planungsrecht
EuZW	Europäische Zeitschrift für Wirtschaftsrecht
FG	Freundesgabe
FOIA	Freedom of Information Act, Bundesgesetz USA
Ga. L. Rev.	Georgia Law Review

GemEPlBBBEV-BB	Verordnung über den gemeinsamen Landesentwicklungsplan für den engeren Verflechtungsraum Brandenburg-Berlin
GenTG	Gentechnikgesetz
IAS	International Accounting Standard, Bilanzierungsvorschrift
i.d.F.	in der Fassung
IDW	Institut der Wirtschaftsprüfer
IFG	Informationsfreiheitsgesetz, Bundesgesetz
IFG M-V	Informationsfreiheitsgesetz Mecklenburg-Vorpommern
IFG NRW	Informationsfreiheitsgesetz Nordrhein-Westfalen
IFG SH	Informationsfreiheitsgesetz Schleswig-Holstein
IFS	Satzung zur Regelung des Zugangs zu Informationen des eigenen Wirkungskreises der Stadt Passau
Int. J. L. & Inf. Tech.	International Journal of Law & Information Technology
iur	Information und Recht, Zeitschrift
J. L. Stud.	Journal of Legal Studies
JMStV	Staatsvertrag über den Schutz der Menschenwürde und den Jugendschutz in Rundfunk und Telemedien
J. Pol. Econ.	Journal of Political Economy
K&R	Kommunikation & Recht, Zeitschrift
Marq. Intell. Prop. L. Rev.	Marquette Intellectual Property Law Review
MFG-SH	Mittelstandsförderungs- und Vergabegesetz Schleswig-Holstein
MuW	Markenschutz und Wettbewerb, Zeitschrift
N&R	Netzwirtschaft und Recht, Zeitschrift
OLG	Oberlandesgericht
OVG	Oberverwaltungsgericht
PrALR	Preußisches Allgemeines Landrecht
PUAG	Gesetz zur Regelung des Rechts der Untersuchungsausschüsse des Deutschen Bundestages
PublG	Gesetz über die Rechnungslegung von bestimmten Unternehmen und Konzernen (Publizitätsgesetz)
Quart. J. Econ.	Quarterly Journal of Economics
RdE	Recht der Energiewirtschaft, Zeitschrift
RIW	Recht der Internationalen Wirtschaft, Zeitschrift

RL	Richtlinie (EG)
RStV	Rundfunkstaatsvertrag
Saarl.	Saarland
SeeSchStrO	Seeschifffahrtsstraßenordnung
SIFG	Informationsfreiheitsgesetz des Saarlandes
SJZ	Schweizerische Juristenzeitung
StromNZV	Verordnung über den Zugang zu Elektrizitätsversorgungsnetzen
TEntgV	Telekommunikations-Entgeltregulierungsverordnung
TKG	Telekommunikationsgesetz
TMG	Telemediengesetz
TRIPS	Agreement on Trade-Related Aspects of Intellectual Property Rights
UCLA J. L. & Tech.	University of California Journal of Law & Technology
UIG	Umweltinformationsgesetz, Bundesgesetz
VerfO	Verfahrensordnung
VG	Verwaltungsgericht
VGH	Verwaltungsgerichtshof
VIG	Verbraucherinformationsgesetz, Bundesgesetz
VIG Bln.	Gesetz zur Information der Verbraucherinnen und Verbraucher im Lebensmittelverkehr im Land Berlin
VO	Verordnung (EG)
VSchDG	EG-Verbraucherschutzdurchsetzungsgesetz
VVDStRL	Veröffentlichungen der Vereinigung der Deutschen Staatsrechtslehrer
WM	Wertpapier-Mitteilungen, Zeitschrift für Wirtschafts- und Bankrecht
WuW	Wirtschaft und Wettbewerb, Zeitschrift für deutsches und europäisches Wettbewerbsrecht
Z. f. gewerbl. Rs.	Zeitschrift für gewerblichen Rechtsschutz
ZWeR	Zeitschrift für Wettbewerbsrecht

A. Einleitung

Einhergehend mit der steigenden Bedeutung von Information als „Rohstoff", „Steuerungsressource" und zentrale Handlungsvoraussetzung für Staat, Wirtschaft und auch den einzelnen Bürger wächst die Aufmerksamkeit für den Umgang mit Information erheblich an. Gleichzeitig verändert sich die Art des Umgangs aufgrund technischen Fortschritts, damit einhergehender rechtlicher Umwälzungen und des Wandels gesellschaftlicher Auffassungen über Information: Einerseits soll Information in einem höheren Maße frei verfügbar, Informationszugang in möglichst weitem Umfang gewährleistet sein. Dies betrifft zum einen Informationen des Staates bzw. solche, die beim Staat vorhanden sind; darüber hinaus aber auch die Informationen, die einem Unternehmen oder sonstigem Privaten zugeordnet werden. Exklusive, geheime Sphären in Staat, Wirtschaft und Gesellschaft werden hierdurch zugunsten von *access*[1] und *free flow of information* abgebaut.

Andererseits wird als direkte Gegenbewegung hierzu versucht, private und geheime Bereiche in neuartigen Gefährdungskonstellationen abzusichern. Bisherige Regelungen scheinen nicht mehr auszureichen, in einem veränderten Informationsumfeld den notwendigen Schutz zu bieten.[2] In Ergänzung dazu wird versucht, nicht geheim zu haltende Informationen und Daten durch die Erweiterung von Schutzrechten der Allgemeinverfügbarkeit zu entziehen.

Mitten in diesem Spannungsfeld von Offenheit und Geheimhaltung[3] als dem Kernthema der Hyperdebatte über Information und die Informationsgesellschaft

---

1 Vgl. die Begriffsprägung von *J. Rifkin*, Access, S. 9 ff. Seiner Grundthese nach ist die entscheidende Ressource der Zukunft Zugang zu Informationen anstelle von Sacheigentum: „Konzepte, Ideen und Vorstellungen [...] sind in der neuen Ökonomie von Wert." (a.a.O., S. 11). Ganz ähnlich auch *P. E. Geller*, Auflösung, GRURInt 2006, S. 273 ff., der in der Zukunft Vergütungen für Informationsfluss als Eigentumsersatz prognostiziert.

2 So etwa *G. Sydow*, Staatliche Verantwortung, DV 38 (2005), S. 35 (35, 38).

3 Auf das etwa auch *M. Kloepfer*, Öffentliche Verwaltung, in: ders. (Hrsg.), Transparente Verwaltung, S. 9 (30) hinweist: „Die Informationsgesellschaft und ihre öffentliche Verwaltung stehen zwischen den Polen des freien Informationsflusses einerseits und den schützenden Informationsrestriktionen andererseits. Zwischen ihnen bestehen Spannungen, aber auch Funktionsverschränkungen."; für *H. P. Bull*, Was ist Informationsrecht?, iur 1986, S. 287 (291) ist „grundlegende[r] Interessenkonflikt, der in zahlreichen Konstellationen durchscheint, [...] der zwischen Geheimhaltung (Vertraulichkeit, Abschirmung, Nichtweitergabe) und Veröffentlichung (Offenheit, freie Benutzbarkeit, freier Zugang)."; ganz ähnlich auch *J. Brossette*, Wert der Wahrheit, S. 24, *P. Gola*, Neues BDSG, NJW 1993, S. 3109 (3111), *H.-U. Gallwas*, Konflikt, NJW 1992, S. 2785 ff., *W. Egloff*, Information, DVR 7 (1978), S. 115 (126, 139), *F. Schoch*, Informationszugangsfreiheit, in: Liber amicorum H.-U. Erichsen, S. 247 (260), *A. Roßnagel*, Konflikte, MMR 2007, S. 16 ff. und *B. Buchner*, Informationelle Selbstbestimmung, S. 80 ff. Für den Bereich des Amtsgeheimnisses *U. Battis*, BBG, § 61 Rn. 5.

ist auch die Frage nach Gefährdung und Schutz von Unternehmensgeheimnissen[4] angesiedelt.
Unternehmen nämlich müssen auf verschiedenen Ebenen und in unzähligen Zusammenhängen mit ihren Informationen umgehen, müssen sie weitergeben oder veröffentlichen, versuchen aber gleichzeitig, diese möglichst weitgehend geheim zu halten.
Obwohl diese geheimen unternehmerischen Informationen sich zumeist diesseits eines besonderen Schutzes durch Ausschließlichkeitsrechte wie Urheberrecht und Patent befinden, sind sie dennoch nicht rechtlich schutzlos gestellt, sondern durch zahlreiche Geheimnisschutznormen in allen Teilrechtsordnungen abgesichert.[5] Als betriebliche, nur einem begrenzten Personenkreis vorbehaltene Tatsache ist das unternehmerische Geheimnis aber lediglich gegen unbefugte Offenbarung und Verwertung gefeit, nicht aber ist die Information dem Unternehmen umfassend zugeordnet. Im einzelnen ergibt sich der Umfang seines Schutzes aus abwägenden Bewertungen der konträren Interessen, so dass die genaue Reichweite unklar und nicht abstrakt zu definieren ist, zumal sich bereits aus den jeweiligen rechtlichen Kontexten unterschiedliche Interessen und Schutzniveaus ergeben. Gerade im Öffentlichen Recht stehen diese geheimnisschützenden Normen noch unverbunden nebeneinander und sind nicht in einem dogmatischen Rahmen zusammengefasst. Diese fehlende konzeptionelle Verknüpfung und die seiner wirtschaftlichen Bedeutung nicht angemessene Ausgestaltung[6] rühren auch daher, dass Unternehmensgeheimnisse ihre Schutzgehalte aus einer unübersichtlichen Gemengelage verschiedener Grundrechte beziehen. Denn anders als bei Privatpersonen lassen sich Rechte eines Unternehmens an seinen Informationen nicht (nur) auf den Persönlichkeitsrechtsschutz, sondern auch auf Berufs- und Wettbewerbsfreiheit (Art. 12 Abs. 1 GG) sowie das Eigentumsgrundrecht (Art. 14 Abs. 1 GG) stützen.
Die weitgehend ungelöste Frage nach den grundrechtlichen Schutzgehalten eines Unternehmensgeheimnisses begründet auch seinen unklaren Stellenwert in Abwägungskonstellationen, der zu Schutzdisparitäten dadurch führt, dass der Belang

---

4 Die Begrifflichkeiten sind unterschiedlich; in den meisten Normen ist von Geschäfts- und Betriebsgeheimnissen die Rede. Zusammenfassend bietet sich der Begriff „Unternehmensgeheimnis“ an; ausführlicher zur Begriffsbildung und -differenzierung unter C. (S. 36 ff.).

5 Exemplarisch für das Öffentliche Recht § 6 S. 2 IFG, für das Privatrecht § 90 HGB, für das Strafrecht §§ 17 UWG, 203 StGB; hinzu kommt der Schutz in den jeweiligen Verfahrensordnungen.

6 Dies konstatieren auch *T. Hoeren*, Internet, NJW 1998, S. 2849 (2849), *K. Tiedemann*, Rechtsnatur, in: FS E. v. Caemmerer, S. 643 (644), der sogar allgemeiner von einem „bemerkenswerten Defizit an rechtlicher Bewältigung“ spricht, und *C. Gusy*, Informationsbeziehungen, in: W. Hoffmann-Riem/E. Schmidt-Aßmann/A. Voßkuhle (Hrsg.), GVwR II, § 23 Rn. 103, dort Fn. 409; ähnlich auch *J. Taeger*, Offenbarung, S. 20 und *M. Schröder*, Geheimhaltungsschutz, S. 7.

des Geheimnisschutzes jeweils unterschiedlich gewichtet wird, weil es an einheitlichen abwägungsleitenden Vorgaben und handhabbaren Gewährleistungsinhalten mangelt.[7] Eine Interessenabwägung ist aber überhaupt nur dann sinnvoll zu leisten, wenn sich die entgegenstehenden Informationsinteressen identifizieren und gewichten lassen.[8] Insbesondere verhindert der ungeklärte Gewährleistungsgehalt von Unternehmensgeheimnissen, ihre Schutzwürdigkeit an den möglichen *Inhalten* von Unternehmensgeheimnissen zu orientieren und mit entsprechend abgestuftem Gewicht in die komplexen Abwägungen in öffentlich-rechtlichen Zusammenhängen einzubringen.

In jedem Fall ist der Schutz von Unternehmensgeheimnissen seiner zivilistischen Herkunft gemäß[9] gegen den Wettbewerber und seine Kenntnisnahme gerichtet und besteht daher zunächst als subjektives Privatrecht[10]. In öffentlich-rechtlichen Kontexten aber ist der Geheimnisschutz entsprechend als subjektiv-öffentliches Recht[11] auszugestalten, welches dem Unternehmen Schutz davor gewähren soll, dass durch staatliches Handeln ein Wettbewerber Zugang erhält. Beide Rechtsstellungen gleichen sich aber darin, dass jeweils der Informationsfluss zum Wettbewerber die Eingriffshandlung darstellt. Überdies nähern sich diese einander in veränderten staatlichen Rahmenbedingungen, die sich vorerst mit dem Schlagwort des Gewährleistungsstaats[12] beschreiben lassen, weiter an: Werden Private an der Durchsetzung öffentlicher Interessen beteiligt, vermischen sich in ihren Einsichtsbegehren private und öffentliche Begründungen für die Einsicht und entsprechend auch die Maßstäbe zur Bewertung des Einsichtsbegehrens.[13]

---

7 Diese Feststellung gilt umso mehr für den Bereich des internationalen Verwaltungsrechts, *E. Schmidt-Aßmann*, Herausforderung, Der Staat 45 (2006), S. 315 (333).

8 So *M. Albers*, Informationen und Daten, in: W. Hoffmann-Riem/E. Schmidt-Aßmann/ A. Voßkuhle (Hrsg.), GVwR II, § 22 Rn. 96.

9 Ähnlich auch *J. N. Druey*, Information, S. 373, nach dem der Geheimnisschutz als „Sonderrecht zwischen Konkurrenten" entstanden sei. Diese zivilistische Sichtweise des lauterkeits- und deliktsrechtlichen Schutzes hat sich aber erst nach langer Zeit ausschließlich strafrechtlicher Normierung herausgebildet (vgl. hierzu C.II.7. [S. 49 ff.]) und wird weiterhin strafrechtlich flankiert.

10 Zur Frage nach der Rechtsnatur des Geheimnisses *K. Tiedemann*, Rechtsnatur, in: FS E. v. Caemmerer, S. 643 (648). Näher hierzu unter C.V. (S. 62 ff.).

11 Zum grundlegenden Unterschied zwischen privaten und öffentlichen subjektiven Rechten *J. Masing*, Rechtsstatus, in: W. Hoffmann-Riem/E. Schmidt-Aßmann/A. Voßkuhle (Hrsg.), GVwR I, § 7 Rn. 99.

12 Zusammenfassend hierzu etwa *R. Martins*, Grundrechtsdogmatik, DÖV 2007, S. 456 (457 f.) und *K.-H. Ladeur/T. Gostomzyk*, Gewährleistungsstaat, DV 36 (2003), S. 141 (150 ff.).

13 Durch die mangelnde Koordinierung beider Teilrechtsordnungen kann es zu Schutzungleichgewichten kommen. Auch lässt sich gerade im Informationsbereich eine klare Grenze zwischen Staat und Gesellschaft nicht ausmachen (vgl. *M. Albers*, Informationelle Selbstbestimmung, S. 148); eine Schutzkoordinierung scheint daher umso mehr geboten. Dies stellt keine Forderung nach einem komplett gemeinrechtlichen Geheimnis-

Dieses hierdurch nunmehr besonders „komplexe[s] Mischungsverhältnis von Offenheit und Geschlossenheit“[14] zeigt sich vor allem im Bereich des Rechts der Regulierungsverwaltung als einem Referenzgebiet, in dem unternehmerische Informationen einer Behörde offenbart werden (müssen), dabei aber gleichzeitig Wettbewerber als Verfahrensbeteiligte Einblick erhalten können. Deren Rolle changiert zwischen der des materiell Drittbetroffenen einerseits und der einer Rechtsdurchsetzungsinstanz andererseits und vereinigt in sich Informationsbegehren in Form privater Einsichtsanreize zur Erlangung von Wettbewerbsvorteilen sowie privater und öffentlicher Rechtsdurchsetzungsinteressen in abwechselnden, ungeklärten Anteilen. Gerade auch deshalb besteht hier erhebliche Unsicherheit darüber, ob und wie die Informationen des Unternehmens in komplexen, multipolaren Abwägungen als Geschäftsgeheimnisse zu bewerten und zu schützen sind.[15] Spätestens diese Motiv- und Interessenkonfusion macht es notwendig, das Phänomen des Unternehmensgeheimnisses näher zu betrachten und aus der Perspektive des Schutzguts Abwägungsleitlinien zu extrahieren.

Hierbei ist vor allem die – als ein Anzeichen der informationsgesellschaftlichen *access*-Kultur – allgemein erhöhte Permeabilität zwischen Staat und Privaten zu

---

schutzrecht dar, sondern es sollen beide angesichts der Konvergenzbewegungen der beiden großen Rechtsgebiete sowie der verfassungsrechtlichen Prägung beider (zu beidem *H. de Wall*, Anwendbarkeit privatrechtlicher Vorschriften, S. 37 ff., insb. 42) aufeinander abgestimmt werden. Deutlich wird dadurch, dass diese mit Information verknüpften Problemlagen sich einer Eingliederung in Rechtsbereiche widersetzen, vgl. *E. Schmidt-Aßmann*, Funktionen, in: W. Hoffmann-Riem/ders. (Hrsg.), Wechselseitige Auffangordnungen, S. 7 (8), und daher nur in einer Querschnittsbetrachtung angemessen abgeschichtet werden können.

14 *M. Jestaedt*, Geheimnis, AöR 126 (2001), S. 204 (205).

15 Vgl. hierzu nur die Vorgeschichte zum Beschluss des BVerfGE 115, S. 205 ff. mit ihren sehr unterschiedlichen Auffassungen über den Stellenwert des Geschäftsgeheimnisses: So formuliert das BVerwG, K&R 2004, S. 95 (98): „[D]ie Einschränkung ist [...] nicht unverhältnismäßig, wenn und soweit die Preisgabe der Betriebs- oder Geschäftsgeheimnisse keine nachhaltigen oder gar existentiellen Nachteile besorgen lässt.“; anders hingegen OVG NRW, juris, 13a D 18/02 v. 9.7.2002, Umdruck S. 3: „Der Senat [...] hält daran fest, dass der Anspruch eines Beteiligten eines Verwaltungsverfahrens auf Wahrung seiner Betriebs- und Geschäftsgeheimnisse durch die Behörde aus § 30 VwVfG ein Recht mit Offenbarungsvorbehalt darstellt, das nur zurücktritt bei vom Geheimnisschutzinhaber oder vom Gesetz eingeräumter Offenbarungsbefugnis oder bei einem Überwiegen des dem Interesse des Geheimnisschutzinhabers widerstreitenden Offenbarungsinteresses der Allgemeinheit oder schutzberechtigter Dritter.“ Ausführlicher hierzu unter D.II.2.d) (S. 90 ff.). Entsprechend diagnostiziert *A. Voßkuhle*, Wandel, in: W. Hoffmann-Riem/E. Schmidt-Aßmann (Hrsg.), VerwR in der Informationsgesellschaft, S. 349 (362) in diesem Bereich zahlreiche Informationskonfliktfelder und als Folge eine „ungemein komplexe Regelungssituation“. *R. Lukes/K. Vieweg/E. Hauck*, Schutz von Geschäfts- und Betriebsgeheimnissen, S. 24 halten denn auch den Informationsinteressenausgleich für „das im Zusammenhang mit dem Geheimnisschutz wohl aktuellste und gravierendste Problem“.

berücksichtigen, die Informationen zwischen beiden Sektoren leichter diffundieren lassen[16] und Unternehmensgeheimnisse zusätzlich gefährden. Steigt gleichzeitig der Informationsbedarf des Staates stetig an,[17] so scheint ein hierauf reagierender, verstärkter Geheimnisschutz unabdingbar. Die Art, Reichweite und Ausgestaltung eines Schutzkonzepts ergeben sich damit aber nicht zwanglos und eindeutig, sondern müssen in einem schwierigen Austarierungsprozess zwischen den komplementären Informationsinteressen herausgearbeitet werden.
Insbesondere ist hierbei auch die Wechselbezüglichkeit zwischen staatlicher Informationsanforderung und staatlicher Geheimnisoffenbarung an Wettbewerber in die Betrachtung einzubeziehen.[18] Die Pflicht von Unternehmen zur Weitergabe von Informationen an den Staat korrespondiert mit der Zusicherung, dass diese beim Staat verbleiben. Dieses Gleichgewicht wird gestört, wenn Informationen vom Staat doch an private Wettbewerber fließen; es verstärkt im Nachhinein die Eingriffswirkung der Informationspflicht.
Ziel dieser Untersuchung ist es also, die Grundlagen eines nach Inhalten abgestuften Schutzkonzepts zu entwickeln und dabei zusätzlich beide Teilrechtsordnungen zu koordinieren,[19] um Schutzdisparitäten und hieraus resultierende Fehlanreize zu minimieren. Weil etwa im Regulierungsverwaltungsrecht der kontradiktorische Charakter des Verfahrens zwischen den Wettbewerbern (weiter) zunehmen soll, darf nicht privatrechtlich untersagte Informationserlangung vom Wettbewerber über den Umweg des Öffentlichen Rechts ermöglicht werden.[20]

---

16 *H.-H. Trute*, Schutz, JZ 1998, S. 822 (823).

17 Im einzelnen *K. Stohrer*, Informationspflichten Privater, S. 116 ff.

18 Im Gegensatz zum Schutzkonzept für personenbezogene Daten, das laut *M. Kloepfer*, Gutachten, in: Verhandl. des 62. DJT, S. D 1 (82) und *H. P. Bull*, Datenschutz, in: H. Hohmann (Hrsg.), Freiheitssicherung durch Datenschutz, S. 173 (199) an zu großer Staatsgerichtetheit krankt, ist der Schutz unternehmerischer Geheimnisse auf den privaten Wettbewerber fixiert.

19 Zwar ist die Situation noch anders als im Datenschutzrecht, wo eine Trennung zwischen öffentlichem und nichtöffentlichem Regelungsbereich nicht aufrechterhalten werden kann aufgrund der vergleichbaren Risiken und ähnlicher Eingriffsintensität für den Betroffenen (*A. Roßnagel/A. Pfitzmann/H. Garstka*, Gutachten, S. 44 und 48 f.). Zur Notwendigkeit aus der Netzwerkperspektive, die Abwehrfunktion subjektiv-öffentlicher Rechte auszuweiten für ein nunmehr azentrische Gesellschaft *T. Vesting*, Subjektive Freiheitsrechte, DV Beiheft 4/2001, S. 21 (36 ff.).

20 Dies stellt insofern eine „Privatisierung“ des Öffentlichen Rechts dar, als dass die Privatautonomien der Wettbewerber zueinander in Ausgleich gebracht werden müssen. Hinzu kommt aber Gemeinwohlinteressen an der Rechtsdurchsetzung, für die Einsicht des Wettbewerbers erforderlich sein kann, vgl. hierzu *K.-H. Ladeur*, Privatisierung, in: W. Hoffmann-Riem/E. Schmidt-Aßmann (Hrsg.), VerwR in der Informationsgesellschaft, S. 225 (225 f.). Auch *J. Petersen/F. Schoch*, Einführung, Jura 2005, S. 681 (685) weisen auf die „Vernetzungen“ zwischen beiden Teilrechtsordnungen hin. Da der informationsrechtliche Ansatz eine Querschnittsdisziplin darstellt (*M. Kloepfer*, Informationsrecht, § 1 Rn. 67),

Insbesondere auch ein Übermaß an Schutz für Unternehmensgeheimnisse gegenüber privaten Akteuren hätte eine grundlegende Grenzverschiebung zulasten der Nutzung von nicht durch Ausschließlichkeitsrechte geschützter und damit eigentlich gemeinfreier Information durch Wettbewerber und damit des Wettbewerbs als Institution zur Folge. Gerade weil sich aber staatliche Informationsanforderungen, die die Handlungsbasis des Staates absichern,[21] nur schwierig beschränken lassen,[22] um die Regulierungsmöglichkeiten des Staates sowie seine Entscheidungs- und Handlungsbasis nicht zu verschmälern und damit seine Aufgabenerfüllung zu behindern, ist andererseits eben an der Kenntnisnahmebeschränkung von Wettbewerbern anzusetzen – zumal eine völlige Offenle-gung von marktrelevanten Informationen für Wettbewerber zu einer Verschlechterung des Wettbewerbs führten.[23]
Angesichts der Folgenambivalenz von Geheimhaltung unternehmerischer Informationen lässt sich zwischen den beiden Extremen der totalen Zugänglichkeit und Verschlossenheit unternehmerischer Informationen lediglich ein Korridor möglicher richtiger „Dosierungen" des Schutzes von Unternehmensgeheimnissen ermitteln. Dieser Korridor bildet im Idealfall Erkenntnisgrundlage und Baustein für ein über reine Abwehrrechte hinausgehendes „objektiviertes Informationsverkehrsrecht"[24], so dass der Schutz von Unternehmensgeheimnissen „in einen größeren Informationszusammenhang"[25] eingestellt werden kann.
Zusammenfassend handelt es sich bei der vorliegenden Untersuchung also um den Versuch, zur Beantwortung der Frage beizutragen, wo die Grenze von Kommunikation als Ausnahme vom Paradigma des Informationsflusses[26] im Bereich des Unternehmensgeheimnisschutzes verläuft.

---

muss er bereits aus seinem Betrachtungsgegenstand heraus beiden Teilrechtsordnungen Beachtung schenken.

21 *P. Collin/T. Horstmann*, Wissen, in: dies. (Hrsg.), Wissen des Staates, S. 9 (10).

22 Eine Grenze nach unten ist bereits auf grundgesetzlicher Ebene gezogen, vgl. *H. Gersdorf*, in: v. Mangoldt/Klein/Starck, GG III, Art. 87f Rn. 30 ff.

23 Zu den institutionellen Bedürfnissen nach Geheimhaltung *L. Meyer/U. Müller*, Zukunft, WuW 2007, S. 117 (120) sowie unter G.II.1. (S. 156 f.).

24 *A. Roßnagel/A. Pfitzmann/H. Garstka*, Gutachten, S. 20 und 64.

25 *M. Kloepfer*, Informationsgesetzbuch, K&R 1999, S. 241 (244).

26 *C. Gusy*, Informationsbeziehungen, in: W. Hoffmann-Riem/E. Schmidt-Aßmann/A. Voßkuhle (Hrsg.), GVwR II, § 23 Rn. 3.

Erster Teil

B. Vorfragen, Definitionen

Vor der Annäherung an das Phänomen des Unternehmensgeheimnisses selbst bedarf es eines Blicks auf die ihm zugrunde liegenden zentralen Begrifflichkeiten, die des Unternehmens (hierzu unter I.) und der Information (hierzu unter II.).

I. Unternehmen

Der Begriff des Unternehmens dient als Sammelbezeichnung für verschiedene Arten von Zusammenschlüssen von Personen. Als Rechtsbegriff ist er uneinheitlich und gemäß dem Zweck des jeweiligen Normzusammenhangs auszulegen.[27] Aus diesem Grund existieren mehrere (etwa wettbewerbsrechtliche, steuerrechtliche oder handelsrechtliche) Unternehmensbegriffe nebeneinander. Eine Zusammenführung in einen einheitlichen Begriff wird zwar überwiegend für unmöglich gehalten,[28] als allgemeines Substrat lässt sich aber festhalten, dass ein Unternehmen eine Zusammenfassung personeller, materieller und immaterieller Mittel ist, die einen wirtschaftlichen Zweck verfolgt und am Markt bzw. geschäftlichen Verkehr teilnimmt. Je nach Rechtsgebiet und dessen Anforderungen werden eher der erste[29] oder zweite[30] Teil dieser Begriffsbestimmung zu betonen sein. Da sich in der vorliegenden Arbeit Fragen nach den wirtschaftlichen, nicht persönlichkeitsbezogenen Nachteilen[31] von Informationsoffenbarungen stellen, ist entsprechend ein Unternehmen als wirtschaftliche Einheit zu verstehen, die einen – wenn auch minimalen – Innenbereich[32] entwickelt hat, in dem Informationen und Daten

---

27 *K. Hopt*, in: Baumbach/ders., HGB, Einl. vor § 1 Rn. 31.

28 *S. Storr*, Staat als Unternehmer, S. 35 f. m.w.N.

29 Das Handels- und Konzernrecht etwa interessiert sich schwerpunktmäßig für das Unternehmen als organisierte Einheit, vgl. *K. Hopt*, in: Baumbach/ders., HGB, Einl. vor § 1 Rn. 33.

30 Dem Lauterkeits- und Kartellrecht kommt es fast ausschließlich auf die wirtschaftliche Betätigung an (funktionaler Unternehmensbegriff), vgl. *H. Köhler*, in: Hefermehl/ders./Bornkamm, WettbewerbsR, § 2 UWG Rn. 8 und *W. Möschel*, in: Immenga/Mestmäcker, GWB, § 19 Rn. 3.

31 Diese Unterscheidung zwischen persönlichkeitsrechtlichen und wirtschaftlichen Nachteilen ist bisweilen schwierig zu treffen, siehe BVerfGE 77, S. 121 ff. Bei den dort zu veröffentlichenden Daten und Informationen handelt es sich um sowohl persönlichkeits- als auch wirtschaftsrelevante, deren Veröffentlichung von einem Landwirt als Einzelunternehmer gerügt wird.

32 *J. N. Druey*, Geheimsphäre des Unternehmens, S. 9 ff. spricht von einer Geheimsphäre.

vor Zugriff abgeschirmt werden. Dies kann auch Freiberufler und Einzelunternehmer betreffen.

II. Was ist Information?

1. Probleme einer Definition

Die grundlegende Frage nach einer Definition von Information kann unter Rückgriff auf zahlreiche Arbeiten zum Begriff der Information im rechtlichen Zusammenhang beantwortet werden, auch weil die außerhalb der Rechtswissenschaft angesiedelten, unzähligen Zugänge zum Informationsbegriff (etwa informationstheoretischer, semantischer, philosophischer, linguistischer und naturwissenschaftlich-technischer Art), sofern sie sich als anschlussfähig erweisen,[33] weitgehend ausgewertet und in rechtswissenschaftliche Definitionsversuche eingeflochten worden sind.[34] Daher ist der juristische Informationsbegriff außerordentlich stark geprägt von nichtjuristischen Theorieansätzen. Gemein ist der juristischen Rezeption die überwiegende Skepsis über die Erreichbarkeit einer gehaltvollen und ein Minimum an Abgrenzungswirkung hervorbringenden Informationsdefinition überhaupt,[35] zumindest aber einer einheitlichen interdisziplinären Definition[36]. Ursache hierfür ist neben der Komplexität des Phänomens, dass die einzel-

---

33 Zur Anschlussfähigkeit außerjuristischer Theorieansätze vgl. *A. Voßkuhle*, Neue Verwaltungsrechtswissenschaft, in: W. Hoffmann-Riem/E. Schmidt-Aßmann/ders. (Hrsg.), GVwR I, § 1 Rn. 37 ff.

34 Ausführlich hierzu auch *T. Vesting*, Informationsordnung, in: FS BVerfG, Bd. 2, S. 219 (219 ff.).

35 *T. Hoeren*, Information, MMR Beilage 9/1998, S. 6 (6); *T. Hoeren*, Informationsrecht, JuS 2002, S. 947 (947); in diese Richtung auch *M. Kloepfer*, Informationsrecht, § 1 Rn. 52 und *W. Hoffmann-Riem*, Informationsgesellschaft, in: ders./E. Schmidt-Aßmann (Hrsg.), VerwR in der Informationsgesellschaft, S. 9 (12). *U. Gasser*, Informationsqualität, in: FS J. N. Druey, S. 727 (734) hält eine einheitliche juristisch Definition für gar nicht erstrebenswert.

36 *T. Dreier*, Informationsrecht, in: FG A. Büllesbach, S. 65 (68 f.); *J. O. Püschel*, Informationen des Staates, S. 39 m.w.N. Dagegen geht *M. Albers*, Information, Rechtstheorie 33 (2002), S. 61 (68) zumindest von einer inzwischen entstandenen disziplinübergrei-fenden Basisdefinition aus, die in den einzelnen Wissenschaftsgebieten noch spezifisch anzureichern ist. Auch sie weist aber auf die nur beschränkte Möglichkeit selbst hochabstrakter, disziplinübergreifender definitorischer Strukturmerkmale hin (S. 70). Auch aus anderen Wissenschaftsdisziplinen heraus wird die Möglichkeit einer einheitlichen „Überdefinition" bezweifelt, jedoch kann durch das Herausarbeiten von Definitionsklassen und disziplinübergreifenden Eigenschaften von Information eine Annäherung erreicht werden: *S. Ott*, Information, S. 26 und 35 ff. A.A. aber die Vertreter einer „unified theory of information", die eine einheitliche Definition zumindest für möglich halten, vgl. hierzu *L. Flo-*

nen Fachwissenschaften sich mit unterschiedlichen Fragestellungen einer Definition nähern.[37]

2. Facettenreichtum

Ursache dieser Bedenken ist die Vielgestaltigkeit und Allgegenwärtigkeit von Information, die eine rein formelhafte Definition verhindert und auf die Beschreibung der einzelnen Facetten von Information ausweichen lässt. Neben aphoristischen Annäherungen, in denen Information benannt wird als dritte Grundgröße neben Materie und Energie[38], „neue Art Wirklichkeit"[39] oder „Treibstoff von Veränderung"[40], werden die verschiedenen Aspekte von Information herausgestellt:

Information kann als Zustand, Vorgang (jemand wird informiert) oder Inhalt (Grundlage für die Frage nach dem Wert einer Information) betrachtet werden.[41]

---

ridi, Information, in: ders. (Hrsg.), Philosophy of Computing and Information, S. 40 (40 f.), der diese Zuversicht selbst aber nicht teilt und darauf hinweist, dass bloße Ähnlichkeiten in den verschiedenen Informationskonzepten noch keine Möglichkeit der Vereinheitlichung bedeuten. In diese Richtung auch *P. Janich*, Was ist Information?, S. 143, der die Frage, was Information ist, auf der Sprachebene der einzelnen fachwissenschaftlichen Inhalte und Gegenstände nicht für klärbar hält. Dem stimmt *R. Capurro*, Information, S. III f., insofern zu, als dass er es – gemäß dem klassischen Verständnis der Philosophie als grundlegendste Wissenschafts- und damit informatorische Metadisziplin – als Aufgabe derselben bezeichnet, für die einzelnen Wissenschaften eine Begriffsklärung herbeizuführen, steht aber der Erreichbarkeit eines übergreifenden Informationsbegriffs positiver gegenüber (S. 2, 275 ff. sowie 290). Zu den negativen Folgen der unterschiedlichen Verständnisse von Information in den einzelnen Disziplinen *G. Wersig*, Information - Kommunikation - Dokumentation, S. 34 ff.

37 Die Naturwissenschaften benötigen einen nachrichtentechnisch-formalen Informationsbegriff, während es Geisteswissenschaftlern vorwiegend auf den Inhalt ankommt. Wirtschafts- und Rechtswissenschaften hingegen sehen Information als Entscheidungsgrundlage und -voraussetzung, so *W. Steinmüller*, Informationstechnologie und Gesellschaft, S. 190.

38 Etwa bei *U. Sieber*, Informationsrecht, NJW 1989, S. 2569 (2573) und *T. Dreier*, Informationsrecht, in: FG A. Büllesbach, S. 65 (69) nach *N. Wiener*, Kybernetik, S. 192. Kritisch zur Allgegenwärtigkeit dieses Zitats als „Ikone der Informationslegende" *P. Janich*, Was ist Information?, S. 14. Vgl. auch die Ansätze bei *C. F. v. Weizsäcker*, Materie, in: ders., Die Einheit der Natur, S. 342 (346 ff.), wonach Information weder Materie noch Energie sei, sondern als eine Art Wahrscheinlichkeit, die zugleich subjektive und objektive Züge hat: „Ein Ereignis bringt, roh gesagt, umso mehr Information, je unwahrscheinlicher es ist." (a.a.O., S. 347).

39 *T. Hoeren*, Informationsrecht, JuS 2002, S. 947 (947).

40 *R. Pitschas*, Informationsordnung, in: W. Hoffmann-Riem/E. Schmidt-Aßmann/G. F. Schuppert (Hrsg.), Reform des Allgemeinen VerwR, S. 219 (234); weitere Aperçus bei *G. Werckmeister*, Begriff der Information, DVR 7 (1978), S. 225 (226 f.).

41 *J. N. Druey*, Information, S. 5, wohl im Anschluss an die grundlegende, disziplinübergreifende Einteilung von *R. Capurro*, Information, S. 199 f. der Erscheinungsformen von In-

Information kann also erscheinen als Objekt, als Akt der Kommunikation (Mitteilung von Tatbeständen[42]) oder als Kanal eines kommunizierten Inhalts[43].[44] Auch Benennungen von Information als Kulturgut[45] oder Machtfaktor[46], Entscheidungsgrundlage[47], Wirtschaftsgut[48] oder Wettbewerbsfaktor[49] stellen die unterschiedlichen Verständnismöglichkeiten und Erscheinungsformen von Informationen heraus. Dieser Facetten- und Dimensionsreichtum gehört zum Wesen von Information. Je nach Kontext treten einzelne der Erscheinungsformen in den Vordergrund; eine Definition hat daher auch den Verwendungszusammenhang zu beachten.[50] So liegt im Telekommunikationsrecht beispielsweise das Augenmerk auf den Übermittlungswegen von Information, also der Vorgangsebene, während etwa das Jugendmedienschutzrecht[51] den Inhalt und die Wirkungen von Information in den Blick nimmt.

---

formation in Sache, Übermittlungsprozess, Wirkung und Inhalt unterscheidet. Ähnlich *T. Hoeren*, Information, MMR Beilage 9/1998, S. 6 (6), der anführt, dass Information als Prozess, Subjekt, Objekt oder System gedeutet und definiert werden kann.

42 *M. Albers*, Information, Rechtstheorie 33 (2002), S. 61 (67).

43 *T. Dreier*, Informationsrecht, in: FG A. Büllesbach, S. 65 (70).

44 Ähnlich auch die Dreiteilung bei *H. Windsheimer*, "Information" als Interpretationsgrundlage, S. 17: Information als Vorgang des Informierens, Objekt der Wahrnehmung oder Reflex im Subjektiven (die Vorstellung, die dem menschlichen Bewusstsein vermittelt wird). Vgl. auch die Typologisierungen von *G. Wersig*, Information – Kommunikation – Dokumentation, S. 28 ff. Oftmals, geradezu standardmäßig eingebracht in die Beiträge zur Begriffsanalyse wird auch die wirkungsmächtige Einteilung von Information in eine syntaktische, eine semantische und eine pragmatische Begriffsebene, die zurückgeht auf *C. W. Morris*, Signs, language and behavior, S. 1 ff.; hierzu auch *R. Capurro*, Information, S. 220. Ein syntaktischer ist ein mathematisch-statistischer Informationsbegriff, mit dem über rein quantitative Bestimmung ein Maß für Information, verstanden als bloße Zeichenübertragung, zu etablieren versucht wird. Inhalt und Aufnahme der Information beim Empfänger spielen keine Rolle. Auf der semantischen Ebene steht die Bedeutung der Zeichen im Mittelpunkt; ausführlicher hierzu *P. Janich*, Was ist Information?, S. 40 ff., auf pragmatischer Ebene ihre Wirkung. Diese drei Ebenen bestehen aber nicht losgelöst nebeneinander, sondern weisen wechselseitige Bezüge auf, *R. Capurro*, Information, S. 212 und 221 f.

45 *U. Sieber*, Informationsrecht, NJW 1989, S. 2569 (2570), *D. Kröger*, Informationsfreiheit und Urheberrecht, S. 17.

46 *M. Kloepfer*, Informationsrecht, § 1 Rn. 55, *U. Sieber*, Informationsstrafrecht, CR 1995, S. 100 (111).

47 *K. Steinbuch*, Wert von Informationen, GRUR 1987, S. 579 (581); *M. Albers*, Information, Rechtstheorie 33 (2002), S. 61 (75); *J. Brossette*, Wert der Wahrheit, S. 26.

48 Siehe nur *C. Kirchner*, Informationsrecht, in: FS W. Kilian, S. 103 (105);

49 *T. Dreier*, Informationsrecht, in: FG A. Büllesbach, S. 65 (69).

50 *M. Müller*, Informationszugang und -nutzung, in: M. Cottier/D. Rüetschli/K. W. Sahlfeld (Hrsg.), Information&Recht, S. 173 (176).

51 Vgl. die Regelungen im JMStV, etwa § 4.

3. Juristische Definition

Für den juristischen Gebrauch[52] hat sich vor dem Hintergrund der soeben beschriebenen polymorphen Erscheinung von Information die pragmatische und damit zweckorientierte[53] Auffassung herausgebildet, Information als Mitteilung bzw. Nachricht[54] zu begreifen, die durch ihr Eintreffen beim (menschlichen[55]) Empfänger eine wahrnehmungsmäßige Veränderung auslöst[56] sowie darüber hinaus zumindest geeignet ist, den Erkenntnis- und Wissensstand des Empfängers und daraufhin sein Verhalten zu verändern[57]. Dass eine Interpretationsleistung des Empfängers mit kennzeichnendes Definitionselement des Informationsbegriffs ist, unterliegt dabei keinen Zweifeln;[58] denn erst durch Rezeption können Sinn und Inhalt der Nachricht erschlossen sowie der Informationscharakter erkannt werden.[59] Die Besonderheit und Komplexität von Information liegt vor allem

52 Sehr ausführlich hierzu *G. Roth*, Recht auf Information, S. 23 ff.

53 Vgl. *U. Sieber*, Informationsrecht, NJW 1989, S. 2569 (2572); *J. N. Druey*, Information, S. 8; *G. Roth*, Recht auf Information, S. 7. Semantisch ist Information als „Kenntnisbeziehung zu jedem realen und irrealen Gegenstand der Welt" zu verstehen, so *T. Hoeren*, Information, MMR Beilage 9/1998, S. 6 (6).

54 Dies exakt bestätigend etwa § 2 Nr. 23 SeeSchStrO, in dem Verkehrsinformationen als „nautische Warnnachrichten sowie Mitteilungen" definiert werden; ebenso Ziff. 1.14 der Anlage zur § 1 Abs. 1 AnlBV. Eine ganz ähnliche Gleichsetzung von Nachricht und Information etwa auch in § 2 Abs. 1 Nr. 4 UWG. Zur Etymologie des Informationsbegriffs *G. Roth*, Recht auf Information, S. 7, der auch auf dessen Geschichte in den Rechtswissenschaften eingeht (S. 15 f.); vgl. des weiteren *R. Capurro*, Information, S. 190 ff.

55 Für den rechtlichen Gebrauch einschränkend *J. N. Druey*, Information, S. 3; ähnlich *K. Lenk*, Außerrechtliche Grundlagen, in: W. Hoffmann-Riem/E. Schmidt-Aßmann (Hrsg.), VerwR in der Informationsgesellschaft, S. 59 (69).

56 So *T. Dreier*, Informationsrecht, in: FG A. Büllesbach, S. 65 (70); außerhalb des juristischen Begriffsbildung auch *C. F. v. Weizsäcker*, Materie, in: ders., Die Einheit der Natur, S. 342 (351): „Information ist nur, was verstanden wird." Dezidiert in diese Richtung auch *V. Mayer-Schönberger*, Information und Recht, S. 14.

57 *J. Petersen/F. Schoch*, Einführung, Jura 2005, S. 681 (682) im Anschluss an die Formulierung bei *W. Steinmüller u.a.*, Grundfragen des Datenschutzes, Gutachten, S. 43; dem folgend *D. Kröger*, Informationsfreiheit und Urheberrecht, S. 4. Ebenso *M. Hochhuth*, Informationsbegriff, in: M. Cottier/D. Rüetschli/K. W. Sahlfeld (Hrsg.), Information& Recht, S. 89 (91).

58 So einmütig die Nachweise in den Fn. 56 und 57, wenn auch mit unterschiedlicher Klarheit: So setzt *R. Gröschner*, Transparente Verwaltung, in: VVDStRL, Bd. 63, S. 344 (359) für die Informiertheit als menschlichen Zustand nach Erhalt einer Information eine Interpretationsleistung voraus, nicht aber explizit für den Vorgang des Informierens oder als Element des Begriffs Information selbst.

59 Vgl. etwa *M. Müller*, Informationszugang und -nutzung, in: M. Cottier/D. Rüetschli/K. W. Sahlfeld (Hrsg.), Information&Recht, S. 173 (176) und insbesondere *H. Beyer*, Begriff der Information, GRUR 1990, S. 399 (401), der argumentiert, dass für die wesensmäßige Erfassung von Information das empfangende und verarbeitende System einbezo-

auch darin begründet, dass sie objektive Erscheinung und subjektive Bewusstseinsreaktion in einem Begriff vereint.[60] Weil jede Information bei verschiedenen Empfängern auf unterschiedliche Kontexte in Form von Erfahrung, Vorwissen und Umständen trifft, ist die Wirkung relativ und vom konkreten Kontext sowie der empfangenden Peron abhängig.[61]
Inwieweit über diese Bewusstseinsänderung und Wissenserweiterung[62] hinaus Reaktions- und Wirkungsebene mit in den Informationsbegriff einbezogen ist,[63] bleibt in der juristischen Begriffsdebatte unklar: Da aber gerade die auf die Aufnahme in das Bewusstsein des Empfängers folgende Reaktion (in Form von Handlungen oder zumindest Handlungsmöglichkeiten) desselben der entscheidende Anknüpfungspunkt für rechtliche (gewollte oder unerwünschte) Regelungen ist, wäre die Wirkungsebene mit der bloßen Aufnahme ins Bewusstsein nur unzureichend erfasst. Vielmehr sind die auf die Aufnahme folgenden veränderten *Entscheidungsmöglichkeiten* die rechtlich relevante Größe.[64] Besonders im Geheimnisschutz sind Reaktions- und Entscheidungsverhinderung bzw. dessen Steuerung das eigentliche Ziel. Da diese sich aber durch rechtliche Regelungen

---

gen werden müsse, um die Wechselwirkungen zwischen Sender, Nachricht und Empfänger zu verstehen.

60 Vgl. auch *H. Windsheimer*, "Information" als Interpretationsgrundlage, S. 18.

61 Vgl. *S. Ott*, Information, S. 40.

62 Vordergründig tritt eine Wissenserweiterung nur ein, wenn die Information für den Empfänger neu ist. Allerdings kann auch der Empfang einer bereits bekannten Information in einem anderen Kontext (von einem anderen Sender, zu einem anderen Zeitpunkt, anders aufbereitet) das bereits Gewusste vertiefen bzw. bestätigen und daher subjektiv eine Ungewissheitsverringerung bewirken. Allerdings handelte es sich dann wohl auch bereits um eine andere Information, die neu für den Empfänger wäre. Vgl. hierzu auch *J. Aulehner*, "Volkszählungs"-Urteil, CR 1993, S. 446 (449), *H. L. Grob/S. Bieletzke*, Informationsgesellschaft, S. 10 f. und *E. Wessling*, Individuum und Information, S. 13 ff., der nur die reine Kopie aus dem Informationsbegriff ausschließt. *G. Werckmeister*, Begriff der Information, DVR 7 (1978), S. 225 (240, dort Fn. 78) hält Neuheit ebenfalls nicht für ein absolutes Definitionsmerkmal von Information, weil oftmals die wiederholte Aufnahme zur Bewusstseinsänderung führt. Dezidiert hingegen für die Neuheit als Definitionselement von Information *T. Vesting*, Informationsordnung, in: FS BVerfG, Bd. 2, S. 219 (221) und *ders.*, Information und Kommunikation, in: W. Hoffmann-Riem/E. Schmidt-Aßmann/A. Voßkuhle (Hrsg.), GVwR II, § 20 Rn. 20.

63 Und damit der umgangssprachlichen Auffassung von Information am nächsten kommt, so auch *G. Wersig*, Information - Kommunikation - Dokumentation, S. 39 f. Hierzu auch *M. Albers*, Informationelle Selbstbestimmung, S. 90.

64 Dies deckt sich mit der Auffassung, dass Entscheidungsprobleme Informationsprobleme sind, *W. Mag*, Grundzüge der Entscheidungstheorie, S. V. Denn der Erhalt von Information stellt einen Reaktionsanreiz, vielleicht sogar einen Reaktionsautomatismus dar, der dem Empfänger Handlungskapazitäten verleiht. Dies wird zunehmend auch in anderen Wissenschaftsbereichen zur Kenntnis genommen, *H. Knoblauch*, Wissenssoziologie, S. 260 f.

nicht erreichen lassen, ist die Aufnahmeverhinderung als Vorstufe hierzu das Hauptinstrument des Geheimnisschutzes.[65]
Stellen nun zusammengefasst Informationen „einen Sinngehalt dar, der sich im Bewusstsein eines sich Informierenden oder in Kommunikationsprozessen über Deutungsleistungen bildet, die an Wahrnehmungen, Mitteilungsinhalte oder Daten anknüpfen"[66], so kann sich dieser nur – jedes Mal neu – aus der Aufnahme und Interpretation des Empfängers ergeben. Hieraus folgen auch sogleich die besonderen Anforderungen, was den Schutz von Information betrifft, nämlich ihre jederzeitige und nahezu nicht begrenzbare *Rekombinierbarkeit*.[67]

4. Abgrenzungen zu und Verknüpfungen mit

Zusätzlich zu der obigen Rumpfdefinition wird versucht, die Handhabbarkeit und Trennschärfe des Informationsbegriffs durch die Abgrenzung zu verwandten Begriffen zu erhöhen:

a) dem Datenbegriff

Grundlegend und wichtig ist die Abgrenzung zum Datenbegriff. Daten sind fixierte, also in irgendeiner Weise verkörperte Zeichen bzw. Symbole und als solche Voraussetzung von Information.[68] Die Verwendung des Begriffs Information weist im Gegensatz zum Datenbegriff immer auch einen Bezug auf den Menschen als Empfänger (und Sender) auf und auf die Bedeutung für diesen hin.[69] Das Datum hingegen ist zweckfrei,[70] denn Daten sind nichtgedeutete Zeichen, die

---

65 Denn Ausgangspunkt des Datenschutzes sind nicht die Daten selbst, sondern das Interesse anderer an den Informationen, so *H. P. Bull*, Grundprobleme des Informationsrechts, S. 26. Ähnlich auch *E. Denninger*, Informationelle Selbstbestimmung, in: H. Hohmann (Hrsg.), Freiheitssicherung durch Datenschutz, S. 127 (133), nach dem der Datenschutz nicht daten-, sondern verarbeitungsorientiert sei.

66 *M. Albers*, Informationelle Selbstbestimmung, S. 131.

67 *F. Schoch*, Informationsordnung, in: VVDStRL, Bd. 57, S. 158 (168).

68 Hierauf weist u.a. *M. Albers*, Information, Rechtstheorie 33 (2002), S. 61 (84) (m.w.N. für die Notwendigkeit dieser Differenzierung) dezidiert hin. Die Unterscheidung zwischen Informationen und Daten ist inzwischen weitgehend anerkannt und rechtssystematisch notwendig: *F. Schoch*, Informationsordnung, in: VVDStRL, Bd. 57, S. 158 (167, dort Fn. 31); missverständlich oder a.A. daher *W. Zöllner*, Informationsordnung, S. 18 und *H. P. Bull*, Was ist Informationsrecht?, iur 1986, S. 287 (288). Eindeutige Gleichsetzung von Information und (personenbezogenem) Datum bei *K. Vogelgesang*, Informationelle Selbstbestimmung, S. 25 und *P. Gola/R. Schomerus*, BDSG, § 3 Rn. 3. Vor allem in älteren Gesetzen werden Daten auch zum Oberbegriff für Informationen aller Art gemacht, *W. Steinmüller*, Informationstechnologie und Gesellschaft, S. 212, der dies als Fehlbenennung aus den frühen Tagen der Rechtsinformatik bezeichnet (a.a.O., Fn. 329).

69 Vgl. *U. Sieber*, Informationsrecht, NJW 1989, S. 2569 (2573).

70 *J. N. Druey*, Information, S. 22.

auf einem Datenträger fixiert und damit stabil, zeit- und kontextlos sind.[71] Eine Differenzierung zwischen Daten und Informationen ist aufgrund dieses Unterschiedes zwingend geboten.[72]

b) dem Begriff Wissen

Der Begriff Wissen als „organisierte und systematisierte Informationsmenge“[73] ist hingegen auf höherer Ebene angesiedelt und umfasst damit eine größere Zahl von Einzelinformationen. Entscheidend ist dabei die – durch Interpretation hergestellte – systematische Verknüpfung mehrer Informationen zu einer Struktur. Der Wissensbegriff ist bisher im juristischen Gebrauch nicht so ausdifferenziert worden wie der der Information, so dass in noch höherem Maße auf außerjuristische Konzepte zurückzugreifen ist. In diesen wird keineswegs durchgehend zwischen Wissen und Information unterschieden, teilweise wird die Unterscheidbarkeit von beiden sogar verneint.[74] Diese Frage nach Unterscheidbarkeit hängt auch maßgeblich vom Informationsbegriff ab: Wird Information als Übertragungsvorgang bzw. Akt der Kommunikation gesehen,[75] kann gegen ihn Wissen als übermittelter Inhalt kontrastiert werden. Wird jedoch Information ebenfalls als Inhalt interpretiert, so bleibt als Unterscheidungsmöglichkeit lediglich die Tiefe der Kenntnis und damit verbunden der Grad der Vernetzung im Bewusstsein mit anderen Informationen zu einem Verbund, der dann Wissen ist. Der Unterschied ist dann nur ein gradueller, der in der eigenständigen Verarbeitung und Vernetzung von In-

---

71 *M. Albers*, Information, Rechtstheorie 33 (2002), S. 61 (74), *T. Vesting*, Information und Kommunikation, in: W. Hoffmann-Riem/E. Schmidt-Aßmann/A. Voßkuhle (Hrsg.), GVwR II, § 20 Rn. 11.

72 Siehe die Nachweise in Fn. 68 sowie *M. Albers*, Informationelle Selbstbestimmung, S. 145.

73 *M. Kloepfer*, Informationsrecht, § 1 Rn. 63. Ähnlich auch *J. N. Druey*, Information, S. 23.

74 Vgl. etwa *N. Stehr*, Wissenspolitik, S. 42 f. sowie aus wirtschaftswissenschaftlicher Sicht *W. Mag*, Grundzüge der Entscheidungstheorie, S. 6, der Information als Bezeichnung für entscheidungs- und damit zweckorientiertes Wissen sieht. Danach wäre Information allenfalls eine besondere Art von Wissen. Ebenso *H. L. Grob/S. Bieletzke*, Informationsgesellschaft, S. 7 f.; kritisch zu dieser Definition *T. Spitta*, Informationswirtschaft, S. 45. Ähnlich auch *R. Kuhlen*, Informationsmarkt, S. 34, der Information als handlungsrelevantes Wissen bzw. „Wissen in Aktion“ sieht. Im rechtswissenschaftlichen Bereich etwa *I. Spiecker gen. Döhmann*, Informationsgewinnung, DVBl 2006, S. 278 (278, dort Fn. 1), kritisch gegenüber einer Differenzierung auch *P. Collin/T. Horstmann*, Wissen, in: dies. (Hrsg.), Wissen des Staates, S. 9 (11 f.). Hierfür spricht, dass wie auch Information Wissen als Handlungsmöglichkeit, als erster Schritt zum Handeln und zur Realitätsveränderung beschrieben wird, *N. Stehr*, Wissenspolitik, S. 31. Entsprechend hätte Wissen dann ebenfalls mehrere Bedeutungen und Erscheinungsformen, *F. Machlup*, Knowledge, Vol. 1, S. 27.

75 Zu den unterschiedlichen Facetten und Deutungsmöglichkeiten siehe B.II.2. (S. 27).

formationen „durch individuelle Erfahrung und reflexive Aneignung“[76] liegt. Als Folge dieser Differenzierung wird Information aufgrund des geringeren Vernetzungsgrades als mobiler und weniger kontextabhängig beschrieben,[77] Wissen dagegen als ein Bestand von in Strukturen eingeordneter Information.[78]

c) dem Begriff Kommunikation

Mit dem Begriff Kommunikation wird aus einem übergeordneten Blickwinkel der Informationsvorgang mit dem Hauptaugenmerk nicht auf Übermittlung der einzelnen Information, sondern der Informationsübermittlung als Phänomen betrachtet,[79] im rechtlichen Kontext aber die Relevanz für den „persönlichen Bereich der Beteiligten“[80] mit einbezogen. Er steht allgemein für einen „geistigen menschlichen Austausch“[81]: „Kommunikation ist [...] die Information, die im menschlichen, und damit auch im Rechtsverhältnis fließt.“[82] Entsprechend definiert etwa auch § 3 Nr. 22 TKG Telekommunikation als Vorgang des Aussendens, Übertragens und Empfangens von Signalen und damit als mehraktigen Vorgang, der aus Übergabe, Aufnahme und Verarbeitung besteht.

---

76 Abschlussbericht der Enquete-Kommission „Globalisierung der Weltwirtschaft – Herausforderungen und Antworten“, BT-DS 14/9200, S. 259, wonach Wissen als „Veredlung von Informationen“ (a.a.O.) gedeutet werden kann.

77 *N. Stehr*, Wissenspolitik, S. 48.

78 *T. Vesting*, Information und Kommunikation, in: W. Hoffmann-Riem/E. Schmidt-Aßmann/A. Voßkuhle (Hrsg.), GVwR II, § 20 Rn. 26 im Anschluss an *A. Scherzberg*, Öffentliche Verwaltung, in: W. Hoffmann-Riem/E. Schmidt-Aßmann (Hrsg.), VerwR in der Informationsgesellschaft, S. 195 (200). Entspr. auch *F. Machlup*, Knowledge, Vol. 1, S. 58, der Information als „a piece of knowledge“ beschreibt.

79 „Kommunikation ist [...] die Übertragung von Zeichen vom Sender zum Empfänger.“: *G. Roth*, Recht auf Information, S. 38. Kommunikation ist damit ein weiterer Begriff als der der Information, *T. Vesting*, Informationsordnung, in: FS BVerfG, Bd. 2, S. 219 (220), *A. Podlech*, in: AK-GG, Art. 2 Abs. 1 Rn. 43, *M. Albers*, Information, Rechtstheorie 33 (2002), S. 61 (72). Vgl. auch *W. Steinmüller*, Informationstechnologie und Gesellschaft, S. 157.

80 *J. N. Druey*, Kommunikation, in: M. Kloepfer (Hrsg.), Kommunikation - Technik - Recht, S. 73 (75).

81 *J. N. Druey*, Kommunikation, in: M. Kloepfer (Hrsg.), Kommunikation - Technik - Recht, S. 73 (78). Ähnlich auch *I. Ebsen*, Informationsordnung, DVBl 1997, S. 1039 (1039), ähnlich auch *D. Kugelmann*, Informatorische Rechtsstellung des Bürgers, S. 16.

82 *J. N. Druey*, Information, S. 27. *G. Roth*, Recht auf Information, S. 38 hingegen will den Zeichenaustausch zwischen Mensch und Maschine sowie zwischen Maschinen mit einbezogen wissen, schränkt aber dann beim Informationsbegriff auf die „zwischenmenschliche“ Ebene ein (in Übereinstimmung mit dem oben erarbeiteten Informationsbegriff).

5. Konkretisierungen in einzelnen Rechtsbereichen

Teilweise werden weitere Eingrenzungen und Konkretisierungen für einzelne Rechtsgebiete vollzogen, um die Handhabbarkeit zu erhöhen: Für den Bereich des Informationszugangsrechts etwa werden begriffliche Ersetzungen wie „Aufzeichnung“[83], „Dokument“[84] oder „Inhalt...von Akten“[85] versucht und dabei von einer wirklichen Definition von Information abgesehen. Denn eine über diese Gleichsetzung hinausgehende Begriffsbestimmung sei in diesem Rechtsgebiet verzichtbar, weil der Begriff der Information in diesem Zusammenhang nicht streitig sei und lediglich aus Gründen der Entwicklungsoffenheit gegenüber den genannten Ersetzungen bevorzugt werde.[86]

Da Begriffe wie „Aufzeichnung“ eine Form der Verkörperung erfordern,[87] wird hierdurch aber wieder das Spezifische von Information, seine Immaterialität,[88] aufgegeben, und es findet faktisch eine Rückkehr zum Datenbegriff statt. In die gleiche Richtung geht auch der gesetzgeberische Versuch einer Gleichsetzung von Informationen und Daten, etwa in § 2 Abs. 3 Nr. 1 UIG[89] und in § 1 Abs. 1 VIG.[90] Teilweise wird auch eine „Materialisierung“ von Information, d.h. eine Charakterisierung von Information nach ihren Verkörperungen vorgeschlagen.[91]

---

83 So § 2 Abs. 1 IFG.

84 So Art. 2 Nr. 4 RL 2003/98/EG über die Weiterverwendung des von Informationen des öffentlichen Sektors; in § 2 Nr. 3 IWG (Umsetzungsgesetzesentwurf, BR-DS 358/06) ist hingegen von Informationen die Rede. Dem zustimmend und folgerichtig auch die Begriffe Daten und Information gleichsetzend *S. Altmeppen/C. Kahlen*, IWG, MMR 2006, S. 499 (500).

85 § 3 Abs. 1 IFG Berlin, Akten selbst werden in Abs. 2 als Gedankenverkörperungen definiert, vgl. hierzu auch *J. Fluck/S. Merenyi*, Zugang, VerwArch 97 (2006), S. 381 (384).

86 Vgl. etwa *J. O. Püschel*, Informationen des Staates, S. 42 ff.

87 *M. Rossi*, IFG-Hk, § 2 Rn. 6.

88 Die disziplinübergreifend ganz überwiegend anerkannt ist, *T. Vesting*, Informationsordnung, in: FS BVerfG, Bd. 2, S. 219 (219 f.).

89 Im UIG vom 22.12.2004: „Umweltinformationen sind unabhängig von der Art ihrer Speicherung alle Daten“; vorhergehend § 3 Abs. 2 Umweltinformationsgesetz vom 23.8.2001 (BGBl. I S. 3704): „Informationen über die Umwelt sind alle in Schrift, Bild oder auf sonstigen Informationsträgern vorliegenden Daten“. Kritisch zu dieser Gleichsetzung auch *F. Schoch*, Informationsordnung, in: VVDStRL, Bd. 57, S. 158 (167, dort Fn. 31).

90 Entwurf eines Gesetzes zur Neuregelung des Rechts der Verbraucherinformation vom 9.5.2006 (BT-DS 16/1408), dessen Verkündung der Bundespräsident aus Gründen mangelnder Gesetzgebungskompetenz des Bundes abgelehnt hatte (vgl. BR-DS 584/06); inzwischen leicht verändert erneut verabschiedet als BT-DS 16/5404. *G. Roth*, Recht auf Information, S. 18 f. spricht insofern von einem eigenen Informationsbegriff der Legislative, der weitgehend mit dem Aktenbegriff gleichgesetzt wird.

91 Etwa bei *J. O. Püschel*, Informationen des Staates, S. 42.

Die Rekombinierbarkeit und Mehrrelationaliät von Information[92], die gerade auch bei der Untersuchung geheimer Informationen eine Rolle spielt, kann durch die Verkörperungs- und Datenperspektive nicht erfasst werden und ist daher ungeeignet für die Entwicklung eines Schutzes für Information.[93] Denn Nutzungsbeschränkungen lassen sich im Gegensatz zu Sachen nicht sinnvoll normieren, weil sich die subjektive Reaktion des Empfängers selbst nicht steuern lässt. Dies wird in einer Perspektive, die an der Verkörperung und damit dem Datum ansetzt, nicht klar.

---

92 Vgl. zur Mehrrelationalität das Beispiel bei *M. Albers*, Informationelle Selbstbestimmung, S. 256 f.

93 Kritisch auch *T. Vesting*, Information und Kommunikation, in: W. Hoffmann-Riem/E. Schmidt-Aßmann/A. Voßkuhle (Hrsg.), GVwR II, § 20 Rn. 17.

C. Geheimnisse eines Unternehmens

Die Antwort auf die Frage, was ein Geheimnis eines Unternehmens ist und und was von diesem Begriff umfasst sein kann, prägt den Schutz von Unternehmensgeheimnissen im und durch Recht. Angesichts des dürren geheimnisschutzrechtlichen Normenbestands lohnt es sich aber auch, dem Verständnis des Unternehmensgeheimnisses, das im vorhandenen Recht zum Ausdruck kommt, über seine reinen Definitionselemente hinaus nachzuspüren, weil nur über die Ausdeutung von Rechtsprechung Erkenntnisse über das Wesen des Unternehmensgeheimnisses und damit auch die Möglichkeiten seines Schutzes zu erlangen sind.

I. Begriffsvielfalten

Die Bezeichnungen für Geheimnisse eines Unternehmens sind in den einzelnen Gesetzen unterschiedlich,[94] die in der Literatur erarbeiteten Begriffsvorschläge

---

94 Vgl. etwa §§ 93 Abs. 1, 394, 395, 404 AktG: „Geheimnisse der Gesellschaft, namentlich Betriebs- oder Geschäftsgeheimnisse“, ebenso § 85 Abs. 1 GmbHG; § 42 Abs. 2a AMG: „Betriebs- und Geschäftsgeheimnisse“; § 77a Abs. 2 AMG: „Betriebs-, Dienst- und Geschäftsgeheimnisse“; § 7 Abs. 7 SpruchG: „Fabrikations-, Betriebs- oder Geschäftsgeheimnis“; § 14 Abs. 1 Nr. 3 PUAG: „Geschäfts-, Betriebs-, Erfindungs- oder Steuergeheimnis“ § 30 Abs. 1 Nr. 2 AO: „Betriebs- oder Geschäftsgeheimnis“; § 34 BDSG: „Geschäftsgeheimnis“, ebenso § 22 Abs. 5 StBerG; §§ 43 Abs. 2, 79 Abs. 1 und 120 Abs. 1 BetrVG: „Betriebs- oder Geschäftsgeheimnis“, §§ 53 Abs. 2 Nr. 2 und 106 Abs. 2 BetrVG hingegen: „Betriebs- und Geschäftsgeheimnis“; auch die einzelnen BImSchVen verwenden uneinheitlich die Konjunktionen „und“ (§ 11 Abs. 3 12. BImSchV) bzw. „oder“ (etwa §§ 18 17. BImSchV, 15a Abs. 3 2. BImSchV, 15 30. BImSchV). Siehe auch die Aufzählung bei *S. Rosenberger*, Geheimnisschutz und Öffentlichkeit, S. 12 f. Auch in Normen neusten Datums hat sich eine einheitliche Formulierung nicht durchgesetzt. Die Verwendung unterschiedlicher Konjunktionen ist ausschließlich dem semantischen Kontext geschuldet und erzeugt keinen Begriffsunterschied. Die Konjunktion „oder“ lässt zum Ausdruck kommen, dass es sich um Alternativbegriffe handelt, und macht deutlich, dass die Anforderungen an nur eine Art des Geheimnisses erfüllt sein müssen. Die Konjunktion „und“ findet hingegen im Bezug auf die Schutzebene von Geheimnissen, eben von Betriebs- *und* Geschäftsgeheimnissen Verwendung (so auch *M. Rossi*, IFG-Hk, § 6 Rn. 65, dort Fn. 69).
In die begriffliche Richtung auch § 139b Abs. 1 S. 3 GewO: „Geschäfts- und Betriebsverhältnisse“; ob dieser Begriff weiter auszulegen ist als der des Betriebs- und Geschäftsgeheimnisses, ist umstritten, dafür *G. Kahl*, in: Landmann/Rohmer, GewO, Bd. 1, Lfg. 46 (Okt. 2004), § 139b Rn. 25 und *P. J. Tettinger*, in: ders./R. Wank (Hrsg.), GewO, § 139b Rn. 32, dagegen *A. Roßnagel/J. Bizer*, Geheimnis- und Datenschutz, GewArch 1992, S. 121 (123).

vielfältig,[95] haben aber weitgehend denselben Bedeutungsinhalt.[96] Gemein ist all den aufgeführten Bezeichnungen[97] (1) der Bezug zum Unternehmen und (2) ein Element der Restriktion[98], das hinter dem Chiffre „Geheimnis" steht und eine ausschließliche und ausschließende Kenntnis andeutet. Allgemein durchgesetzt hat sich der Begriff des Betriebs- und Geschäftsgeheimnisses.

---

95 So zählt *J. Taeger*, Offenbarung, S. 21 f. auf: „Fabrikgeheimnis", „Firmengeheimnis", „Entwicklungsgeheimnis", „Gesellschaftsgeheimnis" und „Werksgeheimnis" (jeweils m.N.), wobei bis auf den letzten Begriff die Bezeichnungen in der Aufsatzliteratur der Bundesrepublik (laut Juris-Recherche) nicht mehr auftauchen und daher als überholt gelten können. Ähnliches gilt für den Begriff „Gewerbegeheimnis", der neben älteren Monographien (vgl. etwa *W. Oppenhoff*, Verletzung fremder Gewerbegeheimnisse, von 1928 und als Begriffsvorschlag bei *P. Schmid*, Fabrik- und Geschäftsgeheimnisse, S. 203 [von 1907]) Verwendung findet sowie in § 384 ZPO (vgl. hierzu *R. Greger*, in: Zöller, ZPO, § 384 Rn. 7 und *P. Schlosser*, Gewerbegeheimnisse, ZZP 95 (1982), S. 364) und einigen Doppelbesteuerungsabkommen auftaucht und daher eine Randexistenz führt. Laut *S. Simon*, Schutz von Geschäftsgeheimnissen, S. 82 ist es enger auszulegen als das Geschäfts- und Betriebsgeheimnis; dies lässt sich in der zuvor aufgeführten Lit. jedoch nicht bestätigen. Sehr vereinzelt taucht der Begriff „Produktionsgeheimnis" in der neusten Rspr. auf (OVG NRW, NVwZ-RR 2006, S. 248 [250] und BayVGH in BayVBl. 2005, S. 282), zuvor nur in BVerwGE 71, S. 183 (198). Die literarische Begriffsvielfalt hat sich also inzwischen weitgehend auf die gesetzlichen Formulierungen (vgl. Fn. 94) beschränkt.

96 So auch *J. Taeger*, Offenbarung, S. 22 und *J. N. Druey*, Information, S. 365. Dies gilt für Normen auch außerhalb des UWG, die den Rechtsbegriff „Betriebs- und Geschäftsgeheimnis" (bzw. eines seiner Synonyme) verwenden, so bereits *E. Schmidt*, Gutachten, in: Verhandl. des 36. DJT, S. 101 (120); ebenso *S. Rützel*, Illegale Unternehmensgeheimnisse?, GRUR 1995, S. 557 (557) sowie jüngst OVG SH, NuR 2006, S. 327 (328) und VG Düsseldorf, juris, 26 K 4163/03 v. 9.7.2004, Tz. 23. Auch das IFG des Bundes verweist auf den einheitlichen Begriff, denn die Begründung zum IFG (BT-DS 15/493 S. 14) schließt sich explizit der allgemeinen Definition an (zitiert wird dort die entspr. Fundstelle NJW 1995, 2301), die der BGHSt 41, S. 140 (142) nochmals bestätigt hat. Zustimmend auch jüngst BVerfGE 115, S. 205 (230 f.). Für ein engeres Begriffsverständnis im Bereich des UIG etwa *E. Gurlit*, Gläserne Verwaltung?, ZRP 1989, S. 253 (254 f.), für ein aufgrund anderer Zwecksetzung anderes im Bereich des BImSchG *H. D. Jarass*, BImSchG, § 10 Rn. 34. Ausführlich hierzu auch *A. Roßnagel/J. Bizer*, Geheimnis- und Datenschutz, GewArch 1992, S. 121 (122 f.). Zu den Nachteilen eines nicht gleichlaufenden Begriffsverständnisses *A. Turiaux*, UIG, § 8 Rn. 45. Der Gesetzgeber hat sich indes beim UIG a.F. eindeutig dem allgemeinen Geheimnisbegriff angeschlossen, vgl. BT-DS 12/7138 S. 14. Zwar spricht auch *T. v. Danwitz*, Schutz, DVBl 2005, S. 597 (600) von einer „rechtsgebietsübergreifend anerkannten Begriffskategorie", schränkt aber gleichzeitig gegenüber der allgemeinen Definition das Geheimnis auf durch Leistung bzw. Finanzaufwand geschaffene Informationen ein; sich dem anschließend VG Köln, NuR 2005, S. 665 (666).

97 Siehe Fn. 94 und 95.

98 *M. Kloepfer*, Informationsrecht, § 1 Rn. 70.

„Unternehmensgeheimnis" ist hierzu der Oberbegriff, der sowohl Geheimnisse technischer als auch kaufmännischer Art umfasst[99] und damit ein Synonym zum Kombinationsbegriff Betriebs- und Geschäftsgeheimnis darstellt. Diese begriffliche Zusammenfassung sorgt auch dafür, dass von ihrer Art und Bedeutung heterogene Informationen als Unternehmensgeheimnis in einem Begriff zusammengefasst werden[100] und dieser dadurch eine bemerkenswerte Weite erhält.[101] Er ist daher geeignet, als Dach aller geheimen Informationen eines Unternehmens zu dienen. Angesichts der schlechten Differenzierbarkeit zwischen Betriebs- und Geschäftsgeheimnissen[102] drückt er die Zugehörigkeit der Information zum Unternehmen am besten aus.

---

99 So auch *A. Stadler*, Schutz des Unternehmensgeheimnisses, S. 6, die die Begriffsschöpfung bei *W. Degen*, Fabrikspionage, MuW 1927/28, S. 431 (432) bzw. *dems.*, Geheimnisverrat, GRUR 1928, S. 586 (586) verortet; vgl. zur Verwendung des Begriffs auch *H. W. Többens*, Straftaten, WRP 2005, S. 552 (555) und *H.-J. Schaal*, in: MüKo AktG, Bd. 9/2, § 404 Rn. 21. Letzterer deutet allerdings den Begriff „Geheimnis der Gesellschaft" (§ 404 Abs. 1 AktG) punktuell weiter als den des Unternehmensgeheimnisses, da auch immaterielle Interessen und Schäden des Unternehmens zu berücksichtigen seien (a.a.O., Rn. 22; ähnlich auch BGH, NJW 1996, S. 2576 [2576]). Diese Differenzierung ist aber aufgrund der sehr weiten Auslegung des Unternehmensgeheimnisses und der Tatsache, dass es für ein Unternehmen rein immaterielle Interessen und Schäden nicht geben kann, weil dies immer auch wirtschaftliche Auswirkungen hat, nicht haltbar. Außerdem sieht der BGH, WRP 2006, S. 1511 auch Geheimnisse ohne einen bestimmten Vermögenswert vom Schutz des § 17 UWG erfasst und lässt jede nachteilige Auswirkung auf das Unternehmen durch ein Bekanntwerden eines Geheimnisses ausreichen, stellt also nicht bloß auf eng betrachtet wirtschaftliche Informationen ab. Daher lässt sich m.E. die dargestellte Differenzierung zwischen „Geheimnis der Gesellschaft" und Unternehmensgeheimnis nicht aufrechterhalten. Überflüssig ist daher auch die Formulierung in § 2 Nr. 2 d) VIG, nach der es auch wettbewerbsrelevante Informationen gibt, die mit Geschäfts- und Betriebsgeheimnissen vergleichbar sind und daher denselben Schutz verdienen. Ähnlich auch § 8 IFG M-V.

Ein anderer Begriffsvorschlag stammt hingegen von *D. Hausberg*, Schutz von Betriebs- und Geschäftsgeheimnissen, S. 45, die unverständlicherweise im Geschäftsgeheimnis i.w.S. den Oberbegriff zu den Geschäfts- und Betriebsgeheimnissen sieht (im Anschluss an *R. Bechtold*, Kartellgesetz, § 72 Rn. 1). Für den Begriff des Betriebsgeheimnisses als Oberbegriff siehe die Nachweise in Fn. 192 a.E. und indirekt *R. Greger*, in: Zöller, ZPO, § 384 Rn. 7, bei dem der Sache nach Geschäftsgeheimnisse als „wirtschaftliche Betriebsgeheimnisse" (im Gegensatz zu technischen) bezeichnet werden.

100 So *K. Nastelski*, Schutz, GRUR 1957, S. 1 (1).

101 Vgl. schon *W. Degen*, Fabrikspionage, MuW 1927/28, S. 431 (432), der eine denkbar weite Auslegung des Begriffs vorschlägt, da er Einschränkungen wie Schutzwürdigkeit oder Rechtswidrigkeit des Geheimnisses nicht – zumindest nicht explizit – benennt: „denn der Unternehmer darf eben alles, was nicht Allgemeingut ist, als Geheimnis seines Unternehmens behandeln." Ursache hierfür ist eine rein persönlichkeitsrechtliche Grundlegung des Geheimnisschutzes, vgl. a.a.O.

102 Hierzu genauer unter C.II.9. (S. 54 ff.) sowie G.III.1. (S. 163 ff.).

II. Dogmatische Ausgestaltung

Ausgehend vom Privatrecht haben sich für das Vorliegen eines Unternehmensgeheimnisses notwendige Tatbestandsmerkmale entwickelt, die im gesamten Recht Geltung beanspruchen.

1. Definition

Das Betriebs- und Geschäftsgeheimnis wird seit längerem in seinem Kern einheitlich verstanden als „jede im Zusammenhang mit einem Geschäftsbetrieb stehende, nicht offenkundige, sondern nur einem begrenzten Personenkreis bekannte Tatsache,[103] an deren Geheimhaltung der Unternehmensinhaber ein berechtigtes wirtschaftliches Interesse hat und die nach seinem bekundeten oder doch erkennbaren Willen auch geheim bleiben soll."[104] Eine Offenbarung würde für das Unternehmen also einen wirtschaftlichen Schaden bedeuten.[105] Gerade – aber nicht nur – Tatsachen, die aufgrund geringer Schöpfungshöhe oder fehlender technischer Neuheit[106] keinen besonderen ausschließlichkeitsrechtlichen Schutz genießen, werden geheimnisschutzrechtlich abgesichert; als Unternehmensge-

---

103 Der Begriff der Tatsache kann wiederum verstanden werden als Ereignis und Zustand der Vergangenheit oder Gegenwart, in Anlehnung an den Tatsachenbegriff in der Legaldefinition des Staatsgeheimnisses (vgl. hierzu *D. Sternberg-Lieben*, in: Schönke/Schröder, StGB, § 93 Rn. Rn. 3), der im Kern dem allgemeinen strafrechtlichen Tatsachenbegriff entspricht.

104 *H. Köhler*, in: Hefermehl/ders./Bornkamm, WettbewerbsR, § 17 UWG Rn. 4 im Anschluss an die Grundsatzentscheidung des BGH, GRUR 1955, S. 424, der wiederum direkt an die Rspr. des RG anknüpft (vgl. RGZ 149, 334 ff.); seitdem st.Rspr. (vgl. nur BGH, GRUR 1961, S. 40 [43] und BGH, GRUR 2003, S. 356 [358]), ähnlich auch *H.-J. Schaal*, in: MüKo AktG, Bd. 9/2, § 404 Rn. 21.

105 Dies betont BGHSt 41, S. 140 (142), der sich der Definition vollumfänglich anschließt. Hierzu näher unter C.II.1. (S. 39).

106 Als Voraussetzung für einen urheber- bzw. patentrechtlichen Schutz. Selbst patentierbares technisches Wissen kann ein Betriebsgeheimnis darstellen, wenn auf die Patentierung, die immer auch eine Veröffentlichung bedeutet (vgl. §§ 34 Abs. 4 und 58 Abs. 1 PatG), verzichtet und stattdessen auf Geheimhaltung gesetzt wird. Dies betonen auch *S. Richters/C. Wodtke*, Schutz, NZA-RR 2003, S. 281 (281) und *H.-H. Maass*, Information und Geheimnis, S. 94, 101. Letzter weist zudem darauf hin, dass Geheimhaltung der Patentierung oftmals vorgezogen wird. Ursachen hierfür können hohe Anmeldekosten, das Risiko der Patentablehnung, zeitliche Beschränkung der Ausschließlichkeit und/oder der u.U. hohe Aufwand für die Patentdurchsetzung sein, vgl. hierzu *B. Stückelberger*, Unternehmensinformation, S. 52 und ausführlich *W. M. Landes/R. A. Posner*, Economic Structure of Intellectual Property Law, S. 356 ff.

heimnisse gehören sie (neben Sachen und Rechten) zu den Werten eines Unternehmens.[107]
Die einzige Legaldefinition für unternehmerische Geheimnisse findet sich in § 67 Abs. 1 S. 2 SGB X, die im Jahr 1994 eingefügt worden ist: „Betriebs- und Geschäftsgeheimnisse sind alle betriebs- oder geschäftsbezogenen Daten, auch von juristischen Personen, die Geheimnischarakter haben.“ Kern der Definition ist die Verknüpfung des Geheimnisbegriffs mit dem des Datums.[108]
Das Fehlen weiterer Definitionen ist Folge der weitverbreiteten Auffassung, dass der kombinierte Begriff des Betriebs- und Geschäftsgeheimnisses durch den Gesetzgeber nicht zufriedenstellend definiert werden könne und daher die inhaltliche Konkretisierung der Rechtsprechung zu überlassen sei.[109] Darüber hinaus sind die Begriffskonturen durch die umfassende, allerdings überwiegend wettbewerbsstrafrechtliche Rechtsprechung definitionsersetzend geprägt worden. Die verwaltungsrechtliche Rechtsprechung hat sich mit dem Betriebs- und Geschäftsgeheimnis tiefergehend erst mit Erlass des UIG im Jahre 1994[110] auseinandersetzen

---

107 Vgl. nur *K. Hopt*, in: Baumbach/ders., HGB, Einl. vor § 1 Rn. 34 und *H. Köhler*, in: Hefermehl/ders./Bornkamm, WettbewerbsR, Vorbem. §§ 17-19 UWG Rn. 1. Grundlegend hierzu *A. Hueck*, Unkörperliche Geschäftswerte, S. 19 ff.

108 Höchstens § 5 Abs. 1 Nr. 3 AIG-Bbg kann ebenfalls als Definition gedeutet werden, danach sind Anträge auf Akteneinsicht abzulehnen (vorbehaltlich der Abs. 2 und 3), durch die Außenstehende Kenntnis erlangen würden von „einer Tatsache […], die nur einem eng begrenzten Personenkreis bekannt ist, zu einem bestimmten Geschäftsbetrieb in Beziehung steht und die nach dem Willen des Unternehmens geheim zu halten ist oder an deren Geheimhaltung das Unternehmen ein schutzwürdiges Interesse hat.“ Damit knüpft der Landesgesetzgeber exakt an die Kriterien der lauterkeitsrechtlichen Judikatur an.
In eine ähnliche Richtung auch der Begriff „wirtschaftlich sensiblen Informationen“ in § 9 EnWG, der sich aus der wörtlichen Übernahme aus den entspr. RL ergibt: Art. 10 und 14 RL 2003/55/EG (Gas-RL) sowie Art. 12 und 16 RL 2003/54/EG (Elektrizitäts-RL), er erfasst alle Daten, die im Rahmen des Geschäftsbetriebs eines Netzbetreibers anfallen, *P. Salje*, EnWG, § 9 Rn. 7. Ebenso spricht § 13 Abs. 1 WpHG von „Information über nicht öffentlich bekannte Umstände, die sich auf einen oder mehrere Emittenten von Insiderpapieren oder auf die Insiderpapiere selbst beziehen und die geeignet sind, im Falle ihres öffentlichen Bekanntwerdens den Börsen- oder Marktpreis der Insiderpapiere erheblich zu beeinflussen“. Ebenfalls definitorischen Charakter hat Art. 39 Abs. 2 TRIPS, hierzu ausführlich *S. Müller*, Schutz von Know-how, S. 120 ff.

109 So auch *B. J. Drijber*, Access, in: Schwerpunkte des Kartellrechts 1992/93, S. 109 (112) und dezidiert *M. Schröder*, Geheimhaltungsschutz, S. 17. Der Streit um Möglichkeit und Nutzen einer Legaldefinition hält bereits lange an, vgl. etwa *E. Schmidt*, Gutachten, in: Verhandl. des 36. DJT, S. 101 (155 f.); *E. Friedlaender*, Schutz des Geschäfts- und Betriebsgeheimnisses, S. 22 f.

110 Grundlage war die RL 90/313/EWG, Umsetzung durch Gesetz vom 16.7.1994, BGBl. I, S. 1490; ersetzt durch RL 2003/4/EG, Umsetzung durch Gesetz vom 22.12.2004, BGBl. I, S. 3704. Zum Erlass des UIG als Paradigmenwechsel *S. Baer*, "Der Bürger" im VerwR, S. 68.

müssen und lehnt sich dabei eng an die erarbeiteten Begriffsumrisse der lauterkeitsrechtlichen Rechtsprechung an.[111]
Im europäischen Recht ist ebenfalls keine Legaldefinition vorhanden; in Rspr. und Lit. ist jedoch eine dem deutschen Recht nahezu identische Definition entwickelt worden, die maßgeblich im Kartellrecht geprägt worden ist[112] und v.a. das Kriterium der Verhinderung wirtschaftlicher Nachteile betont.[113]

2. Nichtoffenkundigkeit

Ein Geheimnis existiert nur dann, wenn die in ihm enthaltene Tatsache/Information nicht offenkundig, d.h. allgemein bekannt oder zumindest einfach erreichbar ist.[114] Dies ist dann der Fall, wenn das Unternehmen keine Kontrolle mehr über die Kennenden hat,[115] die Kenntniserlangung also einem unbestimmten Personenkreis möglich ist. Mit Offenbarung ist die Information kein Geheimnis mehr und kann keinen entsprechenden Schutz mehr beanspruchen. Die Nichtoffenkundigkeit einer Information begründet also ihre Schutzwürdigkeit und Schützbarkeit im System des Geheimnisschutzes.[116]

---

111 Vgl. *H. J. Bonk/D. Kallerhoff*, in: P. Stelkens/H. J. Bonk/M. Sachs (Hrsg.), VwVfG, § 30 Rn. 9. Weitere Beispiele unter C.II.9.a) (S. 52). Eine entscheidende Einschränkung macht aber das VG Köln, NuR 2005, S. 665, das für ein Betriebs- und Geschäftsgeheimnis einen „Einsatz von betrieblichen Leistungen und Finanzaufwand" fordert im Anschluss an die Formulierung bei *T. v. Danwitz*, Schutz, DVBl 2005, S. 597 (600).

112 Vgl. etwa *B. Richrath*, Spannungsverhältnis, S. 164 ff.

113 „Geschäftsgeheimnisse sind [...] solche Angaben, die ein Unternehmen einem Wettbewerber, Lieferanten, Abnehmer oder Verbraucher üblicherweise nicht zugänglich macht und deren Kenntnis einem Dritten (Wettbewerber, Lieferanten oder Abnehmern) einen Vorteil im Wettbewerb oder in ihren Geschäftsbeziehungen bedeutet und deren Mitteilung eine dem Wettbewerb inhärente Unsicherheit über das künftige Marktverhalten verringert und damit die Selbständigkeit der unternehmerischen Marktstrategie beeinträchtigt (objektive Auslegung der Geschäftsgeheimnisse)." So *K. L. Ritter*, in: Immenga/ Mestmäcker, EG-WettbR, 3. Aufl. 2001, Art. 20 VO 17 Rn. 26, im Anschluss daran *E.-J. Mestmäcker/H. Schweitzer*, Europ. WettbewerbsR, § 19 Rn. 35.

114 So sind Informationen über den Urangehalt von Mineralwässern keine Geheimnisse, weil die Wässer von jedermann ohne größeren Aufwand analysiert werden können, so zumindest VG Magdeburg, UPR 2006, S. 403 (404). Allgemeiner zur Offenkundigkeit *H. W. Többens*, Straftaten, WRP 2005, S. 552 (556). Das Merkmal der Offenkundigkeit ist auch stark kontextabhängig: Der Name eines Unternehmens allgemein ist offenkundig. In Bezug auf die Beteiligung an einem Verwaltungsverfahren kann er aber durchaus geheim sein, vgl. OVG NRW, NVwZ-RR 2005, S. 749 ff.

115 Vgl. *R. Kraßer*, Grundlagen, GRUR 1977, S. 177 (179). Die Rspr. nimmt Offenkundigkeit erst dann an, wenn das Herstellungsverfahren in seinen Einzelheiten bekannt und jederzeit nachvollziehbar ist, vgl. etwa BGH, NJW 1980, S. 1338 (1339).

116 Diese Feststellung gilt auch für den Bereich des Rechts auf informationelle Selbstbestimmung. Denn auch wenn die Information bei allgemeiner Bekanntheit ihre Schutzwürdigkeit nicht vollständig verliert, kann ihr Schutz nicht mehr durch das System des Daten-

Das Merkmal der Nichtoffenkundigkeit ist also der Nukleus des Geheimnisbegriffs, der mit dem Attribut „geheim" gleichgesetzt werden kann.[117] Nichtoffenkundigkeit ist daher die objektive Voraussetzung für ein Geheimnis, gleichzeitig ist sie ein grundlegender, teilweise gar alleiniger wertbildender Faktor.
Vor allem im Kartellrecht ist die Frage nach der Nichtoffenkundigkeit der Ansatzpunkt von Einschränkungen des Geheimnisschutzes, indem unternehmerische Daten und Informationen als offenkundig eingestuft werden.[118] Hierdurch entschärfen sich später drohende Abwägungskonflikte mit entgegenstehenden Interessen bzw. werden von vornherein verhindert. Gerade angesichts des technischen Wandels und erweiterter Publizitätspflichten von Unternehmen wird die Nichtoffenkundigkeit immer schwieriger zu beurteilen sein, da in einer Unzahl von Quellen die Information offenbart worden sein kann. Diese Unübersichtlichkeit hierüber führt oftmals zu relativierenden Auffassungen über die Schutzwürdigkeit von Geheimnissen.

3. Wille zur und Interesse an Geheimhaltung

Weitere Voraussetzung eines Unternehmensgeheimnisses sind ein Wille zur und Interesse an der Geheimhaltung beim Geheimnisherrn.

a) Wille

Zumindest aus den Umständen muss sich ein Wille des Unternehmens erkennen lassen, dass eine Tatsache geheim gehalten werden soll, damit sie ein Geheimnis darstellen kann. Präziser gefasst ist die Willensentscheidung, gemeinsam mit der Nichtoffenkundigkeit der Information,[119] konstitutiv für ein Geheimnis und macht eine bloße, als objektive Voraussetzung nicht allgemein bekannte Information erst zu einem solchen Geheimnis.[120]

---

schutzes/Geheimnisschutzes erfolgen. Möglicher Ansatzpunkt für einen Schutz allgemein bekannter Informationen ist das Recht auf Selbstdarstellung in der Öffentlichkeit, vgl. *K. Vogelgesang*, Informationelle Selbstbestimmung, S. 115 mit Verweis auf BVerfGE 54, S. 148 (155). Entsprechend dieser Systematik erstreckt sich etwa die Verschwiegenheitspflicht von Beamten gemäß § 61 BBG (bzw. den entsprechenden Landesregelungen) nicht auf offenkundige Tatsachen, siehe *U. Battis*, BBG, § 61 Rn. 7.

117 So indirekt *D. Sternberg-Lieben*, in: Schönke/Schröder, StGB, § 93 Rn. 4.

118 Vgl. *S. Simon*, Schutz von Geschäftsgeheimnissen, S. 101 ff. Oftmals sind nämlich Informationen bereits über die Wirtschaftspresse, besondere Datenbanken und Wirtschaftsinformationsdienste sowie durch Berichtspflichten der Unternehmen offenkundig geworden.

119 Vgl. C.II.2. (S. 41).

120 Ein Geheimhaltungswille ist also subjektive Voraussetzung eines Geheimnisses. Ein solcher Wille wird regelmäßig vermutet, sofern nicht die besondere Umstände dagegen sprechen, *H. W. Többens*, Straftaten, WRP 2005, S. 552 (556).

b) Interesse

Darüber hinaus muss auch ein berechtigtes wirtschaftliches Interesse an der Geheimhaltung vorliegen.[121] Ein solches ist immer dann gegeben, wenn die Geheimhaltung für die Wettbewerbsfähigkeit des Unternehmens relevant ist,[122] eine Offenbarung also negative Folgen für die Stellung des Unternehmens im Wettbewerb hätte.[123] Dieses Geheimhaltungsinteresse des Unternehmens korrespondiert mit dem Kenntnisnahmeinteresse von außen und ist aus deren Sicht nur dann gegeben, wenn die geheim gehaltenen Informationen wirtschaftliche Nutzungsmöglichkeiten bieten oder zumindest erwarten lassen.[124] Von dem Geheimhaltungsinteresse umfasst sind daher nicht nur die geheimen Informationen, die das Geheimnis ausmachen, sondern auch diejenigen, aus denen sich auf den Inhalt des Geheimnisses schließen lässt.[125] Grund für den Geheimhaltungswillen ist die Wahrung einer vorteilhaften Position im Wettbewerb.

c) Rechtswidrige Geheimnisse

Lediglich die Frage, ob auch an einem sitten- und/oder rechtswidrigen Geheimnis ein berechtigtes Geheimhaltungsinteresse bestehen kann – und damit die Frage

---

121 Dass ein solches Interesse neben dem entsprechenden Willen vorhanden sein muss, ist schon seit langem nahezu unstreitig. So bereits *K. Nastelski*, Schutz, GRUR 1957, S. 1 (2); rein auf den Willen des Unternehmers stellte etwa noch *W. Degen* ab, vgl. Nachweis und Zitat in Fn. 101; umfangreiche Streitdarstellung m.w.N. bei *E. Schmidt*, Gutachten, in: Verhandl. des 36. DJT, S. 101 (126 ff.). Relevant ist ein objektives, aber wertungsabhängiges Geheimhaltungsinteresse des Unternehmens; an dieser Stelle ist noch kein Platz für eine Güterabwägung, so auch *R. Breuer*, Schutz, NVwZ 1986, S. 171 (172 f.).

122 So *A. Stadler*, Schutz des Unternehmensgeheimnisses, S. 14; *H. Köhler*, in: Hefermehl/ders./Bornkamm, WettbewerbsR, § 17 UWG Rn. 9; explizit auch *R. Kraßer*, Grundlagen, GRUR 1977, S. 177 (178), nach dem das berechtigte Interesse an Geheimhaltung proportional ist zu der Bedeutung des Geheimnisses für die Wettbewerbsfähigkeit des Unternehmens, ebenso *T. Tyczewski*/*T. Elgeti*, Schutz, NWVBl. 2006, S. 281 (284) und bereits *E. Schmidt*, Gutachten, in: Verhandl. des 36. DJT, S. 101 (137).

123 Die Frage nach einem berechtigten Geheimhaltungsinteresse als Schutzvoraussetzung für das Geheimnis bedeutet indirekt auch eine Bewertung des Informationsinhalts, so auch *J. N. Druey*, Information, S. 254. Bei Staatsgeheimnissen hingegen kommt es auf einen subjektiven Geheimhaltungswillen und ein entsprechendes Interesse hingegen nicht an, es wird also nicht eine vergleichbare Inhaltsbewertung vorgenommen. Das Geheimhaltungsinteresse ist auf diesem Gebiet also stark objektiviert. Lediglich der Ausschlusstatbestand in § 93 Abs. 2 StGB kann als Nichtanerkennung eines Geheimhaltungsinteresses gedeutet werden. Ob damit der Geheimnischarakter der Information entfällt oder nur ein Rechtfertigungsgrund für die Offenbarung entsteht, ist streitig, vgl. hierzu *D. Sternberg-Lieben*, in: Schönke/Schröder, StGB, § 93 Rn. 22 ff.

124 So *E. Hauck*, Wirtschaftsgeheimnisse, S. 27; hierzu bedarf es einer Prognose durch den Geheimhaltenden (a.a.O., S. 33).

125 So jüngst noch einmal OLG Stuttgart, NZG 2007, S. 72 (74).

nach der Reichweite der rechtlichen Anerkennung von Geheimnissen –, ist umstritten.[126] Inzwischen wird mehrheitlich bejaht, dass zumindest nicht jede Art der Rechtswidrigkeit das berechtigte Interesse an der Geheimhaltung entfallen lässt.[127] Teilweise wird in Anlehnung an § 2 Abs. 1 1. Hs. PatG darauf abgestellt, ob das Geheimnis gegen die öffentliche Ordnung oder die guten Sitten verstößt. Es bedürfe „eines Rechtsverstoßes, der gleichzeitig tragende Grundsätze der Rechtsordnung berührt“[128], damit das berechtigte Geheimhaltungsinteresses entfällt.

d) Beurteilung des Interesses

Da sich wirtschaftliche Relevanz und Bedeutung einer Information für die Stellung im Wettbewerb nur selten gänzlich ausschließen lassen, d.h. nahezu immer Konstellationen und Verwendungsmöglichkeiten einer Information vorstellbar sind, bei denen die Veröffentlichung einer Information zu einem wirtschaftlichen Nachteil für das Unternehmen führen kann, kommen nur wenige geheime Information von vornherein nicht als Inhalt eines Unternehmensgeheimnisses in Betracht. Denn sichere Prognosen und Kausalitätsnachweise über die Wirkung einer Informationsoffenbarung sind aufgrund der unendlichen Rekombinierbarkeit von Information nahezu unmöglich,[129] so dass bei der Beurteilung des berechtigten

---

126 *A. Stadler*, Schutz des Unternehmensgeheimnisses, S. 16; vertieft hierzu *S. Rützel*, Illegale Unternehmensgeheimnisse?, GRUR 1995, S. 557 (557).; für den Bereich des Kartellrechts *S. Simon*, Schutz von Geschäftsgeheimnissen, S. 89 ff. Auch diese Streitfrage hat einen langen Verlauf, vgl. bereits *G. Thiele*, Geschäfts- und Betriebsgeheimnis in § 17 UWG, S. 19 f.

127 Vgl. bereits *R. Callmann*, Der unlautere Wettbewerb, § 17 UWG Rn. 3b; *J. Bornkamm*, in: Hefermehl/Köhler/ders., WettbewerbsR, § 17 UWG Rn. 9 m.w.N und *H. W. Többens*, Straftaten, WRP 2005, S. 552 (556); dagegen etwa *S. Rützel*, Illegale Unternehmensgeheimnisse?, GRUR 1995, S. 557 ff.; *S. Richters/C. Wodtke*, Schutz, NZA-RR 2003, S. 281 (282), *M. Rossi*, IFG-Hk, § 6 Rn. 77 und *J. Taeger*, Offenbarung, S. 76, der aber weniger wettbewerbs- als vielmehr eigentumsrechtlich argumentiert. Zu einer Erfüllung des Straftatbestandes nach § 17 UWG kommt es auch bei Bejahung der Schutzwürdigkeit „illegaler“ Geheimnisse aber zumeist deshalb nicht, weil bei einer Offenbarung diese dann nicht mehr als unbefugt anzusehen sein wird. Vgl. für den Bereich des Kartellordnungswidrigkeitenrechts *J. Brammsen*, Anzeige von Kartellrechtsverstößen, in: Schwerpunkte des Kartellrechts 1992/93, S. 77 (82 ff.). Ähnlich jüngst das VG Frankfurt, juris, 7 E 5426/06 v. 12.3.2008, Rn. 50.

128 So jüngst OVG SH, NuR 2006, S. 327 (328), das sich beruft auf die entsprechende Auslegung in der patentrechtlichen Lit., (vgl. etwa *P. Mes*, PatG, § 2 Rn. 6 m.w.N.) nach der ein Verstoß gegen die öffentliche Ordnung nicht bei jedem Verstoß gegen ein gesetzliches Verbot gegeben ist. Anders hingegen aufgrund § 7 S. 2 IFG-Bln das VG Berlin, juris, 2 A 72.04 v. 10.5.2006, Umdruck S. 4.

129 So auch *E. Hauck*, Wirtschaftsgeheimnisse, S. 33 f. Entsprechend die Auslegung bei *P. Salje*, EnWG, § 9 Rn. 21, dass in § 9 EnWG an Informationen mit „fehlender wirtschaftlicher Bedeutung“ als ungeschriebenem Ausnahmetatbestand hohe Anforderungen zu

wirtschaftlichen Interesses dem betreffenden Unternehmen zunächst eine Prognosehoheit zukommen muss.[130] Ausgeschlossen werden damit lediglich rein ideelle oder sonstige Interessen, die nicht dem Normzweck entsprechen.[131]
Um einen umfassenden Schutz schutzwürdiger Geheimnisse zu gewährleisten, können und dürfen an diese Darlegungslast des Unternehmens bzgl. seines berechtigten Interesses an Geheimhaltung einer Information nicht zu hohe Anforderungen gestellt werden. Aus diesem Grund wird teilweise auch nur ein Willkürausschluss als Begrenzung für sinnvoll gehalten.[132] In prozessualen Zusammenhängen kommt es für den Umfang des Geheimnisschutzes daher auf die Beweislastverteilung an. Denn ein Unternehmen wird seine Prognose, wonach eine Veröffentlichung der in Frage stehenden Information wirtschaftliche Nachteile mit sich bringt, nur selten wirklich beweisen können; zumindest Anhaltspunkte für die Schutzwürdigkeit müssen aber vorgebracht werden.[133] Anerkannt wird ein Geheimnis also nur, wenn die Offenbarung *konkrete* nachteilige Folgen für die Wettbewerbsfähigkeit des betroffenen Unternehmens besorgen lässt.[134]

e) Besonderheiten im Öffentlichen Recht

In öffentlich-rechtlichen Konstellationen ist das Merkmal des berechtigten Interesses anders konstruiert als im Bürgerlichen Recht, denn es muss gegenüber dem Staat bestehen und anerkannt sein. Dabei erscheint jede staatliche Informationsoffenbarung gegenüber Wettbewerbern als rechtfertigungsbedürftiger Eingriff, so

---

stellen sind. Vgl. des Weiteren die Gemeinsame RL der Regulierungsbehörden des Bundes und der Länder zur Umsetzung der informatorischen Entflechtung nach § 9 EnWG vom 13.6.2007, S. 8 f.

130 OVG NRW, justiz.nrw.de, 13a D 14/04 v. 13.10.2004, Umdruck S. 3. Die Frage, ob ein Geheimnis vorliegt, ist also in erster Linie aus der Sicht desjenigen zu beurteilen, der das Vorliegen von Geheimnissen für sich geltend macht.

131 *E. Hauck*, Wirtschaftsgeheimnisse, S. 27.

132 *S. Simon*, Schutz von Geschäftsgeheimnissen, S. 80 f. m.w.N., *S. Eilers/T. Schröer*, Schutz, BB 1993, S. 1025 (1029)., ausführlich zu den Auswirkungen im Zivilprozess *A. Stadler*, Schutz des Unternehmensgeheimnisses, S. 117 ff.

133 *J. Willbrand*, Gesetzlicher Regelungsbedarf, S. 31. Die Prognose, ob und in welchem Umfang wirtschaftliche Nachteile beim betroffenen Unternehmen durch die Veröffentlichung eintreten, ist also ein Unsicherheitsproblem, für das seinerseits Entscheidungsmaßstäbe entwickelt werden müssen; vgl. zur Thematik etwa *A. Scherzberg*, Wissen, Nichtwissen und Ungewissheit, in: C. Engel/J. Halfmann/M. Schulte (Hrsg.), Wissen – Nichtwissen – Unsicheres Wissen, S. 113 (123). Konkrete Anhaltspunkte für einen Schadenseintritt fordert daher OVG RP, ZUR 2008, S. 259 ff.

134 *R. Bechtold*, Kartellgesetz, § 72 Rn. 1. Fälle, in denen eine Information zwar dem anderen Unternehmen nützt, das betroffene Unternehmen aber keinen Schaden erleidet, sind dabei nicht vorstellbar, weil der Vorteil des anderen Unternehmens sogleich die Stellung des betroffenen schwächt. A.A. *E. W. Kitch*, Valuable Information, in: N. Stehr/R. Grundmann (Hrsg.), Knowledge, Bd. 3, S. 305 (320).

dass es also bereits bei der Rechtfertigung zu einer Abwägung zwischen den Schutzinteressen des Unternehmens und den öffentlichen Interessen an der Einsichtnahme kommt. Hierdurch vermischen sich zwei eigentlich getrennten Ebenen, von denen eine festlegt, was ein Unternehmensgeheimnis ist, auf der anderen aber erst über die Reichweite ihrer Schutzwürdigkeit im Rahmen von Güterabwägungen entschieden wird. Zumindest ist bereits auf der Ebene des berechtigten Interesses darüber zu befinden, ob grundrechtliche Schutzbereiche des Unternehmens betroffen sind, weil ansonsten ein subjektives Recht auf Geheimhaltung nicht bestehen kann.
Da das BVerfG Unternehmensgeheimnissen den Schutz des Art. 12 GG zuerkennt[135] und sich seinerseits an die zivilrechtliche Definition von Unternehmensgeheimnissen anlehnt,[136] bietet es sich auch in öffentlich-rechtlichen Konstellationen an, das berechtigte Interesse weit als wirtschaftliches Interesse mit wettbewerblichen Wertungen zu deuten und nicht bereits an dieser Stelle grundrechtlich anzureichern.

4. Geheimnisherr/Geheimnisträger

Die Begriffe Geheimnisträger bzw. Geheimnisherr drücken eine personelle Zuordnung des Geheimnisses aus. Dabei ist der Geheimnisherr der Verfügungsberechtigte,[137] Geheimnisträger darüber hinaus jeder, der das Geheimnis und seinen Inhalt kennt.[138]

5. Unternehmensbezug

Ein Geheimnis muss durch eine besondere Beziehung zum Unternehmen diesem zuzuordnen sein, um als Geschäfts- und Betriebsgeheimnis zu gelten.[139] Diese Anforderung hat vor allem den Zweck der Schutzgutsabgrenzung gegen sowohl private Geheimnisse[140] als auch nicht mehr nur das einzelne Unternehmen betref-

---

135 BVerfGE 115, S. 205 (229), näher hierzu unter G.IV.3. (S. 180 ff.).

136 Dies ergibt sich zwar auch aus dem eingeschränkten Prüfungsmaßstab des BVerfG, der besonders in Urteilsverfassungsbeschwerden deutlich wird. Die Anlehnung an das Privatrecht lässt sich aber dennoch in die Richtung deuten, dass das BVerfG beim berechtigten Interesse keine Probleme sieht, wie es das etwa im Fall von Publikumsinformationen mit seinen eingeschränkten Gewährleistungsinhalten tat. Vgl. zu diesen G.IV.3.a) (4) (S. 183 ff.).

137 Sofern es sich um ein subjektives Recht handelt, ansonsten handelt es sich um eine reale Kenntnisgabebefugnis.

138 *M. Kloepfer*, Informationsrecht, § 9 Rn. 7.

139 Allgemeine Ansicht, vgl. nur *H. W. Többens*, Straftaten, WRP 2005, S. 552 (555 f.). Vgl. zur Zuordnung von Informationen E.III. (S. 143 ff.).

140 So auch *D. Hausberg*, Schutz von Betriebs- und Geschäftsgeheimnissen, S. 44.

fende „generelle wirtschaftliche Bracheninteressen"[141]. Die Anforderungen an einen solchen Bezug sind gesetzlich allerdings nicht vorgegeben; vielmehr wird ein solcher Bezug in Normen bereits vorausgesetzt.[142]
Als Ansatzpunkte für den Unternehmensbezug bieten sich sowohl der Geheimnisinhalt[143], der das Unternehmen zum Gegenstand hat, als auch das Entstehen und Vorhandensein der Information im – durchaus räumlich zu verstehenden – Bereich des Unternehmens an. Weitgehend unerwähnt bleibt die mehrfache Zuordnung von Geheimnissen etwa zu verschiedenen Unternehmen.[144] Auch kann eine Information Unternehmensgeheimnis und gleichzeitig Information sein, über die ein Kunde – allein schon aus Gründen der Meinungsfreiheit, sofern nicht besondere vertragliche Verschwiegenheit vereinbart wurde – frei verfügen kann.[145]
In dem Bezug muss sich genau die Offenbarungsgefahr für das Unternehmen wiederfinden: Kann kein Bezug zu einem konkreten Unternehmen hergestellt werden, sind die Informationen auch nicht als Geheimnis schutzwürdig.

6. Gesetzliche Ausschlusstatbestände

In den Schutzbereich einbezogen sind also alle Informationen, die die dargestellten Anforderungen erfüllen. Einige Normen nehmen aber explizit bestimmte (Arten von) Informationen aus dem Schutzbereich[146] heraus: So legt etwa § 22 Abs. 3

---

141 So etwa die Formulierung des VG Magdeburg, UPR 2006, S. 403 (404) mit der Begründung, dass durch eine Auskunft über den Urangehalt von Mineralwässern der gesamten Mineralwasserwirtschaft Sachsen-Anhalts die Absatzinteressen aller Betriebe tangiert seien und es daher an einem hinreichenden Bezug zum einzelnen Betrieb mangele (vgl. zum Fall Fn. 114). Ebenso *M. Rossi*, IFG-Hk, § 6 Rn. 68.

142 Vgl. etwa besonders deutlich § 19 Abs. 1 PublG und §§ 404 Abs. 1 AktG, 85 Abs. 1 GmbHG, die vom „Geheimnis des Unternehmens" bzw. vom „Geheimnis der Gesellschaft" (ähnlich auch § 333 HGB) bereits als Ergebnis einer (hinreichenden) Zuordnung sprechen. Fraglich ist, ob die Beziehung zwischen Geheimnis und Geheimnisherr überhaupt hinreichend zu konkretisieren ist; verneinend etwa *T. Hoeren*, Information, MMR Beilage 9/1998, S. 6 (7).

143 Den Inhaltsbezug führt bereits *P. Schmid*, Fabrik- und Geschäftsgeheimnisse, S. 67 an, der schreibt: „Betriebs- und Geschäftsgeheimnisse sind diejenigen Tatsachen, welche sich auf Art, Zeit, Ort der Herstellung, auf die Beschaffenheit von Waren oder gewerblichen Leistungen, auf die dazu verwendeten Materialien und deren Bezugsquellen, auf die Absatzverhältnisse, den Vertrieb und den Umsatz, insbesondere auf die Kundschaft, die Transportwege und -mittel, auf die Arbeitsverhältnisse, das Arbeits- und Geschäftspersonal, auf die Personen des Geschäftsinhabers, des Geschäftsleiters, die Mitarbeiter, die Preisbemessung und sonstige geschäftliche Verhältnisse eines Gewerbebetriebs *beziehen.*" (Hervorh. v. Verf.).

144 So kann etwa die Information darüber, dass beide Unternehmen sich in Vertragsverhandlungen befinden, Geheimnis beider Unternehmen sein.

145 Siehe das Beispiel in OLG Stuttgart, GRUR 1982, S. 315 (316).

146 Eine ähnlicher Ausschlusstatbestand für Staatsgeheimnisse findet sich in § 93 Abs. 2 StGB, nach dem Tatsachen, die gegen die freiheitliche demokratische Grundordnung oder

ChemG ganze Bereiche von Unternehmensinformationen fest, die keine Geschäfts- und Betriebsgeheimnisse darstellen[147] und damit auch nicht dem Geheimnisschutzregime unterfallen. Eine ähnliche Legalausnahme stellt auch die Regelung in § 17a Abs. 2 GenTG dar.[148] Beide Ausschlusstatbestände sind auf EG-Richtlinien zurückzuführen.[149] Entsprechendes gilt für die Legalausnahme in § 2 S. 3 VIG[150], die Daten über Verstöße gegen das LFGB aus dem Ausnahmetatbestand des Informationszugangs zum Schutz von Unternehmensgeheimnissen ausschließt. Ein weiterer Ausschlusstatbestand findet sich in § 9 Abs. 1 S. 2 bzw. Abs. 2 S. 2 UIG. Zu deuten sind diese Ausschlusstatbestände als gesetzgeberische Wertungen, dass ein berechtigtes Interesse an der Geheimhaltung nicht vorliegt bzw. entgegenstehende Veröffentlichungsinteressen höher zu gewichten sind und daher überwiegen. Die Reichweite des Unternehmensgeheimnisses wird hierdurch konkretisiert.[151]

Indirekt können auch alle Veröffentlichungspflichten als gesetzliche Ausnahmetatbestände angesehen werden. So schreibt etwa § 11a Abs. 1 S. 1 AMG vor, dass „Fachinformationen" auf Anfrage weiterzugeben sind.[152] Bei den in S. 2 näher bezeichneten Informationen kann sich ein Unternehmen nicht mehr darauf berufen, dass es sich um Unternehmensgeheimnisse handelt. Noch allgemeiner kann daher für alle gesetzlichen Offenlegungspflichten gelten, dass die entsprechenden Informationen von vornherein nicht subjektive Rechte des Unternehmens darstellen und auch keine Geheimnisse sind.[153]

---

unter Geheimhaltung gegenüber den Vertragspartnern der Bundesrepublik gegen Rüstungsbeschränkungen verstoßen, nicht Staatsgeheimnis sind. Hierzu *D. Sternberg-Lieben*, in: Schönke/Schröder, StGB, § 93 Rn. 1, der von „normativen Einschränkungen", in Rn. 26 aber deutlicher davon spricht, dass Illegales gar nicht dem Tatbestand des Staatsgeheimnisses unterfällt.

147 Etwa Handelbezeichnungen von Stoffen, Name und Anschrift des Herstellers, die Eigenschaften des Stoffs usw. Kritisch zu Negativkatalogen *M. Schröder*, Geheimhaltungsschutz, S. 18, 27.

148 Zur Reichweite dieser gesetzlichen Ausnahme OVG NRW, NVwZ-RR 2006, S. 248 ff., hierzu *J. Neubert/U. Wollenteit/J. Gebauer*, Verhältnis, Anm. zu OVG NRW v. 20.6.2005, Az. 8 B 940/05, ZUR 2005, S. 424 ff.

149 Art. 19 Abs. 4 der RL 90/220/EG i.d.F. vom 27.6.1997 (Abl. L 169 S. 72) bzw. Art. 19 Abs. 4 der RL 90/219/EG (zuletzt geändert durch die RL 2001/204/EG).

150 Das Gesetz ist 2007 verabschiedet worden (BT-DS 16/5404) und im Mai 2008 in Kraft getreten.

151 So auch OVG NRW, NVwZ-RR 2006, S. 248 (249). Für eine enge Auslegung des Begriffs der Emmissionsdaten bereits im RL-Kontext *D. Waelbroeck/A. Specker*, Freedom, EurUP 2006, S. 236 (239 f.).

152 Vgl. noch zu den Problemen eines strikteren Geheimhaltungregimes unter der älteren Rechtslage *G. Borchert*, Arzneimittelsicherheit, ZRP 1996, S. 124 ff.

153 So auch *J. Taeger*, Offenbarung, S. 75.

Im Bereich des Kartellrechts wird überlegt, „kartellrechtsrelevante Fakten“ von vornherein nicht als Geschäftsgeheimnisse anzuerkennen.[154] Dies stellt aber nur indirekt einen gesetzlichen Ausschluss dar und wird lediglich aus dem Kontext gefolgert. Der Fall ist im europäischen Recht eindeutig geregelt, hier schließt Art. 27 Abs. 2 S. 5 VO 1/2003 Informationen über die Zuwiderhandlung aus dem Geheimnisschutz aus.

7. Historische Dimension

Auf die Bedeutung wirtschaftlicher Geheimnisse und die stetigen Versuche ihrer Ausforschung seit der Antike wird mit zahlreichen Beispielen hingewiesen,[155] zu unterscheiden davon ist die Frage nach den Ursprüngen und der Geschichte ihres *rechtlichen* Schutzes und dessen Ausgestaltung. Konkret erwähnt werden in der Literatur erst Geheimnisschutznormen, die am Ende des 17. bzw. Beginn des 18. Jahrhunderts erlassen wurden; ohne nähere Benennung wird aber auf entsprechende Zunftregeln im Mittelalter verwiesen.[156] Angeführt werden etwa die Strafnorm § 148 Tit. 20 T. II PrALR[157] mit Verweis auf ihren staats-, nicht unternehmensschützenden Charakter[158] sowie eine sächsische Verordnung von 1721 zur „Bestrafung ungetreuer Klöppelmägde“, die den Schutz von Klöppelmustern regelt.[159] Detailliertere Strafnormen bildeten sich im Laufe des 19. Jahrhunderts in den Partikularstrafgesetzgebungen heraus,[160] eine entsprechende Regelung wurde

---

154 Maßgeblich vertreten von *K. Schmidt*, in: Immenga/Mestmäcker, GWB, § 56 Rn. 8, 12; hierzu etwa *B. Richrath*, Spannungsverhältnis, S. 80 m.w.N. und *S. Simon*, Schutz von Geschäftsgeheimnissen, S. 89 ff.; zustimmend auch *H.-J. Wieckmann*, Akteneinsicht, WuW 1983, S. 13 (14) und *C. Berg*, Geschäftsgeheimnisse, S. 8 f. Davon abrückend aber *K. Schmidt*, Drittschutz, S. 92, wonach aber die Kartellrechtswidrigkeit nur in der Abwägung zu berücksichtigen ist.

155 Vgl. nur *M. Teufel*, Verrat von Wirtschaftsgeheimnissen, ArchKrim 162 (1978), S. 129 (136 f.), der etwa das Geheimnis der Seiden-, Porzellan- und Schießpulverherstellung anführt. Reich an Beispielen und weit ausgreifend auch *P. A. Zimmermann*, Frühe Beispiele, GRUR 1967, S. 173 ff.

156 *P. Schmid*, Fabrik- und Geschäftsgeheimnisse, S. 39.

157 „Wer Fabrikenvorsteher, Bediente oder Arbeiter, zum Auswandern verleitet, und ihnen dabei behülflich ist; oder sonst Fabriken- oder Handlungsgeheimnisse Fremden verräth; ingleichen wer seinem Vaterlande andere Vortheile vorsätzlich entzieht, der hat vier- bis achtjährige Festungs- oder Zuchthausstrafe verwirkt.“ Die Norm findet sich im Abschnitt der Tatbestände zur „Landesverrätherei“.

158 *P. Prein*, Geheimnisschutz, S. 11 sowie *P. Schmid*, Fabrik- und Geschäftsgeheimnisse, S. 39; vgl. auch *E. Friedlaender*, Schutz des Geschäfts- und Betriebsgeheimnisses, S. 2.

159 *J. Kohler*, Der unlautere Wettbewerb, S. 248.

160 So *E. Schmidt*, Gutachten, in: Verhandl. des 36. DJT, S. 101 (161); vgl. die Nachweise der Normen bei *P. Prein*, Geheimnisschutz, S. 12, *J. Kohler*, Der unlautere Wettbewerb, S. 251 ff. und besonders bei *P. Schmid*, Fabrik- und Geschäftsgeheimnisse, S. 39 ff. mit entsprechender Darstellung. Auch im angloamerikanischen *common law* datieren die ersten *cases* zum Schutz von Unternehmensgeheimnissen im 19., in den USA gar erst im 20.

aber nicht ins RStGB aufgenommen. Einen zivilrechtlichen, d.h. lauterkeits- oder deliktsrechtlichen Schutz des Geschäfts- und Betriebsgeheimnisses, etwa über ein Recht am Gewerbebetrieb oder am Geheimnis selbst gab es lange Zeit nicht,[161] er wurde erst mit den Vorarbeiten zur Schaffung eines Gesetzes gegen den unlauteren Wettbewerb überhaupt erwogen.[162]
Der Geheimnisschutz des 19. Jahrhunderts beschränkt sich also ausschließlich auf den technischen und musterrechtlichen Bereich, er wird von Strafnormen dominiert.[163] Hinzu kommt seit dem Urteil des RG im Jahre 1892 lediglich ein stark eingeschränkter deliktischer Schutz unangemeldeter Erfindungen, also ebenfalls technischer Informationen.[164] Informationen, die – vorwiegend aus dem geschäftlichen Bereich (Geschäftsgeheimnis) – bei entsprechender Interpretation Rückschlüsse auf die Stellung des Unternehmens zulassen und diesem bei Bekanntwerden einen Nachteil im Wettbewerb zufügen würden, finden dort (noch) keine Erwähnung. Die Einbeziehung kaufmännisch geprägter Geheimnisse in den Geheimnisschutz und die Prägung des Kombinationsbegriffs „Betriebs- und Ge-

---

Jahrhundert, *E. W. Kitch*, Valuable Information, in: N. Stehr/R. Grundmann (Hrsg.), Knowledge, Bd. 3, S. 305 (310).

161 *P. Prein*, Geheimnisschutz, S. 11 und 14. Der Geheimnisschutz durch vertragliche Gestaltung und die entsprechenden Sanktionsmechanismen bei Vertragsbruch stehen dabei außerhalb dieser Betrachtung, weil im Rahmen des Vertrages Geheimhaltung vereinbart und durch Vertragsstrafen gesichert werden kann. Hierbei handelt es sich aber um „Selbstschutz“ in einer individuellen Vereinbarung und nur sehr indirekt um Geheimnisschutz durch Recht.

162 So *P. Prein*, Geheimnisschutz, S. 17. Den wichtigsten Schutz bietet auch im UWG aber weiterhin eine Strafnorm, die dem heutigen § 17 UWG weitgehend entspricht. *K. Tiedemann*, Rechtsnatur, in: FS E. v. Caemmerer, S. 643 (646) führt den Grund für die Einführung dieser Strafnorm im Lauterkeitsrecht auf Forderungen der Textilindustrie nach einem bis dahin unzureichenden Muster- und Entwurfsschutz zurück.

163 Eine Dominanz des Strafrechts im Gewerblichen Rechtsschutz des 19. Jh. stellt auch *E. Wadle*, Weg zum gesetzlichen Schutz, in: FS GRUR I, S. 93 (Rn. 105) fest. Der Schutz von Unternehmensgeheimnissen ist über das Strafrecht, insbesondere über § 17 UWG, ins Zivilrecht gekommen, so *T. Hoeren*, Information, MMR Beilage 9/1998, S. 6 (7).

164 Einzig im Bereich der noch nicht angemeldeten, aber patentfähigen Erfindungen hat das RG schließlich eine Art rechtlicher Zuordnung und damit einen Schutz der noch geheimen Erfindung anerkannt und eigentumsrechtlich begründet. Siehe RGZ 29, 49 (53) von 1892; leider hält das RG eine Untersuchung der tieferen Grundlagen des Rechts an unangemeldeten Erfindungen für nicht erforderlich und gewährt ohne nähere Ausführungen zum verletzten Recht Anspruch aus unerlaubter Handlung. In RGZ 37, 41 (42 f.) aus dem Jahr 1896 steht für das RG die Existenz eines Rechtes an unangemeldeten Erfindungen bereits „außer Frage“, denn Allgemeingut sei eine Erfinderidee nur, wenn sie offenkundig (!) sei. Mit diesem Kriterium finden sich erste Anzeichen eines privatrechtlichen Geheimnisschutzes. Schutzgrund sind aber nach den Ausführungen des Gerichts die „Vorwirkungen“ des durch die Anmeldung entstehenden Immaterialgüterrechts Patent. Detaillierter zur Situation vor dem Erlass des ersten UWG im Jahr 1896 auch *P. Schmid*, Fabrik- und Geschäftsgeheimnisse, S. 39 ff., zu den Ansichten in der Lit. S. 46 ff.

schäftsgeheimnis“ erfolgt, soweit überschaubar, erst zu Beginn des 20. Jahrhunderts, als die Begründungsstränge für den Schutz von Unternehmensgeheimnissen detaillierter und damit auch unübersichtlicher wurden. So interpretierte man Geheimnisschutz nicht mehr nur als Eigentumsschutz,[165] sondern erstmals und nunmehr fast ausschließlich als *Persönlichkeitsschutz*.[166] Die Verwendung des Persönlichkeitsrechts[167] als mit Abstand wichtigste Begründung und Schutzgut des Geheimnisschutzes ermöglichte argumentativ überhaupt erst die Ausweitung auf Geheimnisse des kaufmännischen Bereichs (Geschäftsgeheimnisse). Die Bewegung ging also vom Bereich der Technik und gewerblichen Schutzrechte[168] hin zu einem umfassenden Schutz von internen unternehmerischen Informationen.
Das Persönlichkeitsrecht wurde allgemein im gewerblichen Rechtsschutz als selbständiger Strauß von Rechtspositionen und zudem als eigenständiger Begründungsstrang neben den Immaterialgüterrechten etabliert[169] und darüber hinaus im Zivilrecht zu einer eigenen Gattung von absoluten Rechten mit teilweise vermögensrechtlichem Charakter.[170] Deutlich wird Ausweitung des Schutzes auf einzelne unternehmensbezogene Informationen etwa dadurch, dass erstmals im Geheimnisschutz Begriffe wie unternehmerische, betriebliche oder gewerbliche *Sphäre* auftauchen, die sich an das in der Entwicklung befindliche Recht auf Persönlichkeitssphäre anlehnen. Erfasst werden konnten so erstmals auch Informationen *über* das Unternehmen. Die Identifikation von über den Geheimnisschutz zu schützenden Informationen geschah also eher bereichsartig, nach der Art der Information musste nicht mehr streng unterschieden werden. Der ältere Strang des

---

165 *P. Schmid*, Fabrik- und Geschäftsgeheimnisse, S. 11.

166 Vgl. *J. Kohler*, Der unlautere Wettbewerb, S. 245 ff, insb. 257 f., *P. Schmid*, Fabrik- und Geschäftsgeheimnisse, S. 11 f. und *W. Degen*, Fabrikspionage, MuW 1927/28, S. 431 (432); gegen diese persönlichkeitsrechtliche Argumentation *G. Thiele*, Geschäfts- und Betriebsgeheimnis in § 17 UWG, S. 24.

167 Dieses hatte Ende des 19. Jahrhunderts als eigene Kategorie Eingang in die rechtswissenschaftliche Debatte gefunden, so *B. Dölemeyer/D. Klipper*, Theorie des gewerblichen Rechtsschutzes, in: FS GRUR I, S. 185 (Rn. 67). Vgl. hierzu stellvertretend die Ausführungen bei *O. v. Gierke*, Deutsches Privatrecht, Bd. 1, S. 702 ff., für den Persönlichkeitsrechte als subjektive, absolute Rechte darstellen, „die ihrem Subjekt die Herrschaft über einen Bestandtheil der eigenen Persönlichkeitssphäre gewährleisten.“ *E. Schmidt*, Gutachten, in: Verhandl. des 36. DJT, S. 101 (149) nimmt den maßgeblichen Aufsatz von *O. v. Gierke*, Rechtsgrund des Schutzes gegen unlauteren Wettbewerb, Z. f. gewerbl. Rs. 4 (1896), S. 109 (insb. 115 f.) als Ausgangspunkt dieser Entwicklung. Zusammenfassend auch *J. Simon*, Persönlichkeitsrecht und seine gewerblichen Erscheinungsformen, S. 117 ff., insb. 122.

168 Diese waren außer dem Patent im 19.Jh. noch weniger detailliert und mehr strafrechtlich ausgestaltet.

169 *B. Dölemeyer/D. Klipper*, Theorie des gewerblichen Rechtsschutzes, in: FS GRUR I, S. 185 (Rn. 74).

170 *B. Dölemeyer/D. Klipper*, Theorie des gewerblichen Rechtsschutzes, in: FS GRUR I, S. 185 (Rn. 70).

Geheimnisschutzes ist also ein immaterialgüterartiger bzw. das Immaterialgüterrecht ergänzender Schutz, der später von einem persönlichkeitsrechtlichen Schutz überlagert wurde.[171]
Geheimnisschutz in öffentlich-rechtlichen Normen war lange Zeit wohl nur in § 139b GewO[172] normiert, auch wenn die Norm den Begriff des Geheimnisses nicht enthält. Nach ihrem Abs. 1 S. 3 dürfen die mit der Gewerbeaufsicht betrauten Beamten „Geschäfts- und Betriebsverhältnisse der ihrer Besichtigung und Prüfung unterliegenden Anlagen" nur in gesetzlich geregelten Fällen weitergeben, unterliegen also einer Geheimhaltungspflicht betreffend diese Informationen.[173] Andere verwaltungsrechtliche Geheimnisschutzvorschriften stammen zumeist erst aus der zweiten Hälfte des 20. Jahrhunderts.

8. Abgrenzungen

Der Begriff des Geschäfts- und Betriebsgeheimnisses wird nicht immer deutlich von denen des Know-how bzw. des Wirtschaftsgeheimnisses abgegrenzt.[174]

a) zum Begriff Wirtschaftsgeheimnis

Teilweise wird das Wirtschaftsgeheimnis als Synonym zum Geschäfts- und Betriebsgeheimnis vorgeschlagen.[175] Dieser Begriff findet aber in Gesetzen keine Verwendung. Mit der Bezugnahme auf die Wirtschaft wird lediglich eine Bereichszuordnung getroffen (Wirtschaftsgeheimnisse im Gegensatz zu staatlichen oder privaten Geheimnissen). Hierdurch erhält der Begriff eine bemerkenswerte Weite, die noch über die des Unternehmensgeheimnisses hinausgeht und dadurch

---

171 Zwar erscheinen Persönlichkeitsrechte und Immaterialgüterrechte als Gegensätze, haben aber gemeinsame historische Wurzeln. Denn letztere haben immer auch einen persönlichkeitsrechtlichen Einschlag, der freilich immer mehr in den Hintergrund gedrängt wird, *H.-P. Götting*, Persönlichkeitsrechte als Vermögensrechte, S. 10.

172 Angedeutet auch bei *P. Prein*, Geheimnisschutz, S. 14. Soweit dies nachzuprüfen war, findet sich die Vorschrift im Gesetz zumindest seit der Fassung vom 1. Juli 1883, vgl. *R. Landmann*, GewO für das Deutsche Reich, § 139b, und spricht dort sogar deutlicher von der „Geheimhaltung der Geschäfts- und Betriebsverhältnisse", war aber noch nicht vorhanden in der GewO vor der Reichsgründung (vgl. *G. Schow*, GewO für den Norddeutschen Bund, 1870). Laut *P. J. Tettinger*, in: ders./R. Wank (Hrsg.), GewO, § 139b Rn. 1 ist die Vorschrift erst 1891 eingefügt worden.

173 Zu dieser Vorschrift etwa *A. Roßnagel/J. Bizer*, Geheimnis- und Datenschutz, GewArch 1992, S. 121 ff., *G. Knorr*, Geheimhaltungspflichten, GewArch 1980, S. 281 ff. und *G. Kahl*, in: Landmann/Rohmer, GewO, Bd. 1, Lfg. 46 (Okt. 2004), § 139b Rn. 24 ff.

174 *H. Köhler*, in: Hefermehl/ders./Bornkamm, WettbewerbsR, Vorbem. §§ 17-19 UWG, Rn. 1.

175 Implizit *H. W. Többens*, Straftaten, WRP 2005, S. 552 (556); deutlich hingegen *E. Hauck*, Wirtschaftsgeheimnisse, S. 23 f., *M. O. Kersting*, Schutz des Wirtschaftsgeheimnisses, S. 8 f. und *J. Brammsen*, Wirtschaftsgeheimnisse, DÖV 2007, S. 10 ff., *K. Kiethe/O. Hohmann*, Schutz von Geschäfts- und Betriebsgeheimnissen, NStZ 2006, S. 185 (186).

weiter an Differenzierungskraft einbüßt. Zudem geht er bei unbefangenem Verständnis über den Begriff des Geschäfts- und Betriebsgeheimnisses hinaus, weil etwa auch Geheimnisse nichtunternehmerischer Privater oder staatlicher Stellen einen wirtschaftsbezogenen Inhalt haben und daher als Wirtschaftsgeheimnis angesehen werden können.

b) zum Begriff Know-how

Der Begriff des Know-how wird sehr vereinzelt im Landesrecht verwendet,[176] jedoch nicht legaldefiniert. Begriffliche Annäherungen durch den Bundesgesetzgeber finden sich lediglich in einigen Doppelbesteuerungsabkommen.[177] Dort wird Know-how definiert als „gewerbliche, kaufmännische oder wissenschaftliche Erfahrung". Ausgefeilter ist indes die Definition des europäischen Gesetzgebers, er beschreibt Know-how als „eine Gesamtheit nicht patentgeschützter praktischer Kenntnisse, die der Lieferant durch Erfahrungen und Erprobung gewonnen hat und die geheim, wesentlich und identifiziert sind"[178].
Danach handelt es sich also um „Nebeninformationen" zu einem technischen Schutzrecht, die dessen Nutzung ermöglichen bzw. erleichtern;[179] die Verwertung des Schutzgegenstands wird durch die Anwendung und Umsetzung des Know-how gefördert.[180] Diese Interpretation des Know-how als „technisches Wissen"[181] mit Bezug zu einem gewerblichen Schutzrecht ist in der Literatur weit verbreitet,[182] hat sich aber keineswegs allgemein durchgesetzt: So wird teilweise die weitgehende Gleichsetzung mit dem Begriff des Betriebsgeheimnisses angezweifelt,[183] indem auch nicht geheime und nichttechnische Informationen einbezogen

---

176 Etwa in § 11 MFG-SH, der GemEPlBBBEV-BB und einigen Betriebssatzungen in NRW.

177 Doppelbesteuerungsabkommen sind nach Transformation durch ein Zustimmungsgesetz unmittelbar anwendbare innerstaatliche Rechtsnormen im Bereich des Bundesrechts, Art. 59 Abs. 2 S. 1 1. Alt. GG. Vgl. etwa Art. 9 Abs. 2 a.E. DBA Armenien, ähnlich auch Ziffer 3 im Protokoll zum DBA Mexiko.

178 Art. 1 Abs. 1 j) VO 1400/2002/EG, ähnlich auch Erwägungsgrund 4 der VO 240/1996/EG.

179 *K. Tiedemann*, Rechtsnatur, in: FS E. v. Caemmerer, S. 643 (645) etwa spricht von „sekundären Informationen".

180 So *R. Kraßer*, Know-how, GRUR 1970, S. 587 (587).

181 *H.-H. Maass*, Information und Geheimnis, S. 94.

182 *H.-H. Maass*, Information und Geheimnis, S. 94 f.

183 Eine solche Gleichsetzung findet sich etwa bei *R. Kraßer*, Grundlagen, GRUR 1977, S. 177 (181, dort Fn. 30), *S. Müller*, Schutz von Know-how, S. 34 und *V. Emmerich*, in: Immenga/Mestmäcker, GWB, § 18 Rn. 5, der vom Know-how als technischem Betriebsgeheimnis spricht, was im Lichte der oben erarbeiteten Definition des Betriebsgeheimnisses pleonastisch erscheint. Eine Gleichsetzung erfolgt offenbar auch bei *C. Salger/A. Breitfeld*, Regelungen, BB 2005, S. 154 (154), ohne dass aber der Begriff des Know-how erläutert und explizit in ein Verhältnis zum Geschäfts- und Betriebsgeheimnis gestellt wird.

werden.[184] Auch ein konkreter Schutzrechtsbezug wird für nicht immer erforderlich gehalten,[185] so dass der Begriff des Know-how sich stark dem des Unternehmensgeheimnisses annähert, aber insofern enger als dieses gefasst ist, als dass Know-how nur in einem Unternehmen „verwertbare“ Informationen umfasst.[186] Lediglich Einzelinformationen ohne unmittelbare Verwert- und damit auch Lizenzierbarkeit sollen kein Know-how, sondern „nur“ ein Geschäftsgeheimnis darstellen.[187] Andererseits findet sich auch die explizite Gleichsetzung von Know-how mit Betriebs- *und* Geschäftsgeheimnissen.[188]
Zusammenfassend hat es den Anschein, dass Know-how gerade möglicher Inhalt eines Geheimnisses ist.[189] Da dies aber längst nicht allgemeine Ansicht ist und begriffliche Konvergenzbewegungen nicht in Sicht sind,[190] verbietet sich die Nutzung des Begriffs als Synonym des Unternehmensgeheimnisses.

9. Versuche der Binnendifferenzierung

Innerhalb des Begriffs Betriebs- und Geschäftsgeheimnis wurden Versuche unternommen, diesen inhaltlich auszudifferenzieren und damit zu präzisieren:

---

184 Vgl. *R. Kraßer*, Know-how, GRUR 1970, S. 587 (588).

185 So *R. Kraßer*, Know-how, GRUR 1970, S. 587 (587), der dies mit der Existenz selbständiger Know-how-Verträge begründet.

186 *R. Stürner*, Geheimsphäre, JZ 1985, S. 453 (453) mit Verweis auf *R. Kraßer*, Know-how, GRUR 1970, S. 587 (589 f.). Zum Begriff der Verwertbarkeit vgl. Fn. 207 a.E. sowie *U. Block*, in: Wandtke/Bullinger, UrhR, Vorbem. § 31 ff. UrhG Rn. 23 f. Teilweise wird aber auch eine völlige Kongruenz der Begriffe Know-how und Geschäfts- und Betriebsgeheimnis vertreten, vgl. *J. Friedrich*, Der Begriff "Know-how" im europäischen Kartellrecht, S. 42 ff. mit entspr. Nachweisen.

187 Diese Unterscheidung kommt der zwischen Betriebs- und Geschäftsgeheimnis nach ihrem Immaterialgutcharakter sehr nahe, vgl. hierzu C.II.9.b) (S. 56) mit den dortigen Nachweisen.

188 Etwa bei *C. Ann*, Know-how, GRUR 2007, S. 39 (41 f.).

189 Vgl. die Formulierung bei *S. Richters/C. Wodtke*, Schutz, NZA-RR 2003, S. 281 (281). Auch *A. Stadler*, Schutz des Unternehmensgeheimnisses, S. 7 sieht im Know-how einen Unterfall des Unternehmensgeheimnisses.

190 So auch *E. Hauck*, Wirtschaftsgeheimnisse, S. 23, etwas positiver aber *J. Friedrich*, Der Begriff "Know-how" im europäischen Kartellrecht, S. 15, der aber ebenfalls feststellt, dass ein einheitliches Begriffsverständnis sich bisher nicht herausgebildet hat. Zur den verschiedenen Streitpunkten des Begriffs *B. Pfister*, "Know How" als Vermögensrecht, S. 9 ff. Sehr umfassend auch zur Begriffsdiskussion mit rechtsvergleichenden Hinweisen *J. Friedrich*, Der Begriff "Know-how" im europäischen Kartellrecht, S. 13 ff, der darlegt, dass keines der Tatbestandsmerkmale unumstritten ist oder zumindest als relativ gesichert gelten kann. Ähnlich kritisch *U. Köbl*, Schutz, in: D. Leipold (Hrsg.), Rechtsfragen des Internet, S. 265 (272) und vor allem *E. Hauck*, Wirtschaftsgeheimnisse, S. 23.

a) Anhand der Teilbegriffe

Naheliegend und vielfach dargelegt ist vor allem die Aufteilung in die Begriffsteile Betriebsgeheimnis und Geschäftsgeheimnis. Eine präzise Unterscheidung dieser beiden Teilbereiche ist praktisch schwierig und war angesichts der gleichen rechtlichen Behandlung auch nicht von übergeordnetem Interesse.[191] Ersteres umfasst dabei den technischen, das letzteres den mehr kaufmännischen Bereich.[192] So stellen technische Betriebsabläufe[193] und technisches Wissen (etwa Herstellungsverfahren oder technische Konstruktionen), welches oftmals selbst patentfähig ist,[194] sowie Rezepturen Betriebsgeheimnisse dar.[195] Einschränkender und damit auch in Abgrenzung zum allgemeinen Verständnis des Betriebsgeheimnisbegriffs wurde dieser[196] durch das BKartA in § 18 GWB dahingehend eingeschränkt ausgelegt, dass nur „technisch qualifizierte Leistungen, die den Grundvoraussetzungen einer Erfindung genügen müssen, d.h. unter Berücksichtigung

---

191 Die beiden Elemente Betriebs- und Geschäftsgeheimnis werden stets in Kombination genannt und damit derselben Rechtsfolge unterstellt; Ausnahmen hiervon sind sowohl nach Wortlaut als auch Normzweck § 34 Abs. 1 S. 3 BDSG, da Informationen über Herkunft und Empfänger der Daten Geschäfts-, nicht aber Betriebsgeheimnisse darstellen können (vgl. *P. Gola/R. Schomerus*, BDSG, § 34 Rn. 2), § 22 Abs. 5 StBerG, der in der gängigen Lit. nicht näher erläutert wird, vgl. *H. Gehre/R. v. Borstel*, StBerG, § 22), und § 18 Nr. 1 GWB (in der bis Juli 2005 geltenden Fassung), der nur den Bereich der technischen Geheimnisse erfassen will (vgl. *V. Emmerich*, in: Immenga/Mestmäcker, GWB, § 18 Rn. 5 ff.) sowie § 139 Abs. 3 S. 2 PatG („Herstellungs- und Betriebsgeheimnis"), der entsprechend dem Regelungsgegenstand des PatG eindeutig nur Geheimnisse technischer Art umfassen kann. Die zumindest teilweise Unmöglichkeit einer Differenzierung zwischen Geschäfts- und Betriebsgeheimnis konstatiert bereits *R. Callmann*, Der unlautere Wettbewerb, § 17 Rn. 3 m.w.N. der Rspr. des RG, ebenso *U. Köbel*, Schutz, in: D. Leipold (Hrsg.), Rechtsfragen des Internet, S. 265 (270).

192 Ganz überwiegende Ansicht, vgl. nur *B. Stückelberger*, Unternehmensinformation, S. 51 ff.; *C. Salger/A. Breitfeld*, Regelungen, BB 2005, S. 154 (154); *R. Breuer*, Schutz, NVwZ 1986, S. 171 (172). Anders aber *S. Richters/C. Wodtke*, Schutz, NZA-RR 2003, S. 281 (282), die das Betriebsgeheimnis als Oberbegriff (vergleichbar dem des Unternehmensgeheimnisses, siehe C.II.8. [S. 52]) deuten und ihm daher Geheimnisse sowohl aus dem technischen als auch kaufmännischen Bereich zuordnen, ebenso bereits *E. Schmidt*, Gutachten, in: Verhandl. des 36. DJT, S. 101 (108).

193 *H. Köhler*, in: Hefermehl/ders./Bornkamm, WettbewerbsR, § 17 UWG Rn. 4.

194 Vgl. hierzu Fn. 106.

195 Nur nuancenhaft anders und gegen die vollkommene Gleichsetzung des „technischen Geheimnisses" mit dem Betriebsgeheimnis *B. Pfister*, "Know How" als Vermögensrecht, S. 7, der in letzteren Begriff im Gegensatz zum ersteren auch das sog. „Beziehungsgeheimnis" einbezieht; vgl. hierzu *H. Köhler*, in: Hefermehl/ders./Bornkamm, WettbewerbsR, § 17 UWG Rn. 5.

196 Bis zum Wegfall des § 18 GWB im Zuge der 7. GWB-Novelle vom Juli 2005.

des bisherigen Standes der Technik neu und fortschrittlich sind sowie eine ausreichende Erfindungshöhe aufweisen"[197], als Betriebsgeheimnis anzusehen seien. Geschäftsgeheimnisse sind hingegen nichttechnische Informationen und Daten wie z.B. Kundenadressen und Geschäftsbriefe,[198] Kalkulationen, Geschäftsstrategien, Struktur des Unternehmens, Kosten- und Ertragslage, Marktanteile, Lieferkonditionen und Einkaufsvolumina[199] – zusammengefasst alle Informationen mit Unternehmensbezug[200] und einen nichttechnischen Charakter oder anders formuliert „die individuellen Vorgänge im Geschäftsleben"[201]. Dem Geschäftsgeheimnis kommt daher eine umfassende Auffangfunktion zu.[202]

b) Anhand des Immaterialgutcharakters

In eine ähnliche Richtung geht auch der Ansatz, der zur weiteren Ausdifferenzierung die Frage nach der Lizenzierbarkeit des Geheimnisses bzw. die nach dem Immaterialgutcharakter anführt:[203]
Demnach stehen auf der einen Seite geheim gehaltene Ideen, geistige Schöpfungen technischer[204] und kaufmännischer bzw. organisatorischer Art, die *ihrer Struktur nach* Inhalt eines Ausschließlichkeitsrechts, d.h. eines gewerblichen Schutzrechts oder Urheberrechts sein können. Inhaltlich handelt es sich um Ideen und Schöpfungen; sie sind als solche lizenzierbar, weil sie ein Werk mit einer gewissen Schöpfungshöhe bilden oder einem solchen nahekommen.[205]
Auf der anderen Seite stehen geheim gehaltene Informationen über ein bzw. aus einem Unternehmen, deren Offenbarung für dieses negative Folgen im Wettbe-

---

197 BKartA, Tätigkeitsbericht 1993/94 (BT-DS 13/1660), S. 36 f. (damals noch zu § 21 GWB); in diese Richtung auch BGH, GRUR 1984, S. 753; vgl. hierzu auch *V. Emmerich*, in: Immenga/Mestmäcker, GWB, § 18 Rn. 5 ff.

198 *H. Köhler*, in: Hefermehl/ders./Bornkamm, WettbewerbsR, § 17 UWG Rn. 4.

199 Diese Punkte bei *B. Richrath*, Spannungsverhältnis, S. 74 f.

200 Entsprechend weit und umfangreich ist die Liste von Beispielen, etwa *D. Bieresborn*, in: v. Wulffen (Hrsg.), SGB X, § 67 Rn. 14: Arbeitsplatzgestaltung, Gesamtzahl der Mitarbeiter, Lohnhöhe, Beitragsrückstände, Krankenstand usw.

201 *J. Kohler*, Der unlautere Wettbewerb, S. 257.

202 *B. Stückelberger*, Unternehmensinformation, S. 53.

203 *B. Stückelberger*, Unternehmensinformation, S. 54, *J. N. Druey*, Information, S. 366 und *M. Schneider*, Schutz des Unternehmensgeheimnisses, S. 30 ff.

204 Wie bereits dargelegt fallen hierunter auch patentfähige, aber nicht angemeldete Schöpfungen, vgl. Fn. 106. Betriebs-, also technische Geheimnisse haben stets Immaterialgutcharakter, insofern ist die Differenzierung allein von Geschäftsgeheimnissen nach ihrem Immaterialgutcharakter, etwa bei *H.-H. Maass*, Information und Geheimnis, S. 95, etwas irreführend. Wie hier *B. Stückelberger*, Unternehmensinformation, S. 54 f.

205 Vereinzelt wurde daher versucht, nur Geheimnisse, die Immaterialgüter darstellen (können), als Geschäfts- und Betriebsgeheimnisse anzuerkennen und dem Schutzregime des § 17 UWG und anderer, entsprechender Vorschriften zu unterstellen, *G. Thiele*, Geschäfts- und Betriebsgeheimnis in § 17 UWG, S. 22 ff. und pointierter S. 35.

werb hätte. Sie sind nicht schöpferische Art und daher nicht immaterialgüterartig,[206] weil sie kein besonderes Leistungsergebnis darstellen, sondern durch das bloße Handeln des Unternehmens anfallen.[207] Der Wert eines solchen Geheimnisses für ein Unternehmen besteht darum auch nicht in der exklusiven Verwendung einer erarbeiteten Leistung, sondern nur darin, dass für Konkurrenten die Kenntnisnahme und Reaktion im wettbewerblichen Verhalten ausgeschlossen ist. Erhält ein Konkurrent von einem nichtimmaterialgüterartigen Geheimnis Kenntnis, so übernimmt er damit keine schöpferische Leistung und ahmt diese nach, sondern passt aufgrund einer neuen Informationslage sein Handeln im Wettbewerb an. Diese nichtimmaterialgüterartigen Geheimnisse haben zwar einen wirtschaftlichen Wert, sind aber nicht wie Immaterialgüter lizenzier- und handelbar.

III. Geheimnis und Geheimhaltung als Chiffren

Über die Begriffsannäherung über die tatbestandlichen Voraussetzungen des Unternehmensgeheimnisses hinaus bedarf es für das Verständnis der Struktur, dem Bezug zur Information[208] sowie der tatsächlichen Wirkweise von Geheimnissen, welche im rechtlichen Kontext allgemein als „Tatsachen, die nur einem beschränkten Personenkreis bekannt sind und an deren Geheimhaltung derjenige, den sie betreffen, ein von seinem Standpunkt aus sachlich begründetes Interesse hat oder bei eigener Kenntnis der Tatsache haben würde“[209] verstanden werden, einer weitergehenden Betrachtung.

---

206 So formuliert bereits *J. Kohler*, Der unlautere Wettbewerb, S. 257, dass „die individuellen Vorgänge im Geschäftsleben, welche dem Geschäftstreibenden und nur ihm bekannt sein sollen, […] auf keine allgemeinen Grundsätze zurückzuführen sind[.] […] Aber auch derartige, niemals das Immaterialrecht streifende Dinge können Gegenstand des Persönlichkeitsschutzes sein, indem die Persönlichkeit die Befugnis hat, ihre Kenntnis Dritten vorzuenthalten: […]“. Zu berücksichtigen ist hierbei aber auch, dass *Kohler* eher von der natürlichen Unternehmerpersönlichkeit ausging als von einer abstrakten Zuordnungseinheit wie dem Unternehmen bzw. einer juristischen Person als dessen Träger.

207 Als Beispiele werden u.a. genannt: Informationen über die finanzielle Situation eines Unternehmens, Vertragsabschlüsse und über die Geschäftspolitik sowie -strategie. *B. Stükkelberger*, Unternehmensinformation, S. 54 verdeutlicht die Differenzierung folgendermaßen: Ein Konkurrent wird ein immaterialgüterartiges Geheimnis *verwerten*, ein anderes hingegen *auswerten*, ähnlich auch *J. N. Druey*, Information, S. 366 sowie *ders.*, Geheimsphäre des Unternehmens, S. 229. Diese Differenzierung wird auch gestützt durch § 18 Abs. 1 UWG, der eine Verwertung nur von Betriebsgeheimnissen unter Strafe stellt.

208 Zu dieser ausführlich unter B.II. (S. 26 ff.).

209 Etwa *T. Lenckner*, in: Schönke/Schröder, StGB, § 203 Rn. 5. Nahezu wortgleich *D. Bieresborn*, in: v. Wulffen (Hrsg.), SGB X, § 67 Rn. 13; ähnlich auch bereits *R. Callmann*, Der unlautere Wettbewerb, § 17 UWG Rn. 4b. Es unterscheidet sich vom Unternehmensgeheimnis nur durch die fehlende Notwendigkeit des Unternehmensbezugs.

1. Phänomen(ologie)

Das Geheimnis setzt die Existenz von zwei Personen oder Personenkreisen voraus; der Kennende ist dabei stets abzugrenzen von denjenigen, die Kenntnis erlangen wollen und theoretisch könnten (Außenstehende). Aus diesem Antagonismus besteht das Geheimnis, denn mit Auflösung dieser Differenzierung zwischen Kennenden und Nichtkennenden verliert es sich. Geheimnisgegenstand (Inhalt des Geheimnisses[210]) kann dabei alles sein, was von einem Außenstehenden wahrgenommen werden kann[211] und bei diesem als Aufnehmendem eine Reaktion in Form einer Ungewissheitsminderung auslöst –Geheimnisgegenstand ist also eine Information.[212] Geheimhaltung als Tätigkeitsdimension des Geheimnisses ist also der Versuch des oder der Kennenden, eine Kenntniserlangung von Außenstehenden zu verhindern, es steht für die Verhinderung des Fließens von Information. Geheimhaltung ist also Informationsrestriktion[213] bzw. – sofern erfolgreich aufrechterhalten – Nicht-Information[214] und Nicht-Kommunikation und dient somit der Aufrechterhaltung einer bestehenden Informationsverteilung[215].

2. Bezug zur Information

Information ist aber jederzeit durch Akte der Kommunikation (wenn auch aufgrund ihres subjektiven Charakters und der Kontextänderung nicht exakt) reproduzierbar und hat daher die Tendenz, anderen zugänglich gemacht und weitergegeben zu werden. Es gehört zum Wesen von Information, seine eigene Verbreitung in besonders einfacher Weise zu ermöglichen. Insofern kann man von einer Bewegung hin zu einem stabilen Informationsgleichgewicht, also Informationsdiffusion sprechen.

Geheimhaltung ist eine Möglichkeit, Information beherrschbar[216] und das Informationsgefälle und damit die bestehende Informationsverteilung[217] aufrechtzuerhalten. Sie zeichnet sich aus zum einen durch ein Set von faktischen Hindernissen[218] für die Verbreitung der Information und zum anderen durch Regelungen

---

210 In der Terminologie von *J. N. Druey*, Information, S. 252 neben der anderen Lesart des Geheimnisbegriffs, dem Geheimsein.

211 *E. Hauck*, Wirtschaftsgeheimnisse, S. 25.

212 *J. N. Druey*, Information, S. 125. So im Ergebnis auch, wenngleich ohne Erarbeitung eines Informationsbegriffs *E. Hauck*, Wirtschaftsgeheimnisse, S. 26, ebenso *J. Taeger*, Offenbarung, S. 19 und 41 ff. Zum Informationsbegriff vgl. B.II.3. (S. 29).

213 *M. Kloepfer*, Informationsrecht, § 1 Rn. 70.

214 *J. N. Druey*, Information, S. 124.

215 So *T. Müller*, Exekutivischer Geheimnisschutz, S. 48 f.

216 Wahrscheinlich ist Geheimhaltung sogar die einzige Möglichkeit zur wirklichen Beherrschung, so etwa *B. Pfister*, "Know How" als Vermögensrecht, S. 2.

217 So etwa *T. Müller*, Exekutivischer Geheimnisschutz, S. 48 f.

218 So weist *D. Sternberg-Lieben*, in: Schönke/Schröder, StGB, § 93 Rn. 8 ff. darauf hin, dass es, um von einem Geheimnis sprechen zu können, nicht nur auf die bloß begrenzte

(gesetzlicher oder vertraglicher Art), die eine Weitergabe der Information vom informierten Geheimnisträger an den nichtinformierten, aber interessierten Außenstehenden durch Sanktionierung verhindern sollen. Vermieden werden soll durch das Schutzziel des Geheimnisses, Nichtverbreitung von Information,[219] die Rezeption durch den Empfänger und seine Reaktion auf diese Bewusstseinserweiterung. Da die Aufnahme und Verarbeitung einer Nachricht im menschlichen Bewusstsein aber nicht verhindert werden kann, wenn sie für die Person wahrnehmbar ist, richtet sich der Geheimnisschutz notwendigerweise gegen den vorgeschalteten Akt; bereits die Wahrnehmung soll verhindert werden. Die Kontrolle der Information durch Geheimhaltung ist also Ersatz für die nicht realisierbare Kontrolle von Reaktionen der Umwelt auf Information.[220]

3. Doppelnatur des Geheimnisses

Die obige Definition, nach der ein Geheimnis selbst eine Tatsache sei, ist insofern zu relativieren und ergänzen, als dass das Geheimnis gleichzeitig auch als Beziehung zu der Information verstanden werden kann.[221]
Diese Beziehung kann zum einen gedeutet werden als eine Willensentscheidung, die Information nicht zu offenbaren und gegen weitere Kenntniserlangung zu schützen. Denn die Willensentscheidung des Geheimnisherrn macht die Information erst zu einem Geheimnisgegenstand. Es scheint daher einerseits, als ob der Geheimnischarakter (die Willensentscheidung) der Information selbst so direkt anhaftet, dass man davon sprechen kann, dass die Information selbst das Geheimnis *ist*. Diese Verständnismöglichkeit legt auch die Legaldefinition des § 67 Abs. 1 S. 2 SGB X[222] zugrunde, nach der Geheimnis alle Daten mit Geheimnischarak-

---

Kenntnis einer Tatsache, sondern gerade auch auf die begrenzte Zugänglichkeit durch entsprechende Hinderungsmaßnahmen ankommt. Dies kommt auch in Art. 39 Abs. 2 b) TRIPS zum Ausdruck; dazu auch *C. Ann*, Know-how, GRUR 2007, S. 39 (40 f.). Faktische Hindernisse können sind vor allem räumliche Abgrenzungen wie Umzäunungen des Betriebsgeländes, die Aufbewahrung in Tresoren oder Verschlüsselung die Wahrnehmung der Geheimnisse verhindern.

219 So *J. N. Druey*, Information, S. 257.

220 Dies ist eine Parallele zum Recht auf informationelle Selbstbestimmung, dort wird nämlich das Selbstbestimmung darüber gefordert, welche persönlichen Informationen an wen weitergegeben werden, um ein Mindestmaß an Kontrolle über die Reaktionen der Umwelt zu gewährleisten, vgl. *W. Steinmüller u.a.*, Grundfragen des Datenschutzes, Gutachten, S. 88 und *K. Vogelgesang*, Informationelle Selbstbestimmung, S. 116.

221 Hierauf weist bereits *E. Schmidt*, Gutachten, in: Verhandl. des 36. DJT, S. 101 (121 f.) deutlich hin. Beim Geheimnis als allgemeinem Begriff handele es sich um einen Relationsbegriff, denn „[n]icht bestimmt geartete Tatsachen sind Geheimnisse; vielmehr stellen Tatsachen bestimmter Qualität immer nur den einen Beziehungspunkt dar, der im Geheimnisbegriff eine Rolle spielt.“ Ganz ähnlich auch *R. Callmann*, Der unlautere Wettbewerb, § 17 UWG Rn. 5.

222 Siehe C.II.1. (S. 39).

ter sind. Die Eigenschaft einer Information, ihr Geheimsein,[223] macht sie zum Geheimnis. Geheimnisse sind dann also alle Informationen, die geheim sind als Folge einer Willensentscheidung. Rein tatsächlich kann also eine solche Willensentscheidung ein Geheimnis erschaffen. Erst bei der Frage der rechtlichen Anerkennung zu fragen, ob und in welcher Weise die Information dem Entscheidenden auch rechtlich so zugeordnet ist, dass seine Entscheidung vom Recht geschützt wird.
Zum anderen kann ein Geheimnis auch gleichzeitig als das verstanden werden, was die Information als Schutzwall umgibt und sie gegen Weitergabe und Zugriff abschirmt. Die Beziehung zwischen Geheimnis und Information ist dann als eine zwischen schutzbietendem Äußeren und zu schützendem Inhalt[224] zu charakterisieren. Die Begriffe Geheimnis und Geheimhaltung stehen dann also für ein Konzept der Informationskontrolle mit zunächst rein faktischen Mitteln, mit denen Informationsfluss, also Kommunikation, unterbunden werden soll.
Anders gewendet erscheint eine Information selbst als Geheimnis, weil sie geheim, d.h. nur wenigen bekannt ist und ein Interesse an der Nichtweiterverbreitung besteht; zugleich stellt sie sich als Inhalt eines Geheimnisses dar, als das Unbekannte, was sich hinter der Mauer der Geheimhaltung befindet.[225] Diese Doppelnatur ist im Geheimnisbegriff selbst angelegt.[226]
Dies spricht für einen Verzicht auf den Geheimnisbegriff. Allerdings ist er weit verbreitet und lässt sich durch eine einfache Entscheidung für eine der beiden Lesarten entschärfen: Vorliegend wird daher Geheimnis mit Information gleichgesetzt und das Unternehmensgeheimnis als geheime unternehmerische Information verstanden.[227] Die Geheimheit ist somit Eigenschaft und Kennzeichen einer Information. Dieses Verständnis ermöglicht am besten einen inhaltlichen Zugriff auf Geheimnisse wie er im Folgenden angedacht wird.

4. Eigenschaften

Geheimnisse haben daher auch ansonsten die Eigenheiten von Information wie Mehrrelationalität, Rekombinierbarkeit und Versatilität.

---

223 Terminus bei *J. N. Druey*, Information, S. 251. *H. Meister*, Datenschutz im Zivilrecht, S. 43 spricht von einem Etikett, das eine Information trägt; gegen diese Auffassung *M. Albers*, Informationelle Selbstbestimmung, S. 249.

224 Diese Lesart auch bei *J. N. Druey*, Information, S. 252.

225 Deutlich werden diese beiden Verständnismöglichkeiten auch in der Gegenüberstellung der Formulierung von § 93 Abs. 1 StGB („Staatsgeheimnisse *sind* Tatsachen, Gegenstände oder Erkenntnisse" [Hervorh. v. Verf.]) und ihrer Kommentierung bei *D. Sternberg-Lieben*, in: Schönke/Schröder, StGB, § 93 Rn. 3: „*Objekt des Staatsgeheimnisses* können Tatsachen, Gegenstände oder Erkenntnisse sein." (Hervorh. v. Verf.).

226 *J. N. Druey*, Information, S. 252.

227 So bereits *J. Taeger*, Offenbarung, S. 20.

So sind z.B. Angebote eines Unternehmens, die dieses im Rahmen eines Vergabeverfahrens abgibt, nicht nur dessen Unternehmensgeheimnisse, sondern auch der ausschreibenden Stelle.[228] Auch können personenbezogene und daher zugeordnete Informationen (etwa als Teil einer Kundenliste) auch Unternehmensgeheimnis – ggf. verschiedener Unternehmen – sein.

IV. Schutzgütervielfalt

Ursache der inhaltlichen Heterogenität des Unternehmensgeheimnisbegriffs[229] ist auch, dass geheimnisschutzrechtliche Regelungen nicht lediglich ein Schutzgut sichern. Vielmehr stehen ohne weitere Abschichtung und Differenzierung mehrere Schutzgüter nebeneinander. Des Weiteren werden diese auch nicht über eine bloße Nennung von Grundrechtsbündeln (zumeist Art. 12 Abs. 1 und 14 Abs. 1 GG) hinaus auf ihre verfassungsrechtliche Grundlagen[230] zurückgeführt.
Ursache hierfür dürfte die straf- und vor allem zivilrechtliche Entstehungsgeschichte[231] des Unternehmensgeheimnisses sein, die eine nähere öffentlich-rechtliche Ausleuchtung der Struktur des Unternehmensgeheimnisses bisher weitgehend verzichtbar erscheinen ließ.[232] Zudem ist die zumindest unterbewusst vorhandene Tendenz zu unterstellen, den Begriff des Geschäfts- und Betriebsgeheimnisses als einheitlichen Rechtsbegriff bewahren zu wollen und aus diesem Grund einer detaillierteren Schutzgutdifferenzierung zu entsagen.
Grund für diese Schutzgutunsicherheit ist zudem, dass im System des Geheimnisschutzes nicht ausschließlich Informationen und Daten als Ergebnis unternehmerischer Leistung[233] geschützt werden, wie es im gewerblichen Rechtsschutz und auch im Urheberrecht der Fall ist,[234] sondern auch Daten und Informationen, die nicht Ergebnis von Leistung und daher auch nicht immaterialgüterartiges Schutzgut sind. Durch diese Abkopplung von Leistung als Bezugspunkt, der in den beiden anderen „Systemen“ des Schutzes geistigen Eigentums entscheidendes Schutzkriterium ist,[235] hat sich auch der Schutzbereich ausgeweitet:

---

228 BGHSt 41, S. 140 (142 f.).
229 Siehe hierzu C.II.9. (S. 54).
230 Vgl. dazu näher unter G.IV. (S. 170 ff.).
231 Siehe unter C.II.7. (S. 49 ff.).
232 So auch die Diagnose von *C. Gusy*, Informationsbeziehungen, in: W. Hoffmann-Riem/E. Schmidt-Aßmann/A. Voßkuhle (Hrsg.), GVwR II, § 23 Rn. 103, dort Fn. 409.
233 Leistung ist der Vorgang der geistigen Schöpfung oder Informationsschaffung komplexerer Art durch den Schaffenden, welcher gedankliche, schöpferische Kräfte benutzt. Ergebnis dieser Anstrengung, sein geistiger Gehalt, ist ein wiederholbares, nachahmbares, geistiges Werk, vgl. *H. Hubmann/H.-P. Götting*, Gewerblicher Rechtsschutz, § 4 Rn. 1 ff.
234 *H. Hubmann/H.-P. Götting*, Gewerblicher Rechtsschutz, § 4 Rn. 17.
235 Gemeint sind das Schöpfungs- bzw. Eintragungssystem, vgl. etwa *V. A. Dozorcev*, Systematisierung, GRURInt 1996, S. 1186 (1191). Leistung ist in der klassischen Industrie-

Für die Begründung der Geheimhaltung sind – nicht exklusiv, sondern in unterschiedlichen Anteilen ineinander verschachtelt – relevant der Vermögens- und Leistungsschutz[236], Schutz der Wettbewerbsfreiheit[237], Datenschutz sowie der Persönlichkeitsschutz von Unternehmen[238].[239] Hinzu treten noch institutionelle Interessen am Schutz des Geheimwettbewerbs.[240]

V. Rechtsnatur des Unternehmensgeheimnisses

1. Im Privatrecht

Mit der Frage nach dem Schutzgut eng verbunden ist die nach der Rechtsnatur des Unternehmensgeheimnisses. Sie kann auf die Frage zugespitzt werden, ob am Unternehmensgeheimnis ein subjektives privates Recht besteht oder der „Inhaber" des Geheimnisses als „faktischer Besitzer"[241] geschützt wird.

---

gesellschaft mit technischen Entwicklungen gleichgesetzt worden (diese Entwicklung vom Schutz lediglich technischer Geheimnisse hin zu einem umfassenden Informationsschutz wird nachgezeichnet unter C.II.7. [S. 49 ff.]); durch Leistung kann in der modernen Ökonomie, die ihren Schwerpunkt auf immaterielle Güter legt, aber auch nichttechnisches Wissen entstehen.

236 Unternehmensgeheimnisse werden oftmals als eigenständige Immaterialgüter bzw. Eigentumspositionen im Schutzbereich des – zunächst zivilrechtlichen – Rechts am eingerichteten und ausgeübten Gewerbebetrieb angesehen. Dies bezieht sich allerdings unausgesprochen auf lediglich immaterialgüterartige Geheimnisse (vgl. nur *B. Pfister*, "Know How" als Vermögensrecht, S. 83).

237 Unabhängig vom Vermögenswert eines Geheimnisses ist allein die nachteilige Auswirkung entscheidend, die bei Kenntniserlangung durch Wettbewerber eintritt. Er umfasst alle Arten von Unternehmensgeheimnissen.

238 Zum einen wird durch die Anerkennung eines Persönlichkeitsrechts für Unternehmen diesen eine interne Sphäre zuerkannt, zum anderen wird ist Persönlichkeitsschutz auch Schutz des Geheimhaltungswillens (*J. N. Druey*, Information, S. 262; es handelt sich dabei um Schutz der Persönlichkeit in ihrer gewerblichen Betätigung, so bereits *O. v. Gierke*, Deutsches Privatrecht, Bd. 1, S. 713). Wie auch im Datenschutz wird damit die Entscheidungsfreiheit darüber des Unternehmens gewahrt, welche Daten und Informationen es veröffentlicht. Vgl. als Beispiel etwa § 16 Abs. 3 S. 1 PUAG, der zur Offenbarung eines Unternehmensgeheimnisses durch ein Untersuchungsausschussmitglied die Ermächtigung des betroffenen Unternehmens fordert.

239 Vgl. hierzu auch *E. Hauck*, Wirtschaftsgeheimnisse, S. 103.

240 Näher dazu unter G.II.1. (S. 156 f.).

241 *K. Tiedemann*, Rechtsnatur, in: FS E. v. Caemmerer, S. 643 (648). Begründung für den Schutz des Geheimnisses nicht durch subjektive Privatrechte kann dadurch erfolgen, dass etwa durch § 17 UWG zumindest auch Gemeinschaftsinteressen, etwa und vor allem die Aufrechterhaltung des fairen Wettbewerbs als Institution, geschützt werden sollen. Die Rechte des betroffenen Unternehmens dienen damit (auch) der Durchsetzung der Ge-

a) Als gegenstandsbezogene subjektive Rechtsstellung

Streit besteht also darüber, ob und inwieweit die Rechtsordnung Herrschafts- und Nutzungsrechte am Geheimnis verleiht.[242] Explizit ist eine solche Verleihung – vergleichbare Regelung für Sachen ist § 903 BGB, für Patente § 9 PatG, für Marken § 14 MarkenG – für Unternehmensgeheimnisse nicht aufzufinden. Allerdings scheinen sich durch die Weiterentwicklung der Güterordnung implizit Rechte am Geheimnis gebildet haben.

So stehen dem betroffenen Unternehmen umfangreiche Unterlassungs- und Schadenersatzansprüche bei Eingriffen in das Geheimnis zu,[243] zudem kann der Geheimnisbesitzer bereicherungsrechtliche Ansprüche[244] bei unbefugter Benutzung eines Unternehmensgeheimnisses geltend machen.[245] Daneben ist der Geheimnisschutz strafrechtlich abgesichert.[246] Des Weiteren kann er über das Geheimnis

---

meininteressen und belassen dem Unternehmen gleichzeitig die Entscheidungsfreiheit, die im Gemeininteresse ihm zukommenden Rechte auszuüben (andernfalls keine Schutzwürdigkeit). Dieses Nebeneinander zu subjektiven Rechten erstarkter privater Interessen und Gemeininteressen wird deutlich in der Zweckbestimmungsnorm § 1 UWG, vgl. hierzu auch *H. Köhler*, in: Hefermehl/ders./Bornkamm, WettbewerbsR, § 1 UWG Rn. 35 ff.

242 Auf den Status des Geheimnisses als übertragbares Gut hat dieser Streit keinen Einfluss, siehe hierzu *M. Haedicke*, Rechtskauf und Rechtsmängelhaftung, S. 75. Eine umfassende Darstellungen dieses Streits etwa bei *H.-H. Maass*, Information und Geheimnis, S. 108 ff. sowie *B. Pfister*, "Know How" als Vermögensrecht, S. 31 ff. und 85 ff.

243 §§ 8 Abs. 1 i.V.m. 3 UWG (Unterlassung), §§ 9 i.v.m. 3 UWG (Schadenersatz), daneben auch § 1004 BGB analog, vgl. hierzu *J. Bornkamm*, in: Hefermehl/ Köhler/ders., WettbewerbsR, § 8 Rn. 1.5 f., der außerdem darauf hinweist, dass ein Unterschied zwischen negatorischen Abwehransprüchen aus absoluten Recht und quasinegatorischen Abwehransprüchen aus deliktsrechtlich gesicherten Verhaltensregeln (§§ 823 Abs. 2 etwa i.V.m. 17 UWG) kein Unterschied mehr besteht. Die Schadenersatzberechnung erfolgt wie bei Immaterialgüterrechten nach der sog. dreifachen Schadensberechnung.

244 Entgegen der h.M. aber *R. Ellger*, Bereicherung durch Eingriff, S. 842 ff.

245 Es handelt sich zumeist um eine Eingriffskondiktion. Vgl. im einzelnen *U. Loewenheim*, Bereicherungsansprüche im Wettbewerbsrecht, WRP 1997, S. 913 (914 ff.).

246 § 17 Abs. 1 UWG für im Unternehmen beschäftigte Personen, Schutz gegen den Eingriff von außen in Abs. 2. Insbesondere an § 17 Abs. 2 Nr. 2 UWG, der nicht mehr nur unmittelbare Eingriff in das Geheimnis, sondern auch die Verwertung durch einen Dritten sanktioniert, wird deutlich, dass nicht nur ein Schutz der betrieblichen Sphäre gewollt ist, sondern auch die weitere Nutzung des Geheimnisinhalts und seines wirtschaftlichen Wertes unter Strafe gestellt werden sollen (vgl. hierzu etwa *K. Kiethe/O. Hohmann*, Schutz von Geschäfts- und Betriebsgeheimnissen, NStZ 2006, S. 185 [190]). Über die Abgrenzung einer internen Sphäre hinaus wird damit das Geheimnis selbst gegenständliches Schutzobjekt. Hierauf weist zudem der Begriff „Geheimnishehlerei" hin, etwa bei *H. Otto*, Verrat von Betriebs- und Geschäftsgeheimnissen, wistra 1988, S. 125 (129). Ganz ähnlich für §18 UWG *J. Brammsen*, Vorlagenfreibeuterei, wistra 2006, S. 201 (202 f.), der als zu schützendes Rechtsgut bestimmte Informationen des Unternehmens nennt, die eigenständiges Immaterial- und damit Vermögensgut seien.

ohne jegliche Einschränkung verfügen.[247] Dem Unternehmen stehen damit faktisch die Handlungsmöglichkeiten zur Verfügung, die ein Recht an einem unkörperlichen Gegenstand,[248] ein Ausschließlichkeitsrecht, ausmachen.
Ein weiteres Indiz dafür, dass das Unternehmensgeheimnis sich in die Richtung hin zu einem Rechtsgegenstand bewegt hat[249] und faktisch bereits zu einem sol-

247 Dies, wie für das Vorliegen von subjektiven Rechten gefordert (vgl. etwa *P. Katzenberger*, Recht am Unternehmen, S. 22), dürften hinreichende Anzeichen für eine Zuweisung positiver Herrschaftsmacht sein. Verfügungen erfolgen über § 929 BGB analog (so *B. Pfister*, "Know How" als Vermögensrecht, S. 152) bzw. über §§ 413, 398 BGB, so etwa *H. Forkel*, Übertragbarkeit geheimer Kenntnisse, in: FS L. Schnorr v. Carolsfeld, S. 105 (123), der auch, in umgekehrter Richtung argumentierend, darauf hinweist, dass Verfügungsmacht im deutschen Recht immer nur als Bestandteil eines subjektiven Rechts auftritt (S. 110). Gegen diese beiden Arten der Übertragung *A. Berkemeier*, Verwertung von Immaterialgüterrechten, S. 68 ff. Von vornherein gegen die Notwendigkeit eines positiven Zuweisungsgehalts – insb. im Recht des unlauteren Wettbewerbs – *W. Portmann*, Wesen und System der subjektiven Privatrechte, S. 50 f., der daraus sehr weitgehend ein subjektives Recht des Mitbewerbers auf Nichtverletzung seiner wirtschaftlichen Interessen ableitet (S. 152 ff.). Für subjektive Vermögensrechte der unternehmerischen Leistung durch das Lauterkeitsrecht auch *K.-H. Fezer*, Schadensersatz und subjektives Recht, WRP 1993, S. 565 (568 f.).

248 Zur Vergegenständlichung vgl. auch die parallelen Entwicklungen im Persönlichkeitsrecht (Recht am eigenen Bild, am eigenen Wort etc.), dessen Verwertung als kommerzielles Gut immer mehr in den Vordergrund rückt, diese Richtung bestätigend BVerfG, NJW 2006, S. 3409 ff. Dies deutet auch der Geschäftsverteilungsplan des BGH an, wonach „ein allgemeines Persönlichkeitsrecht, das vom Berechtigten kommerziell (wie ein Immaterialgüterrecht) verwertet wird" dem für Urheberrecht zuständigen I. Senat zugewiesen sind im Gegensatz zu sonstigen Persönlichkeitsrechtsverletzungen. Siehe ansonsten *J. N. Druey*, Information, S. 359 f., *S. Balthasar*, Schutz der Privatsphäre im Zivilrecht, S. 171 ff. m.w.N., *G. Wagner*, Gutachten, in: Verhandl. des 66. DJT, S. A 1 (37 ff.), *K.-N. Peifer*, Individualität im Zivilrecht, S. 132 ff. und *H.-P. Götting*, Persönlichkeitsrechte als Vermögensrechte, S. 7, der darauf hinweist, dass anfangs das Lauterkeitsrecht ein Persönlichkeitsschutzrecht war. In beiden Bereichen hat also die Abspaltung einer Rechtsposition von der Person und damit eine Vergegenständlichung stattgefunden. Rechtsvergleichend hierzu *H. Beverley-Smith/A. Ohly/A. Lucas-Schloetter*, Privacy, Property and Personality, insb. S. 212 ff. Dem Persönlichkeitsrecht hat das (vergegenständlichte) Geheimnis allerdings die generelle Übertragbarkeit voraus. Zum Geheimnis als Gegenstand siehe sogleich Fn. 250.
In Verbindung mit dieser Entwicklung steht auch der Vorschlag für ein privatrechtliches Datenschutzmodell, das dem einzelnen u.a. die Einräumung von Datennutzungsrechten durch Dritte ermöglicht, *B. Buchner*, Informationelle Selbstbestimmung, S. 313 ff., des weiteren die Nachweise in Fn. 708.

249 Vgl. etwa die Formulierung, wonach „Betriebsgeheimnisse […] dem Unternehmer oft eine Rechtsposition [verschaffen], die sich dem Immaterialgüterrecht in besonders starkem Maße nähert"; so der BGH, NJW 1977, S. 1062 (1063). Für Know-How (als Synonym des Unternehmensgeheimnisses) als eigenständiges Vermögensrecht und damit sonstiges Recht i.S.d. § 823 Abs. 1 BGB auch *C. Ann*, Know-how, GRUR 2007, S. 39 (43),

chen erstarkt ist,[250] liegt darin, dass mit dem Erwerb eines Geheimnisses aus einer Konkursmasse das Recht verbunden ist, dem vorherigen Inhaber eine weitere Nutzung des Geheimnisinhalts zu verbieten, d.h. mit Erlangen des Besitzes erlangt der Erwerbende auch eine *Rechts*stellung, die der eines Ausschließlichkeitsrechtsinhabers gleichkommt.[251] Dieses – unvollständige[252] – Recht am Geheimnis wird zumeist als sonstiges Recht i.S.d. § 823 Abs. 1 BGB aufgefasst, teilweise als Teil des Rechts am Gewerbebetrieb.[253] Der Geheimnisbesitz wird insgesamt

---

ebenso *H. Köhler*, in: Hefermehl/ders./Bornkamm, WettbewerbsR, § 17 UWG Rn. 53 mit Verweis auf BGHZ 38, S. 391 (395). Des weiteren *A. Ohly*, Numerus clausus, in: FS G. Schricker, S. 105 (114 f.) und *U. Niemann*, Immaterielle Wirtschaftsgüter im Handels- und Steuerrecht, S. 12, die Know-how als Recht nach den allgemeinen Regeln des Schuld- und Sachenrechts auffasst, so diese mitteilbar sind und der Inhaber wirtschaftlich über sie verfügen kann. *U. Müller/L. Meyer*, Unternehmenstransparenz, Internetquelle, S. 1 f. sprechen von „immaterialgüterrechtlichen Geheimhaltungsrechten". A.A. *G. Schiemann*, in: Erman, BGB, § 823 Rn. 40 und *A. Stadler*, Schutz des Unternehmensgeheimnisses, S. 40 f., beide befürworten allenfalls Schutz als Teil des Gewerbebetriebs.

250 Bei der zugrunde liegenden Information handelt es sich um einen vorrechtlichen unkörperlichen Gegenstand, der auf der Ebene des tatsächlich Seienden existiert, durch das Recht dem Unternehmen als Unternehmensgeheimnis zugeordnet wird und dann einen „normativen Gegenstand" darstellt. Vgl. hierzu *M. Haedicke*, Rechtskauf und Rechtsmängelhaftung, S. 54, 65 f. und *P. Drahos*, Philosophy of intellectual property, S. 151 f., für den „abstract objects [...] subsistent entities or, putting it another way, convenient mental constructs" sind.

251 So bereits der BGHZ 16, S. 172 ff., der eindeutig vom Erwerb eines Vermögensrechts spricht, gleichzeitig aber ein absolutes Recht an dem Geheimnis verneint. Der Erwerber könne aber allen, „die seine Geheimsphäre verletzen, die Benutzung des Verfahrens [...] verbieten." Ein Eingriff in die Geheimsphäre ist hier allerdings fraglich, weil der vorherige Inhaber das geheime Verfahren schlicht weiterbenutzt. Zu deuten ist dies als Anerkennung eines umfassenden Abwehrrechts als negative Kehrseite eines nicht explizit positiv formulierten, absoluten Rechts, über den Gegenstand Geheimnis nach Belieben verfügen zu können. Vgl. zu diesem Urteil auch *B. Pfister*, "Know How" als Vermögensrecht, S. 80 ff. Vertieft zum Unternehmensgeheimnis in der Konkursmasse *A. Berkemeier*, Verwertung von Immaterialgüterrechten, S. 26 ff.

252 Das Recht am Geheimnis gibt nicht ein Recht an den beinhalteten Informationen als allgemeiner Schutz eines identischen Inhalts, da das Unternehmen nicht auch ein Recht an unabhängig, aber später geschöpften, gleichen Informationen erlangt. Dies schließt aber ein Recht an der Information, die es selbst erschaffen hat, nicht aus. Vielmehr ergibt sich die Rechtsposition zumeist erst aus der eigenen Produktion.

253 So etwa schon *E. Schmidt*, Gutachten, in: Verhandl. des 36. DJT, S. 101 (152), ebenso *K. Nastelski*, Schutz, GRUR 1957, S. 1 (4) und BGHZ 16, S. 172 (173). Ein subjektives Recht am Geheimnis deutlich bejahend auch *H. Forkel*, Übertragbarkeit geheimer Kenntnisse, in: FS L. Schnorr v. Carolsfeld, S. 105 (111 ff.). Für Teil des Rechts am Gewerbebetrieb *H. Rothfuchs*, Effektiver Rechtsschutz, UPR 2006, S. 343 (344). In der Praxis der höchstrichterlichen Rspr. ist aber kein Schutz von Geheimnissen über das Recht am Gewerbebetrieb bekannt, so *R. Sack*, Recht am Gewerbebetrieb, S. 289 ff. m. N.

einem absoluten Recht in einer Weise gleichgestellt, dass ein Unterschied allenfalls noch im Nominellen besteht.
Der einzige Unterschied zu explizit absoluten Rechten besteht aber darin, dass die Reichweite der Rechtsposition nur indirekt über den Begriff der Unlauterkeit (§§ 3, 17 UWG) bzw. über die notwendige Abwägung im Rahmen des zivilrechtlichen Rechts am Unternehmen[254] hergeleitet werden kann.
Der Schutz von Unternehmensgeheimnissen ist nicht umfassend formuliert, sondern nur gegen bestimmte Arten von Eingriffen gerichtet. Im Mittelpunkt des Schutzkonzepts steht die (versuchte) Kenntniserlangung durch Wettbewerber, die grundsätzlich als normales Verhalten im Wettbewerb gutgeheißen wird und nur dann den Schutzmechanismus in Form von Unterlassungs- und Schadensersatzansprüchen sowie zusätzlich strafrechtlichen Sanktionen auslöst, wenn nach gesonderter Wertung das Verhalten des Mitbewerbers für unlauter und damit im Wettbewerb ungewollt befunden wird.[255] Von dieser Wertung hängt es ab, ob das Unternehmensgeheimnis Schutz erhält.
Im Lauterkeitsrecht wird diese Wertung durch die Generalklausel des § 3 UWG vorgegeben. Bei einem Verstoß gegen einen der Tatbestände der §§ 17 ff. UWG ergibt sich die Unlauterkeit des Handelns (des Angriffs auf das Unternehmensgeheimnis) direkt aus der Anwendung des § 4 Nr. 11 UWG[256] und damit bereits durch die in den Strafnormen zum Ausdruck kommenden gesetzlichen Wertungen. Ist keiner der Straftatbestände erfüllt, so bedarf es einer wertenden Betrachtung, ob das Verhalten des Wettbewerbers, d.h. sein (versuchter) Zugriff auf das Unternehmensgeheimnis, als unlauter bzw. als betriebsbezogener Eingriff in ein Unternehmens zu bewerten ist.[257]
Indirekt (und vielleicht sogar unbewusst) werden bei dieser wertenden und abwägenden Betrachtung, ob das Verhalten als unlauter bzw. unbefugt zu bewerten ist, auch die entgegenstehenden Informationsinteressen[258] gegeneinander abgewogen

---

254 Bzw. Recht am Gewerbebetrieb, welches als sog. Rahmenrecht eine Interessen- und Güterabwägung erfordert, vgl. *H. Thomas*, in: Palandt, BGB, § 823 Rn. 19 ff. Zur parallelen Entwicklung für das Persönlichkeitsrecht zu einem subjektiven Recht verbunden mit einer Erweiterung des „sachbezogenen Eigentumsbegriff[s] als Prototyp des subjektiven Rechts" (*J. Simon*, Persönlichkeitsrecht und seine gewerblichen Erscheinungsformen, S. 189).

255 Zu den Wechselwirkungen zwischen Freiheit und Lauterkeit des Wettbewerbs etwa *E.-J. Mestmäcker*, Der verwaltete Wettbewerb, S. 11 f. und 20 ff. Diese Ausgangslage entspricht auch dem Grundsatz der Informationsordnung, nach der Information frei zugänglich und verwertbar ist, sofern sie nicht besonders durch Rechtsnorm geschützt ist.

256 *H. Köhler*, in: Hefermehl/ders./Bornkamm, WettbewerbsR, § 17 UWG Rn. 52.

257 Ergänzend herangezogen werden können hierzu die gesetzlichen Beispiele in § 4 Nr. 9 und 10 (*H. Köhler*, a.a.O.), die aber nicht immer direkt passen und daher eine selbständige Wertung des Verhaltens nicht verzichtbar machen.

258 Interesse an Geheimhaltung versus Interesse an Kenntnisnahme (vgl. auch Fn. 3), abstrakter formuliert werden die Sphären von Unzugänglichkeit und Zugang bzw. von zugeord-

und austariert. Bei explizit geregelten Rechten des geistigen Eigentums wird diese Wertung direkt im Gesetz vorgenommen, dadurch dass in der gesetzlichen Beschreibung von Umfang und Grenzen des Immaterialgüterrechts die Öffentlichkeits- und Kenntnisnahmeinteressen bereits Eingang gefunden haben.
Es handelt sich also beim Unternehmensgeheimnis um ein quasi-absolutes Recht, das aber in seinem Schutzniveau reduziert ist gegenüber direkten Rechten des geistigen Eigentums. Diese Reduzierung erklärt sich durch die lediglich implizite Etablierung und durch den enthaltenen, nicht durch Gesetz entschiedenen Interessenkonflikt.[259] Somit ist der Geheimnisschutz, klassisch als Schutz gegen bestimmte, unlautere Verhaltensweisen verstanden,[260] zu einem Gegenstandsschutz worden.[261] Das Geheimnis ist damit ein Eigentumsrecht an der Handlungsmöglichkeit der exklusiven Nutzung seines informationellen Gehalts.

b) Einschränkungen

Diese Feststellung ist aber insofern einzuschränken, als sich die bisherigen Ausführungen lediglich auf vergegenständlichte[262] (zumeist technische) Geheimnisse beziehen. Bei ihnen handelt es sich um eine „verobjektivierte Unternehmensleistung, die in bestimmten unkörperlichen, geistigen Gütern ihren Ausdruck findet“[263].

---

neter und freier Information voneinander abgegrenzt. Vgl. hierzu auch *J. Keßler*, Recht der Marktkommunikation, WRP 2005, S. 1203 (insbes. 1208 f.), der explizit vom Wettbewerbsrecht als Recht zur Regelung der Kommunikation im Markt spricht.

259 Dieser Konflikt ist deshalb von anderer Qualität, weil im Gegensatz zu anderen, expliziten Ausschließlichkeitsrechten mit der Rechtsanerkennung eine Veröffentlichung der Information gerade nicht verbunden ist.

260 Vgl. *B. Pfister*, "Know How" als Vermögensrecht, S. 78. Dies gilt zumindest im Lauterkeitsrecht als der Referenzmaterie des Unternehmensgeheimnisschutzes.

261 Vgl. auch die Entwicklungen im Werktitelschutz, einem absoluten Recht, das nach Teilen der Lit. auch Geschäftskonzepte, Strategien und Know how umfasst, die alle möglicher Inhalt eines Unternehmensgeheimnisses sein können. Nicht umsonst weist *T. Beyerlein*, Ergänzender Leistungsschutz, WRP 2005, S. 1354 (1356) auf die fließende Grenze zwischen Marktverhaltensrecht und subjektivem Ausschließlichkeitsrecht hin, denn nach seiner Auffassung handelt es sich beim ergänzenden wettbewerbsrechtlichen Leistungsschutz in § 4 Nr. 9 UWG um ein Recht des geistigen Eigentums i.S.d. sog. Enforcement-RL (2004/48/RL) vom 29. April 2004 zur Durchsetzung der Rechte des geistigen Eigentums (a.a.O., S. 1357 f.). Vgl. auch bereits BGHZ 57, S. 116 ff., das die durch den wettbewerbsrechtlichen Leistungsschutz sich ergebende Stellung anderen die Nutzung untersagt und insoweit eine vom Immaterialgüterrechtsschutz nicht unterscheidbare Position darstellt.

262 Dies ist zu unterscheiden von Verkörperung. Vergegenständlichung bedeutet lediglich, dass etwas als Gegenstand (körperlich oder unkörperlich) gedacht werden kann. Vgl. zu dieser Differenzierung § 90 BGB, der von Sachen als körperlichen Gegenständen spricht. Gegenständlichkeit ist daher unabhängig von Körperlichkeit.

263 Ähnlich bereits *P. Katzenberger*, Recht am Unternehmen, S. 4.

Für andere Arten von geheimen Informationen trifft diese Einordnung jedoch nicht sogleich zu, weil es sich bei ihnen nicht um immaterielle, aber gegenständliche Unternehmensleistungen, sondern um einzelne Informationen[264] handelt. Sie sind daher nicht nach der Art eines Ausschließlichkeitsrechts geschützt, sondern als nichtgegenständliche Informationen nicht direkter Bezugspunkt eines subjektiven Rechts. Vielmehr ergibt sich ihr Schutz als Teil anderer subjektive Rechte (Lauterkeit des Wettbewerbs, zivilrechtliches Recht am Gewerbebetrieb), die v.a. auch durch Geheimhaltung dieser Informationen gerade gewährleistet werden. Ein subjektives Recht direkt *an* ihnen im gegenständlichen Sinn existiert daher nicht. Diese geheimen Informationen haben aber teil am Schutz bestimmter unternehmerischer Bereiche und dienen der Sicherung der Entscheidungsfreiheit des Unternehmens über die Informationsoffenbarung. Sie sind daher ebenfalls erfasst von subjektiven Rechten.

c) Zusammenfassung

Bei einem Teil der Unternehmensgeheimnisse besteht direkt ein Recht *an* der Information. Allen Geheimnissen ist aber gemein, dass subjektive Rechte auf ihren Schutz bestehen, denn Schadenersatzansprüche, die sich umfassend aus §§ 823 Abs. 2 BGB i.V.m. 17 UWG sowie nach h.M. aus § 823 Abs. 1 BGB ergibt, setzen ein subjektives Recht voraus. Dies gilt für alle Unternehmensgeheimnisse unabhängig davon, ob sie als gegenständlich begriffen werden können.

2. Im Öffentlichen Recht

Auch in zahlreichen öffentlich-rechtlichen Normen[265] werden Unternehmensgeheimnisse als schützenswert eingestuft.[266] An einer näheren gesetzlichen Ausgestaltung und der Anerkennung einer umfassenden Verfügungsbefugnis fehlt es aber auch hier.

---

264 Etwa die Information, dass sich zwei Unternehmen in Vertragsverhandlungen befinden, ein Unternehmen einen leitenden Angestellten entlassen hat, o.ä. Ihnen mangelt es an der Stetigkeit, Stabilität und Identifizierbarkeit, die ein Immaterialgut mit ausmachen. Sie sind aufgrund geringer Kontextabhängigkeit flüchtiger und von geringerer Halbwertzeit, d.h. die Volatilität ihres Wertes ist (noch) höher.

265 Vgl. etwa §§ 135 Abs. 3, 136, 138 Abs. 2 TKG, 9 Abs. 1 u. 3, 57 Abs. 2 WpÜG, 8 WpHG, 22 WpPG, 7 Abs. 1 BörsG, die materiell Öffentliches Recht darstellen, sowie §§ 57, 58 Abs. 4, 67 Abs. 3, 71, 83 EnWG, 14, 16 Abs. 3 PUAG; in allgemeinster Form § 30 VwVfG und § 6 S. 2 IFG.

266 Über das Unternehmensgeheimnis hinaus lässt sich auch über einen Schutz gegen die „Verbreitung ‚schlicht unternehmensgefährdender' Verwaltungsinformationen" nachdenken, hierzu *G. Britz/M. Eifert/T. Groß*, Verwaltungsinformation, DÖV 2007, S. 717 (718).

a) Als gegenständliche Position

Die soeben für das Privatrecht dargestellte Erkenntnis, dass geheime Informationen zum Teil als gegenständlich zu verstehen sind und privatrechtliche Eigentumsposition darstellen, wird auch vom Öffentlichen Recht gestützt. Denn auch hier zeigen sich geheim gehaltene Informationen als subjektiv-öffentliche, gegenständliche Rechtspositionen.[267]
Als Beispiel für die gegenständliche Zuordnung von Unternehmensgeheimnissen können etwa Normen des besonderen Verwaltungsrechts dienen, die den Umgang mit gefährlichen bzw. gesundheitsschädlichen Stoffen und Arzneimitteln regeln. In den entsprechenden Gesetzen finden sich jeweils Regelungen zur Zweit[268]- bzw. Parallelanmelderproblematik[269], die Unternehmen Rechte an ihren geheimen Informationen zuweisen: Für eine solche Zuordnung reicht der Hinweis, dass das Unternehmen Kosten und Aufwand für die Erzeugung der Informationen hatte und diese einen Marktwert haben, allein noch nicht zur Begründung einer Eigentumsposition aus.[270] Aber zum einen wird eine Bezugnahme auf die bzw. Ver-

---

267 Vgl. etwa die Formulierung des OVG NRW, NVwZ-RR 2006, S. 248 (250), wonach Produktionsgeheimnisse geistiges Eigentum sind.

268 Bei der Zweitanmeldung wird auf Informationen einer bereits abgeschlossenen Anmeldung zurückgegriffen (vgl. als Beispiel § 20a Abs. 2 S. 3 ff., Abs. 3 ChemG), während bei der Parallelanmeldung zwei Unternehmen unabhängig voneinander inhaltlich gleiche Stoffe anmelden wollen (vgl. als Beispiel § 20a Abs. 5 ChemG). Zur Problematik *K. Fischer*, Zweit- und Parallelanmeldung, pass., *H.-J. Papier*, Probleme der Zweitanmeldung, NJW 1985, S. 12 ff. und *E. Denninger*, Zweitanwenderproblematik, GRUR 1984, S. 627 ff.

269 Vgl. v.a. §§ 24a f. AMG, 13-14b PflSchG, 17 f. GenTG, 20a ChemG. Diese sog. „Anmeldeproblematik" gehört zum Problemkreis der Unternehmensgeheimnisse und ihres Schutzes, so m. entspr. N. auch *K. Fischer*, Zweit- und Parallelanmeldung, S. 45 (dort Fn. 65) und *R. Breuer*, Schutz, NVwZ 1986, S. 171 (177), siehe auch *H.-J. Papier*, in: Maunz/Dürig, GG, Lfg. 40 (Juni 2002), Art. 14 Rn. 99 und *S. Scholl*, Zweitanmelderproblematik, S. 13. Bei den geheimen Informationen handelt es sich vorwiegend um Wirkungsbeschreibungen, Tierversuchsstudien, Prüfnachweise und sonstigen Erprobungen sowie entsprechende Sachverständigengutachten, siehe im einzelnen § 22 Abs. 2, 3 AMG und § 7 ChemG.

270 Denn Art. 14 GG gewährt nicht einen allgemeinen Vermögensschutz, sondern schützt vermögenswerte Rechtspositionen, vgl. *R. Wendt*, in: M. Sachs (Hrsg.), GG, Art. 14 Rn. 21 f. Argumente für einen Schutz aus Art. 14 GG müssen also aus den entsprechenden Rechtsnormen selbst gewonnen werden. Stark in Richtung eines allgemeinen Vermögensschutzes für unternehmerische Informationen aber *K. Fischer*, Zweit- und Parallelanmeldung, S. 46 f. und *S. Scholl*, Zweitanmelderproblematik, S. 14 ff. Inzwischen wird ganz überwiegend von einer Eigentumsposition des Erstanmelders ausgegangen, *K. Anker*, in: E. Deutsch/H.-D. Lippert (Hrsg.), AMG, § 24a Rn. 1 m.w.N. Letztlich zustimmend, obwohl kein umfassendes Verfügungsrecht – vergleichbar mit § 903 BGB – dem Erstanmelder zugeordnet wird, auch *M. Zuleeg/D. Schefold*, Zweitanmelderproblematik, S. 11 ff.

wendung der Daten des Erstanmelders an dessen Zustimmung geknüpft, sofern für die Zweitanmeldung keine Tierversuche erforderlich sind.[271] Zum anderen ist für den Fall, dass die Informationen aufgrund gesetzlicher Regelung[272] auch für den Zweit- oder Parallelanmelder verwendet werden dürfen, durch diesen eine Vergütung an das Unternehmen zu zahlen, welches die Informationen erschaffen hat. Diese beiden gesetzlichen Vorkehrungen erzeugen einen Zuweisungsgehalt der Informationen zu dem erschaffenden Unternehmen; denn es wird diesem grundsätzlich die Verfügungsbefugnis über die Nutzung der Informationen zugestanden und hilfsweise ein Entschädigungsanspruch statuiert. Des Weiteren sind, ähnlich wie bei klassischen Immaterialgüterrechten, zeitliche Begrenzungen der Rechtsposition festgelegt.[273] Diese dienen nicht nur der Sicherung des Wettbewerbsvorsprungs, sondern stellen eine zeitlich begrenztes Verwertungsmonopol für die produzierten Informationen dar. Eingeschränkt wird diese Position nur durch entgegenstehende Gemeinwohlinteressen wie auch im Immaterialgüterrecht.[274] Anknüpfungspunkt für diese Position sind die Versuchsergebnisse in ihrer gegenständlichen Fixierung.

Die Eigentumsposition des Erstanmelders wird in dieser Konstellation nicht dadurch berührt, dass dem konkurrierenden Unternehmen die Informationen preisgegeben werden, sondern durch die Verwendung zu dessen Gunsten im Verwaltungsverfahren.[275] Diese Nutzung widerspricht der grundsätzlichen Nutzungs-

---

271 §§ 24a S. 1 AMG, 20a Abs. 1 ChemG.

272 Dies ist der Fall, wenn die Informationen durch Tierversuche entstanden sind, §§ 14 PflSchG, 17 Abs. 1 S. 3 GenTG, 20a Abs. 2 ChemG.

273 Zehn Jahre: § 20a Abs. 2 S. 3 ChemG, ebenso § 13 Abs. 1 Nr. 2 PflSchG.

274 Zwar handelt es sich nicht um ein direktes Ausschluss-, sondern ein Verwertungsrecht und damit eine eigentumsrechtlich zugeordnete Position, so auch *G. Sydow*, Staatliche Verantwortung, DV 38 (2005), S. 35 (58 f.).

275 Dieses Regelung ist ein Abweichen von §§ 24 Abs. 1, 26 Abs. 1 Nr. 3VwVfG, nach dem die Behörde alle ihr zur Verfügung stehenden Informationen verwenden kann (hierzu *W. Clausen*, in: Knack, VwVfG, § 24 Rn. 8 und § 26 Rn. 4, 31). Eine Verwendung der Informationen würde auch nicht gegen § 30 VwVfG verstoßen, weil dieser lediglich die Offenbarung von Geheimnissen verbietet, *E. Denninger*, Zweitanwenderproblematik, GRUR 1984, S. 627 (630). Allein durch die Zulassung des Stoffes, dessen Zusammensetzung ohnehin bekannt ist (vgl. für Arzneimittel § 11 AMG), wird allgemein die Information bekanntgemacht, dass dieser Stoff unbedenklich ist. Diese Information ist daher auch nicht Inhalt der geschützten Position (das lässt sich bereits daran erkennen, dass allein mit dieser der Zweitanmelder keine Zulassung erreichen kann, anders aber *O. Böttcher*, Problematik, GRUR 1980, S. 78 [80]), sondern vielmehr die Versuchsinformationen selbst und die hieraus *erlaubtermaßen* zu ziehende Schlussfolgerung der Unbedenklichkeit als Voraussetzung für eine Zulassung bei der Behörde. Die Tatsache, dass die Versuchsinformationen nicht durch die Behörde ohne weiteres in verschiedenen Anmeldungsverfahren und Zusammenhängen verwendet werden dürfen, bedeutet die Anerkennung einer gegenständlichen Zuordnung. Begründung für den Wert dieser Versuchsinformationen ist also die Möglichkeit „erlaubten" Schlussfolgerung der Unbedenklichkeit im Verwal-

und Verfügungsbefugnis des Erstanmelders, ergibt sich aber aus der entsprechenden Inhalts- und Schrankenbestimmung, die diese Verwendung auch ohne Zustimmung des Erstanmelders vorsehen.
Indem also in den entsprechenden gesetzlichen Regelungen nicht mehr[276] davon ausgegangen wird, dass die Verwaltung Informationen, die bei ihr vorhanden sind, uneingeschränkt als „ihr Wissen" zur Beurteilung anderer Verfahren nutzen kann, sind die entsprechenden Informationen dem Unternehmen, das die Informationen produziert hat, zugeordnet worden. Diese ihnen damit gewährte Position steht außerhalb des und unabhängig vom überkommenen *numerus clausus* der Immaterialgüterrechte; die der Behörde vorzulegenden Informationen müssen also nicht unbedingt die Voraussetzungen eines Immaterialguts erfüllen, um Schutz durch die Regelungen zur Parallel- und Zweitanmeldung zu erfahren. Diese Regelungen sind also nicht nur solche, die der Vertraulichkeitssicherung dienen, sondern sollen vor allem Vermögenswerte sichern.[277] Beeinträchtigungen zugunsten bestimmter öffentlicher Interessen[278] dieser Position werden durch Entschädigungsansprüche gegen den Zweitanmelder, die als ausgleichspflichtige Inhalts- und Schrankenbestimmung[279] zu deuten sind, abgemildert.
Auch auf diesem Gebiet ist also eine Entwicklung hin zu einem immaterialgüterartigen, gegenstandsbezogenen Schutz zu erkennen, der in Art. 14 Abs. 1 verankert ist.[280] Zuvor lag der Betrachtungsschwerpunkt noch eindeutig auf den Wettbewerbsverzerrungen, die durch eine unentgeltliche Zweitanmeldung entstanden.[281]

b) Einschränkungen

In anderen öffentlich-rechtlichen Normen werden Informationen hingegen nicht gegenständlich gefasst. Beispiele hierfür sind etwa der bereits erwähnte § 139b Abs. 1 S. 3 GewO, der dem Unternehmen unabhängig von der Gegenständlichkeit

---

tungsverfahren. Grund dieser Regelung ist der Schutz der Investitionen des Erstanmelders, der vor einem Eingriff in seine Position durch den Zweitanmelder zu schützen ist. Vertieft hierzu und zur ökonomischen Betrachtung der Problematik *H. Albach*, Imitationswettbewerb, Pharma Recht 1985, S. 53 ff. Entspr. inzwischen auch die Regelungen im neuen europ. Chemikalienrecht, hierzu *K. Fischer*, REACH, DVBl 2007, S. 853 (856 ff.) und *H. v. Holleben*, REACH, in: FS E. Rehbinder, S. 353 (356 ff.).

276 In älteren Fassungen des AMG waren Zustimmung bzw. Ausgleichszahlung nicht vorgesehen, dies wurde als verfassungsrechtlich problematisch angesehen, vgl. die Nachweise bei *K. Fischer*, Zweit- und Parallelanmeldung, S. 51, dort Fn. 80.

277 So spricht auch § 24b Abs. 6 AMG von einer Ausschließlichkeitsfrist.

278 Im Mittelpunkt steht die Vermeidung doppelter Tierversuche.

279 Hierzu *O. Depenheuer*, in: v. Mangoldt/Klein/Starck, GG I, Art. 14 Rn. 236 ff.

280 Diese Ansicht hat sich aber, ebenso wie die entsprechenden gesetzlichen Schutzmechanismen, erst seit den 1980er Jahren entwickelt; zur alten Gesetzeslage und der damaligen Behördenauffassung *O. Böttcher*, Problematik, GRUR 1980, S. 78 (79).

281 Vgl. etwa *M. Bullinger*, Wettbewerbsgefährdung, NJW 1978, S. 2121 ff.

der Informationen diese dem Unternehmen und seinem internen Bereich zuordnet. Elementar werden ohne das Erfordernis der Gegenständlichkeit Informationen einem Unternehmen zugeordnet in Art. 13 Abs. 1 GG.[282]

3. Schlussfolgerungen

Dispositionsrecht und Güterzuordnung, persönliche bzw. wettbewerbliche und gegenstandsbezogene Freiheit stehen daher im Unternehmensgeheimnis nebeneinander. Nur ein Teil der Unternehmensgeheimnisse erscheint dabei als immaterielles Eigentum und insofern als vergegenständlichter und erarbeiteter Wettbewerbsvorsprung. Bei anderen Informationen mit einem geringer ausgeprägten Gegenstandscharakter überwiegt daher die wettbewerbliche Schutzbegründung. Mit der Ökonomisierung und erweiterter Handelbarkeit von Information werden immer mehr Unternehmensgeheimnisse als gegenständlich zu begreifen sein und sich daher dem eigentumsrechtlichen Schutzbereich annähern. Die Wettbewerbsrelevanz geht hierdurch nicht verloren, sondern wird um eine weitere Schutzkomponente ergänzt.

---

282 *G. Hermes*, in: H. Dreier (Hrsg.), GG, Art. 13 Rn. 12. Hierzu auch unter G.IV.5. (S. 191).

Zweiter Teil

D. Die Gefährdung von Geheimnissen im Öffentlichen Recht

Geheime Informationen und Daten von Unternehmen sind in verschiedenen Gebieten des Öffentlichen Rechts der Gefahr der Weitergabe an Wettbewerber ausgesetzt. Ihre Gefährdung ergibt sich dabei vor allem in zwei Konstellationen: Zum einen können Informationen durch die Behörde veröffentlicht werden, zum anderen direkt an Dritte im Rahmen der Beteiligung an einem Verwaltungsverfahren oder aufgrund eines voraussetzungslosen Informationszugangsrechts weitergegeben werden. Bei der Abwägungsentscheidung über die Veröffentlichung bzw. Weitergabe kann die Behörde zum einen nicht auf einen abgesicherten öffentlich-rechtlichen Begriff des Unternehmensgeheimnisses[283] und darüber hinaus nicht auf einheitliche Abwägungsmaßstäbe zurückgreifen.[284] Diese Schwierigkeiten zeigen sich besonders deutlich im Regulierungsverwaltungsrecht und Informationsfreiheitsrecht.

I. Im Recht der Regulierungsverwaltung

1. Begriff der Regulierungsverwaltung

Der Begriff des Rechts der Regulierungsverwaltung beschreibt den rechtlichen Rahmen[285] des Gestaltungsauftrags durch Behörden, auf bisher monopolistisch geprägten Märkten Wettbewerb herzustellen und Versorgungssicherheit mit Angeboten der Daseinsvorsorge zu gewährleisten.[286] Es werden also die Folgen der

---

283 Weitgehend wurde der zivilrechtliche Begriff des Geschäfts- und Betriebsgeheimnisses übernommen.

284 Zu den im internationalen Verwaltungsrecht ebenfalls fehlenden Standards zur Sicherung von Unternehmensinformationen *E. Schmidt-Aßmann*, Herausforderung, Der Staat 45 (2006), S. 315 (333).

285 Als eigenständiger Rechtsbereich existiert ein Recht der Regulierungsverwaltung (noch) nicht, hierauf weist *J. Masing*, Gutachten, in: Verhandl. des 66. DJT, S. D 1 (9) hin.

286 *E. Schmidt-Aßmann*, VerwR als Ordnungsidee, Kap. 3 Rn. 50, zum Begriff der Regulierung *J. Kühling*, Sektorspezifische Regulierung, S. 11 ff., der heute überwiegend i.e.S. als staatlicher Eingriff in Marktprozesse verstanden wird hauptsächlich mit den Mitteln der Preis- und Marktzutrittskontrolle sowie der Verpflichtung zu Universaldienstleistungen verwirklicht werden soll, ähnlich *H. C. Röhl*, Regulierungsverwaltung, JZ 2006, S. 831 (832 ff.) und *M. Bullinger*, Regulierung, DVBl 2003, S. 1355 (1356 ff.). Zur Unterschei-

Privatisierung von bisher staatlichen Akteuren geregelt, die die entsprechenden Dienstleistungen bisher erbracht haben.[287] Das Konzept der Regulierung zur Schaffung und Sicherung von Märkten kommt vor allem zum Tragen im Bereich der Telekommunikation, der Energieversorgung, des Eisenbahnverkehrs und der Postdienstleistungen.

Die Regulierung gilt als Ordnungsinstrument des Gewährleistungsstaats, da der Staat nicht mehr selbst die genannten Dienstleistungen organisiert, sondern als unmittelbares Aufgabensubstitut die Verantwortung für die Bereitstellung und Erfüllung der Dienstleistungen durch Private trägt.[288]

2. Informationsbeziehungen im Regulierungsverwaltungsrecht

Die Privatisierung zieht einen veränderten Informationsbedarf der regulierenden Verwaltung nach sich.[289] Gefährdungen von internen Informationen eines Unternehmens können sich dabei auf verschiedenen Stufen und unterschiedlichen Informationsbeziehungen ergeben.[290]

---

dung vom Kartellrecht *T. v. Danwitz*, Regulierung, DÖV 2004, S. 977 (981) und *K.-H. Ladeur*, Drittschutz, CR 2000, S. 433 (434): U.a. setzt das Regulierungsverwaltungsrecht wesentlich stärker auf das Instrument der Preiskontrolle, welches im Kartellrecht nur eine Nebenrolle spielt.

287 Vertieft hierzu etwa *M. Ruffert*, Regulierung, AöR 124 (1999), S. 237 (239 f., 246).

288 Vgl. zur Gewährleistung *M. Knauff*, Gewährleistungsstaat, S. 59 ff. grundlegend *A. Voßkuhle*, Beteiligung Privater, in: VVDStRL, Bd. 62, S. 266 ff. Hiernach kommt dem Staat die Aufgabe der „Initiierung und Anleitung der selbständigen Erfüllung öffentlicher Aufgaben durch private Akteure im Sinne einer normativen Umhegung“ (a.a.O., S. 285) zu und tritt an die Stelle der eigenen Erfüllung und Verantwortung hierfür. Zum hierfür notwendigen Gewährleistungsverwaltungsrecht, a.a.O., S. 307 ff. Das Regulierungs- als Privatisierungsfolgenrecht ist aber nur ein Teilbereich der Gewährleistungsperspektive, *H. Schulze-Fielitz*, Grundmodi, in: W. Hoffmann-Riem/E. Schmidt-Aßmann/A. Voßkuhle (Hrsg.), GVwR I, § 12 Rn. 19, 57. Die weitgehenden Informationsanforderungen sind gerade Folge dieses Systemwechsels zur überwachten privaten Leistungserbringung, so auch *K. Stohrer*, Informationspflichten Privater, S. 151 f.

289 *K.-H. Ladeur*, Privatisierung, in: W. Hoffmann-Riem/E. Schmidt-Aßmann (Hrsg.), VerwR in der Informationsgesellschaft, S. 225 ff., besonders zur Regulierung der Telekommunikation S. 244 ff.

290 Umfassend zu Informationsbeziehungen im Verwaltungsverfahren *C. Gusy*, Informationsbeziehungen, in: W. Hoffmann-Riem/E. Schmidt-Aßmann/A. Voßkuhle (Hrsg.), GVwR II, § 23 Rn. 32 ff. Nicht in dieses Beziehungsschema eingefügt ist die sich insbes. aus § 9 EnWG ergebende Problematik für vertikal integrierte Unternehmen, ihre internen Informationen nicht nach eigener Entscheidungsfreiheit zwischen verschiedenen Unternehmensteilen (v.a. nicht zwischen Netzbetrieb und Erzeugung/ Vertrieb) übermitteln und nutzen dürfen. Vgl. näher die RL der Regulierungsbehörden (Fn. 129), S. 3 ff. und auch *C. Koenig/M. Schellberg/K. Spiekermann*, Entflechtungsvorgaben, RdE 2007, S. 72 ff.

a) Mitteilungspflichten an die Regulierungsbehörde

Regulierungsaufgaben können nur erfüllt werden, wenn die Regulierungsbehörde über die hierfür notwendigen Informationen verfügt.[291] Da im Bereich des Regulierungsverwaltungsrechts die Behörden durch Überwachung, die auch hier v.a. Informationsbeschaffung und -verarbeitung bedeutet,[292] nicht lediglich präventiv Gefahrenabwehr betreiben, sondern grundlegend Marktstrukturen schaffen bzw. verändern, sind sie in besonderer Weise auf interne Informationen des Unternehmens angewiesen, um hiermit anstelle des Unternehmens weitgehend auf der Basis dessen Wissensstands Entscheidungen im Sinne der Regulierungsvorgaben zu treffen.[293] Diese Entscheidungen haben insofern eine eigene Qualität, als sie in der Art getroffen werden, wie ein Unternehmen sie für sein eigenes Handeln nach rein wirtschaftlichen Erwägungen träfe.[294]

291 So zu § 45 PostG *M. Habersack/B. Holznagel/T. Lübbig*, Behördliche Auskunftsrechte, S. 55.

292 *S. Baer*, Verwaltungsaufgaben, in: W. Hoffmann-Riem/E. Schmidt-Aßmann/A. Voßkuhle (Hrsg.), GVwR I, § 11 Rn. 41 und *C. Gusy*, Informationsbeziehungen, in: W. Hoffmann-Riem/E. Schmidt-Aßmann/A. Voßkuhle (Hrsg.), GVwR II, § 23 Rn. 1; speziell für das Polizeirecht *M. Möstl*, Gestalt, DVBl 2007, S. 581 ff. Denn Information ist die zentrale Ressource der steuernden Verwaltungstätigkeit, *I. Spiecker gen. Döhmann*, Informationsgewinnung, DVBl 2006, S. 278 (278) m.w.N. Des weiteren *G. F. Schuppert*, Verwaltungswissenschaft, S. 721, 740 ff. Zur Einbeziehung privaten Wissens durch Beteiligung *M. Eifert*, Beteiligung Privater, DV 39 (2006), S. 309 (314 ff.).

293 Hierfür muss die Behörde Marktreaktionen prognostizieren können. Dazu benötigt sie einen nahezu vollständigen Informationsstand über die Marktsituation. Diesen kann sie praktisch nicht erreichen, so auch *K.-H. Ladeur*, Privatisierung, in: W. Hoffmann-Riem/E. Schmidt-Aßmann (Hrsg.), VerwR in der Informationsgesellschaft, S. 225 (244 ff.) und *W. Schulz*, Regulierte Selbstregulierung, DV Beiheft 4/2001, S. 101 (105 ff.)., da es strukturell gar nicht möglich ist, einen komplexen, sich stetig verändernden Markt vollständig zu erfassen und zu durchdringen. Marktgestaltung nach Effizienzkriterien ist also in höchstem Maße informationsabhängig, vgl. *R. Pitschas*, Informationsordnung, in: W. Hoffmann-Riem/E. Schmidt-Aßmann/G. F. Schuppert (Hrsg.), Reform des Allgemeinen VerwR, S. 219 (227). Die Behörde wird aber versuchen müssen, das Maß tatsächlicher Ungewissheit, mit dem es operiert, möglichst gering zu halten. Umfassend auch *K.-H. Ladeur*, Drittschutz, CR 2000, S. 433 (434 f.). Diese nicht zu eliminierende Restunsicherheit beeinflusst auch den gesetzlichen Rahmen der Regulierung hin zu stärkerer Finalisierung und Prozeduralisierung im Sinne einer Risikoverwaltung, *H. Schulze-Fielitz*, Grundmodi, in: W. Hoffmann-Riem/E. Schmidt-Aßmann/A. Voßkuhle (Hrsg.), GVwR I, § 12 Rn. 30 ff.

294 Besonders weitgehend sind die entsprechenden Informationsanforderungen, vgl. insbesondere den Bereich der Anreizregulierung in § 21a EnWG, zu den benötigten Daten vgl. § 21a Abs. 4 EnWG.

Die Reichweite der der Behörde zur Verfügung stehenden Rechte zur Beschaffung der benötigten Informationen ist allerdings nicht abschließend geklärt.[295] Fest steht aber, dass Inhalt dieser Auskunftsrechte auch Informationen sein können, die Geheimnisse eines Unternehmens darstellen. So umfasst die Mitteilungspflicht der „wirtschaftlichen Verhältnisse" des Unternehmens an die Regulierungsbehörde Kalkulations- und Kostenunterlagen, vertragliche Beziehungen und deren Ausgestaltung sowie Know-how und sonstige technische Informationen.[296] Begrenzt ist dieses umfassende Auskunftsrecht durch den Gesetzeszweck und die Erforderlichkeit für die Regulierungstätigkeit.

Allein in der Weitergabe der geheimen Informationen eines Unternehmens an die Behörde besteht noch keine Gefahr, weil diese dort für den Wettbewerber zunächst nicht erreichbar sind, sofern die Behörde sie nicht ohne weiteres weitergeben darf.[297] Die behördliche Informationsanforderung ist aber Voraussetzung und Vorstufe einer späteren Gefährdung. Weitergabepflichten von Unternehmensgeheimnissen an eine Behörde beeinträchtigen die *Geheimnis*position des Unternehmens[298] noch nicht, da die rechtliche Zuordnung erhalten bleibt.[299]

---

295 So für § 45 PostG *M. Habersack/B. Holznagel/T. Lübbig*, Behördliche Auskunftsrechte, S. 55 ff. und für § 72 TKG a.F. (Nachfolgenorm ist § 127 TKG) *B. Holznagel*, Erhebung von Marktdaten, S. 33 ff. Nachgebildet sind diese Normen § 59 GWB a.F. (die n.F. wurde nur unwesentlich verändert). Des weiteren *B. Holznagel/C. Schulz*, Auskunftsrechte, MMR 2002, S. 364 ff. Die Ermittlungsbefugnisse der regulierungsrechtlichen Fachgesetze sind insgesamt nahezu unterschiedslos, *J. Masing*, Gutachten, in: Verhandl. des 66. DJT, S. D 1 (137). Auch führt *K.-H. Ladeur*, Drittschutz, CR 2000, S. 433 (435) an, dass aufgrund der Unmöglichkeit exakter Kostenkalkulation und daraus folgender Unsicherheiten und Wertungsspielräume der Informationsinput für eine rechtmäßige Entscheidung möglichst groß sein müsse.
Entsprechend großzügig auch die Auslegung von § 69 EnWG, der Datenanforderungen der BNetzA regelt. Diese darf Übermittlung nach ihrem weiten Ermessen verlangen, lediglich wenn bereits zum Zeitpunkt der Anfrage feststeht, dass die Daten keinem zur Aufgabenerfüllung erforderlichen Zweck dienen können, ist die Anforderung rechtswidrig, BGH, N&R 2008, S. 36 S. 19.

296 *S. Nübel*, in: Beck'scher TKG-Komm., § 127 Rn. 29, *M. Habersack/B. Holznagel/T. Lübbig*, Behördliche Auskunftsrechte, S. 59 ff. sowie S. 97 ff., die die regulierungsrechtlichen Befugnisse von den kartellrechtlichen abgrenzen. Letztere sind enger beschränkt auf die Vorbereitung einer Verwaltungsentscheidung.

297 Ähnlich auch *S. Rosenberger*, Geheimnisschutz und Öffentlichkeit, S. 48 f. Dies setzt voraus, dass lediglich in der Kenntnisnahme (potentieller) Wettbewerber eine Gefahr für Unternehmensgeheimnisse gesehen wird, was wiederum eine Trennung zwischen Staat und Gesellschaft voraussetzt.

298 Denn die Informationsanforderung des Staates ist an einem anderen Maßstab zu messen. In Frage kommt vor allem Art. 12 Abs. 1 GG, vgl. im einzelnen *K. Stohrer*, Informationspflichten Privater, S. 259 ff. und *S. Herrmann*, Informationspflichten, S. 339 ff.

299 Allein könnte man an eine Beeinträchtigung in Form einer erhöhten Gefährdung denken, so *S. Scholl*, Zweitanmelderproblematik, S. 19 f. und *M. Bullinger*, Wettbewerbsgefährdung, NJW 1978, S. 2121 (2123). Anders hingegen jüngst BGH, N&R 2008, S. 36S. 22,

b) Informationsweitergabe zwischen Behörden

Wenn man die Anforderung von internen Informationen eines Unternehmens zwar als ursächlich für spätere Gefährdungen, selbst aber nicht als Beeinträchtigung des Geheimnisses betrachtet, so gilt dies auch für die Informationsweitergabe zwischen Behörden.[300] Dies setzt aber voraus, dass alle beteiligten Behörden an gleichartige Verpflichtungen zur Nichtveröffentlichung der Informationen gebunden sind, da ansonsten diejenige mit dem geringsten Schutzniveau Ziel ausforschender Aktivitäten werden kann.[301]
Auf europäischer Ebene sind im Bereich des Regulierungs- und Kartellrechts die beteiligten nationalen Behörden und die Kommission zu einem Verwaltungs- und Regulierungsverbund[302] zusammengefasst, der vor allem ein Informationsverbund ist. So bildet etwa Art. 12 Abs. 1 VO 1/2003 die Rechtsgrundlage für einen umfassenden Informationsaustausch zwischen mitgliedstaatlichen Wettbewerbsbehörden und der Kommission.[303] Auch das Internationale Verwaltungsrecht bedeutet vor allem Informationsaustausch zwischen den Verwaltungen, es ist zuallererst Informationsverwaltungsrecht.[304]

c) Informationsweitergabepflichten an Wettbewerber

Die Verpflichtung von regulierten Unternehmen zur direkten Weitergabe von geheimen Informationen an Wettbewerber ist im Konzept der Regulierung nur ver-

---

nach dem Unternehmensgeheimnisse erst beeinträchtigt werden, wenn sie durch die Behörde offengelegt werden. Vorher sei ihr Schutzbereich nicht eröffnet. Ein Beispiel für eine solche Weitergabe aufgrund unsicherer Ermächtigungsgrundlage OLG Düsseldorf, juris, VI-3 Kart 285/06 (V) v. 2.11.2006, Umdruck S. 1 f.

300 Allgemein hierzu *B. Holznagel*, Informationsbeziehungen, in: W. Hoffmann-Riem/E. Schmidt-Aßmann/A. Voßkuhle (Hrsg.), GVwR II, § 24 Rn. 20 ff.

301 Allgemeiner zu den Schranken des Informationsverbundes *A. v. Bogdandy*, Informationsbeziehungen, in: W. Hoffmann-Riem/E. Schmidt-Aßmann/A. Voßkuhle (Hrsg.), GVwR II, § 25 Rn. 26 ff. Kritisch zu den unterschiedlichen Schutzniveaus im europäischen Zollinformationssystem *L. Harings/K.-D. Classen*, Europäische Informationsverwaltung, EuZW 2008, S. 295 ff.

302 Hierzu ausführlich *G. Britz*, Regulierungsverbund, EuR 2006, S. 46 ff. m.w.N., *K.-H. Ladeur/C. Möllers*, Regulierungsverbund, DVBl 2005, S. 525 (526 ff.) und *M. Ruffert*, Verwaltungsverbund, DÖV 2007, S. 761 (763 ff.). Speziell zur TK-Regulierung *J. Lüdemann/S. Bechtold*, Europ. Telekommunikationsrecht, in: M. Stolleis/W. Streeck (Hrsg.), Aktuelle Fragen zu politischer und rechtlicher Steuerung, S. 167 ff.

303 Hierzu *H. Sauter*, Verfahren in Kartellsachen, in: M. A. Dauses (Hrsg.), Hdb. EU-WirtschaftsR, Bd. 2, Lfg. 13, H. I. § 3 Rn. 42 und *A. Leopold*, Netzwerk der Wettbewerbsbehörden, S. 70 ff., 153 ff.

304 *E. Schmidt-Aßmann*, Herausforderung, Der Staat 45 (2006), S. 315 (333). Des weiteren zum Thema *J. Sommer*, Informationskooperation, in: E. Schmidt-Aßmann/B. Schöndorf-Haubold (Hrsg.), Der europäische Verwaltungsverbund, S. 57 (59 ff.).

einzelt vorgesehen[305] und findet ansonsten im Gesetz auch keine entsprechende Ermächtigungsgrundlage. Eine Verpflichtung von regulierten Unternehmen zur direkten Informationsweitergabe an Wettbewerber als Instrument zur Erreichung der Regulierungsziele ist damit ausgeschlossen, es darf nicht zu informationellen Steuerung verwendet werden.[306] Dies ist bei der Bewertung von Dritteinsichtsrechten zu berücksichtigen.

d) Publizitätspflichten des Unternehmens

Pflichten zur Publizität eines regulierten Unternehmens, d.h. zur Veröffentlichung von Informationen an einen offenen Adressatenkreis,[307] haben ähnliche Wirkung wie die direkte Weitergabe an Konkurrenten, nur dass sie sich an die Konkurrentengesamtheit sowie den Markt als ganzen richten. Ziel ist die Verbesserung der allgemeinen Markttransparenz. So sieht etwa § 20 TKG die Weitergabe an die Allgemeinheit vor, relevanter Empfänger sind aber Wettbewerber des publizitätspflichtigen Unternehmens. Des Weiteren haben gemäß § 36 Abs. 1 EnWG Energieversorgungsunternehmen Preise und Bedingungen bekanntzugeben. Diese gesetzlichen Regelungen bilden damit auch die Grenze dessen, was als Unternehmensgeheimnis anzuerkennen ist.

e) Informationsveröffentlichungen der Regulierungsbehörde

Genau wie bereits seit mehreren Jahrzehnten im Kartellrecht praktiziert, veröffentlicht die Regulierungsbehörde ihre Entscheidungen und gibt auch darüber hinaus Daten und Informationen aus und über ihre Tätigkeit der Öffentlichkeit preis. Sie kann sich dabei u.a. auf die Ermächtigungsgrundlagen in §§ 26, 36, 87 Abs. 3 TKG sowie 61, 63 Abs. 3 bis 5 und 74 EnWG stützen, die aber etwa Entscheidungsveröffentlichungen nicht direkt abdecken. Die Reichweite[308] dieser Ermächtigungsgrundlagen für Veröffentlichungen der Regulierungsbehörde bildet gleichzeitig die Grenze für die Anerkennung von Unternehmensgeheimnissen; denn was die Behörde veröffentlichen darf, kann von vornherein nicht Unternehmensgeheimnis sein.

---

305 Zur Art des Informationstransfers direkt an Wettbewerber etwa § 9 EnWG, in diese Richtung auch § 14 Abs. 5 S. 2 AEG und § 19 Abs. 2 TKG. Des weiteren § 27 Nr. 11 StromNZV, der gerade auch Daten umfasst, die den Netznutzern wettbewerbliche Vorteile verschaffen können, so OLG Düsseldorf, RdE 2007, S. 166 (168).

306 Hierauf weist auch BVerfGE 115, S. 205 (242) hin. Zum Begriff der informationellen Steuerung *M. Schmidt-Preuß*, Selbstregulierung, in: VVDStRL, Bd. 56, S. 160 (221).

307 *H. Merkt*, Unternehmenspublizität, S. 8 f.

308 Die im Kartellrecht seit langem umstritten ist, siehe ausführlich *M. Kloepfer*, Information als Intervention, S. 8 ff., *R. Scholz*, Informationspolitik, NJW 1973, S. 481 ff. und *S. Heyser*, Publizität im kartellrechtlichen Bußgeldverfahren, S. 112 ff. Der Bereich der schützenswerten Geschäftsgeheimnisse wird durch die Veröffentlichungstätigkeit stark zurückgedrängt.

Explizite Ermächtigungsgrundlagen für Veröffentlichungen, besonders die namentliche Bekanntgabe einer Verfahrenseröffnung,[309] durch das BKartA und auch für die BNetzA bestehen nur zum Teil.[310] Genutzt wird oftmals § 30 VwVfG mit seinem impliziten Offenbarungsvorbehalt, der allerdings nur eine Offenbarung an Verfahrensbeteiligte regelt, nicht etwa Publikation an die Allgemeinheit. Die Veröffentlichungen der beiden Behörden haben Präventions-, Sanktions-, Legitimations- und Informationsfunktion.[311] Die Öffentlichkeitsarbeit des BKartA zu den genannten Zwecken kann allein aber kein hinreichender Grund für die Einschränkung des Geheimnisschutzes sein.[312] Veröffentlichungen von Entscheidungen jeglicher Art können hingegen mit der Ähnlichkeit zum gerichtlichen Verfahren und der relativ unabhängigen Stellung von BKartA und BNetzA begründet werden. Zudem sichert die Veröffentlichung eine verhaltenssteuernde Wirkung und erzeugt eine für fallrechtsgeprägte Rechtsgebiete besonders wichtige Erwartungssicherheit.[313] Die sog. *Verfahrenspublizität* hingegen, die die Veröffentlichung von Verfahrenseinleitungen unter Namensnennung[314] umfasst, kann hierauf nicht gestützt werden.[315]

---

309 Die Beteiligung an einem Verwaltungsverfahren kann durchaus als Unternehmensgeheimnis anzusehen sein, vgl. OVG NRW, NVwZ-RR 2005, S. 749 ff. Dagegen, dass die Einleitung eines Verfahrens gegen ein bestimmtes Unternehmen ein Geheimnis darstellt, *I. Sewczyk*, Identifizierende Pressemitteilungen, WuW 2006, S. 244 (250).

310 *H. Kahlenberg/R. Hempel*, Pressemitteilungen des BKartA, WuW 2006, S. 127 (132). Teilweise werden bloße Aufgabenzuweisungen für ausreichend gehalten. Angesichts der wenig strengen Anforderungen des BVerfG (vgl. BVerfGE 105, S. 252 ff. und BVerfGE 105, S. 279 ff., hierzu unter G.IV.3.a)(4) [S. 183 f.]) und an eine gesetzliche Grundlage für Publikumsinformationen sind auch bisher in der sonstigen Rspr. wenig Bedenken aufgetaucht. Ebensowenig *M. Kloepfer*, Information als Intervention, S. 1, kritischer *G. C. Vorbrugg*, Namensnennung, WuW 1984, S. 371 ff. Explizite Ermächtigungsgrundlagen für Veröffentlichungen sind hingegen §§ 43, 52, 53 und 62 GWB sowie etwa Art. 27 Abs. 4 VO 1/2003.

311 *K. Schmidt*, Kartellverfahrensrecht, S. 294, 443. Vertiefend hierzu *S. Simon*, Schutz von Geschäftsgeheimnissen, S. 17 ff. und *H. Merkt*, Unternehmenspublizität, S. 324 f., 332 ff. m.N. der Rspr.

312 *K. Schmidt*, in: Immenga/Mestmäcker, GWB, § 56 Rn. 13.

313 BVerwGE 104, S. 105; *S. Simon*, Schutz von Geschäftsgeheimnissen, S. 53., vgl. allgemeiner zum Thema auch *H. Hirte*, Publikation von Gerichtsentscheidungen, NJW 1988, S. 1698 ff. sowie *M. Bohne*, Zugang zu Gerichtsentscheidungen, NVwZ 2007, S. 656 ff. Für den EuGH existiert mit Art. 68 VerfO EuGH sogar eine explizite Ermächtigungsgrundlage (zum Rang der VerfO als Rechtsakt eigener Art *B. Wegener*, in: C. Callies/M. Ruffert [Hrsg.], EUV/EGV, Kommentar, Art. 225 EGV Rn. 9).

314 Vgl. als Einzelbeispiel die Mitteilung der BNetzA zur Einleitung eines Verfahrens nach § 30 EnWG gegen Vattenfall wegen missbräuchlichen Verhaltens eines Netzbetreibers (Az. BK6-06/037): www.bundesnetzagentur.de/enid/Veroeffentlichung_von_Ver-fahrenseinleitungen/BK6-_6-37_2pz.html.

315 Auch im europäischen Recht wird der Veröffentlichung von Kommissionsentscheidung zur Informierung der maßgeblichen Kreise und Regeldurchsetzung durch Publizität

Ein zusätzliches Argument für Veröffentlichungen durch die Verwaltung ist, dass diese durch das Gesetz gerade im Bereich der Regulierungsverwaltung weniger konditional- als vielmehr final und mit geringerer Regelungsdichte programmiert wird. Die erhöhte Öffentlichkeit kann dann die nötige zusätzliche demokratische Legitimation, die im Rechtsrahmen aufgrund der notwendigerweise geringeren Bestimmtheit von final programmierenden Normen noch fehlt,[316] zumindest zum Teil kompensieren.

3. Beispiele für Unternehmensgeheimnisse

Im Recht der Regulierungsverwaltung handelt es sich bei den Unternehmensgeheimnissen, über deren Offenlegung gestritten wird, vorwiegend um Umsatz- und Absatzzahlen sowie Daten, mit denen Marktabgrenzungen vorgenommen werden können.

Von der Rspr. als Unternehmensgeheimnisse eingeordnet wurden z.B. Angaben über die Zahl der beförderten Briefe, weil dies Rückschlüsse zulässt auf Umsatz, Transportaufwand, Kosten und Gewinn zulassen,[317] Unterlagen über Kreditwürdigkeit, Kalkulationen, Erträge, Kundenbeziehungen, Bezugsquellen und Marktstrategien,[318] Grafiken mit Angaben über die Kundenentwicklung eines Telefontarifs,[319] Abschreibungsmöglichkeiten, Produkt- und Angebotskalkulationen, Kabelverlegungskosten, Kosten für den Bau von Anlagen,[320] Absatz- und Umsatz-

---

grundsätzlich Vorrang eingeräumt vor dem Interesse der betroffenen Unternehmen an Geheimhaltung ihrer Identität. Nur Informationen, die darüber hinausgehen, können also Geschäftsgeheimnisse darstellen und damit einem Veröffentlichungsverbot unterfallen, vgl. hierzu *H. Sauter*, Verfahren in Kartellsachen, in: M. A. Dauses (Hrsg.), Hdb. EU-WirtschaftsR, Bd. 2, Lfg. 13, H. I. § 31 Rn. 22 f.

316 So *M. Albers*, Verfassungsrechtliche Grundlagen, in: B. Sokol (Hrsg.), Sommersymposion Informationsfreiheit, Internetquelle, S. 31 (44). Vgl. auch *F. Reimer*, Parlamentsgesetz, in: W. Hoffmann-Riem/E. Schmidt-Aßmann/A. Voßkuhle (Hrsg.), GVwR I, § 9 Rn. 64. Ausführlich auch *H. Pünder*, Open Government, NuR 2005, S. 71 (73 f.), der eine Legitimationswirkung der Öffentlichkeit als notwendigen Ersatz dafür heranzieht, dass der Gesetzgeber aufgrund der hohen Komplexität der Materien nicht mehr alles Wesentliche durch Parlamentsgesetz regeln kann. Die demokratische Legitimation durch Veröffentlichung von Verwaltungsverfahrensinhalten und damit die Möglichkeit der Öffentlichkeitsbeteiligung kompensiert für ihn die Nachteile der repräsentativen Demokratie, zumal Verwaltungsentscheidungen oftmals auch eminent politische Entscheidungen sind. Zur Verknüpfung der Veröffentlichung von Gerichtsentscheidungen mit dem Gedanken der demokratischen Legitimation ausführlich *T. Gostomzyk*, Öffentlichkeitsverantwortung der Gerichte, S. 190 ff.

317 BVerwG, DÖV 2006, S. 698 (698).

318 Nds. OVG, NVwZ 2003, S. 629 (629).

319 BVerwG, N&R 2005, S. 76 (78).

320 BVerwG, K&R 2004, S. 95 (99).

zahlen eines Produkts, Umsatz- und Eigenkapitalrendite[321] sowie spezielle, auf die telekommunikationsrechtlichen Anforderungen angelegte Methodik der Kostenberechnung für Telekommunikationsdienstleistungen.[322] Des Weiteren sind Unternehmensgeheimnisse Ertragslagen, Konditionen, Geschäftsbücher, Kundenlisten, Marktstrategien, Unterlagen zur Kreditwürdigkeit, Kalkulationsunterlagen, Entwicklungs- und Forschungsprojekte.[323]

II. Im Regulierungsrecht in seiner Verfahrensdimension

Besonders deutlich wird die Geheimnisgefährdung bei der Betrachtung des Regulierungsrechts in seiner Verfahrensdimension.

1. Im Verwaltungsverfahren

a) Allgemeiner Problemaufriss

Im regulierungsrechtlichen Verwaltungsverfahren[324] werden von der Behörde Entgelte, Tarife und gegenüber anderen geltend gemachte Kosten der der Regulierung unterliegenden Unternehmen ex ante[325] oder ex post[326] von der Regulierungsbehörde[327] überprüft (Entgeltregulierung);[328] hinzu kommt die Überwachung des Netzzugangs für Wettbewerber als zweites Kernregulierungsinstrument[329]. Insbesondere für die Durchführung der Entgeltregulierung benötigt die

321 OVG NRW, justiz.nrw.de, 13a D 14/04 v. 13.10.2004, Umdruck S. 1.

322 Auch abstrakte Beschreibungen dieser Methodik sind schutzbedürftig, weil Wettbewerber bereits aus diesen Informationen Vorteile ziehen können. OVG NRW, juris, 13a D 18/02 v. 9.7.2002, Umdruck S. 5, ebenso OVG NRW, juris, 13 B 15/00 v. 8.11.2000, Umdruck S. 4 f.

323 OLG Düsseldorf, RdE 2007, S. 130 (130).

324 Allgemein zur Akteneinsicht Beteiligter im Verwaltungsverfahren *S. Rosenberger*, Geheimnisschutz und Öffentlichkeit, S. 78 ff. und v.a. *G. Trantas*, Akteneinsicht und Geheimhaltung, S. 440 ff.

325 Vgl. §§ 30 bis 37 TKG, umfassend hierzu *C. Koenig/M. Senger*, Ex ante-Entgeltregulierung, MMR 2007, S. 290 ff.

326 Vgl. § 38 TKG.

327 Zumeist handelt es sich um die Bundesnetzagentur (BNetzA), die oftmals auch im Wege der Organleihe Aufgaben der Landesregulierungsbehörden wahrnimmt.

328 Exemplarisch hierzu *U. Büdenbender*, Netzentgeltregulierung, DVBl 2006, S. 197 ff., *C. Theobald/K. Hummel*, Entgeltregulierung, N&R 2004, S. 2 ff. und *M. Ruffert*, Regulierung, AöR 124 (1999), S. 237 (274 ff.). Zu den Instrumenten der einzelnen Sektoren *R. Röger*, Regulierungsbehörde, DÖV 2004, S. 1025 (1030 ff.). Zu den einzelnen Berechnungsmethoden *A. Zimmerlich/U. Müller*, Entgeltberechnung, N&R 2006, S. 46 ff.

329 Vgl. etwa §§ 16 ff. TKG und §§ 20 ff. EnWG, zur Zugangsregulierung ausführlich *J. Kühling*, Sektorspezifische Regulierung, S. 182 ff. und *H.-H. Trute/R. Broemel*, Regulie-

Behörde detaillierte Angaben über die Kostenstrukturen der regulierten Unternehmen, um beurteilen zu können, ob die Entgeltforderung gegenüber Wettbewerbern den rechtlichen Vorgaben entspricht[330] und an den Regulierungszielen[331] ausgerichtet ist. Hierfür muss sie die dem marktbeherrschenden Unternehmen entstandenen und im Verlauf entstehenden Kosten kennen,[332] um die Kosten der effizienten Leistungsbereitstellung[333] ermitteln und das verlangte Entgelt daran messen zu können. Die umfangreichen Informationsanforderungen der Behörde sind also Teil des Eingriffs in die Berufsausübungsfreiheit der regulierten Unternehmen und ihre Privatautonomie zur Schaffung und Verbreiterung von Märkten zugunsten des Gemeinwohls.

An diesem Entgeltregulierungsverfahren können als Drittbeteiligte Wettbewerber der regulierten Unternehmen teilnehmen[334] und haben dabei aufgrund des teilweise drittschützenden Charakters der Regulierungszielbestimmungen und -instrumentennormen subjektiv-öffentliche Rechtspositionen inne.[335] Auch unab-

---

rung des Zugangs, ZHR 170 (2006), S. 706 ff. Weitere Instrumente sind v.a. die Universaldienstregulierung und die Entflechtung (§§ 6 ff. EnWG); zu letzterer *C. Koenig/J. Kühling/W. Rasbach*, Energierecht, S. 115 ff.

330 § 28 TKG nennt die zu verhindernden Wirkungen bei der Entgeltgestaltung und damit den inhaltlichen Maßstab der Überprüfung durch die Behörde: So darf etwa die Entgelthöhe nicht nur Folge der Marktmacht sein (Nr. 1). Zu den Methoden der Überprüfung siehe § 35 Abs. 1 TKG.

331 Spezifiziert in § 27 Abs. 1 TKG und § 21 Abs. 1 EnWG. Zur Art der benötigten Angaben genauer § 2 TEntgV.

332 Siehe im Einzelnen zur Komplexität der Bewertung dieser Kostenstrukturen und ihres hohen Informationsbedarfs das 14. Hauptgutachten der Monopolkommission, BT-DS 14/9903, Rn. 788 ff. Die notwendigen Daten und Informationen kann sich die Behörde aufgrund von §§ 29 und 127 TKG, 69 EnWG beschaffen. Der Beurteilung auf Basis der Kostenunterlagen kommt eine im Vergleich zu den anderen Instrumenten der Entgeltbeurteilung (Vergleichsmarktverfahren und analytische Kostenmodelle) eine hervorgehobene und vorrangige Stellung zu, so *C. Koenig/M. Senger*, Ex ante-Entgeltregulierung, MMR 2007, S. 290 (291) m.w.N und nunmehr auch BVerfGE 115, S. 205 (239). Kritisch zur Eingriffsintensität und Komplexität der Entgeltregulierung *J. Wieland*, Regulierung von Energiepreisen, in: FS E. Rehbinder, S. 653 (658).

333 Vgl. § 30 Abs. 1 S. 1 TKG, § 21 Abs. 2 S. 1 EnWG, siehe auch § 3 TEntgV.

334 Sofern sie ein Verfahren beantragt haben oder ihre Interessen erheblich berührt werden, §§ 66 Abs. 2 Nr. 3 EnWG und 134 Abs. 2 Nr. 3 TKG. Voraussetzung für eine Beteiligung ist also nicht unbedingt, dass die Verletzung eines subjektiven Rechts geltend gemacht wird. Denn zudem haben sie die objektivrechtliche Funktion des Wissensinputs, vgl. hierzu *M. Eifert*, Umweltinformation als Regelungsinstrument, DÖV 1994, S. 544 (544).

335 Dies umfasst v.a. die §§ 27-39 TKG, *F. Schuster/E.-O. Ruhle*, in: Beck'scher TKG-Komm., § 27 Rn. 15 ff. Der drittschützende Charakter vieler regulierungsrechtlicher Normen ist noch umstritten, allgemein *M. Knauff*, Regulierungsverwaltungsrechtlicher Rechtsschutz, VerwArch 98 (2007), S. 382 (388). Konkret etwa zum Drittschutz durch § 23a EnWG (verneinend) *T. Sauerländer*, Engeltregulierung drittschützend?, RdE 2007, S. 153 ff. Auch *M. Burgi*, Subjektives Recht, DVBl 2006, S. 269 (272) hält die Reichweite

hängig von subjektiven Rechtspositionen kann die Regulierungsbehörde nach eigenem Ermessen über die Beteiligung weiterer Personen entscheiden.[336] Darüber hinaus leitet die Regulierungsbehörde bei jedem Verstoß gegen regulierungsrechtliche Normen ein Verwaltungsverfahren ein, bei dem Wettbewerber des regulierten Unternehmens regelmäßig Beteiligte sind.[337] Der nicht aufgrund der möglichen Betroffenheit eigener subjektiver Rechte beigeladener Dritte erfüllt im Regulierungs- und anschließendem Gerichtsverfahren die Aufgabe der Förderung desselben durch Einspeisung von zusätzlichen Informationen und Argumenten und das Hinwirken auf ein richtiges Verfahrensergebnis.[338]

b) Informationskonflikt

Im Rahmen dieser Verwaltungsverfahren ist der Wettbewerber des regulierten Unternehmens an einem umfangreichen Zugang zu Akten, Daten und Informationen zum einen deshalb interessiert, um seine Beteiligungsrechte wirksam ausüben und argumentativ auf den Ausgang des Verfahrens[339] einwirken zu können. Zum anderen ist ihm grundsätzlich ein Interesse an internen Informationen des regu-

---

subjektiver Rechte Dritter im Energiebereich für noch sehr unklar. Für weitreichenden Drittschutz *K.-H. Ladeur*, Drittschutz, CR 2000, S. 433 (440 f.), weil nur so eine ausreichende gerichtliche Kontrolle und Durchsetzung der Regulierungsziele erreichbar sei. Ähnlich *W. Schulz*, Regulierte Selbstregulierung, DV Beiheft 4/2001, S. 101 (118 f.). Für die drittschützende Wirkung von §§ 19-21 und 24 TKG *T. Attendorn*, TK-Zugangsregulierung, MMR 2008, S. 444 (446).

336 Dies gilt, sofern deren Interessen erheblich berührt werden, §§ 66 Abs. 2 Nr. 3 EnWG, 134 Abs. 2 Nr. 3 TKG. Bei der Entscheidung über die Beiladung hat die Behörde die Sicherung von Unternehmensgeheimnissen nicht zu berücksichtigen, OLG Düsseldorf, juris, VI-3 162/06 v. 6.7.2006, Umdruck S. 5. So auch für das Kartellrecht *K. Schmidt*, Drittschutz, S. 50.

337 §§ 65 Abs. 1, 66 Abs. 1 EnWG, 134 Abs. 1 TKG. Neben einer Verfahrenseinleitung etwa aufgrund von § 25 oder § 42 TKG hat gerade auch der subsidiäre § 133 TKG einen sehr weiten Anwendungsbereich, siehe hierzu *T. Attendorn*, in: Beck'scher TKG-Komm., § 133 Rn. 8, 13 ff., so dass sich bei jeder Meinungsverschiedenheit zwischen (regulierten) Wettbewerbern ein Verwaltungsverfahren einleiten lässt. Erforderlich ist lediglich die Geltendmachung eines subjektiven Rechts.

338 So OLG Düsseldorf, RdE 2007, S. 130 (131) für den Bereich des EnWG, für das TKG *K.-H. Ladeur*, Drittschutz, CR 2000, S. 433 (434 f.). Ebenso *M. Holoubek*, Rechte, Lasten und Pflichten, in: W. Hoffmann-Riem/E. Schmidt-Aßmann (Hrsg.), Verwaltungsverfahren und VwVfG, S. 193 (205 f.). Relativierend ist aber anzumerken, dass manchmal die Betroffenheit erst durch Beteiligung im Verfahren feststellbar ist, so *H. Rossen-Stadtfeld*, Beteiligung, in: W. Hoffmann-Riem/E. Schmidt-Aßmann/A. Voß-kuhle (Hrsg.), GVwR II, § 29 Rn. 42.

339 Zusammenfassend zur Informations- und Artikulationsfunktion des Verfahrens *M. Schmidt-Preuß*, Gegenwart, NVwZ 2005, S. 489 ff. Aufgrund der Komplexität der Materie spielt der Input von beteiligten Wettbewerbern eine besondere Rolle für die Gewähr der Entscheidungsrichtigkeit.

lierten Unternehmens zu unterstellen, um seine Position im Wettbewerb durch Verbesserung seines Informationsstands zu stärken.[340] Das erste Informationszugangsinteresse ist uneingeschränkt rechtmäßig und erwünscht.[341] Das zweite Informationsinteresse hingegen ist von der Rechtsordnung nur teilweise gewollt und geduldet.[342] Da sich diese beiden Interessen des konkurrierenden Unternehmens bei der Entscheidung über Gewährung von Informationszugang aber nicht trennen lassen,[343] scheidet ein vollständiger Informationszugriff durch den Wettbewerber zum Schutz des betroffenen Unternehmens aus. In der Abwägung der Informationsinteressen muss vielmehr unabhängig vom vorgebrachten Interesse des informationsbegehrenden Unternehmens davon ausgegangen werden, dass Geheimnisse des betroffenen Unternehmens vom einsichtbegehrenden zumindest *auch* zur Stärkung der eigenen Wettbewerbssituation genutzt würden.

c) Regelung zur Konfliktlösung

Auf dieser Grundlage kommt im Verwaltungsverfahren der Ausgleich dieser widerstreitenden Interessen der Behörde zu; die Abwägung ist dabei nach denselben Maßstäben durchzuführen, wie sie allgemein für die entsprechende Abwägung in §§ 29, 30 VwVfG entwickelt worden sind.[344] Allerdings finden sich mit § 136

---

340 Sofern man von einem strikt rationalem wirtschaftlichem und eigennützigen Verhalten des Beteiligten ausgeht gemäß dem Modell eines *homo oeconomicus* nach *V. Pareto* (auch wenn dieses durch spieltheoretische Erkenntnisse inzwischen teilweise relativiert worden ist), hierzu etwa *G. Kirchgässner*, Homo oeconomicus, S. 12 ff. und *A. Suchanek*, Grundsatzüberlegungen, in: W. Hoffmann-Riem/E. Schmidt-Aßmann (Hrsg.), Verwaltungskontrolle, S. 247 (250).

341 Gemäß § 28 Abs. 1 VwVfG sind Beteiligte anzuhören. Selbst wenn mit der Entscheidung nicht unbedingt in ihre Rechte eingegriffen wird (inwieweit regulierungsrechtliche Normen subjektive Drittrechte verleihen ist überwiegend noch unklar, vgl. Fn. 335), ergibt sich das Recht auf Anhörung und Einsicht aus dem Rechtsstaatsprinzip und Art. 1 Abs. 1 GG, vgl. *E. Eisenberg*, Anhörung des Bürgers, S. 109 ff.

342 Dies zeigen u.a. auch die Wertungen des Lauterkeitsrechts. Grundrechtlich kollidieren an dieser Stelle das Recht auf freie wirtschaftliche Betätigung, die auch Informationsbeschaffung umfasst, mit Rechtspositionen des anderen Unternehmens auf Schutz seiner internen Informationen (ebenfalls als Teilfreiheit der wirtschaftlichen Betätigung bzw. Wettbewerbsfreiheit, siehe unten unter G.IV.3.a)(2) [S. 181 f.]). Auch das Kartellrecht zeigt, dass Informationsweitergabe zwischen Unternehmen nur begrenzt erwünscht ist, vgl. unten unter G.II.1. (S. 156 ff.).

343 Einem einheitlichen Empfänger einer Information ist es bereits kognitiv nicht möglich, diese zu einem Zweck (Verfahrensbeteiligung) zu nutzen, gleichzeitig zu einem anderen Zweck (Ausnutzung im Wettbewerb) aber nicht zu verwenden.

344 So OVG NRW, MMR 1999, S. 553 (554), bestätigend OVG NRW, juris, 13a D 18/02 v. 9.7.2002, Umdruck S. 3 und OVG NRW, juris, 13 B 15/00 v. 8.11.2000, Umdruck S. 4. Aus dem besonders ausgestalteten Regulierungsverwaltungsverfahren lasse sich keine andere Gewichtung des Schutzes der Unternehmensgeheimnisse herleiten. Denn eine geringere Gewichtung des Geheimnisschutzes führte dazu, dass dem betroffenen Unterneh-

TKG bzw. § 71 EnWG ergänzende Verfahrensvorgaben für den Interessenausgleich im Verwaltungsverfahren.[345] Dabei hat das betroffene Unternehmen einen Geheimhaltungsanspruch mit Offenbarungsvorbehalt, der nur dann zurücktritt, wenn das Offenbarungsinteresse der Allgemeinheit oder eines schutzberechtigten Dritten überwiegt.[346] Gestärkt wird dieser Anspruch, wenn dem Einsichtbegehrenden eine Darlegungslast trifft, warum er auf die Kenntnis der als Unternehmensgeheimnis gekennzeichneten Aktenteile angewiesen ist, um seine Rechte angemessen wahrnehmen zu können und wie hierdurch die Wahrscheinlichkeit eines richtigen Verfahrensergebnisses erhöht wird.[347]
Primär obliegt es dem betroffenen Unternehmen, eine Offenbarung an andere Beteiligte zu verhindern, indem es den Informationen als Unternehmensgeheimnisse kennzeichnet und die Aufrechterhaltung ihrer Geheimhaltung geltend macht.[348] Zu einer Entscheidung der Behörde über die Offenbarung kommt es erst, wenn ihre Einschätzung des Geheimnischarakters von Informationen mit der des betroffenen Unternehmens nicht übereinstimmt.[349] Die Verwaltung muss dann die entgegenstehenden Rechtsgüter bewerten und gegeneinander gewichten.
Grundlage hierfür sind §§ 29, 30 VwVfG, die dem Wortlaut nach Unternehmensgeheimnisse als für den Wettbewerber prinzipiell nicht einsehbar erklären.[350] Allgemeiner Ansicht nach besteht aber ein ungeschriebener Offenbarungsvorbehalt, der sich aus den immanenten Schranken der durch § 30 VwVfG geschützten

---

men eine erhöhte Begründungslast auferlegt würde, in jedem Einzelfall nachvollziehbar und substantiiert darzulegen, welche konkreten Nachteile durch Offenbarung zu befürchten seien. Hierfür liefern die Gesetzesmaterialien keinen Anhaltspunkt. Ausführlich zu den Hintergründen der Regelung *D. Kugelmann*, Informatorische Rechtsstellung des Bürgers, S. 243 ff.

345 Die § 30 VwVfG lediglich ergänzen und diesen daher nicht subsidiär werden lassen gemäß § 1 Abs. 1 VwVfG. Skeptisch zur Verfassungsmäßigkeit des § 30 VwVfG aufgrund mangelnder expliziter Ermächtigung zur Offenbarung *T. Jansen*, Schutz von Unternehmensdaten, S. 56 f.

346 So OVG NRW, juris, 13 B 15/00 v. 8.11.2000, Umdruck S. 3, bestätigend OVG NRW, juris, 13a D 18/02 v. 9.7.2002, Umdruck S. 3. Ausführlicher zu der allgemeinen Regelung *R. Bieber*, Informationsrechte Dritter, DÖV 1991, S. 857 (859 ff.). Allerdings hat die Behörde auch zu prüfen, ob ein Geheimnis vorliegt, wenn die Unterlagen nicht entsprechend gekennzeichnet worden sind, *P. Dahlke*, in: Beck'scher TKG-Komm., § 136 Rn. 12.

347 So die Anforderungen des OLG Düsseldorf, RdE 2007, S. 130 (131).

348 Vgl. § 136 S. 1 bis 3 TKG und § 71 S. 1 bis 3 EnWG.

349 §§ 136 S. 4 TKG, 71 S. 4 EnWG. Darüber hinaus kann auch Nichtbeteiligten, die ein berechtigtes Interesse vorbringen, ein Recht auf ermessensfehlerfreie Entscheidung der Behörde über das Einsichtsbegehren zustehen, so etwa *H. Lecheler/F. Germelmann*, Bindungen, WuW 2007, S. 6 (14).

350 Genauer zur Akteneinsicht im Regulierungsverwaltungsverfahren nach EnWG *H. Lecheler/F. Germelmann*, Bindungen, WuW 2007, S. 6 (14 ff.). Zum Konzept der begrenzten Aktenöffentlichkeit *H. Rossen-Stadtfeld*, Kontrollfunktion der Öffentlichkeit, in: W. Hoffmann-Riem/E. Schmidt-Aßmann (Hrsg.), Verwaltungskontrolle, S. 117 (125 ff.).

Rechtsgüter ableitet.[351] Hieraus wiederum wird teilweise eine Priorität des Geheimhaltungsinteresses gefolgert.[352] Da § 30 VwVfG aber seinerseits als Ausnahmevorschrift zu dem den Beteiligten einsichtgewährenden § 29 Abs. 1 VwVfG gedeutet werden kann, lässt sich aus dieser Systematik keine Auslegungsvorgabe im Sinne einer gesetzlichen Gewichtungsvorrangs für eine der Positionen folgern.[353] § 30 VwVfG gibt also nur vor, dass für eine Offenbarung das Interesse hierfür höher zu gewichten sein muss als das Geheimhaltungsinteresse des betroffenen Unternehmens und zudem zwingend erforderlich ist.
Teilweise wird (generell für das Allgemeine Verwaltungsrecht) vertreten, dass die die Akteneinsichtsrechte Drittbeteiligter begründenden Rechtspositionen (v.a. das Recht auf rechtliches Gehör, § 28 VwVfG[354]) gegenüber dem Schutz von Unternehmensgeheimnissen grundsätzlich nicht höher zu bewerten seien. Die Behörde könne bei Anfragen von Wettbewerbern *im Regelfall* davon ausgehen, dass deren Interesse das des betroffenen Unternehmens nicht überwiegt.[355] Dabei ist davon auszugehen, dass die Entscheidung der Behörde über die Akteneinsicht[356] trotz §

---

351 *H. J. Bonk/D. Kallerhoff*, in: P. Stelkens/H. J. Bonk/M. Sachs (Hrsg.), VwVfG, § 30 Rn. 20.

352 Etwa OVG NRW, MMR 1999, S. 553 (554). Demnach müsste auch der einsichtbegehrende Verfahrensbeteiligte das Vorliegen der Ausnahmevoraussetzungen darlegen und sein rechtliches Interesse an der Einsicht begründen (555), zu diesem Urteil *K.-H. Ladeur*, Drittschutz, CR 2000, S. 433 ff. Ebenfalls die Geheimhaltung als Grundsatz auffassend *R. Breuer*, Schutz, NVwZ 1986, S. 171 (178).

353 Auch relativiert bereits § 29 Abs. 2 VwVfG die Offenbarungsverpflichtung der Behörde, so dass die Ausnahmevorschrift nur schwierig überhaupt zu identifizieren ist (anders etwa *G. Trantas*, Akteneinsicht und Geheimhaltung, S. 470, der die Geheimhaltung als eng auszulegende Ausnahme auffasst). Allerdings ist fraglich, ob die methodische Vorgabe „Ausnahmevorschriften sind eng auszulegen" (so etwa *F.-L. Knemeyer*, Geheimhaltungsanspruch, NJW 1984, S. 2241 [2243]) als Auslegungsgrundsatz überhaupt anzuerkennen und überdies praktikabel ist, kritisch etwa *F. Müller/R. Christensen*, Juristische Methodik, Bd. 1, Rn. 370, sehr zurückhaltend auch *K. Larenz*, Methodenlehre, S. 353 ff.

354 Ausführlicher hierzu *D. Kugelmann*, Informatorische Rechtsstellung des Bürgers, S. 242 ff. Zu den Individualinteressen an der Offenbarung kommen noch öffentliche Interessen hinzu: Kontrolle der konkreten Entscheidung auf ihre inhaltliche Richtigkeit, Kontrolle der Effektivität der Verwaltung und auch Kontrolle als Demokratieaspekt.

355 So *S. Rosenberger*, Geheimnisschutz und Öffentlichkeit, S. 81 f.; umgekehrt hingegen *D. Kugelmann*, Informatorische Rechtsstellung des Bürgers, S. 251 f. und *H. Rossen-Stadtfeld*, Beteiligung, in: W. Hoffmann-Riem/E. Schmidt-Aßmann/A. Voßkuhle (Hrsg.), GVwR II, § 29 Rn. 87. Dies zeigt die Schwierigkeit, Grund- von Ausnahmeregeln abzugrenzen.

356 Bei der es sich wohl um einen Verwaltungsakt gemäß § 35 S. 1 VwVfG handelt. Allerdings str. Genauer zu den Voraussetzungen *P. Stelkens/U. Stelkens*, in: P. Stelkens/H. J. Bonk/M. Sachs (Hrsg.), VwVfG, § 35 Rn. 56 f.: Die Entscheidung muss verbindlich hinsichtlich des Bestehens oder Nichtbestehens eines Anspruchs sein. Für das Vorliegen eines VA jüngst für einen Umweltinformationsanspruch Hess. VGH, NVwZ 2007, S. 348

44a S. 1 VwGO unabhängig von der Hauptsacheentscheidung zumindest für den Fall, dass die Behörde einem Beigeladenen Einsicht gewähren will, anfechtbar ist.[357]

Auf gesetzlicher Ebene lassen sich also keine Wertungen und Gewichtungen[358] zugunsten einer der beiden Informationsinteressen erkennen, so dass kein grundsätzlicher Vorrang einer der beiden Interessen anzunehmen und anhand der konkreten Umstände im Einzelfall abzuwägen ist. Für eine solche Einzelfallabwägung sind wiederum Kriterien und Wertigkeiten zu entwickeln.

2. Im gerichtlichen Verfahren

Im gerichtlichen Verfahren zur Überprüfung der im regulierungsrechtlichen Verwaltungsverfahren ergangenen behördlichen Entscheidung besteht ebenfalls die Möglichkeit und Gefahr, dass Unternehmensgeheimnisse an beteiligte Wettbewerber zu offenbaren sind, weil auch hier Drittbeteiligte des Verfahrens Akteneinsichtsrechte besitzen.[359] Der Geheimhaltungsanspruch des betroffenen Unternehmens im gerichtlichen Verfahren ist die Fortführung des verfahrensrechtlichen Geheimhaltungsanspruchs aus § 30 VwVfG; hieraus folgt ein gleiches Schutzniveau auch für das Gerichtsverfahren.[360] Auch hier bewirken regulierungsver-

---

ff., gegen die Gewährung von Akteneinsicht als VA OVG NRW, MMR 1999, S. 553 (553).

357 Etwa *P. Stelkens*, in: F. Schoch/E. Schmidt-Aßmann/R. Pietzner (Hrsg.), VwGO (Grundwerk, Feb. 1996), § 44a Rn. 17, 29 f. und *J. Ziekow*, in: H. Sodan/ders. (Hrsg.), VwGO, § 44a Rn. 16 f. Denn die Anwendung von § 44a VwGO würde dazu führen, dass das Geheimhaltungsinteresse nicht mehr gewahrt wird, wenn die Einsichtgewährung erst nach Abschluss des Verfahrens gemeinsam mit der Sachentscheidung angegriffen wird. Denn die erfolgte Offenlegung ließe sich nicht mehr rückgängig machen. Daher liegt die Annahme einer Ausnahme von § 44a VwGO nahe, so auch OVG NRW, MMR 1999, S. 553 (553). Für das gerichtliche Verfahren ergibt sich die isolierte Anfechtbarkeit der Entscheidung über die Akteneinsicht aus § 99 Abs. 2 S. 1 VwGO.

358 Vgl. zum Begriff der Gewichtung *E. Hofmann*, Abwägung im Recht, S. 264 ff.

359 § 100 VwGO; für Verfahren nach dem EnWG, die größtenteils vor den ordentlichen Gerichten stattfinden, gilt § 84 Abs. 1 EnWG. Zudem ist die Gerichtsverhandlung öffentlich; die Öffentlichkeit kann aber gemäß §§ 85 Nr. 1 EnWG, 172 Nr. 2 GVG ausgeschlossen werden. Genauer zum gerichtlichen Verfahren nach den §§ 75 ff. EnWG *H. Lecheler/F. Germelmann*, Bindungen, WuW 2007, S. 6 (17 f.).

360 So zumindest OVG NRW, juris, 13a D 18/02 v. 9.7.2002, Umdruck S. 3. Diese Ansicht ist allein schon deshalb sinnvoll, weil ansonsten Drittbeteiligte des Verwaltungsverfahrens Gerichtsverfahren anstrengten, nur um erweiterte Akteneinsicht zu erhalten. Aufgrunddessen unverständlich OVG NRW, MMR 1999, S. 553 (554), wonach im Regulierungsverwaltungsverfahren „die Abwägung […] nur in besonderen Einzelfällen zu einer Geheimnispreisgabe [führt], nicht aber allein wegen des Gesichtspunkts des rechtlichen Gehörs." Im gerichtlichen Verfahren komme hingegen das Verfassungsrecht auf rechtliches Gehör mehr zum Tragen. Anders geregelt etwa im Vergabeverfahren, in dem zunächst § 111 Abs. 2 GWB der Vergabekammer die Gewährung von Akteneinsicht ohne

waltungsrechtliche Normen dabei kein Abweichen von der allgemeinen Regelung in Form einer Maßstabsänderung.[361]

a) Regelung

Grundsätzlich hat daher die Behörde die bei ihr vorhandenen Akten des betreffenden Verwaltungsverfahrens dem Gericht vorzulegen, § 99 Abs. 1 S. 1 VwGO.[362] Sie bzw. ihre oberste Aufsichtsbehörde[363] kann allerdings die Vorlage verweigern, wenn Unterlagen betroffen sind, die ihrem Wesen nach geheim zu halten sind, § 99 Abs. 1 S. 2 VwGO. Hierzu zählen auch Akten, die Unternehmensgeheimnisse enthalten. Sie hat eine Ermessensentscheidung über die Offenlegung zu treffen.[364] Für Verfahren im Energiesektor, die vor ordentlichen Gerich-

---

Ermessen untersagt, sofern Unternehmensgeheimnisse betroffen sind. In der gerichtlichen Überprüfung hingegen kann gemäß §§ 120 Abs. 2, 72 Abs. 2 GWB das Gericht nach Abwägung die Offenlegung anordnen; hierzu *B. Düsterdiek*, Akteneinsichtsrecht, NZBau 2004, S. 605 ff. Das Schutzniveau für Geheimnisse sinkt dort also im gerichtlichen Verfahren. Andererseits kann die Behörde aufgrund weiter Ermächtigungsgrundlagen zur Informationsanforderung mehr erfahren als das Gericht, weil dem Unternehmen dort ein Zeugnisverweigerungsrecht nach § 384 Nr. 3 ZPO zustünde, so *R. Werner*, Geschäftsgeheimnisse, AG 1988, S. 149 (149 f.). Unterhalb der Schwellenwerte steht dem unterlegenen Bieter lediglich der Zivilrechtsweg offen, der keine Einsicht in die Vergabeakten ermöglicht, vgl. *H.-J. Prieß/M. Gabriel*, Akteneinsichtsrecht, NJW 2008, S. 331 ff.

361 OVG NRW, MMR 1999, S. 553 (554), zustimmend *T. Mayen*, Anm. zu OVG Münster 13 B 632/99, MMR 2000, S. 117 ff. Die bloße Existenz der Regulierungszielnormen ist keine Grundlage für erweiterte Akteneinsicht der Wettbewerber, denn jene sind nicht als Instrument und Eingriffsermächtigung ausgestaltet und erlauben daher der Behörde keine erweiterte Offenbarung von Informationen und Daten regulierter Unternehmen. Dies gilt auch dann, wenn sich durch die gezielte Weitergabe von Informationen an Wettbewerber Steuerungsmängel und Vollzugsdefizite des regulierungsrechtlichen Regelungskomplexes kompensieren ließen, vgl. hierzu *S. Augsberg*, Staat als Informationsmittler, DVBl 2007, S. 733 (734). Information (d.h. die Folge von Akteneinsicht) ist ohne gesetzliche Ermächtigung aber nicht als Steuerungsressource einsetzbar.

362 Dies ergibt sich auch aus dem Untersuchungsgrundsatz im verwaltungsgerichtlichen Verfahren, § 86 VwGO. Hieraus ergibt sich der Regelungstechnik nach im Gegensatz zum Verwaltungsverfahren eine andere Ausgangslage. Dies lässt aber keine weitreichenden Schlüsse zu, siehe Fn. 353. A.A. aber *A. Ohlenburg*, Geheimnisschutz, NVwZ 2005, S. 15 (16). Ausführlich zur Regelung *S. Schüly*, "in camera"-Verfahren der Verwaltungsgerichtsordnung, S. 104 ff.

363 § 138 Abs. 1 S. 2 TKG sieht die Entscheidung durch die Regulierungsbehörde vor. Die Norm wurde mit der Neufassung des TKG 2004 eingeführt und bezweckt eine Beschleunigung des Verfahrens, so *M. Geppert/H.-J. Piepenbrock*, in: Beck'scher TKG-Komm., § 138 Rn. 3, 13; beispielhaft für die Sinnhaftigkeit dieser Sonderregelung OVG NRW, NVwZ 2000, S. 449 ff.

364 Ihr Ermessen kann aber aufgrund europarechtlicher Vorgaben auf Null reduziert sein: So hat im Rechtsstreit gegen regulierungsbehördliche Entscheidungen, von denen Nutzer oder Anbieter elektronischer Kommunikationsnetze bzw. -dienste betroffen sind, die ge-

ten stattfinden,[365] gilt jedoch § 84 Abs. 2 S. 2 EnWG. Hiernach hat die Regulierungsbehörde die Offenlegung ohne Ermessensspielraum abzulehnen, wenn Unternehmensgeheimnisse betroffen sind.

b) Grundlagen der Regelung

Die erschöpfende Sachverhaltsaufklärung mit der Folge, dass das Gericht von einem zutreffend erkannten Sachverhalt ausgehen kann, wird bereits durch das Rechtsstaatsprinzip gefordert (Art. 20 Abs. 3 GG) und dient gleichzeitig dem Schutz der individuellen Interessen der beteiligten Parteien, insbesondere ihrer Rechtsschutzgarantie (Art. 19 Abs. 4 GG) und ihres Rechts auf rechtliches Gehör (Art. 103 Abs. 1 GG), für die eine Kenntnis der maßgeblichen Vorgänge und Sachverhalte unabdingbar ist.[366] Jede Verweigerung, Akten und Informationen zu offenbaren, verkürzt also die Garantie eines effektiven Rechtsschutzes. Im Gegensatz dazu stehen die Geheimhaltungsinteressen des betroffenen Unternehmens, die über Art. 12 Abs. 1 und 14 Abs. 1 GG grundrechtlichen Schutz genie-

---

mäß § 99 Abs. 1 S. 2 VwGO über die Akteneinsicht zu entscheidende Aufsichtsbehörde (damals das Bundesministerium für Wirtschaft; inzwischen entscheidet die Bundesnetzagentur selbst über die Akteneinsicht [§ 138 Abs. 1 S. 2 TKG]) keinerlei Ermessen. Vielmehr ist die Behörde aufgrund europarechtlicher Vorgaben, nach denen das erkennende Gericht, das über Klagen gegen Entscheidungen der Regulierungsbehörde befindet, über sämtliche, auch vertrauliche Informationen verfügen können muss, im Geltungsbereich der Richtlinien zur Freigabe der Akten verpflichtet, so BVerwG, CR 2007, S. 301 (303), hierzu *M. Salevic*, Anm. zu BVerwG v. 9.1.2007 - 20 F 1.06, CR 2007, S. 435 ff. Dies stützt sich dabei auf die Auslegung von Art. 4 Abs. 1 S. 2 und 3 RL 2002/21/EG vom 7.3.2002 über einen gemeinsamen Rechtsrahmen für effektive Kommunikationsnetze sowie Art. 5a Abs. 3 RL 90/387/EWG vom 28.6.1990 zur Verwirklichung des Binnenmarktes für Telekommunikationsdienste. Beide fordern „geeignete" bzw. „wirksame" Verfahren der gerichtlichen Kontrolle. Erstere RL verlangt nach der jüngst ergangenen Entscheidung des EuGH, Slg. I 2006, S. 6675 (Tz. 41), dass die Ausgestaltung des Rechtsbehelfsverfahrens den Umständen des Falls Rechnung trägt. Hieraus folge, dass das Gericht über *alle* entscheidungserheblichen Informationen verfügen können müsse (Tz. 40). Andererseits seien vertrauliche Informationen des regulierten Unternehmens schützenswert (Tz. 43). Einziger Ausweg sei daher – so auch die Ansicht des BVerwG – ein *in camera*-Verfahren (vgl. zu diesem G.V.5.d) [S. 206]). Zur Deutung der EuGH-Entscheidung auch *M. Schütze*, Rechtskontrolle, CR 2006, S. 665 (667 f.). Zurecht kritisch zu diesem Vorgehen des BVerwG *D. Herrmann/T. Bosch*, Anm. zu BVerwG 20 F 1.06, N&R 2007, S. 79 (80), da § 138 Abs. 4 S. 2 TKG dieser Auslegung eindeutig entgegensteht.

365 § 75 Abs. 4 EnWG weist die Zuständigkeit für die Beschwerde gegen das behördliche Regulierungsverfahren dem OLG Düsseldorf zu. Ausführlicher zur Rechtswegregelung im EnWG *C. Antweiler/F. Nieberding*, Rechtsschutz im neuen EnWG, NJW 2005, S. 3673 (3675 f.).

366 BVerwG, DÖV 2006, S. 698 (698), BVerwG, N&R 2005, S. 76 (77) mit Verweis auf BVerfGE 101, S. 106 (124).

ßen.[367] Durch jede Offenlegung der als geheim gekennzeichneten Unterlagen wird wiederum der Schutz des Unternehmensgheimnisses verkürzt.
Auf dieser Grundlage haben die Abwägungsentscheidung der Behörde und ihre gerichtliche Überprüfung im *in camera*-Zwischenverfahren zu erfolgen.

c) Rechtsschutz

Beteiligte des gerichtlichen Verfahrens können diese behördliche Entscheidung überprüfen lassen nach dem in § 99 Abs. 2 VwGO beschriebenen Verfahren,[368] das durch § 138 Abs. 2 TKG dahingehend modifiziert worden ist, dass zum einen das Gericht der Hauptsache entscheidet und zum anderen die Voraussetzungen für eine Offenlegung konturiert werden.[369] Für gerichtliche Verfahren im Energiesektor regelt § 84 Abs. 2 S. 4 EnWG[370], dass das Beschwerdegericht, d.h. das Gericht der Hauptsache, die Offenlegung anordnen kann, falls die Behörde die Offenlegung verweigert. Entgegen dem Wortlaut gilt die Regelung auch für den Fall, dass die Behörde die Akten offenlegen will, da ansonsten für das betroffene Unternehmen keine Rechtsschutzmöglichkeit bestünde.

d) Umsetzung des Normprogramms

Im Regulierungsverwaltungsrecht prallen die Geheimhaltungsinteressen mit den Rechtsschutzinteressen der Konkurrenten verstärkt aufeinander; zwischen ihnen ist nach Möglichkeit eine „multipolar-prozessuale Balance“[371] herzustellen. Aufgrund mangelnder Vorgaben hierfür in den Normen selbst ist die Entwicklung von Maßstäben und Gewichtungsregeln von den Gerichten selbst zu leisten. Diese verfahren dabei sehr unterschiedlich.

---

367 Zur genaueren grundrechtlichen Verankerung vgl. G.IV. (S. 170).

368 Zu dessen Entstehung als Folge der Entscheidung des BVerfGE 101, S. 106 ff. ausführlich *B. Holznagel*, Geheimnisschutz vs. effektiver Rechtsschutz, MMR Beilage 12/2002, S. 34 (35 ff.), der die Regelung lediglich für staatliche Geheimhaltungsinteressen als passend erachtet, nicht aber für Unternehmensgeheimnisse. Ebenso *B. Kind u.a.*, Änderung, MMR Beilage 12/2003, S. 3 (24).

369 Die Voraussetzungen der Entscheidungsrelevanz der zu offenbarenden Akten sowie die Unmöglichkeit der anderweitigen Sachaufklärung ergeben sich bereits aus der Verhältnismäßigkeit, so dass die Voraussetzungen keine zusätzliche Sicherung darstellen. Die Vorschrift lehnt sich an § 72 Abs. 2 S. 4 GWB mit dem Unterschied, dass dort das Gericht nicht nur auf Antrag über die Offenlegung entscheiden kann.

370 Genauer hierzu unter D.II.3.a)(2) (S. 103 ff.) für das kartellrechtliche Beschwerdeverfahren, dem das gerichtliche Verfahren des EnWG weitgehend nachempfunden ist. Ein Absehen bereits von der Beiladung von Wettbewerbern aufgrund der Gefährdung von Unternehmensgeheimnissen kommt nicht in Betracht, so zumindest OLG Düsseldorf, juris, VI-3 161/06 (V) v. 7.4.2006, insb. Umdruck S. 5.

371 *M. Schmidt-Preuß*, Kollidierende Privatinteressen, S. 824.

(1) Position des BVerwG

So betont v.a. das BVerwG, dass die Garantie umfassenden Rechtsschutzes eine Verweigerung der Akteneinsicht im Verwaltungsstreitverfahren grundsätzlich nicht zulässt,[372] stellt also eine Vermutung für die Offenlegung auf. Es argumentiert, dass bei der Abwägung auch zu berücksichtigen sei, wie sich die Geheimhaltung auf den *Ausgang des Verfahrens auswirkt*.[373] Auch wenn die Frage, zulasten welches Beteiligten aus Gründen der materiellen Beweislast zu entscheiden ist, bisher noch nicht höchstrichterlich beantwortet ist,[374] verstoße es aber gegen Art. 19 Abs. 4 GG, wenn die nicht beweisbelastete Partei sich erfolgreich auf den

---

372 So deutlich BVerwGE 118, S. 352 (357). Erstaunlicherweise setzt das BVerwG nicht am Begriff des Unternehmensgeheimnisses an wie etwa (nicht speziell für das Regulierungsverwaltungsrecht) das Nds. OVG, NVwZ 2003, S. 629 (629 f.): Dieses verlangt einen strengen Maßstab für die Anerkennung von Unternehmensgeheimnissen; durch die Offenlegung müssen dem betroffenen Unternehmen erhebliche Nachteile drohen. Allgemein ist die Frage, ob überhaupt ein Unternehmensgeheimnis vorliegt, gegenüber der nach seinem Stellenwert in einer Abwägung in den Hintergrund geraten, spielt aber vereinzelt auch eine Rolle, so *B. Kind u.a.*, Änderung, MMR Beilage 12/2003, S. 3 (22), allerdings ohne entspr. Nachw.

373 BVerwG, NVwZ 2004, S. 105 (107), BVerwGE 118, S. 352 (357). Im Verfahren des vorläufigen Rechtsschutzes ist der Abwägungsmaßstab allerdings zugunsten des regulierten Unternehmens verschoben, da die Folgen einer Offenbarung irreparabel und die Ablehnung derselben den Einsichtbegehrenden nicht endgültig schutzlos stellen, BVerwG, N&R 2005, S. 76 (77).

374 So, bezogen auf die Entgeltkontrolle, VG Köln, juris, 1 K 6480/98 v. 13.3.2003, Umdruck S. 3 und 8, BVerwG, NVwZ 2004, S. 105 (107) und auch BVerfGE 115, S. 205 (235). OVG NRW, juris, 13a D 18/02 v. 9.7.2002, Umdruck S. 6 verweist allerdings darauf, dass die Beweislastverteilung für das TK-Recht in Art. 7 Abs. 2 S. 2 der Zusammenschaltungs-RL 97/33 entschieden sei: Der Kläger (und damit das regulierte Unternehmen) trage die Darlegungs- und Beweislast für die Rechtswidrigkeit des Entgelts. Entspr. auch OVG NRW, MMR 2003, S. 808 (809 f.), wonach das regulierte Unternehmen nachweisen müsse, dass die Voraussetzungen einer Entgeltgenehmigung vorliegen. Derartige Regelungen können dazu führen, dass ein Unternehmen, das sich gegen eine behördliche Regulierungsentscheidung wenden will, entweder seine Unternehmensgeheimnisse offenbaren muss oder die seiner Ansicht nach rechtswidrige Behördenentscheidung aufgrund der ihm auferlegten Beweislast nicht gerichtlich überprüfen lassen kann und damit eine seiner Grundrechtspositionen vollkommen aufgeben muss. Dies wird von VG und OVG nicht problematisiert. Sehr kritisch hierzu aber auch Richter Gaier in BVerfGE 115, S. 205 (253). Anders beurteilt die Beweislast VG Köln, CR 2003, S. 831 (835 f.), VG Köln, juris, 1 L 538/99 v. 21.1.2001, Umdruck S. 3 f., das diese beim gegen klagenden Wettbewerber sieht, wenn er sich gegen einen Entgeltbescheid der Behörde gegenüber einem marktbeherrschenden Unternehmen wendet und aufgrund der Geheimhaltung von Unterlagen den behaupteten Verstoß gegen die Vorgaben des TKG nicht darlegen kann. Dies führt in der Tat zu einer faktisch nicht vorhandenen Rechtsschutzmöglichkeit des Wettbewerbers. Ausführlicher auch zur Beweislastverteilung *B. Kind u.a.*, Änderung, MMR Beilage 12/2003, S. 3 (23 f.).

Geheimnisschutz berufen könne[375] und damit eine rechtliche Überprüfung der Ergebnisse des vorangegangenen regulierungsrechtlichen Verwaltungsverfahrens zulasten der Rechtsschutzmöglichkeiten des Wettbewerbers vollständig unmöglich mache. Auch könne unabhängig von Drittinteressen das öffentliche Interesse an der Klärung der Rechtsfrage und daran, die in Art. 87f Abs. 2 GG und im TKG als Ziel formulierte Wettbewerbsschaffung zu erreichen, ebenfalls dazu führen, dass der Geheimnisschutz im Zweifel zurückzutreten habe und nur bei existenzbedrohenden oder nachhaltigen Nachteilen für das betroffene Unternehmen Berücksichtigung finde.[376] Des weiteren führt das BVerwG an, dass regulierte Unternehmen auf aus öffentlichen Mitteln entstandenen Infrastrukturen basierten, ihr Eigentum daher mit einem erhöhten Sozialbezug belastet sei,[377] welcher sich auf die Gewichtung ihrer Unternehmensgeheimnisse auswirke. Insgesamt hat es damit auf abstrakter Ebene eine eindeutige Gewichtung der Geheimhaltungsinteressen herausgearbeitet,[378] die angesichts des hohen Stellenwerts des Rechts auf effektiven Rechtsschutz und der hinzukommenden öffentlichen Interessen an der inhaltlichen Klärung der strittigen regulierungsrechtlichen Fragen unter normalen Umständen „zur Annahme eines überwiegenden Interesses an der Offenlegung der entscheidungserheblichen Unterlagen [zwingt].“[379] Nur wenn die Offenlegung für das betroffene Unternehmen „*nachhaltige oder gar existentielle Nachteile* be-

375 BVerwG, K&R 2004, S. 95 (97 f.), BVerwGE 118, S. 352 (358).

376 BVerwG, K&R 2004, S. 95 (98), BVerwG, NVwZ 2004, S. 105 (107), BVerwGE 118, S. 352 (358).

377 BVerwG, K&R 2004, S. 95 (98) sowie BVerwG, NVwZ 2004, S. 105 (107) entschieden für die gerichtliche Kontrolle eines Zugangsentgelts zum Netz eines Marktbeherrschers. Dieser Auffassung ist inzwischen aber durch das BVerfGE 115, S. 205 (242 f.) widersprochen worden. Diese Interessengewichtung ist aber nicht auf alle Regulierungsverwaltungsverfahren anzuwenden, sie gilt z.B. nicht für die gerichtliche Kontrolle der Genehmigung eines Endkundentarifs, so BVerwG, N&R 2005, S. 76 (78).

378 Dies hat für die Rechtsschutzmöglichkeiten der Wettbewerber, die von Entgeltentscheidungen unmittelbar betroffen sind, positive Folgen, da sie ansonsten bei der Anerkennung eines überwiegenden Geheimhaltungsinteresses weitgehend ohne eigene Rechtsschutzmöglichkeiten geblieben wären, siehe *T. Bosch/J. Sommer*, Akteneinsichtsrechte, K&R 2004, S. 67 (67), und auf den Schutz durch die Regulierungsbehörde hätten vertrauen müssen. Zustimmend auch *P. Steinwärder*, Anm. zu BVerwG 20 F 1.03 und 20 F 8.03, MMR 2003, S. 732 f. Verwiesen wird oftmals auf die Rspr. des BVerfGE 101, S. 106 (122 ff.) zum effektiven Rechtsschutz. Diese betrifft aber lediglich eine bi-, nicht multipolare Konstellation, so dass sich die Akteneinsicht zur Wahrung des Rechts auf effektiven Rechtsschutz nicht unmittelbar für die Geheimnisse eines anderen schutzverkürzend auswirkt. Beide Situationen sind daher nur sehr bedingt vergleichbar.

379 BVerwG, NVwZ 2004, S. 105 (107), dem aber direkt widersprechend OVG NRW, justiz.nrw.de, 13a D 14/04 v. 13.10.2004, Umdruck S. 3. Gegen einen Vorrang der Offenbarung auch *E. Schmidt-Aßmann*, in: Maunz/Dürig, GG, Lfg. 42 (Feb. 2003), Art. 19 Abs. 4 Rn. 225.

sorgen lässt"[380], könne diese unverhältnismäßig sein. Hiernach ist die Pflicht zur Offenlegung die Regel; Ausnahmen hiervon bedürfen besonderer Begründung.[381] Diesen Maßstab gewinnt das BVerwG durch einen Blick auf die vorgebliche Auslegung des § 72 Abs. 2 S. 4 GWB durch die Kartellsenate;[382] bleibt einen Nachweis hierfür aber schuldig.[383]

Diese strikte Position hat das BVerwG nach Ergehen der einstweiligen Verfügung des BVerfG[384] zu relativieren versucht.[385] Denn aufgrund der ausstehenden Entscheidung sei das Gewicht von Unternehmensgeheimnissen nunmehr offen,[386] so dass zumindest in Verfahren des vorläufigen Rechtsschutzes normalerweise das Geheimhaltungsinteresse des betroffenen Unternehmens überwiege.[387]

Die Neuorientierung zeigt sich auch in der Verschärfung seiner Anforderungen an die Relevanz der in Rede stehenden Unterlagen: Vor einer Freigabeentscheidung der Behörde müsse zweifelsfrei feststehen, dass die Unterlagen für die gerichtliche Entscheidung notwendig seien, da ansonsten keinerlei Aufklärungsinteresse bestehen könne. Hierfür bedürfe es grundsätzlich eines Beweisbeschlusses des Gerichts. Ohne einen solchen sei jede Behördenentscheidung zur Offenlegung von vornherein ermessensfehlerhaft.[388] Hierdurch sichert das BVerwG, dass die Erforderlichkeit der Unterlagenoffenlegung strenger geprüft und nicht voreilig angenommen wird.

Auch die Frage, ob die in den Unterlagen enthaltenen Daten und Informationen entscheidungserheblich sind, war nach bisheriger Auffassung des BVerwG ausschließlich vom Gericht der Hauptsache zu entscheiden. Eine Nachprüfung dieser Entscheidung im Rahmen eines Zwischenverfahrens gemäß § 99 Abs. 2 VwGO schied aus.[389] Inzwischen überprüft das BVerwG aber die Entscheidungserheb-

---

380 BVerwG, K&R 2004, S. 95 (99) (Hervorh. v. Verf.).

381 So auch die Interpretation durch das BVerfGE 115, S. 205 (237).

382 BVerwG, K&R 2004, S. 95 (99) und BVerwG, NVwZ 2004, S. 105 (108).

383 Kritisch auch *T. v. Danwitz*, Schutz, DVBl 2005, S. 597 (604).

384 Erstmals BVerfG, NVwZ 2004, S. 719 f.; diese wurde mehrmals wiederholt bis zur Entscheidung in BVerfGE 115, S. 205 ff.

385 Allerdings handelt es sich um Verfahrensverbesserungen im Vorfeld einer Abwägung. Eine direkte Aufwertung des Unternehmensgeheimnisses ist nicht zu beobachten.

386 BVerwG, N&R 2005, S. 76 (78).

387 BVerwG, N&R 2005, S. 76 (79).

388 BVerwG, DÖV 2006, S. 698 (699), anders noch BVerwG, NVwZ 2004, S. 105 (106), das eine Verfügung des Kammervorsitzenden für ausreichend hält; ebenso noch OVG NRW, NVwZ-RR 2005, S. 749 (749). Eigene Zweifel der Behörde an der Entscheidungserheblichkeit der Unterlagen dürfen aber nicht dazu führen, dass sie die Offenlegung verweigert. Die Entscheidung hierüber liegt beim Gericht der Hauptsache.

389 BVerwGE 119, S. 229 (230 f.). Überprüfbar durch das Gericht des Zwischenverfahrens war damit lediglich, ob die in den bisher nicht offengelegten Akten enthaltenen Daten und Informationen nicht auch auf anderem Wege gleichwertig zu erheben waren und eine Offenlegung damit aufgrund mangelnder Erforderlichkeit ausscheiden musste. Die Verfas-

lichkeit aber im Zwischenverfahren[390] und gewährt so dem an der Geheimhaltung interessierten Unternehmen eine zusätzliche instanzliche Rechtsschutzmöglichkeit.

(2) Position des OVG NRW

Grundlegend anders wertet das OVG NRW, wenn es darlegt, dass das Interesse des Drittbeteiligten angemessen, d.h. nur mit dem Gewicht der zur Durchsetzung seines Rechtsschutzinteresses absolut notwendigen Kenntnis der geheimen Akteninhalte überhaupt berücksichtigt werden könne.[391] Auch ist es der Ansicht, dass das öffentliche Interesse an der Durchsetzung der Regulierungsziele nur dann überhaupt in einer Abwägung mit entgegenstehenden Geheimhaltungsinteressen Gewicht erlangen kann, wenn ansonsten „die öffentlichen Belange erkennbar und nachhaltig tatsächlich gefährdet sind."[392] Ein Vorrang des Geheimnisschutzes, dessen hohe Bedeutung betont wird,[393] wäre hiernach also zu vermuten.[394] Auch könne sich bereits aus der unsicheren Zulässigkeit der Klage eines Drittbeteiligten ergeben, dass eine Offenlegungsentscheidung der Behörde ermessensfehlerhaft und damit rechtswidrig ist.[395] Dadurch wären Behörde und überprüfendes Gericht verpflichtet, die Erfolgsaussichten im Hauptsacheverfahren bereits bei der Entscheidung über die Aktenoffenlegung zu bewerten. – Dies erscheint, überträgt man die Entscheidung auf die Begründetheit, aufgrund der

---

sungsmäßigkeit dieser Auffassung ist durch das BVerfG nicht überprüft worden, siehe BVerfGE 115, S. 205 (228).

390 BVerwG, N&R 2005, S. 76 (78).

391 OVG NRW, juris, 13a D 18/02 v. 9.7.2002, Umdruck S. 2.

392 OVG NRW, juris, 13a D 18/02 v. 9.7.2002, Umdruck S. 2.

393 OVG NRW, juris, 13a D 18/02 v. 9.7.2002, Umdruck S. 4, verwiesen wird auch auf OVG NRW, MMR 1999, S. 553 (553). Dort wird § 30 VwVfG so auslegt, dass dem „Geheimhaltungsinteresse zunächst Priorität zukommt". Ähnlich auch OVG NRW, juris, 13 B 15/00 v. 8.11.2000, Umdruck S. 3. Die zwischen den an letzter und vorletzter Stelle genannten OVG-Beschlüssen ergangene, das Recht auf effektiven Rechtsschutz stärkende Entsch. BVerfGE 101, S. 106 ff. hat sich auf die Sichtweise des OVG augenscheinlich nicht ausgewirkt.

394 Dieser Vorrang geht sogar so weit, dass ein reguliertes Unternehmen im gerichtlichen Verfahren bereits dann die Offenlegung seiner Unternehmensgeheimnisse nicht dulden muss, wenn die Regulierungsbehörde glaubhaft versichert, dass nach ihrer Plausibilitätsprüfung das Angebot kostendeckend ist und damit nicht gegen § 24 Abs. 2 Nr. 2 TKG a.F. verstößt. So OVG NRW, MMR 2004, S. 278 (278). Hierdurch wird eine gerichtliche Kontrolle des Behördenhandelns vollständig unmöglich.

395 So OVG NRW, justiz.nrw.de, 13a D 14/04 v. 13.10.2004, Umdruck S. 3 (entschieden im Bereich der Postregulierung). Nachteile für das Recht auf effektiven Rechtsschutz der Wettbewerber könnten nämlich dann nicht entstehen, wenn es nicht zu einer Prüfung der Begründetheit und entsprechende Beweislastentscheidungen aufgrund mangelnder Akteneinsichtsmöglichkeit des Gerichts kommt.

Komplexität der Materie als nahezu unmöglich;[396] zudem kommt es bei der Überprüfung der Entgeltregulierungsentscheidung fast ausschließlich auf die als geheim gekennzeichneten Kalkulationsunterlagen des regulierten Unternehmens an.
Auch geht das OVG wenig auf die Bedeutung des Rechts auf effektiven Rechtsschutz und des Rechts auf rechtliches Gehör des Drittbeteiligten ein[397] und stellt dessen Stellenwert in der Abwägung nicht näher dar.

(3) Position des BVerfG

Das BVerfG zeigt sich in seiner Entscheidung[398] mit Vorgaben zur Ausbalancierung der konträren Interessen zurückhaltend. Ihr ist lediglich zu entnehmen, dass die Gewichtung des BVerwG, nach der Unterlagen zu offenbaren sind, sofern nicht dem betroffenen Unternehmen hierdurch nachhaltige oder gar existentielle Nachteile entstehen, die im Rahmen der Berufsfreiheit (Art. 12 Abs. 1 GG) geschützten Unternehmensgeheimnisse nicht angemessen berücksichtigt.[399] Der Gesetzgeber habe – was mit Blick auf § 99 Abs. 2 VwGO zutrifft[400] – für die abwägende Konfliktlösung keinerlei Maßstäbe normiert, sondern überlässt dies der Regulierungsbehörde, v.a. aber den Gerichten.[401] Diese müssten also sowohl das Recht auf effektiven Rechtsschutz des Wettbewerbers als auch den Schutz der Unternehmensgeheimnisse des regulierten Unternehmens derart berücksichtigen, dass die Angemessenheit beider Positionen gewahrt bleibt. Da der Schutz des einen Rechtsguts nur auf Kosten des anderen zu realisieren ist, müssten die Schutzanliegen jeweils in einem angemessenen Verhältnis zur Beeinträchtigung des anderen stehen.[402] Es könne dabei zu der Situation kommen, dass eine Abwägungsentscheidung über die Akteneinsicht ohne Verletzung, d.h. nicht mehr zu

396 Siehe hierzu Fn. 293.

397 Lediglich OVG NRW, juris, 13 B 15/00 v. 8.11.2000, Umdruck S. 7.

398 BVerfGE 115, S. 205 ff.

399 BVerfGE 115, S. 205 (232 f.). Näher zur grundrechtlichen Einordnung des Geheimnisschutzes in die Berufsfreiheit G.IV.3. (S. 180).

400 Da § 99 Abs. 2 VwGO für die abwägende Entscheidung, ob die Daten und Informationen offenzulegen sind, im Rahmen des gesetzgeberischen Einschätzungsspielraums, der zwischen den widerstreitenden Grundrechtspositionen besteht, keinerlei abwägungsleitenden Kriterien als Maßstab vorgibt, wird teilweise von ihrer „strukturelle[n] Unzulänglichkeit" und damit Verfassungswidrigkeit der Norm für den multipolaren Interessenausgleich ausgegangen, weil den anwendenden Gerichten in einigen Konstellationen keine grundrechtskonforme Entscheidungsmöglichkeit auf Basis dieser Norm möglich sei. So Richter Gaier in seiner abweichenden Meinung in BVerfGE 115, S. 205 (251).

401 BVerfGE 115, S. 205 (234, 236). Deutlich bereits auch *T. Cosack/S. Tomerius*, Betrieblicher Geheimnisschutz, NVwZ 1993, S. 841 (842), wonach die Normen „keine konkreten Beiträge zur Konfliktlösung liefern." Durchgehend positiv hingegen wohl nur *T. Spiegels*, Geheimverfahren, VBlBW 2004, S. 208 ff.

402 BVerfGE 115, S. 205 (234).

rechtfertigenden Eingriff, einer der konträren grundrechtlichen Positionen gar nicht möglich, praktische Konkordanz also nicht herstellbar ist.[403] – Dies hängt aber von der Gewichtung v.a. des Geheimhaltungsinteresses *im konkreten Fall* ab;[404] derartiges ist nur über eine verstärkte inhaltliche Betrachtung und Abstufung der in Rede stehenden Unternehmensgeheimnisse zu leisten.
Insgesamt macht das BVerfG deutlich, dass nicht von vornherein eine der beiden rechtlichen Interessen Vorrang vor dem entgegenstehenden genießt, also kein vom Einzelfall unabhängiges Rangverhältnis zugunsten einer Position besteht[405] mit der Folge, dass eine Abwägung anhand konkreter Umstände und Wertungen nicht notwendig ist. Für eine solche gibt es allerdings seinerseits keinerlei Kriterien vor; es deutet allerdings an, dass „Typ und Art der betroffenen Daten"[406], die Inhalt der Unternehmensgeheimnisse sind, als abstufendes Kriterium herangezogen werden können.

(4) Zusätzliche Konfliktlösungsinstrumente

Zur Abmilderung des Informationskonflikts sind bisher v.a. zwei Instrumente entwickelt worden:

(i) Inhaltsvortrag

Im Gegensatz zum TKG und im Anschluss an § 72 Abs. 2 S. 3 GWB erlaubt § 84 Abs. 2 S. 3 EnWG, dass der Inhalt von geheimen Unterlagen vorgetragen wird.[407] Dieses Konfliktlösungsinstrument, das innerhalb und außerhalb des Kartellrechts bisher wenig Beachtung gefunden hat, erlaubt die zusammenfassende Beschreibung von Akteninhalten mit dem Ziel, das eigentliche Geheimnis in seinen Details unberührt zu lassen, dem Einsichtbegehrenden aber dennoch eine generelle Vorstellung vom Akteninhalt zu vermitteln. Praktiziert werden kann der Inhaltsvortrag etwa bei Einzelmarktanteilsdaten, bei denen es auf die Summe, also den Anteil am Gesamtmarkt, zur Beurteilung von Marktmacht ankommt. Andere Geheimnisinhalte hingegen eignen sich nur schlecht zur Zusammenfassung, entweder weil trotz zusammengefasster Veröffentlichung der eigentliche Geheimniswert offenbart wird bzw. auf ihn geschlossen werden kann oder weil der zusam-

---

403 So bereits die Senatsmeinung BVerfGE 115, S. 205 (235), deutlicher noch in der abweichenden Meinung von Richter Gaier in BVerfGE 115, S. 205 (250 f. sowie 254).

404 Das BVerfGE 115, S. 205 (240) hält zurückhaltend Konkordanz für zumindest nicht ausgeschlossen. (Hervorh. v. Verf.).

405 BVerfGE 115, S. 205 (235).

406 BVerfGE 115, S. 205 (247).

407 Vergleichbare Regelungen finden sich auch in § 57 Abs. 2 WpÜG und § 21 Abs. 2 S. 3 VSchDG. Der Inhaltsvortrag ist ansonsten aus Regelungen des materiellen Rechts bekannt, etwa § 10 Abs. 2 S. 2 BImSchG und § 3 Abs. 3 S. 3 AtVfV.

mengefasste Geheimnisinhalt dem Einsichtbegehrenden keinen Erkenntnisgewinn zur Sicherung seines Rechts auf effektiven Rechtsschutz bietet.
Diese Lösung bietet sich lediglich bei reinen Tatsachenvorträgen (Zahlen) an, nicht jedoch bei Daten und Informationen, die vom Vortragenden für die Zusammenfassung bewertet werden müssen, etwa durch Schlussfolgerungen. Auch darf der Inhaltsvortrag nicht dazu führen, dass wesentliche Umstände vor den Beteiligten zurückgehalten werden.[408] Sowohl in der Praxis als auch in der Literatur wird der Regelung keine große Bedeutung beigemessen.[409]

(ii) Beweismittlung

Im verwaltungsgerichtlichen Verfahren scheidet Beweismittlung durch einen Sachverständigen weitgehend aus, weil das Gericht nicht darauf verzichten kann, die Aussagen eines Gutachtens selbständig kritisch zu würdigen. Zudem würde dem von der Einsicht ausgeschlossenen Beteiligten das Recht auf rechtliches Gehör (Art. 103 Abs. 1 GG, § 108 Abs. 2 VwGO) versagt,[410] was sich aber mit entsprechender Begründung rechtfertigen ließe, die auch für das *in camera*-Verfahren verwendet wird.[411] In diesem kann aber zumindest das Gericht vollständige Einsicht erlangen.
Im kartell- und energieregulierungsrechtlichen Verfahren kann die Beweismittlung aber zur Anwendung gelangen, weil hier das Gericht aufgrund einer anderen Verfahrensregelung über Einsicht in alle Akten verfügt.[412] Auch hier kann der Sachverständige allerdings nicht die Einschätzung und Bewertung von Unterlagen vornehmen, welche dem Gericht vorbehalten bleiben muss.[413] Angewendet

408 *R. Werner*, Geschäftsgeheimnisse, AG 1988, S. 149 (149).

409 Selbst die Monographie von *K. Schmidt*, Drittschutz, S. 79 erwähnt die Regelung nur in einem Satz.

410 Kritisch daher BVerwG, K&R 2004, S. 95 (96 f.), BVerwGE 118, S. 352 (355 f.) und BVerwG, NVwZ 2004, S. 105 (106), dem folgend BVerfGE 115, S. 205 (238). Vorschläge für eine solche Sachverständigenlösung etwa bei *M. O. Kersting*, Schutz des Wirtschaftsgeheimnisses, S. 300 und *C. Berg*, Geschäftsgeheimnisse, S. 148. V.a. in Verfahren im Bereich des gewerblichen Rechtsschutzes werden solche Sachverständigen eingesetzt, vgl. *G. Spindler/M. P. Weber*, Geheimnisschutz, MMR 2006, S. 711 (711).

411 Zu diesem G.V.5.d) (S. 206 ff.). Ein solches ist für die Hauptsache wiederholt vorgeschlagen worden, für den Zivilprozess etwa von *J. Bornkamm*, Schutz vertraulicher Informationen, in: FS E. Ullmann, S. 893 ff., nach geltendem Recht aber ausgeschlossen, BVerwG, K&R 2004, S. 95 (97), in bestimmten, europarechtlich geprägten Konstellationen anders aber BVerwG, CR 2007, S. 301 (305).

412 Siehe dazu *R. Werner*, Geschäftsgeheimnisse, AG 1988, S. 149 (150) und Fn. 465. Auch im sozialgerichtlichen Verfahren kann gemäß § 120 Abs. 3 SGG einem Beteiligten Akteneinsicht verweigert werden (allerdings nicht zum Schutz von Unternehmensgeheimnissen), nicht aber seinem Rechtsbeistand, *J. Mayer-Ladewig*, in: ders., SGG, § 120 Rn. 7a ff.

413 So *R. Werner*, Geschäftsgeheimnisse, AG 1988, S. 149 (151).

wird das Instrument ebenfalls hauptsächlich bei Berechnung und Zusammenfassung von Marktanteilsdaten.

e) Bewertung

(1) Inhaltsunabhängige Interessenabstraktion

Auch wenn in den Entscheidungen von OVG und BVerwG oftmals die gegeneinander abzuwägenden Interessen zusammengefasst genannt werden,[414] werden doch in den Entscheidungsbegründungen nicht die konkret offenzulegenden Daten und Informationen herangezogen und ihr Stellenwert beurteilt; notwendige „*konkretisierende Maßstäbe und Beurteilungskriterien*"[415] werden nicht entwickelt. Vielmehr versuchen die Gerichte durch abstrakte Abwägungen zwischen grundrechtlichen Positionen allgemeine Vermutungsregeln für den grundsätzlichen Vorrang einer Position vor der entgegenstehenden zu schaffen.[416] Solche allgemeinen Vorrangvermutungen werden aber den entgegenstehenden Positionen nicht gerecht und führen nicht zu praktischer Konkordanz zwischen beiden,[417]

---

414 So formuliert etwa OVG NRW, justiz.nrw.de, 13a D 14/04 v. 13.10.2004, Umdruck S. 2: „Bei der Ermessensentscheidung nach § 99 Abs. 1 S. 2 VwGO sind die Notwendigkeit und Bedeutung der vollständigen Sachverhaltsaufklärung im Rechtsstreit, das schutzwürdige Interesse der Beteiligten und das öffentliche Interesse daran gegen das Interesse eines Verfahrensbeteiligten an der Geheimhaltung verfassungsrechtlich nach Art. 12 Abs. 1, 14 Abs. 1 GG geschützter Betriebs- und Geschäftsgeheimnisse *unter Würdigung der besonderen Umstände des Einzelfalls* angemessen abzuwägen." (Hervorh. v. Verf.).

415 *M. Schmidt-Preuß*, Kollidierende Privatinteressen, S. 52 (Hervorh. im Orig.). Die Situation ist insofern mit der des Datenschutzes vergleichbar: Viele inhaltliche Konflikte wurden bisher durch das Datenschutzrecht noch nicht entschieden, es wird nur auf umfassende Abwägungen verwiesen. Es enthält nur wenige politische Entscheidungen und schreibt keine Richtlinien für die Abwägung vor. Vgl. hierzu *H. P. Bull*, Datenschutz, in: H. Hohmann (Hrsg.), Freiheitssicherung durch Datenschutz, S. 173 (181) und *B. Buchner*, Informationelle Selbstbestimmung, S. 207. Auch hier muss der Gesetzgeber die Konflikte selbst mehr entscheiden bzw. Vorgaben für die Entscheidung machen.

416 Deutliches Beispiel für das Verbleiben in der abstrakten Abwägung BVerwGE 118, S. 352 (358 f.). Vgl. auch *H. Rossen-Stadtfeld*, Beteiligung, in: W. Hoffmann-Riem/E. Schmidt-Aßmann/A. Voßkuhle (Hrsg.), GVwR II, § 29 Rn. 87.

417 Kritisch auch zu solch generalisierenden Auffassungen über den Stellenwert von Geheimnissen *A. Zerres*, Kontrolle von Regulierungsentscheidungen, MMR Beilage 12/2002, S. 8 (10 f.). Ähnlich („pauschalierende Auslegung") *J. Masing*, Gutachten, in: Verhandl. des 66. DJT, S. D 1 (171, dort Fn. 383) sowie *D. Kugelmann*, Informatorische Rechtsstellung des Bürgers, S. 73. Allgemeiner *F. Müller/R. Christensen*, Juristische Methodik, Bd. 1, Rn. 72. Im Übrigen muss die Herstellung praktischer Konkordanz in seinen Grundzügen bereits im Gesetz und damit durch den Gesetzgeber vorgezeichnet sein. Daran mangelt es vorliegend bereits, weil eine „Austarierung der kollidierenden Privatinteressen im Gesetz" (*M. Schmidt-Preuß*, Kollidierende Privatinteressen, S. 705) nicht vorgenommen wurde.

weil sie den Stellenwert der konkret zu veröffentlichenden Informationen und Daten, der sich nur aus der *inhaltlichen Betrachtung* der Geheimnisse ergeben kann, außer Acht lassen. Die Formulierung allgemeiner Vorrangregeln verhindert somit geradezu die inhaltliche Auseinandersetzung mit den in Rede stehenden Informationen.[418]

Auf diesen Missstand weist die Entscheidung des BVerfG zwar hin, zeigt aber seinerseits aber nicht auf, wie mit Hilfe inhaltsbezogener Abwägungsleitlinien im Einzelfall die praktische Konkordanz herzustellen ist. Für die Auflösung der „Maßstabsdivergenzen"[419] bringt dies lediglich die methodische Erkenntnis, dass statt der Entwicklung abstrakter Vorrangregeln anhand der konkreten Umstände und offenzulegenden Inhalte abzuwägen ist.[420] Da solche Maßstäbe in den gesetzlichen Regelungen – insbesondere § 99 VwGO macht keinerlei Vorgaben[421] und ist zudem für das bipolare Verhältnis zwischen Bürger und Verwaltung konzipiert worden[422] – nicht zu finden sind,[423] müssen diese aus einer inhaltlichen Differen-

---

418 Entsprechend die Kritik in BVerfGE 115, S. 205 (246 ff.).

419 *T. v. Danwitz*, Schutz, DVBl 2005, S. 597 (599).

420 Nebenbei lässt das BVerfG auch offen, wie die Gerichte zu verfahren haben, wenn sie zu dem Schluss kommen, dass eine abwägende Herstellung praktischer Konkordanz nicht möglich ist, siehe Fn. 403. An einer Konfliktlösungsstrategie fehlt es also nach wie vor. Kritisch insofern auch *M. Schütze*, Rechtskontrolle, CR 2006, S. 665 (665) und Richter Gaier in BVerfGE 115, S. 205 (250). Positiver zur Entscheidung hingegen *J. Dietlein/A. Brandenberg*, Betriebs- und Geschäftsgeheimnisse, N&R 2006, S. 95 (96).

421 Siehe die Nachweise in Fn. 423; kritisch etwa auch *M. Knauff*, Regulierungsverwaltungsrechtlicher Rechtsschutz, VerwArch 98 (2007), S. 382 (406) und *T. Mayen*, Verwertbarkeit, NVwZ 2003, S. 537 (538). Die maßstabslos erscheinende Abwägung wird v.a. auch im Datenschutz- und Informationsfreiheitsrecht kritisch gesehen, etwa *A. Roßnagel*, Konflikte, MMR 2007, S. 16 (19). Zur Maßstabspräzisierung tragen auch § 138 Abs. 2 S. 2 TKG und § 84 Abs. 2 EnWG wenig bei; allenfalls kann in die Regelungsstruktur der letzteren Norm eher eine Subsidiarität der Geheimnisoffenbarung hineingelesen werden. Für *M. Knauff*, Regulierungsverwaltungsrechtlicher Rechtsschutz, VerwArch 98 (2007), S. 382 (407) kommt hingegen die Subsidiarität der Offenbarung unterschiedslos in beiden Normen zum Ausdruck.

422 In seiner aktuellen Fassung ist er Ergebnis der Entscheidung des BVerfGE 101, S. 106 ff. für einen klassisch bipolaren Fall.

423 So auch *D. Herrmann/T. Bosch*, Anm. zu BVerwG 20 F 1.06, N&R 2007, S. 79 (79) und selbst die Bundesregierung in ihrer Stellungnahme in BVerfGE 115, S. 205 (220). Des weiteren *K.-H. Ladeur*, Drittschutz, CR 2000, S. 433 (440), der die Verfahrensregelungen für „zu wenig ausdifferenziert" hält. Positiver hingegen *M. Schmidt-Preuß*, Kollidierende Privatinteressen, S. 825. Eine vorzunehmende inhaltsbezogene Maßstabsentwicklung kann aber auch Grundlage für eine differenziertere Neuregelung sein, die etwa mit der Normierung eines in camera-Verfahrens anstehen könnte, zu diesem unter G.V.5.d) (S. 206 f.).

zierung der Unternehmensgeheimnisse und den sich aus ihrer grundrechtlichen Verankerung[424] ergebenden Vorgaben entwickelt werden.

(2) Abhängigkeit von subjektiven Rechten

Nicht genügend zur Geltung kommt auch, dass das Recht auf effektiven Rechtsschutz lediglich ein Verfahrensrecht zur Durchsetzung von Rechten ist, also das Bestehen einer subjektiven Rechtsposition voraussetzt. Das Recht auf effektiven Rechtsschutz lässt sich isoliert von den durchzusetzenden materiellen Rechtspositionen gar nicht sinnvoll in die Abwägung einbringen.[425] Gerade die Existenz und Reichweite subjektiver Rechte im Recht der Regulierungsverwaltung ist aber sehr unklar,[426] so dass sich die Interessen des Wettbewerbers gar nicht sinnvoll und exakt in die Abwägung einbringen lassen.

Auf der Seite des Wettbewerbers ließe sich eine bessere Einschätzung seiner Position erreichen, wenn seine Funktion im Verfahren – so er Beigeladener ist – deutlicher differenziert und klargestellt wird. Hat er subjektive Rechte, die durch die Entgeltregulierungsentscheidung betroffen sind, haben seine Einsichtsinteressen ein höheres Gewicht, als wenn er als einfach Beigeladener lediglich und ausschließlich die Funktion der Verfahrensförderung durch Einspeisung von zusätzlichen Informationen bzw. Argumenten und Hinwirken auf ein richtiges Verfahrensergebnis hat;[427] die Schärfe des Informationskonflikts lässt sich also über die Reichweite subjektiver Rechte steuern. Deren Zuerkennung als Instrument der objektiven Rechtsdurchsetzung und damit Zweckkonstrukt – unabhängig von seiner *materiellen Betroffenheit* in einzelnen Freiheiten – führen dazu, dass in der Person des Wettbewerbers private und öffentliche Interessen an der Offenbarung zusammengefasst sind.[428] Zur Gewichtung des Offenbarungsinteresses bieten sich

---

424 Selbst in ausführlichen Analysen des Geheimnisschutzes werden bisher lediglich einzelne Grundrechte oder Bündel derselben genannt, vgl. etwa *G. Sydow*, Staatliche Verantwortung, DV 38 (2005), S. 35 (42 f.) und *J. Masing*, Gutachten, in: Verhandl. des 66. DJT, S. D 1 (169 f.).

425 *E. Schmidt-Aßmann*, in: Maunz/Dürig, GG, Lfg. 42 (Feb. 2003), Art. 19 Abs. 4 Rn. 22.

426 Siehe Fn. 335.

427 So OLG Düsseldorf, RdE 2007, S. 130 (131) für den Bereich des EnWG, für das TKG *K.-H. Ladeur*, Drittschutz, CR 2000, S. 433 (434 f.). Auch die letztgenannte unterstützende Funktion der Durchsetzung objektiven Rechts kann er ohne Akteneinsicht nur teilweise wahrnehmen.

428 Zum einen soll die Offenbarung die Freiheiten des Wettbewerbers absichern, zum anderen öffentliche Ziele durchsetzen, vgl. zur Umsetzbarkeit dieser doppelten Perspektive, aber auch zu ihren Gefahren *J. Masing*, Rechtsstatus, in: W. Hoffmann-Riem/E. Schmidt-Aßmann/A. Voßkuhle (Hrsg.), GVwR I, § 7 Rn. 12 ff., 22 und besonders 102. Dadurch dass der im eigenen Interesse handelnde Wettbewerber auch öffentliche Interessen durchsetzt, wird er aber gerade nicht zum Amtswalter, a.a.O., Rn. 30 f. Kritisch zur Instrumentalisierung des subjektiven Rechts für öffentliche Zwecke *E. Schmidt-Aßmann*, VerwR als Ordnungsidee, Kap. 2 Rn. 69, 74.

dementsprechend auch zwei Maßstäbe an, ein privat-subjektivrechtlicher und ein an den öffentlichen Interessen orientierter. Weder gibt das Gesetz vor, welcher Maßstab anzuwenden ist, noch begründen die Gerichte bisher ihre Maßstabswahl.[429]

Dient die Wettbewerberbeteiligung auch öffentlichen Interessen, stellt sich die Frage, ob in Abwägungen diese nicht auch zu seinen Gunsten einfließen müssen, auch wenn er privat handelt.[430] *Ohne* eine solche Gewichtungsverstärkung stellt sich sogleich die Frage nach dem Mehrwert und Effektivität einer Wettbewerberbeteiligung am Verfahren; *mit* einer solchen wird die strukturelle Gleichheit zwischen den marktteilnehmenden Grundrechtsträgern aufgegeben, wenn und soweit Wettbewerbern des marktstarken Unternehmens unabhängig vom Grad ihrer materiellen Betroffenheit ein Mehr an Einsichtsrechten aus öffentlichem Interesse zukommen soll.

Spätestens durch diese Interessenemulsion lässt sich auf Basis der bestehenden Normen eine Konfliktschlichtung, die beide Positionen angemessen berücksichtig, nicht mehr erreichen, eine „multipolar-prozessuale Balance"[431] nicht mehr herstellen.

Die Folgen dieser Unklarheit über die Reichweite und den Stellenwert von Unternehmensgeheimnissen sind gravierend, weil sie auf den dynamischen Telekommunikationsmärkten eine effektive Durchsetzung der Regulierungsziele mithilfe von Klagen durch Wettbewerber verhindern. Denn aufgrund der langen Zwischenverfahren in den verschiedenen Instanzen zur Klärung des Zugangs zu Unternehmensgeheimnissen des regulierten Unternehmens hat sich die Marktlage grundlegend geändert, so dass nur noch nachträglich die Rechtswidrigkeit der Regulierungsentscheidung bzw. des Handelns des regulierten Unternehmens unter der längst nicht mehr existenten Marktlage überprüft und ggf. durch Schadenersatz ausgeglichen werden kann.[432]

---

429 Im Recht der Regulierungsverwaltung wird primär das Recht auf effektiven Rechtsschutz herangezogen und damit ein an den privaten Interessen ausgerichteter Maßstab, im Kartellrecht hingegen (vgl. D.II.3.a)(2) [S. 103 ff.]) ein an den öffentlichen Interessen orientierter. Für komplexe Marktregulierungsverfahren wird zwar die Notwendigkeit privater Beteiligung an der Informationsgewinnung auch unabhängig von subjektiven Rechtsstellungen betont, *M. Holoubek*, Rechte, Lasten und Pflichten, in: W. Hoffmann-Riem/E. Schmidt-Aßmann (Hrsg.), Verwaltungsverfahren und VwVfG, S. 193 (205 f.), aber nicht über die entsprechenden Anreize hierfür – etwa Akteneinsicht – nachgedacht.

430 Strikt dagegen *J. Masing*, Rechtsstatus, in: W. Hoffmann-Riem/E. Schmidt-Aßmann/A. Voßkuhle (Hrsg.), GVwR I, § 7 Rn. 23.

431 *M. Schmidt-Preuß*, Kollidierende Privatinteressen, S. 824 (Im Orig. kursiv).

432 So auch die Kritik von *M. Schütze*, Rechtskontrolle, CR 2006, S. 665 (666). In diese Richtung auch *R. Stegh*, Erfahrungen, MMR Beilage 12/2002, S. 12 (13).

3. Vergleichbare Problematiken im Kartellrecht

Auch im nationalen und europäischen Kartellrecht[433] als „Geschwister" des Rechts der Regulierungsverwaltung[434] können verschiedene Informationsbeziehungen unterschieden werden, die jeweils Unternehmensgeheimnisse gefährden könnten.[435]

a) Auf nationaler Ebene

Im Kartellrecht sind wie im Regulierungsrecht sowohl Verwaltungs- als auch Gerichtsverfahren von der Geheimhaltungsproblematik betroffen.[436]

(1) Verwaltungsverfahren

Die Gewährung von Akteneinsicht an Beteiligte richtet sich im Kartellverwaltungsverfahren ebenfalls nach den §§ 29, 30 VwVfG.[437] Als Maßstab für die behördliche Abwägung über die Akteneinsicht sind §§ 71 Abs. 1 S. 3 und 72 Abs. 2 GWB heranzuziehen.[438] Zwar ist für eine Beteiligung am Verfahren die Geltendmachung einer subjektiven Rechtsverletzung nicht notwendig, § 56 Abs. 2 Nr. 3 GWB,[439] allerdings fordert § 29 VwVfG für die Akteneinsicht die Geltendma-

---

433 Das kartellrechtliche Regelungsmodell wird für das gerichtliche Verfahren auch vom EnWG übernommen: §§ 83, 84 EnWG sind nahezu identisch mit §§ 71, 72 GWB. Entsprechend orientiert sich die Rspr. auch am GWB, vgl. etwa OLG Düsseldorf, RdE 2007, S. 130 ff.

434 Im einzelnen zum Verhältnis der Rechtsgebiete zueinander *J. Topel*, Verhältnis, ZWeR 2006, S. 27 ff.

435 Wie auch im Regulierungsverwaltungsrecht (D.I.2. [S. 74]) sind Informationsaustausch zwischen Kommission und nationalen Behörden sowie zwischen nationalen Behörden vorgesehen, §§ 50a bis 50c GWB, Art. 12 VO 1/2003; hierunter fallen auch vertrauliche Informationen, so *K. L. Ritter*, in: Immenga/Mestmäcker, EG-KartellR, Art. 12 VO 1/03 Rn. 5 f., des weiteren sind als Vorstufe einer Gefährdung wie im Regulierungsrecht Mitteilungspflichten an die Kartellbehörden, § 59 GWB, Art. 18 VO 1/2003. Ausführlicher zur Reichweite des § 59 GWB, der weitreichende Informations- und Datenanforderungen ermöglicht, *J. Herrlinger/M. Kleine*, Auskunftsbeschlüsse, WuW 2007, S. 222 ff. Informationspflichten speziell an Wettbewerber sind im Kartellrecht nicht geregelt.

436 Zur alten Rechtslage *J. Kevekordes*, Rechtsstellung, WuW 1987, S. 365 ff. und *Lieberknecht*, Behandlung, WuW 1988, S. 833 ff.

437 Hierzu *T. Körber*, Konkurrentenklage im Fusionskontrollrecht, S. 65 f. Das IFG führt aufgrund zahlreicher Ausschlussgründe nicht zu anderen, erweiterten Einsichtsmöglichkeiten, *C. Burholt*, Auswirkungen, BB 2006, S. 2201 ff.

438 So zumindest *K. Schmidt*, in: Immenga/Mestmäcker, GWB, § 56 Rn. 12 f.

439 Die Beteiligung steht im Ermessen der Behörde, sie hat bei der Entscheidung hierüber das Geheimhaltungsinteresse des Betroffenen nicht zu berücksichtigen, *K. Schmidt*, Drittschutz, S. 50 ff.

chung *rechtlicher* Interessen und schränkt so die Möglichkeit der Einsicht ein.[440] Die Frage, ob eines und bejahendenfalls welches der beiden Interessen im Zweifelsfall Vorrang genießt, ist auch hier unklar.[441] Diese scheinbar bipolare Abwägungssituation wird noch unübersichtlicher, weil auch hier das öffentliche Interesse an der Richtigkeit des Verfahrensergebnisses und der effektiven Rechtsdurchsetzung einzubeziehen ist.[442]

(2) Beschwerdeverfahren

Auch im anschließenden gerichtlichen Beschwerdeverfahren ist ein Einblick in die Geheimnisse des betroffenen Unternehmens möglich,[443] eine entsprechende Regelung findet sich in § 72 GWB. Nach dessen Abs. 1 können der Beschwerdeführer – dies kann auch ein Wettbewerber des von der Offenlegung betroffenen Unternehmens sein –, die Behörde und, sofern vorhanden, der im Verwaltungsverfahren notwendig Beigeladene[444] – und damit ebenfalls möglicherweise ein Wettbewerber – die *Verfahrens*akten uneingeschränkt einsehen. Für einfach Beigeladene steht die Akteneinsicht im Ermessen des Gerichts, § 72 Abs. 3 GWB. Eingeschränkt wird dieses Recht durch Abs. 2 für bestimmte Aktenteile, v.a. Ak-

440 Hierauf weist *U. Dormann*, Drittklagen, S. 178 hin. Vgl. hierzu *H. J. Bonk/D. Kallerhoff*, in: P. Stelkens/H. J. Bonk/M. Sachs (Hrsg.), VwVfG, § 29 Rn. 42 f.; ein solches rechtliches Interesse hat der Einsichtbegehrende darzulegen. Das BKartA hat bzgl. der Beiladung Ermessensspielraum, kann aber eine Beteiligung nicht bereits aufgrund der Gefährdung von Unternehmensgeheimnissen ablehnen, *K. Schmidt*, Drittschutz, S. 8 m.w.N.

441 Vgl. die Situation im Regulierungsrecht D.II.1.a) (S. 81 ff.). Für die Pflicht der Behörde im Zweifel die Akteneinsicht Dritter zu versagen, wenn Unternehmensgeheimnisse betroffen sind, *C. Berg*, Geschäftsgeheimnisse, S. 52 und *K. Schmidt*, Drittschutz, S. 87.

442 Vgl. hierzu *K. Schmidt*, Drittschutz, S. 92 f.

443 Dies wird besonders aktuell angesichts der jüngst ausgeweiteten gerichtlichen Beschwerdemöglichkeiten Drittbetroffener, die selbst nicht Beigeladene des Verfahrens waren: so entschieden im (und wohl auch nur für den) Bereich der Fusionskontrolle aus Gründen der Verfahrensökonomie: BGH, NJW 2007, S. 607 ff., zur Bedeutung der Entscheidung *R. Bechtold*, Erweiterung, NJW 2007, S. 562 ff., *C. Schalast/S. Rößner*, Beiladung, WuW 2007, S. 589 ff. und *A. Neef*, Drittbeschwerde, GRUR 2008, S. 30 ff. Da Voraussetzung für eine Beteiligung sowohl am Verwaltungs- als auch im Beschwerdeverfahren nicht die mögliche Verletzung subjektiv-öffentlicher Rechte (die sich bei Freigabe einer Fusion auch so gut wie nicht begründen lassen, so *K. Westermann*, Beiladung, WuW 2007, S. 577 [583 f.]) ist, sondern gemäß § 54 Abs. 2 Nr. 3 GWB die Berührung erheblicher Interessen ausreicht, kann der Kreis der Einsichtsberechtigten weit sein, ohne durch die Verletzung eigener Rechte gerechtfertigt zu sein. Die Beteiligung und Einsicht dient dann nur der objektiven Rechtsdurchsetzung.

444 Dies folgt aus der erweiterten Auslegung des § 67 Abs. 1 Nr. 1 GWB, die eine Gleichstellung des Antragstellers (und damit Wettbewerbers des von der Offenbarung Betroffenen) im Verwaltungsverfahren auch für das Gerichtsverfahren bewirkt, *J. Kollmorgen*, in: Langen/Bunte, Bd. 1, § 72 GWB Rn. 2.

ten, die von der Kartellbehörde stammen und die entscheidenden Ermittlungsergebnisse und damit Unternehmensgeheimnisse beinhalten:
Im Gegensatz zum verwaltungsgerichtlichen Verfahren, in dem gemäß §§ 99 Abs. 1 S. 2 VwGO die Behörde darüber zu entscheiden hat, ob Akten dem Gericht überhaupt vorlegt werden können,[445] stehen dem Gericht im Verfahren zur Überprüfung einer Entscheidung der Kartellbehörde zunächst alle Akten, auch Beiakten und andere Materialien zur Verfügung. Das BKartA hat aber die Zustimmung zur Einsicht in die „ihr gehörigen" Unterlagen[446] zu verwehren, wenn dies zur Wahrung von Unternehmensgeheimnissen geboten ist, § 72 Abs. 2 S. 2 GWB; hieraus folgt ihre Unverwertbarkeit gemäß § 71 Abs. 1 S. 2 GWB, sofern nicht ihr Inhalt vorgetragen wird (§ 72 Abs. 2 S. 3 GWB). Diese Entscheidung kann vom Beschwerdegericht gemäß § 99 Abs. 2 VwGO analog überprüft werden.[447] Des Weiteren kann das Gericht aber auch die Offenlegung relevanter Tatsachen und Beweismittel gemäß § 72 Abs. 2 S. 4 GWB anordnen, auch wenn es sich um Unternehmensgeheimnisse handelt, sofern diese entscheidungserheblich sind und nicht andere Möglichkeiten der Sachaufklärung bestehen.[448] Eine solche Offenlegungsanordnung gefährdet dann Unternehmensgeheimnisse, wenn ein Wettbewerber der Beschwerdeführer oder notwendig Beteiligter ist. Denn ihm muss, sofern die Akten nicht als Entscheidungsgrundlage aus dem Verfahren ausscheiden, gemäß § 71 Abs. 1 S. 2, 3 GWB Einsicht gewährt oder zumindest der Inhalt der Akten vorgetragenen werden, §§ 72 Abs. 2 S. 3 GWB.
In der vom Gericht vorzunehmenden Abwägung wird dabei weniger mit den Einsichtsrechten der anderen Beteiligten,[449] sondern v.a. mit dem *öffentlichen Interesse* am funktionierenden Wettbewerb abgewogen. Die Offenlegung muss gerade dem Institutionenschutz dienen, um die Schwelle des Geheimhaltungsschutzes zu überwinden.[450] Das Gericht offenbart die Akten also dann, wenn die Bedeu-

---

445 Beispielhaft hierfür das Regulierungsverwaltungsrecht, vgl. D.II.2. (S. 87).

446 Inhalt der Akten ist vorwiegend das Ergebnis der Auskunftspflicht nach § 59 GWB und weiterer Ermittlungen.

447 So die h.M., etwa *J. Kollmorgen*, in: Langen/Bunte, Bd. 1, § 72 GWB Rn. 5, 8. Über den Wortlaut des § 99 Abs. 2 S. 1 VwGO hinaus kann – wie im verwaltungsgerichtlichen Verfahren – auch das betroffene Unternehmen das Zwischenverfahren beantragen, wenn die Behörde die Offenlegung veranlasst hat. Da die Kartellbehörde kein Ermessen bei ihrer Offenlegungsentscheidung nach § 72 Abs. 2 S. 2 GWB hat, prüft das Gericht in diesem Zwischenverfahren nach § 99 Abs. 2 VwGO analog nur, ob wirklich schützenswerte Unternehmensgeheimnisse vorliegen. Eine umfassende Abwägungsentscheidung hat es erst im Zwischenverfahren nach § 72 Abs. 2 S. 3-6 GWB zu treffen.

448 Anwendungsbeispiel ist v.a. KG Berlin, AG 2000, S. 80.

449 Wie auch im Regulierungsverwaltungsrecht ist zentral das Recht auf effektiven Rechtsschutz und das Recht auf rechtliches Gehör i.V.m. den einzelnen materiellen subjektiven Rechten.

450 *K. Schmidt*, in: Immenga/Mestmäcker, GWB, § 72 Rn. 8, *J. Kollmorgen*, in: Langen/Bunte, Bd. 1, § 72 GWB Rn. 12. Verhindert werden soll v.a., dass eine materiell richtige

tung der „Sache für die Sicherung des Wettbewerbs das Interesse des Betroffenen an der Geheimhaltung überwiegt" (§ 72 Abs. 2 S. 4 GWB). Das betroffene Unternehmen hat hierfür nachvollziehbar darzulegen, dass sein Geheimhaltungsinteresse gegenüber den Rechten der anderen Verfahrensbeteiligten und dem öffentlichen Interesse überwiegt.[451]
Für den Schutz von Unternehmensgeheimnissen problematisch ist besonders der Fall, wenn ein lediglich in seinen *Interessen* erheblich Berührter (§ 54 Abs. 2 Nr. 3 GWB) als Verwaltungsverfahrensbeteiligter Beschwerde erhebt gemäß § 63 Abs. 2 GWB. In diesem Fall erhält er Akteneinsicht – wenn auch zunächst nur in die Verfahrensakten – nach § 72 Abs. 1 GWB, ohne geltend machen zu müssen, in eigenen subjektiven Rechten betroffen zu sein. Dies erklärt sich auch dadurch, dass das Beschwerdeverfahren nicht lediglich den Schutz subjektiver Rechte, sondern auch und vor allem die objektive Verwaltungskontrolle zur Aufgabe hat.[452] Eine Einschränkung erfolgt aber durch § 63 Abs. 3 GWB, der für die Verpflichtungsbeschwerde vorschreibt, dass der Kläger/ Beschwerdeführer eine Rechtsverletzung geltend machen muss,[453] so dass nur in – eher seltenen[454] – Fällen der Drittanfechtungsbeschwerde Akteneinsicht von Beteiligten ohne die Geltendmachung eigener Rechtsverletzungen möglich ist.[455]

Entscheidung des BKartA im Beschwerdeverfahren aufgehoben wird, weil die Behörde sich auf Akteninhalte nicht stützen konnte, vgl. auch die Intention des Gesetzgebers in BT-DS 11/4610 S. 25 f. Auch strikt hierauf abstellend KG Berlin, AG 2000, S. 80. So dient auch das Kartellverfahren der Verwirklichung des objektiven Rechts, *K. Schmidt*, Drittschutz, S. 16.

451 So *T. Körber*, Konkurrentenklage im Fusionskontrollrecht, S. 66 mit Verweis auf KG Berlin, ZIP 1986, S. 1614 f.

452 *K. Schmidt*, in: Immenga/Mestmäcker, GWB, § 63 Rn. 4. Jüngstens noch einmal ganz deutlich BGH, NJW 2007, S. 607 (607).

453 Vgl. dazu im einzelnen *K. Schmidt*, in: Immenga/Mestmäcker, GWB, § 63 Rn. 31.

454 Zumeist will der Drittbeteiligte eine Verfügung gegen die Kartellbehörde erreichen. Durch die Übernahme des Systems der Legalausnahme (zu diesem exemplarisch *A. Klees*, Europäisches Kartellverfahrensrecht, § 2 Rn. 3 ff. und *K. Schmidt*, Umdenken, BB 2003, S. 1237 [1238 ff.]) sind Fälle einer Genehmigung durch die Behörde, die angefochten werden könnten, weitgehend entfallen. Wichtiger allerdings ist die Drittanfechtungsbeschwerde gegen Freigabeentscheidungen im Fusionskontrollrecht; in diesem Bereich ist das Beschwerderecht vollständig von der Notwendigkeit subjektiver Rechtsverletzung entkoppelt.

455 *K. Schmidt*, in: Immenga/Mestmäcker, GWB, § 63 Rn. 21.

b) Auf europäischer Ebene

Auf europäischer Ebene wird der Schutz von Geschäftsgeheimnissen[456] im Kartellrecht unter anderem in Art. 19 Abs. 3 und 20 Abs. 2 FKVO, Art. 27 Abs. 2 S. 2 VO 1/2003 sowie Art. 16 Abs. 1 VO 773/2004 (VerfahrensVO) und Art. 17 Abs. 3 VO 802/2004 (FK-VerfahrensVO) als schutzwürdig eingestuft.[457]
Der Schutz von Unternehmensgeheimnissen ist weitreichend; er verwehrt einsichtbegehrenden Unternehmen den Zugriff auf Akten, die Geschäftsgeheimnisse anderer Unternehmen enthalten.[458] Die Kommission darf ihre Entscheidungen nicht auf Informationen stützen, die Geheimnisse von Unternehmen darstellen.[459] Wenn aber Aktenauszüge ohne Geheimnisse vorhanden oder Passagen mit Geheimnischarakter unkenntlich zu machen sind, bezieht sich das Verwertungs- und Offenbarungsverbot nicht auf diese Teile der Akten. Die Geheimnisse eines Unternehmens bilden damit eine absolute Grenze für die Akteneinsichtsrechte Betroffener sowie Drittbeteiligter und werden nicht in eine Abwägung mit entgegenstehenden Kenntnisnahmeinteressen eingestellt; Ermessen über die Offenbarung besteht also nicht.[460]

---

456 Der Begriff des Geschäftsgeheimnisses erscheint in den EG-Normen als umfassender Oberbegriff und nicht als Abgrenzung zu Betriebsgeheimnissen und ist nicht legaldefiniert. Umfassend zum Thema *G.-K. de Bronett*, Akteneinsicht, WuW 1997, S. 383 ff.

457 Wie auch im deutschen Recht werden als solche eingestuft Verkaufsstatistiken, Marktstudien, die von Unternehmensberatungen angefertigt wurden, interne Berichte, *B. J. Drijber*, Access, in: Schwerpunkte des Kartellrechts 1992/93, S. 109 (117 f.), des weiteren Herstellungs- und Vertriebskosten, Bezugsquellen, Marktanteilsdaten, Informationen über Strategie und Geschäftspolitik, weitere Beispiele in EuG, Slg. II 1996, S. 921 (953 ff.). Des weiteren Auskünfte über Unternehmen sowie dessen Geschäftsbeziehungen oder Kostenelemente, deren Mitteilung an Unbefugte eine Person oder ein Unternehmen erheblich schädigen könnten, strategische Entscheidungen über Investitionen und Kapazitäten, Lieferanten-, Händler- und Kundenlisten, so *A. Heinemann*, in: Immenga/Mestmäcker, EG-KartellR, Art. 27 VO 1/03 Rn. 21.

458 Etwa Art. 16 Abs. 1 VO 773/2004: „Informationen einschließlich Unterlagen werden von der Kommission nicht mitgeteilt oder zugänglich gemacht, soweit sie Geschäftsgeheimnisse oder sonstige vertrauliche Informationen von Personen enthalten."

459 Vgl. hierzu m.w.N. *J. P. Heidenreich*, Anhörungsrechte, S. 64 ff., 162 ff. Nochmals bestätigt im 7. Leitsatz von EuGH, Slg. I 2004, S. 123 (128 f.). Eingehender zu den Verfahrensrechten des Unternehmens *H. Sauter*, Verfahren in Kartellsachen, in: M. A. Dauses (Hrsg.), Hdb. EU-WirtschaftsR, Bd. 2, Lfg. 13, H. I. § 3 Rn. 101 ff. Ein solches Verwertungsverbot besteht auch für Berufsgeheimnisse, *B. Wegener*, in: C. Callies/M. Ruffert (Hrsg.), EUV/EGV, Kommentar, Art. 287 EGV Rn. 5. Für das Fusionskontrollverfahren *F. Montag/M. B. Jaspers*, Fusionskontrolle, in: M. A. Dauses (Hrsg.), Hdb. EU-WirtschaftsR, Bd. 2, Lfg. 17, H. I. § 2 Rn. 143.

460 So auch *J. Schwarze*, Europäisches VerwR, S. LXXXVII, der aber darauf hinweist, dass sich der Informationskonflikt insofern zuspitzen könnte, als dass auf der anderen Seite dem einsichtbegehrenden Unternehmen nicht nur eine im wesentlichen nicht mehr nachvollziehbare Akte zur Verfügung gestellt werden dürfe. So wird die Absolutheit des

Da also ein Zugang zu Geschäftsgeheimnissen prinzipiell ausgeschlossen ist, lässt sich die Informationssperre lediglich über eine einschränkende Auslegung des Geschäftsgeheimnisbegriffs relativieren.[461] Der absolute Schutz wird umgangen, indem Informationen aus dem Bereich der Unternehmensgeheimnisse herausdefiniert werden. Stellschraube ist dabei vor allem das Merkmal der Offenkundigkeit.[462] Auch nimmt das europäischen Wettbewerbsrecht Abstufungen zwischen Informationen mit verschiedenen Schutzwürdigkeiten vor: Geschäftsgeheimnisse sind absolut vor dem Zugriff anderer Unternehmen geschützt, sog. Berufsgeheimnisse hingegen können anderen Verfahrensbeteiligten (die einen Anspruch auf rechtliches Gehör haben), nicht aber der Öffentlichkeit gegenüber offenbart werden.[463] Wird eine Information lediglich als Berufsgeheimnis eingestuft, ist sie also dem Wettbewerber zugänglich zu machen.[464]
Teilweise wird zur Abmilderung des Informationskonflikts auch darauf zurückgegriffen, dem Rechtsanwalt des einsichtbegehrenden Unternehmens Einblick in die vollständigen Unterlagen zu gewähren verbunden mit der Verpflichtung, die erlangten Informationen nicht zu anderen Zwecken zu verwenden und seinem

---

Schutzes auch teilweise relativiert: Zwar sind Geschäftsgeheimnisse gemäß Art. 8 Abs. 1 VO 773/2004 vollständig von Akteneinsicht ausgenommen, in Erwägungsgrund 14 der VO wird aber – im Gegensatz zu Erwägungsgrund 8 – formuliert: „Sind die Informationen für den Nachweis eines Wettbewerbsverstoßes erforderlich, so soll die Kommission bei jedem einzelnen Schriftstück prüfen, ob das Offenlegungsbedürfnis den Offenlegungsschaden übertrifft." Dem Wortlaut nach kann dies nicht nur als Aufforderung dazu verstanden werden, bei derartigen Akten besonders gründlich zwischen geheimhaltungsbedürftigen und einsichtsfähigen Passagen zu unterscheiden (zur Erstellung nichtvertraulicher Fassungen), um die Informationen ins (gerichtliche) Verfahren einbringen zu können. Vielmehr wird hier eine *Güterabwägung* angeregt, die bisher im europäischen Kartellrecht nicht üblich ist. In diese Richtung auch Ziff. 3.2 der Mitteilung 2005/C 325/07 über Akteneinsicht in Kommissionsakten in Kartellverfahren. Ohne eine solche Abwägungsmöglichkeit wird der Geschäftsgeheimnisbegriff so eng wie möglich ausgelegt werden, so auch die Prognose von *J. M. Joshua*, Confidentiality, ECLR 15 (1994), S. 68 (78), und Schutzabstufungen schwierig machen.

461 Entsprechend auch die Definition des Geschäftsgeheimnisses in 3.2.1. der Mitteilung der Kommission über die Regeln für die Einsicht in Kommissionsakten in Fällen einer Anwendung der Art. 81 und 82 EGV vom 22.12.2005 (Abl. 2005, C 325, S. 7 ff.): Information ist nur dann Geschäftsgeheimnis, wenn ihre Veröffentlichung die Geschäftstätigkeit des betroffenen Unternehmens *schwer* beeinträchtigt. (Hervorh. v. Verf.), fußend auf EuG, Slg. II 1996, S. 921 (954, Tz. 87).

462 Ähnlich auch *S. Simon*, Schutz von Geschäftsgeheimnissen, S. 101 f.

463 So EuG, Slg. II 2006, S. 1429, 1. Leitsatz, Berufsgeheimnisse (i.S.d. Art. 287 EGV) sind nur vor allgemeiner Veröffentlichung geschützt, nicht vor Verwendung in einem Verfahren der Kommission.

464 Der Wettbewerber hat ebenso wie im nationalen Kartellrecht Informationsfunktion für die Kommission, so auch *M. Holoubek*, Rechte, Lasten und Pflichten, in: W. Hoffmann-Riem/E. Schmidt-Aßmann (Hrsg.), Verwaltungsverfahren und VwVfG, S. 193 (202).

Mandanten nicht zugänglich zu machen.[465] Hierin verbirgt sich aber die Gefahr, dass der einsichtnehmende Anwalt entweder auf die Geheimnisse in seiner Argumentation nicht angemessen eingehen kann oder in die Gefahr gerät, Teile des Geheimnisses zu offenbaren.
Weitere Regelung zur Konfliktabmilderung ist das Amt des Anhörungsbeauftragten.[466] Denn die Kommission ist nicht neutrale Partei, die ohne eigene Interessen über die Akteneinsicht entscheidet. Ihre Aufgabe ist die Durchsetzung der Wettbewerbsregeln, die sie nur vollständig erfüllen kann, wenn sie alle Informationen im Verfahren offenlegen und damit verwerten kann.[467] Sie hat daher ein Interesse daran, dass möglichst wenige Informationen als Geschäftsgeheimnis gekennzeichnet werden und damit aus der Verwendung im Verfahren ausscheiden; andererseits ist sie an die eindeutigen Regelungen zum Geheimnisschutz gebunden. Um diesen Interessenkonflikt innerhalb der Kommission abzumildern, entscheidet ein Anhörungsbeauftragter,[468] der direkt dem Wettbewerbskommissar unterstellt ist und damit gegenüber den Ermittlungsbeamten in begrenztem Maße eine faktisch und funktionell unabhängige Stellung innehat,[469] darüber, ob Unterlagen als Geschäftsgeheimnis zu deklarieren sind.
Dieser hat auch darauf zu achten, dass Unternehmen ihre Verfahrensbeteiligung nicht in anderer Richtung missbrauchen. Teilweise soll es dazu gekommen sein, dass Unternehmen in Verfahren mit zahlreichen Beteiligten auf die Geheimhaltung der sie betreffenden vertraulichen Informationen im Gegenzug zur Einsichtnahmemöglichkeit in die Akten von Wettbewerbern verzichten wollten, um auf

---

465 Sog. „Anwaltslösung" bezogen auf Fusionskontrollverfahren, hierzu *J. P. Heidenreich*, Anhörungsrechte, S. 133 und 197 m.w.N. und *J. M. Joshua*, Confidentiality, ECLR 15 (1994), S. 68 (71). Stark in diese Richtung im Kartellbußgeldverfahren BGH, juris, KRB 59/07 v. 4.10.2007, Umdruck S. 1 ff.

466 Zum Amt *S. Durande/M. Kellerbauer*, Anhörungsbeauftragter, WuW 2007, S. 865 ff., zur Akteneinsicht S. 870 ff. Zum Verfahren *A. Klees*, Europäisches Kartellverfahrensrecht, § 5 Rn. 89 ff.

467 Das Verfahrensrecht der EU kennt in Wettbewerbssachen kein *in camera*-Verfahren. Verbunden mit dem Grundsatz, wonach das eines Wettbewerbsverstoßes beschuldigte Unternehmen Einblick in die gegen es vorgebrachten Beweismittel erhalten muss, um sich angemessen verteidigen zu können, bedeutet dies, dass Informationen, die Unternehmensgeheimnisse darstellen, nicht gegen ein anderes Unternehmen verwendet werden können. Vgl. im Einzelnen die Mitteilung der Kommission über das Mandat des Anhörungsbeauftragten in Wettbewerbssachen vom 23.5.2001, Abl. 2001, L 162.

468 Zum Verfahren der Entscheidung *J. P. Heidenreich*, Anhörungsrechte, S. 215 ff.

469 Seine Entscheidungen sind der Kommission zuzurechnen. Genauer zur Stellung des Anhörungsbeauftragten innerhalb der Kommission *J. P. Heidenreich*, Anhörungsrechte, S. 238 ff., zu Vorschlägen, dem Anhörungsbeauftragten auch eine rechtliche, richterliche Unabhängigkeit zu gewähren S. 305 ff.

diese Weise ein – kartellrechtswidriges –Marktinformationssystem einzurichten.[470]

c) Entwicklungen

Die private Durchsetzung des Wettbewerbsrechts durch Wettbewerber und Verbraucher erhält zunehmend neben der behördlichen einen höheren Stellenwert, um die Effektivität der Wettbewerbsregeln insgesamt zu erhöhen und zudem die Verwaltung zu entlasten.[471] Bereits der Wechsel zum kartellrechtlichen System der Legalausnahme war ein Schritt in diese Richtung;[472] denn hierdurch wird behördliche Kontrolle zurückgenommen und vermehrt auf Selbstkontrolle[473] gesetzt, v.a. werden aber Wettbewerber zur Fremdkontrolle aktiviert.[474] Letztere erfordert einen erweiterten Zugang möglicher Kläger zu Beweismitteln und damit zu internen Informationen des betroffenen Unternehmens, um den Kartellrechtsverstoß belegen zu können.[475] Der Konflikt der entgegenstehenden Informations-

---

470 Dies beschreibt *B. J. Drijber*, Access, in: Schwerpunkte des Kartellrechts 1992/93, S. 109 (110). Ein solches Informationssystem verstieße regelmäßig gegen Art. 81 EGV, vgl. etwa EuGH, Slg. I 1998, S. 3111 (3163, Tz. 88) sowie *P. Krone*, Horizontale Markttransparenz, S. 20 ff. Ein Informationsaustausch ist daher zu verhindern, *H. Sauter*, Verfahren in Kartellsachen, in: M. A. Dauses (Hrsg.), Hdb. EU-WirtschaftsR, Bd. 2, Lfg. 13, H. I. § 3 Rn. 108. Zu Marktinformationssystemen G.II.1. (S. 156).

471 Vgl. hierzu das Weißbuch der Kommission „Schadenersatzklagen wegen Verletzung des EU-Wettbewerbsrechts“ vom 2.4.2008, KOM (2008) 165 endg., hierzu *J.-S. Ritter*, Private Durchsetzung, WuW 2008, S. 762 ff. Vgl. des weiteren auch die bereits bestehenden Anreize der privaten Durchsetzung in Form einer Streitwertanpassung, § 89a GWB, zur Minderung des finanziellen Prozessrisikos für Private sowie die Tatbestandswirkung behördlicher Entscheidungen, § 33 Abs. 4 S. 1 GWB. Umfassend zu dieser Entwicklung *T. Lübbig/M. le Bell*, Reform des Zivilprozesses in Kartellsachen, WRP 2006, S. 1209 ff. und *R. Hempel*, Privater Rechtsschutz, WuW 2004, S. 362 ff. Ähnlich wie durch die Gewährung voraussetzungsloser Informationszugangsrechte der Bürger die Verwaltung kontrollieren können soll (vgl. hierzu *M. Rossi*, Informationszugangsfreiheit, S. 94 ff.) soll, wird im Wettbewerbsrecht der Normvollzug mehr den privaten Marktteilnehmern überlassen. Vgl. grundlegend zur „Nutzung“ Privater zur Rechtsdurchsetzung *J. Masing*, Mobilisierung des Bürgers, passim, insb. S. 50 ff. Vgl. noch zum früher wesentlich geringeren Stellenwert subjektiver Drittrechte *K. Schmidt*, Kartellverfahrensrecht, S. 291 f.

472 So auch die Monopolkommission, Sondergutachten 32, Folgeprobleme der europäischen Kartellverfahrensreform, 2002, S. 8 sowie dies., Sondergutachten 41, Das allgemeine Wettbewerbsrecht in der Siebten GWB-Novelle, 2004, S. 21.

473 Denn zunächst liegt die Beurteilung seines Handelns beim Unternehmen selbst; es muss die kartellrechtlichen Normen selbst auslegen und sein Verhalten daran orientieren.

474 Vgl. hierzu *M. Schmidt-Preuß*, Selbstregulierung, in: VVDStRL, Bd. 56, S. 160 (194 f.).

475 So auch Ziff. 2.1 des Grünbuchs (Fn. 471) und *C. Gusy*, Informationsbeziehungen, in: W. Hoffmann-Riem/E. Schmidt-Aßmann/A. Voßkuhle (Hrsg.), GVwR II, § 23 Rn. 112. Haupthinderungsgrund für Private ist eine Informationsasymmetrie gegenüber Wettbe-

interessen verschärft sich hierdurch weiter, wenn das Eigeninteresse des klagenden Unternehmens an den Informationen des anderen nicht nur auf dem Willen zur Besserstellung im Wettbewerb, sondern auch auf dem Prozessgewinn beruht.[476] Auch fehlt der privaten Kartellrechtsdurchsetzung der behördliche „Puffer", der dem Informationskonflikt bisher Teile seiner Schärfe genommen hat. Zieht sich die Behörde aber aus der Durchsetzung zurück, so ist der Zugang zu Dokumenten des Wettbewerbers direkt zwischen den Parteien zu regeln.[477] Zudem hat auch die sich ausweitende Zuerkennung subjektiver Rechte an Wettbewerber – etwa im Rahmen der Fusionskontrolle[478] – die Informationskonflikte zwischen dem fusionswilligen Unternehmen und dem Wettbewerber verschärft. Zwar handelt es sich hierbei noch um behördliche Genehmigungsverfahren, dennoch orientieren sich die Drittrechte nicht unbedingt an der *materiellen Betroffenheit* der Wettbewerber, sondern ziehen aus öffentlichem Durchsetzungsinteresse eine private Komponente in das Kartellrecht ein. Für die Informationskonflikte bedeuten diese sich daraus ergebenden „Hypertrophien des Drittschutzes"[479] ebenfalls eine Verschärfung.

4. Schlussfolgerungen und Analyse

a) Notwendigkeit eines erhöhten Informationstransfers

Die Zuweisung von subjektiven Rechten an Wettbewerber zum Zweck der Durchsetzung des objektiven Rechts macht als Steuerungsinstrument des Gewähr-

---

werbsbehörde und verstoßendem Wettbewerber, *T. Lampert/G. Weidenbach*, Akteneinsicht, WRP 2007, S. 152 (152).

476 Eigene Geheimnisse müssten dann unter Umständen direkt dem Prozessgegner und Wettbewerber offenbart werden, weil in zivilprozessualen Konstellationen der behördliche „Puffer" fehlt. Die Offenbarungspflichten können weitreichend sein, vgl. *A. Stadler*, Schutz des Unternehmensgeheimnisses, S. 120 ff. Ohne derartige Pflichten aufgrund normierter Beweiserleichterungen und -umkehrungen wäre eine private Kartellrechtsdurchsetzung unmöglich, da die klagende Partei zunächst beweisbelastet ist.

477 So auch das Grünbuch (Fn. 471), S. 5. Es geht damit in die Richtung einer *pretrial discovery*. Zu dieser etwa *J. Kraayvanger/M. Richter*, Beweishilfe, RIW 2007, S. 177 ff.

478 Nach ganz h.M. bestehen solche subjektiven Rechte erst seit der 6. GWB-Novelle 1999, vgl. nur *W. Veelken*, Drittschutz, WRP 2003, S. 207 (209). Im Regulierungsrecht ist oftmals noch umstritten, welche Normen Drittschutz verleihen, zur den Auffassungen der Gerichte *B. Kind u.a.*, Änderung, MMR Beilage 12/2003, S. 3 (16 ff.). Allgemein zur Entwicklung im Kartellrecht als Ausgleichsordnung multipolarer Interessen *M. Schmidt-Preuß*, Kollidierende Privatinteressen, S. 751 ff.

479 *K. Schmidt*, Drittschutz, passim.

leistungsstaats[480] den Schutz von Unternehmensgeheimnissen deutlich schwieriger,[481] weil in höherem Maße Grundrechtsberechtigte aufeinandertreffen.[482] Denn die Erweiterung des Drittschutzes regulierungsverwaltungsrechtlicher Normen (v.a. der Entgeltregulierung) erfordert zu deren Durchsetzung durch die Wettbewerber[483] als Zwischenschritt bzw. Annex Rechte auf Einsichtnahme und Information. Werden den Wettbewerbern regulierter Unternehmen subjektiv-öffentlicher Rechte gewährt,[484] verschärft dies den Informationskonflikt. Passt man zudem das Regulierungsverwaltungsrecht weiter an das Kartellrecht[485] und die dortigen „Privatisierungstendenzen", sprich die Erweiterung der privaten Durchsetzungsmöglichkeiten kartellrechtlicher Normen,[486] an, so ist der damit zur

---

480 *M. Schmidt-Preuß*, Selbstregulierung, in: VVDStRL, Bd. 56, S. 160 (223 f.), zum Konzept der regulierten Selbstregulierung a.a.O., S. 165 ff. Kritisch zur Instrumentalisierung des subjektiven Rechts für öffentliche Zwecke *E. Schmidt-Aßmann*, VerwR als Ordnungsidee, Kap. 2 Rn. 69, 74.

481 So für das Kartellrecht *K. Schmidt*, Drittschutz, S. 18.

482 Die Ausweitung an Grundrechtsberechtigungen ist wiederum unmittelbare Privatisierungsfolge, *K. Stohrer*, Informationspflichten Privater, S. 262.

483 Die ja gewollt und unter Effektivitätsgesichtspunkten sinnvoll ist. Auch kommt der Durchsetzung der Regulierungsziele mit Hilfe drittschützender regulierungsrechtlicher Normen über die Verpflichtungsklage gegen die Regulierungsbehörde solange eine besondere Bedeutung zu, als Wettbewerber (im Gegensatz zum allgemeinen Kartellrecht) nicht direkt ihre Rechte gegenüber dem regulierten Unternehmen vor (ordentlichen) Gerichten durchsetzen können. Denn zur Verfügung steht bisher nur § 44 TKG für Klage auf Unterlassung und ggf. Schadenersatz, über den aber Entgelthöhe u.ä. nicht überprüft oder gar geändert werden können. Detaillierter zu den zivilrechtlichen Rechtsschutzmöglichkeiten von Wettbewerbern *F. J. Säcker*, Regulierungsrecht, AöR 130 (2005), S. 180 (182, 212 ff.).

484 Zu Reichweite der subjektiven Drittrechte etwa *J. Scherer*, Streitbeilegung, MMR Beilage 12/2002, S. 23 (26 ff.). Zur Erweiterung subjektiver Rechte für konkurrierende Unternehmen im Kartellrecht *M. Schmidt-Preuß*, Gegenwart, NVwZ 2005, S. 489 (493 f.). Teilweise ist von subjektiven Rechten im eigentlichen Sinn nicht mehr zu sprechen, wenn dem Wettbewerber Informations- und Kontrollbefugnisse ausschließlich im öffentlichen Interesse eingeräumt werden, vgl. hierzu *J. Masing*, Mobilisierung des Bürgers, S. 181.

485 In diese Richtung etwa *T. J. Gerpott*, Regulierungsabbau, N&R 2006, S. 100 (101 ff.) und *W. Möschel/J. Haug*, Novellierung des TKG, MMR 2003, S. 505 (507 f.) sowie die Monopolkommission, Sondergutachten 32 (Fn. 472), S. 20. Für die Rechtswegangleichung hin zu den ordentlichen Gerichten etwa *M. Knauff*, Regulierungsverwaltungsrechtlicher Rechtsschutz, VerwArch 98 (2007), S. 382 (386).

486 Vgl. hierzu das Grünbuch der Kommission (Fn. 471) S. 3 ff., *W. Möschel*, Behördliche oder privatrechtliche Durchsetzung, WuW 2007, S. 483 ff., Monopolkommission, Sondergutachten 41 (Fn. 472 a.E.), S. 19 und *R. Hempel*, Privater Rechtsschutz im Kartellrecht, S. 165 ff. Privatisierung verschärft diese Konflikte, so *E. Schmidt-Aßmann*, in: Maunz/Dürig, GG, Lfg. 42 (Feb. 2003), Art. 19 Abs. 4 Rn. 2 ff. Sehr kritisch zur Ausweitung der privaten Kartellrechtsdurchsetzung die Monopolkommission, Sondergutachten 32 (Fn. 472), S. 44 f., zu seiner wohl geringeren Durchsetzungseffizienz *R. Hempel*, Privater Rechtsschutz im Kartellrecht, S. 269 ff. m.w.N. Zum vereinfachenden Begriff der

Normdurchsetzung berufene Marktteilnehmer in noch größerem Umfang als bisher auf Informationen über das betroffene bzw. aus dem betroffenen Unternehmen angewiesen.[487] Die Einbeziehung Dritter in die Überwachung und Rechtsdurchsetzung muss also mit Regeln zu ihrer ausreichenden Informationsversorgung verknüpft werden.[488] Dieser Regelungsansatz hat neben dem Ziel der Behördenentlastung auch die Funktion, das gesellschaftliche Wissen – hier v.a. das des Marktes und der Konkurrenten – für eine Durchsetzung der kartellrechtlichen Normen zu nutzen.[489]

Durch die besondere Abwehrrichtung des Unternehmensgeheimnisses gegen den Wettbewerber ist dieses in Konstellationen mit Beteiligung Privater mehr gefährdet als in klassisch öffentlich-rechtlichen, in denen die Informationen und Daten beim Staat verbleiben. Wenn und soweit drittbeteiligte Wettbewerber am Verfahren teilnehmen, lässt sich durch seine Ausgestaltung die Reichweite der Akteneinsicht steuern. Der Gesetzgeber, die Verwaltung und die Gerichte haben dabei die subjektiven-öffentlichen Rechte des betroffenen Unternehmens an den geheimen Informationen[490] zu beachten. Dass bereits dieses Dreieck aus Betroffenem, Verwaltung und beteiligtem Wettbewerber Unternehmensgeheimnisse gefährdet und *de lege lata* Abwägungen zu einem komplexen, von Willkürelementen nicht

---

Privatisierung *A. Voßkuhle*, Gesetzgeberische Regelungsstrategien, in: G. F. Schuppert (Hrsg.), Jenseits von Privatisierung und "schlankem" Staat, S. 47 (59) und *R. Schröder*, Verwaltungsrechtsdogmatik im Wandel, S. 146 ff.

487 Notwendig sind daher besondere Verfahren zum Zugang zu derartigen Informationen (siehe das *pretrial discovery* im Kartellrecht der USA, hierzu etwa *T. Lampert/G. Weidenbach*, Akteneinsicht, WRP 2007, S. 152 [161 f.]), erweiterte Einsichtsrechte oder ersatzweise Beweislasterleichterungen, dazu das Grünbuch (Fn. 471), S. 5 ff.; des weiteren *J. Glöckner*, Individualschutz, WRP 2007, S. 490 (494 f.). Vgl. etwa auch die Darstellung des Informationsrückstands von Wettbewerbern ohne entsprechende Einsichtsregelungen am Beispiel des Beihilfenrechts, *U. Soltész*, Private Rechtsdurchsetzung, ZWeR 2006, S. 388 (392 f.).

488 *A. Voßkuhle*, Beteiligung Privater, in: VVDStRL, Bd. 62, S. 266 (324). Die Veränderung zum kooperativen Staat verändert also v.a. auch den Informationsbedarf, da auch die Verantwortung neu verteilt und mehr auf die Gesellschaft, auf Private verlagert wird, *R. Pitschas*, Handlungsformen, in: W. Blümel/ders. (Hrsg.), Reform des Verwaltungsverfahrens, S. 229 (248).

489 Damit soll auch das Wissensproblem, auf das Regulierungs- und Kartellbehörde treffen, relativiert werden. Vgl. hierzu *A. Voßkuhle*, Beteiligung Privater, in: VVDStRL, Bd. 62, S. 266 (308) sowie konkreter in Fn. 293. Dass die Verwaltung in hohem Maße bei seiner Wissensgewinnung auf private Akteure zurückgreifen muss, ist eine der grundlegenden Thesen im Tagungsbericht von *M. Bitter*, Umgang mit Wissen, DÖV 2007, S. 514 (514 f.). Explizit für das Regulierungsrecht auch *S. Augsberg*, Staat als Informationsmittler, DVBl 2007, S. 733 (737).

490 Zu diesen unter C.V. (S. 62 ff.) sowie zur grundrechtlichen Einordnung unter G.IV. (S. 170 ff.).

freien und rechtsstaatlichen Ansprüchen nicht immer vollständig genügenden Unterfangen macht, hat sich bereits gezeigt.[491]

b) Unmöglichkeit der materiellen Privatisierung

Die Gefährdung für unternehmerische Geheimnisse steigt aber noch, wenn die staatliche Rechtsdurchsetzung weiter auf die Wettbewerber verlagert und in dadurch in ein privatrechts*artiges* Verfahren überführt wird.[492] Denn anders als in klassischen privatrechtlichen Konstellationen dienen die Regelungen zur privaten Kartellrechtsdurchsetzung (gleiches gilt auch für das Regulierungsrecht) nicht nur dem Selbstschutz der Betroffenen,[493] sondern der Ergänzung der öffentlich-rechtlichen Rechtsdurchsetzung aus Gründen der Effektivität und des Abbaus behördlicher Überforderung.[494]
Daher stellen die Regelungen über die Reichweite der Akteneinsicht für Wettbewerber nicht nur Regelungen dar, die Informationsfluss zwischen Privaten regeln (wie etwa das Lauterkeitsrecht) und lediglich deren Freiheiten zueinander begrenzen. Vielmehr soll privatautonomes Handeln auch Gemeinwohlziele[495] verwirklichen helfen.[496] Um dies zu leisten, benötigt der Wettbewerber einen gegenüber dem Privat-, insbesondere Lauterkeitsrecht erweiterten Informationszugang, auch wenn er weiterhin im Rahmen seiner Privatautonomie und nicht aufgrund besonderer öffentlich-rechtlicher Befugnisse handelt. Hierdurch entstehen nicht nur Wertungswidersprüche zwischen der Informationszugangsgrenze des allgemeinen Privatrechts und ihren für eine Durchsetzung notwendigen besonderen Zugangs-

---

491 Siehe D.II.2.d) (S. 90 ff.).

492 Zur Erfüllung öffentlicher Aufgaben – hierzu gehört auch die Rechtsdurchsetzung – *H. Schulze-Fielitz*, Grundmodi, in: W. Hoffmann-Riem/E. Schmidt-Aßmann/A. Voßkuhle (Hrsg.), GVwR I, § 12 Rn. 91 ff. Zur Privatrechtsnähe der Wirtschaftsregulierung auch *I. Spiecker gen. Döhmann*, Verwaltungsrecht, DVBl 2007, S. 1074 (1078). Zu anderen Bereichen der Verfahrensprivatisierung *R. Schröder*, Verwaltungsrechtsdogmatik im Wandel, S. 227 ff. Diese Entwicklung führt zur „Verantwortungsdiversifizierung", welche effektiven Rechtsschutz in hohem Maße erschwert, *H. Schulze-Fielitz*, in: H. Dreier (Hrsg.), GG, Art. 19 IV Rn. 45.

493 Vgl. hierzu *M. Schmidt-Preuß*, Kollidierende Privatinteressen, S. 247 f. Hinter diesen konträren Informationsinteressen steht das wettbewerbliche horizontale Konfliktverhältnis des Kartell- und Regulierungsverwaltungsrechts, in dem die Gestaltungsinteressen des marktbeherrschenden Unternehmens und die Interessen anderer Unternehmen auf behinderungsfreien Wettbewerb aufeinandertreffen, a.a.O., S. 433 (dort. Fn. 55) sowie S. 756 ff. Vgl. auch *W. Leisner*, "Privatisierung" des Öffentlichen Rechts, S. 98 ff.

494 So eindeutig auch *J. Basedow*, Perspektiven, ZWeR 2006, S. 294 (304).

495 Vgl. zum Begriff des öffentlichen Interesses und seinen Synonymen *R. Uerpmann*, Öffentliches Interesse, S. 23 ff. und *E. Schmidt-Aßmann*, VerwR als Ordnungsidee, Kap. 3 Rn. 72 ff.

496 Hierzu *W. Hoffmann-Riem*, Systematisierung, in: ders./E. Schmidt-Aßmann (Hrsg.), Wechselseitige Auffangordnungen, S. 261 (268 f.).

möglichkeiten, sondern auch eine *Publifizierung* der privaten Rechtsdurchsetzung in der Form, dass Maßstab bei der Abwägung entgegenstehender Interessen auf der Seite des Einsichtsverlangens ein öffentlich-rechtlicher ist.[497] Entsprechend wird „[d]ie formale Grenze zwischen rechtsstaatlich gebändigter Hoheitsgewalt und weitgehend frei gestaltetem Privatverfahrensrecht […] der Kontrollrealität bei der privaten Fremdkontrolle durch nichtbeliehene Private nicht mehr gerecht."[498]

Im Regulierungsrecht sind Maßstab primär die subjektiven Rechte des Wettbewerbers, öffentliche Interessen spielen nur eine untergeordnete Rolle. Im Kartellrecht wird hingegen nahezu ausschließlich mit den entgegenstehenden öffentlichen Interessen abgewogen; dies erscheint als insofern offener und methodenehrlicher, weil es die dienende Funktion der Drittbeteiligung im Abwägungsmaßstab angemessen berücksichtigt. Auch bei einer weiter fortschreitenden „Privatisierung" der Verfahren bleibt dies der einzig anwendbare Maßstab, weil eben nicht nur „Beziehungen […] zwischen Gleichberechtigten [geregelt werden], d.h. zwischen Personen, die im Verhältnis zueinander keinerlei politische Befugnisse oder soziale Sonderzuständigkeiten in Anspruch nehmen."[499]

Soweit Behörden an den Verfahren beteiligt sind und über die Akteneinsicht befinden, sind sie dabei nicht neutrale Instanz, die gleich einem Gericht ohne Eigeninteressen entscheidet. Denn ihren Regulierungserfolg kann sie dadurch erhöhen, dass sie Wettbewerbern des regulierten Unternehmens weitreichenden Einblick gewährt, dadurch deren Marktposition stärkt und hierdurch den Regulierungszielen näherkommt.[500] Zudem wird sie an der Einsichtnahme des Wettbewerbers

---

497 Hierin zeigt sich die enge, untrennbare Verbindung zwischen den einzelnen Regelungssektoren eines Informationsverwaltungsrechts, von denen einer die Informationsbeziehungen zwischen Staat und Bürger, ein anderer die zwischen Bürgern untereinander regeln soll (vgl. die Einteilung bei *A. Voßkuhle*, Wandel, in: W. Hoffmann-Riem/E. Schmidt-Aßmann (Hrsg.), VerwR in der Informationsgesellschaft, S. 349 [355 ff.]). Isoliert voneinander lassen sich die beiden Teilbereiche gar nicht bewältigen, weil sie Auswirkungen auf den jeweils anderen haben.

498 *M. Eifert*, Beteiligung Privater, DV 39 (2006), S. 309 (320). Vgl. auch die ähnliche Sphärenvermischung im Datenschutz: Eine Konzeption des Datenschutzes nur für das Verhältnis zwischen Staat und Bürger unzureichend. Denn die innergesellschaftliche Kommunikation, in der ein großer Teil des gesellschaftlichen Wissens als „Sozialkapital" erzeugt wird und der daher eine große Rolle spielt, wird hierbei ausgeblendet, obwohl auch hier Regeln über den Informationsum- und zugang benötigt werden, *K.-H. Ladeur*, Staat gegen die Gesellschaft, S. 20. Denn Einzelnen werden nicht nur durch den Staat Grenzen seiner Selbstentfaltung gesetzt.

499 *F. Böhm*, Privatrechtsgesellschaft, ORDO 17 (1966), S. 75 (75 f.).

500 Die insgesamt offenbarungsfreundliche Haltung der Kartellbehörden ergibt sich auch aus der Steuerungswirkung der Veröffentlichungen, siehe D.I.2.e) (S. 78 f.). In diese Richtung auch *J. Sommer/T. Bosch*, Akteneinsichtsrechte, K&R 2002, S. 456 (461). Zur „Mehrfachrolle" der Verwaltung in multipolaren Konflikten *H. Rossen-Stadtfeld*, Beteiligung, in: W. Hoffmann-Riem/E. Schmidt-Aßmann/A. Voßkuhle (Hrsg.), GVwR II, § 29 Rn. 52.

deshalb interessiert sein, weil nur so die Informationen Prozessstoff werden können.[501]
Zwar besteht sicherlich kein „Gemeinwohlmonopol des Staates“[502], aber sobald Gemeinwohl durch Private nicht mehr nur als positive Nebenfolge seines Handelns aus eigenem Interesse erscheint, sondern hauptsächlich Rechtskontrolle zugunsten des öffentlichen Wohls bewirken soll, ist der Private nicht mehr nur privat tätig. Muss er zudem noch mit erweiterten Einsichtsrechten ausgestattet werden, die nicht durch materielle Betroffenheit gerechtfertigt sind, so stellt sein Handeln nicht mehr reine Grundrechtsausübung dar, sondern ist mit Elementen staatlicher Ermächtigung durchsetzt. Auffällig ist, dass für den umgekehrten Fall, in der ein Amtsträger und damit auf öffentlich-rechtlicher Basis zur Durchsetzung öffentlicher Interessen Handelnder daneben auch die Durchsetzung privater Interessen bewirken will, er aufgrund dieser Interessenverflechtung als befangen anzusehen wäre.[503]

c) Fehlanreize der Rechtsdurchsetzungsprivatisierung

Auch enthält die Rechtsdurchsetzungsprivatisierung einen inneren Widerspruch: Was dem Wettbewerber an Information zur Rechtsdurchsetzung zukommen muss, soll ihm zu seinem privaten Vorteil aber eigentlich nicht zur Verfügung stehen, um zum einen die Geheimhaltungsrechte des betroffenen Unternehmens zu schützen und zum anderen die Wettbewerbsstruktur[504] nicht zu verzerren. Bereits kognitiv ist es unmöglich, die Zwecke des Informationserhalts zu trennen und auf einzelne zu begrenzen. Unauflösbar wird dieser Widerspruch, wenn und soweit das Interesse an Unternehmensgeheimnissen des Konkurrenten gerade auch als *Anreiz* zur Durchsetzung genutzt wird,[505] um das *rationale Desinteresse* zu überwinden. Inwieweit dieser Einsichtsanreiz zur Aktivierung des Wettbewerbers notwendig ist, lässt sich zwar nur schwierig beurteilen,[506] darf aber nicht von

501 Denn bisher mangelt es an einem *in camera*-Verfahren, das Teile des Prozessstoffs dem Wettbewerber vorenthält; näher unter G.V.5.d) (S. 206 ff.).

502 *W. Weiß*, Beteiligung Privater, DVBl 2002, S. 1167 (1173).

503 Die Beteiligung von Wettbewerbern an der Rechtsdurchsetzung unterscheidet sich aufgrund der vorhandenen und sogar genutzten privaten Interessen von anderen Bereichen der Privatbeteiligung. Die privaten Kontrolleure haben dort als Verwaltungshelfer oder Beliehene, etwa im Bereich der Produktsicherheit oder dem Jugendmedienschutz, eine neutrale Rolle. Siehe hierzu *M. Eifert*, Beteiligung Privater, DV 39 (2006), S. 309 (310 ff.).

504 Hierzu näher unter G.II.1. (S. 156 ff.).

505 Denn das für die Rechtsdurchsetzung notwendige Anreizprogramm verbindet aber gerade individuellen Nutzen mit Gemeinwohlförderung, um funktionieren – anreizen – zu können, *G. F. Schuppert*, Verwaltungswissenschaft, S. 138, *J. Masing*, Mobilisierung des Bürgers, S. 184 f.

506 Es gibt nur wenig Datenmaterial, das zumeist zitierte geht zurück auf *E. Gurlit*, Akteneinsicht, in: G. Winter (Hrsg.), Öffentlichkeit von Umweltinformationen, S. 511 (521) im

vornherein außer Acht gelassen werden; denn immerhin gilt Information als „zentraler Steuerungsfaktor des Gewährleistungsstaates“[507] und damit als Anreiz. Theoretisch ließe sich diese Frage beantworten, indem durch den Wettbewerber eine Rechtskontrolle initiiert wird, bei der er keine Akteneinsicht erhielte.[508] Fände trotzdem eine effektive private Rechtsdurchsetzung statt, so spielt der Einsichtsanreiz nur eine untergeordnete Rolle. Unklar ist also, inwiefern der Einsichtsanreiz im Konzept der gewährleistungsstaatlichen privaten Rechtsdurchsetzung einkalkuliert ist.[509]
Zudem lässt sich der Einsichtsanreiz als Rechtsdurchsetzungskatalysator ersetzen durch andere Anreize. Neben dem ohnehin entstehenden Vorteil des mit der Durchsetzung erzwungenem wettbewerbskonformen Verhaltens des Konkurrenten können dies insbesondere Risikominimierungen für sein Vorgehen sein. Streitwertbegrenzungen und Beweislasterleichterungen würden dies bewirken; hinzu könnte als finanzieller Anreiz das Recht auf mehrfachen Schadenersatz kommen. Das Einsetzen Privater zur Erfüllung öffentlicher Aufgaben[510] in Form der Rechtsdurchsetzung sollte angesichts der immer größeren Bedeutung immaterieller Güter den Einsichtsanreiz gar nicht erst entstehen lassen und den Wettbewerber vielmehr durch die Verstärkung anderer Anreize aktivieren.[511]
Allein die Notwendigkeit zusätzlicher Anreize zeigt dabei, dass die Verfahrensbeteiligung mit ihren dem Wettbewerber zuerkannten Einsichts- und Durchsetzungsrechten in besonders starkem Maße von der faktischen und materiellen Betroffenheit des Drittbeteiligten abgekoppelt wird.

d) Fazit

Die verschärften Informationskonflikte zwischen Wettbewerbern sind damit Teil der „Sprengkraft, die eine Ablösung individueller Befugnisse von individualisier-

---

Bereich des Informationsfreiheitsrechts, das Erhebungen aus den USA von 1987 verwendet, nach denen Informationszugangsrechte vorwiegend von Konkurrenten genutzt werden. Weitgehend bestätigt wird diese Erkenntnis anhand neuerer Daten durch *M. Schmillen*, Umweltinformationsrecht, S. 25, 129 ff.

507 *C. Bumke*, Publikumsinformation, DV 37 (2004), S. 3 (3).

508 Etwa im Rahmen eines *in camera*-Verfahrens, zu diesem unter G.V.5.d) (S. 206 ff.).

509 Letztlich vertritt ein Unternehmen nämlich ausschließlich seine eigenen Interessen, öffentliche hingegen nur, soweit sie mit den eigenen übereinstimmen, kritisch daher auch *W. Möschel*, Behördliche oder privatrechtliche Durchsetzung, WuW 2007, S. 483 (489 f.).

510 Zur Abgrenzung von staatlichen Aufgaben *W. Weiß*, Beteiligung Privater, DVBl 2002, S. 1167 (1169).

511 Vgl. auch die Empfehlung der Monopolkommission, Sondergutachten 41 (Fn. 472), S. 67.

baren Privatinteressen haben kann"[512]. Sie sind im Regulierungsverwaltungsrecht zumindest auch Folge der Privatisierung ehemals staatlich monopolisierter Dienstleistungen. Wird die Durchsetzung dieser regulierungsrechtlichen Normen nun auch noch Privaten zugeteilt, so verschmilzt privatautonomes, freiheitliches Handeln mit dem Agieren aufgrund einer Verantwortung für die öffentliche Sache und wird die Unterscheidung zwischen subjektivem und objektivem Recht durch derartige Durchsetzungsverlagerungen auf Private und damit auch die Unterscheidung zwischen Staat und Gesellschaft verwischt.[513]

Damit soll zwar nicht allgemein der Stab über die Freisetzung der „endogenen Potentiale der Gesellschaft für die Verfolgung öffentlicher Zwecke"[514] gebrochen werden, durch die angesichts der Ausdifferenzierung und Komplexität der modernen Gesellschaft nicht nur dezentrale, gesellschaftliche Wissensressourcen für das Gemeinwesen fruchtbar gemacht,[515] sondern auch in schwierig zu überschauenden rechtlichen und wirtschaftlichen Kontexten den überforderten Behörden private Subjekte mit Rechtsdurchsetzungsmacht zu Seite gestellt werden. Allerdings geschieht diese Entwicklung zulasten der Unternehmensgeheimnisse derjenigen Unternehmen, die ihre internen Informationen nunmehr dem Wettbewerber offenbaren müssen, bevor eine Rechtsverletzung ihrerseits überhaupt nachgewiesen ist.[516] Das Schutzniveau für Geheimnisse sinkt hierdurch.

Selbst wenn sich der Staat dabei weiter aus der Rechtsdurchsetzung zurückzieht, nähert sich der Schutz von Unternehmensgeheimnissen zwar einer bloßen Schutzpflichtenkonstellation an,[517] in der dem Gesetzgeber allenfalls noch ein Minimalschutz für Unternehmensgeheimnisse in Form des Untermaßverbots aufgegeben ist.[518] Allerdings stellt der staatlich ermöglichte Zugriff auf Informatio-

---

512 *J. Masing*, Mobilisierung des Bürgers, S. 190. Auch *H. Rossen-Stadtfeld*, Beteiligung, in: W. Hoffmann-Riem/E. Schmidt-Aßmann/A. Voßkuhle (Hrsg.), GVwR II, § 29 Rn. 50 spricht von der „zerstörenden Kraft" der Beteiligung.

513 Hierzu grundlegend *E.-W. Böckenförde*, Unterscheidung, in: ders., Recht, Staat, Freiheit, S. 209 ff.

514 *A. Voßkuhle*, Beteiligung Privater, in: VVDStRL, Bd. 62, S. 266 (307).

515 *O. Depenheuer*, Einführung, in: ders. (Hrsg.), Öffentlichkeit und Vertraulichkeit, S. 7 (11).

516 Insbesondere im Kartellrecht nach dem Systemwechsel zur Legalausnahme (hierzu *A. Klees*, Europäisches Kartellverfahrensrecht, § 2 Rn. 3 ff.) ist die Unsicherheit über die Rechtmäßigkeit eigenen Verhaltens sehr groß, hierzu *W. Weiß*, in: C. Callies/M. Ruffert (Hrsg.), EUV/EGV, Kommentar, Art. 81 EGV Rn. 153 ff.

517 Denn bei der Ausgestaltung der Verhältnisse zwischen Privaten steht dem Gesetzgeber ein weiterer Spielraum zu, als wenn er selbst als unmittelbar Grundrechtsverpflichteter über private Geheimnisse verfügt. Vgl. zu Schutzpflichten *H. Dreier*, in: ders. (Hrsg.), GG, Vorb. Rn. 101 ff.

518 Vgl. aber die neuen Entwicklungen in der Grundrechtsdogmatik, die den Rückzug des Staats durch veränderte Schutzwirkungen der Grundrechte kompensieren wollen, hierzu *R. Martins*, Grundrechtsdogmatik, DÖV 2007, S. 456 (461).

nen direkt einen Eingriff in grundrechtlich geschützte Geheimnispositionen dar, so dass auch ein Übermaßverbot und damit ein umfassenderer Schutz existiert.[519] Zudem übernimmt der mit der Rechtsdurchsetzung beauftragte Private materiell Aufgaben der Verwaltung.[520] Dies steht einer Absenkung des Schutzes von Unternehmensgeheimnissen hingegen, zumal gleichzeitig die Eingriffsintensität durch die Verpflichtung zur Weitergabe geheimer Informationen direkt an den durchsetzenden Wettbewerber steigt im Vergleich zur klassisch behördlichen Durchsetzung. Insgesamt ist also die Indienstnahme Privater für das Gemeinwohl wesentlich grundrechtsbelastender für Wettbewerber als die behördliche Rechtsdurchsetzung.

III. Unternehmensgeheimnis und Informationsfreiheitsgesetze

Mit den Umweltinformationsgesetzen des Bundes[521] und der Länder, den Informationsfreiheitsgesetzen des Bundes und einiger Bundesländer sowie Verbraucherinformationsgesetzen[522] sind für Personen Einsichtsrechte in behördliche Akten unabhängig von der Beteiligung an einem Verwaltungsverfahren geschaffen worden. Inhalt der behördlichen Akten sind oftmals auch Unternehmensgeheimnisse, die die Behörde aufgrund von Informationsanforderungsrechten oder auf freiwilliger Basis von den betroffenen Unternehmen oder Dritten erhalten hat.

1. Darstellung

Informationszugangsrechte, die in den genannten Gesetzen normiert sind, sollen jedem Bürger unabhängig von der Pflicht zur Geltendmachung entsprechender Interessen oder gar Rechte Einblick in Akten der Verwaltung gewähren. Dennoch ist die Zugangsgewährung nicht zweckfrei, sondern soll v.a. die Kontrolle der Verwaltung und des effektiven Gesetzesvollzugs[523] ermöglichen, indem dem

---

519 So auch *M. Rossi*, Informationszugangsfreiheit, S. 134.

520 Vgl. hierzu *H. Schulze-Fielitz*, Grundmodi, in: W. Hoffmann-Riem/E. Schmidt-Aßmann/A. Voßkuhle (Hrsg.), GVwR I, § 12 Rn. 20. Um dies tun zu können, benötigen sie selbst – wie ansonsten die Verwaltung – die entsprechenden Informationen, *A. Scherzberg*, Öffentlichkeit der Verwaltung, S. 197. Skeptisch zur Informationsversorgung der durchsetzenden Wettbewerber die Monopolkommission, Sondergutachten 32 (Fn. 472), S. 46 f.

521 Grundlage war die RL 90/313/EWG, Umsetzung durch Gesetz vom 16.7.1994, BGBl. I, S. 1490; ersetzt durch RL 2003/4/EG, Umsetzung durch Gesetz vom 22.12.2004, BGBl. I, S. 3704.

522 VIG des Bundes, in Kraft getreten Mai 2008, sowie das VIG Berlin aus dem Jahr 2003.

523 Exemplarisch *D. Kugelmann*, Informationsfreiheit, DÖV 2005, S. 851 (852), *M. Kloepfer*, Umweltrecht als Informationsrecht, UPR 2005, S. 41 (45). Weiterführend *H. Rossen-Stadtfeld*, Kontrollfunktion der Öffentlichkeit, in: W. Hoffmann-Riem/E. Schmidt-Aß-

Bürger zu Zwecken der Partizipation „Informationschancen" zugewiesen werden.[524]
Unter diesen Vorgaben sind die Informationszugangs- und Geheimhaltungsinteressen miteinander in Ausgleich zu bringen. Wenn keine Abwägung der gegenläufigen Interessen vorgesehen, also ein Vorrang des Geheimhaltungsinteresses normiert ist,[525] so wird die Reichweite des Einsichtsrechts über die Auslegung des Geheimnisbegriffs[526] gesteuert, denn der Zugang ist nur einwilligungsabhängig, *soweit* Unternehmensgeheimnisse betroffen sind. Ist hingegen eine Abwägung vorgesehen,[527] sind die konträren Informationsinteressen herauszuarbeiten und

---

mann (Hrsg.), Verwaltungskontrolle, S. 117 ff. und *M. Rossi*, Informationszugangsfreiheit, S. 94 ff., zu weiteren Zielen S. 67 ff. Demokratie und Kontrolle sind natürlich mit einander verzahnt, vgl. *M. Kloepfer*, Informationsgesellschaft, DÖV 2003, S. 221 (224). Mit dem Demokratieargument wird aber mehr allgemeine Handlungskontrolle sowie die Ermöglichung von Meinungsbildung und Mitgestaltung (detaillierter *U. Rösch*, Geheimhaltung in der Demokratie, S. 51 ff. und *M. Jestaedt*, Geheimnis, AöR 126 (2001), S. 204 [215 ff.]), mit dem klassischen Konzept der Verwaltungskontrolle hingegen eher Rechtsdurchsetzungs-, Wirksamkeits- und Effizienzkontrolle verbunden (das UIG etwa stellt ausschließlich auf diesen Zweck ab, *C. Schrader*, UIG und IFG, ZUR 2005, S. 568 [569]). Diese Entwicklung neuer Steuerungsinstrumente ist oftmals europarechtlich induziert (hierzu ausführlich *J. Masing*, Mobilisierung des Bürgers, S. 21 ff.) und will das Konzept staatlicher Kontrollverantwortung um eine private Komponente ergänzen, *E. Schmidt-Aßmann*, Deutsches und Europäisches Verwaltungsrecht, DVBl 1993, S. 924 (927 ff.). Die Pflicht zur Allgemeinzugänglichkeit kann sich aus dem Demokratie- und dem Rechtsstaatsprinzip ergeben, vgl. BVerfGE 103, S. 44 (61, 63 ff.).

524 *D. Kugelmann*, Informatorische Rechtsstellung des Bürgers, S. 17. Damit ändern sich auch das Staatsverständnis und die Stellung des Bürgers im Staat, *S. Baer*, "Der Bürger" im VerwR, S. 59.

525 Prominentestes Beispiel ist wohl § 1 Abs. 1 S. 1 IFG mit der Ausnahmevorschrift in § 6 S. 1 IFG, der dem Geheimhaltungsinteresse Vorrang einräumt (lediglich *S. Berger/J. Roth/C. Scheel*, IFG, § 6 Rn. 16 deuten in diese Vorschrift eine Offenbarungsbefugnis nach Güterabwägung); entspr. das SIFG, das in § 1 auf das IFG verweist. Ebenso § 8 IFG M-V. Kritisch zum absoluten Ausschluss im Vergleich zur Abwägungsklausel für personenbezogene Daten in § 5 Abs. 1 S. 1 IFG *D. Kugelmann*, IFG, NJW 2005, S. 3609 (3612), *M. Kloepfer/K. v. Lewinski*, IFG, DVBl 2005, S. 1277 (1283 f.) und *B. Sokol*, Informationsfreiheit, CR 2005, S. 835 (840), für das entspr. AIG-Bbg *D. Hartge*, Entwicklung, LKV 2007, S. 7 (9).

526 Der noch nicht vollständig geklärt ist, so auch *M. Kloepfer*, Grundprobleme, K&R 2006, S. 19 (22), aber angesichts der fehlenden Abwägungsmöglichkeit eine große Bedeutung erlangt, *M. Kloepfer/K. v. Lewinski*, IFG, DVBl 2005, S. 1277 (1284). Eine einschränkende Auslegung als „Ersatz" für die fehlende Abwägungsklausel ist nicht zulässig, so *M. Rossi*, IFG-Hk, § 6 Rn. 76; dezidiert anders aber *T. Bräutigam*, IFG, DVBl 2006, S. 950 (954, 956).

527 Eine Abwägung, allerdings mit der Vermutung für das Überwiegen der Geheimhaltung, sieht vor § 7 IFG Bln; ebenso §§ 8 IFG NRW, 9 Abs. 1 Nr. 3 UIG, 5 Abs. 2 Nr. 3 AIG-Bbg und Art. 4 Abs. 2 VO 1049/2001. Ohne direkte Vermutungsregelung hingegen §§ 11 Abs. 1 IFG SH und 9 Abs. 1 IFS, allerdings müssen hier die Geheimhaltungsinteressen

gegeneinander zu gewichten.[528] Entschieden wird damit über die Reichweite des Geheimnisschutzes, denn sobald eine Information sich in Behördenakten befindet und erreichbar ist, kann sie kein Geheimnis mehr sein.[529]

2. Problemkonstellationen

Dabei hat man sich bisher auf die Abschichtung und Bewertung der Einsichtsinteressen beschränkt;[530] die nähere Betrachtung und Gewichtung der Geheimhaltungsinteressen ist hingegen weitgehend unterblieben. Doch auch bereits bei der Frage nach dem Maßstab, mit dem die Einsichtsinteressen zu gewichten sind, tun sich Unklarheiten auf: So ist etwa nicht geklärt, ob das private oder das öffentliche Interesse an der Einsicht durch den Privaten bzw. eine Kombination aus beidem in die Gewichtung eingehen.[531]

Die Rspr. argumentiert zwar zurecht im Falle vorzunehmender Abwägungen zwischen Geheimhaltungs- und Offenbarungsinteressen ganz überwiegend mit *öffent-*

überwiegen gegenüber den Veröffentlichungsinteressen. *M. Rossi*, Informationszugangsfreiheit, S. 169 f. hält das damit verbundene Aufbürden der Beweislast für die Schutzwürdigkeit der in Rede stehenden Informationen für unzulässig. Vielmehr sei es an der Verwaltung, das Überwiegen des öffentlichen Interesses an der Einsichtnahme darzulegen. Hieraus kann eine Zweifelsregelung für den Geheimnisschutz gefolgert werden, so auch *S. Rosenberger*, Geheimnisschutz und Öffentlichkeit, S. 89; ähnlich auch *F. Schoch/M. Kloepfer*, IFG-ProfE, Begr. zu § 8 Rn. 18 (S. 121). Das VG Frankfurt, NVwZ 2006, S. 1321 (1325) sieht hingegen die Darlegungslast bei der Behörde *und* beim betroffenen Unternehmen. Hohe Darlegungsanforderungen für betroffene Unternehmen etwa auch beim VG Hamburg, juris, 7 VG 1422/2003 v. 14.1.2004, Umdruck S. 17.
Für eine enge Auslegung des Geheimnisschutzes als Ausnahme zum Einsichtsrecht *D. Kugelmann*, Informatorische Rechtsstellung des Bürgers, S. 317. Für eine enge Auslegung von Ausschlussgründen auch OVG RP, GewArch 2006, S. 491 (493). Kritisch zu den Schlüssen aus dem Regel/Ausnahme-Verhältnis siehe bereits Fn. 353.

528 Die teilweise Beschränkung des Einsichtsrechts auf natürliche Personen (etwa § 4 IFG NRW) bedeutet trotz Entscheidungen wie VG Düsseldorf, NWVBl. 2006, S. 305 f. (kritisch zu dem Urteil *S. Seidel*, Anm. zu VG Düsseldorf 26 K 1585/04, NWVBl. S. 306 [307]) keine Sicherung gegen ausforschende Einsichtsanträge; erst recht nicht seit der Klarstellung in BVerwG, DVBl 2006, S. 182 (183). Abgewogen wird auf Tatbestandsebene, die mit einer gebundenen Entscheidung auf der Rechtsfolgenseite verknüpft ist, *E. Gurlit*, Umweltinformationsrecht, EurUP 2006, S. 224 (229).

529 *E. W. Kitch*, Valuable Information, in: N. Stehr/R. Grundmann (Hrsg.), Knowledge, Bd. 3, S. 305 (314).

530 Bereits dies ist schwierig, *J. Masing*, Transparente Verwaltung, in: VVDStRL, Bd. 63, S. 377 (402 f.). Vgl. auch *M. Rossi*, Informationszugangsfreiheit, S. 157 ff. Der Informationszugang hat ein umso stärkeres Gewicht, je konkreter die Einsicht materielle Ziele in Form öffentlicher Interessen verfolgt. Daher kann der Zugang zu Umweltinformationen nach dem UIG höher zu gewichten sein als ein allgemeiner und in seinen Zwecken abstrakter Informationszugangsanspruch, a.a.O., S. 171.

531 So auch *T. Bräutigam*, IFG, DVBl 2006, S. 950 (953).

lichen Interessen für die Offenlegung,[532] denn die Bewertung der privaten Einsichtsmotive ist ihr vom Konzept des bedingungslosen Zugangs untersagt.[533] Sie kann aber die Gründe, die für eine Einsicht aus öffentlichem Interesse sprechen, nur mutmaßen und allgemein bewerten, weil eine Begründung des Einsichtsantrags gerade nicht vorgesehen ist.[534] Auch sind die Gerichte gerade darauf beschränkt, die *Möglichkeiten* zur Förderung öffentlicher Interessen durch Akteneinsicht zu beurteilen; die Abschätzung der Nachteile einer Offenbarung ist ihnen wiederum aufgrund der unendlichen Rekombinations- und Weitergabeoptionen nie vollständig möglich.

Gerade weil aber auch öffentliche in der Realität des Einsichtsbegehrens mit privaten Einsichtsinteressen untrennbar verknüpft sind und eine Maßstabsbildung aus ihnen aufgrund des Informationsdefizits der Verwaltung bzw. des Gerichts als Folge der gewollten Zweck- und Begründungsunabhängigkeit des Einsichtsrechts nicht gewonnen werden kann,[535] müsste das in Rede stehende Geheimnis gewertet werden. Dabei ist immer von der für den Geheimnisinhaber nachteiligsten Nutzungsmöglichkeit des Einsichtnehmenden auszugehen. Auch wenn man der Lösung folgt, das Einsichtsinteresse unabhängig von konkreten Umständen mit einer festen Gewichtung in die Abwägung einfließen zu lassen,[536] ist damit das entgegengesetzte Interesse noch nicht geklärt.[537] Abwägungen verlaufen also ähnlich konturenlos und „freihändig“ wie auch im Datenschutzrecht[538] und können keine „routinisierte Regelhaftigkeit“[539] mehr hervorbringen.[540]

---

532 Etwa VG Düsseldorf, juris, 26 K 4163/03 v. 9.7.2004, Umdruck S. 4 f., VG Schleswig, DuD 2005, S. 38 (38 f.), VG Hamburg, juris, 7 VG 1422/2003 v. 14.1.2004, Umdruck S. 14 ff., OVG RP, GewArch 2006, S. 491 (494); nunmehr auch BVerwG, NVwZ 2008, S. 554 (557).

533 Anders *D. Kugelmann*, Informatorische Rechtsstellung des Bürgers, S. 323, der davon ausgeht, dass das Geheimhaltungsinteresse eher überwiegt, wenn ökonomische Einsichtsinteressen „hinzukommen“.

534 Zwar statuiert § 7 Abs. 1 S. 3 IFG eine Begründungspflicht des Einsichtbegehrenden, im IFG besteht aber ohnehin ein abwägungsfester Vorrang des Geheimnisschutzes.

535 Kritisch zur allgemeinen Abwägung, die keine stützende, abwägungsleitende Dogmatik besitzt, *M. Kloepfer*, Grundprobleme, K&R 2006, S. 19 (23).

536 So *M. Rossi*, Informationszugangsfreiheit, S. 157 f.

537 Für einen geringeren Stellenwert von Unternehmensgeheimnissen etwa die Konferenz der Informationsfreiheitsbeauftragten in ihrer Stellungnahme vom 11.6.2007, abrufbar unter www.bfdi.bund.de.

538 Die dortige Maßstabslosigkeit ist vielfach kritisiert worden, etwa *A. Roßnagel/A. Pfitzmann/H. Garstka*, Gutachten, S. 30.

539 *K.-H. Ladeur*, Kommunikationsinfrastruktur, in: W. Hoffmann-Riem/E. Schmidt-Aßmann/A. Voßkuhle (Hrsg.), GVwR II, § 21 Rn. 10.

540 Denn Interessen- und Güterabwägungen setzen eine Systematisierung der Ausnahmetatbestände voraus, *M. Kloepfer*, Grundprobleme, K&R 2006, S. 19 (23). Kritisch zu freischwebenden Abwägungen auch *J. N. Druey*, Information, S. 205 ff.

3. Analyse

Eigentlich sind diese Informationszugänge dem Bürger nicht zur Befriedigung seiner privaten Neugier eingeräumt; diese ist aber zum einen nicht auszuschließen[541] und wird zum anderen gezielt dazu eingesetzt, den Interessenten zur Rechtsdurchsetzung zu bewegen.[542] Das private, um seiner selbst nur im Rahmen des lauteren Wettbewerbshandelns schützenswerte Zugangsinteresse fungiert damit auch hier als Katalysator der objektiven Rechtsdurchsetzung durch Private. Zugespitzt lässt sich daher formulieren, dass die Ermöglichung der Geheimnisgefährdung genutzt wird, um öffentliche Interessen durch Private durchsetzen lassen zu können. Nicht im Einsichtbegehrenden, aber in seinem Einsichtsrecht vereinigen sich öffentliches Interesse an der Einsicht mit dem privaten Einsichtsinteresse zur Verbesserung der eigenen Wettbewerbsposition.[543] Dabei überwiegt oftmals das letztere, denn vornehmlich werden die Einsichtsrechte von Konkurrenzunternehmen genutzt, um an Unternehmensgeheimnisse zu gelangen.[544]
Diese Instrumentalisierung des Unternehmensgeheimnisses als „Lockmittel" funktioniert auch gerade deshalb, weil selbst Ausforschungsanträgen stattzugeben ist, sofern durch sie auch öffentliche Interessen gefördert werden;[545] Ausspähungsversuche führen nur in engen Grenzen zur Antragsablehnung.[546] Damit

541 *F. Schoch/M. Kloepfer*, IFG-ProfE, Begr. § 7 Rn. 14.

542 Zumindest in diese Richtung auch *D. Kugelmann*, Informationsfreiheit, DÖV 2005, S. 851 (857).

543 Denn die private Neugier ist der entscheidende Anreiz, um überhaupt Einsicht nehmen zu wollen. Dies wird belegt zum einen durch die hohe Zahl von Einsichtsanfragen mit dem Ziel der Ausforschung des Konkurrenten, so *A. Theuer*, Zugang, NVwZ 1996, S. 326 (333, dort insb. Fn. 77), zum anderen mit der niedrigen Zahl von Anfragen durch den „normalen Bürger" zum Zweck der Zugangsregelungen, so *M. Rossi*, Informationszugangsfreiheit, S. 202 m.entspr.N. Dies zeigt, dass derartige indirekte Steuerung keine Erfolgsgewähr bieten kann, *A. Voßkuhle*, Gesetzgeberische Regelungsstrategien, in: G. F. Schuppert (Hrsg.), Jenseits von Privatisierung und "schlankem" Staat, S. 47 (80 f.). Diese Erkenntnisse sind auch bei der Frage der Geeignetheit des Informationszugangs und der Verhältnismäßigkeit mit zu berücksichtigen.

544 Man spricht von sog. „*fishing expeditions*", also der Beteiligung an Verfahren, um in dessen Verlauf an Unternehmensgeheimnisse anderer Unternehmen zu gelangen. Vgl. hierzu Fn. 506 und *O. Reidt/G. Schiller*, in: Landmann/Rohmer, UmweltR III, 47. Lfg. (Dez. 2005), Vorb. UIG Rn. 70.

545 Denn in keinem der Informationsfreiheitsgesetze ist normiert (was auch unsinnig wäre), dass der Einsichtbegehrende die erlangten Informationen nicht auch für private und damit wettbewerbliche Zwecke nutzen kann; hierauf weist auch das VG Schleswig, DuD 2005, S. 38 (39) hin.

546 Die Zweckoffenheit erlaubt strenggenommen auch Einsicht nur aus dem Grund der Ausforschung des Wettbewerbers, solange eben nicht der Schutz von Unternehmensgeheimnisse überwiegt. Die Missbräuchlichkeit als Ablehnungsgrund ist in § 8 Abs. 2 Nr. 1 UIG normiert; dieser ist aber nicht bereits einschlägig, wenn Daten und Informationen auch zu Wettbewerbszwecken benutzt, sondern erst, wenn sie systematisch zulasten eines

kann der Interessent auch an Informationen erlangen, die für ihn im Privatrechtsverkehr nicht auf lauterem und kostenlosem Weg erreichbar gewesen wären.
Die Hinzuziehung Privater zur objektiven Rechtsdurchsetzung begründet also auch hier unmittelbar Nachteile für die Geheimnisse betroffener Unternehmen. Weil die Zuerkennung von Einsichtsrechten im Informationsfreiheitsrecht im Gegensatz zu Einsichtsrechten nach dem oben dargestellten Regulierungsverwaltungsrecht gerade keine Verbindung zu einem konkreten Verfahren und v.a. keine *materielle Betroffenheit* erfordert,[547] erscheint die Eingriffsintensität deutlich höher als etwa noch im Regulierungsverfahren. Informationszugangsrechte verändern daher die Rahmenbedingungen für die Abwägung,[548] die durch ein Mehr an Recht auf der einen unmittelbar zu einer Verkürzung des Rechts auf der anderen Seite führt.
Die Komplexität des Geheimnisschutzes rührt allerdings nicht nur von den Abwägungsunklarheiten, sondern auch von der vermehrten Anforderung sensibler Informationen durch Behörden her. Diese bedürfen aufgrund der Vielschichtigkeit und Unübersichtlichkeit der zu bewertenden Sachverhalte in immer höherem Maße Informationen von Unternehmen, die sie sich durch Informationsanforderungsermächtigungen auch verschaffen.[549] Dies kann für die Bewertung des Geheimnisschutzes nicht unberücksichtigt bleiben bei der Beantwortung der grundlegenden Frage, ob nicht bei Erweiterung der Informationszugangsmöglichkeiten auch der Geheimnisschutz verstärkt werden muss.[550] Denn für die betroffenen Unternehmen steht inhaltlich mehr auf dem Spiel.
Neben der entstehenden Unverhältnismäßigkeit staatlicher Informationsanforderungen können durch ungenügenden Geheimnisschutz auch Anreize für die Unternehmen entstehen, den Behörden relevante Informationen vorzuenthalten. Insofern kann ein umfassender Schutz von Unternehmensgeheimnissen öffentli-

---

Wettbewerbers gesammelt und ausschließlich gegen ihn verwendet werden sollen, so *O. Reidt/G. Schiller*, in: Landmann/Rohmer, UmweltR III, 47. Lfg. (Dez. 2005), § 8 UIG Rn. 55 im Anschluss an VG Saarl., juris, 1 K 96/01 v. 18.10.2002, Umdruck S. 11 f., und von vornherein nicht dem Zweck des Umweltschutzes dienen können, VG Hamburg, juris, 7 VG 1422/2003 v. 14.1.2004, Umdruck S. 14. Im IFG mit seinem abwägungsfesten Geheimnisschutz zählt *M. Rossi*, IFG-Hk, § 9 Rn. 22 als ungeschriebene Ablehnungsgründe lediglich querulatorische Anträge und solche auf, die der Verfahrensverzögerung oder -blockierung dienen. Für weiter gefasste Ablehnungsmöglichkeiten *K. Kiethe/P. Groeschke*, Informationsfreiheit, WRP 2006, S. 303 (306) und *C. Sieberg/B. Ploeckl*, IFG, DB 2005, S. 2062 (2064).

547 Es handelt sich um objektive, d.h. vom Vorliegen eines subjektiv-öffentlichen Rechts endgültig verabsolutierte Verwaltungskontrolle, *J.-P. Schneider*, Strukturen und Typen, in: W. Hoffmann-Riem/E. Schmidt-Aßmann/A. Voßkuhle (Hrsg.), GVwR II, § 28 Rn. 58

548 *M. Rossi*, Informationszugangsfreiheit, S. 226.

549 *E. W. Kitch*, Valuable Information, in: N. Stehr/R. Grundmann (Hrsg.), Knowledge, Bd. 3, S. 305 (313).

550 Gestellt etwa von *S. Eilers/T. Schröer*, Schutz, BB 1993, S. 1025 (1026).

che Interessen sogar auf anderer Ebene fördern.[551] Ausreichende Geheimnisschutzregelungen schützen daher nicht nur die Grundrechtspositionen der betroffenen Unternehmen, sondern auch das Vertrauensverhältnis zwischen ihnen und der Behörde.[552] Es besteht daher auch ein öffentliches Interesse an der hinreichenden Geheimhaltung, insbesondere weil die Behörde zunehmend auf die Bereitschaft zur Kooperation über gesetzliche Pflichten hinaus angewiesen ist.[553]

551 So für das UIG mit seinem Ziel des Umweltschutzes *H.-U. Erichsen*, Recht, NVwZ 1992, S. 409 (412). Ähnlich *M. Kloepfer*, Grundprobleme, K&R 2006, S. 19 (22). Die Gefahr der zukünftigen Vorenthaltung von Informationen durch Unternehmen muss aber anhand konkreter Anhaltspunkte belegbar sein, OVG RP, GewArch 2006, S. 491 (493).

552 *S. W. H. Lodde*, Informationsrechte, S. 182, *M. Albers*, Verfassungsrechtliche Grundlagen, in: B. Sokol (Hrsg.), Sommersymposion Informationsfreiheit, Internetquelle, S. 31 (47).

553 Vgl. zum Kooperationsgedanken *H. Schulze-Fielitz*, Grundmodi, in: W. Hoffmann-Riem/ E. Schmidt-Aßmann/A. Voßkuhle (Hrsg.), GVwR I, § 12 Rn. 64 ff.

E. Schlaglichter auf den Konflikthintergrund

Die Brisanz und Aktualität des Konflikts um Geheimhaltung und Offenbarung unternehmerischer Informationen offenbart sich erst vollständig vor dem Hintergrund der Entwicklung von Information zum gesellschaftlichen Leitbegriff (hierzu unter I.) sowie zum primären Wirtschaftsgut (hierzu unter II.). Beide Bereiche sollen daher kurz entfaltet werden.

I. Wandel zur Informationsgesellschaft

Die zuvor beschriebenen Informationsinteressenkonflikte zwischen Privaten sind vor dem Hintergrund einer grundlegender Entwicklungen zu betrachten: Es handelt sich um das längst nicht nur rechtlich fassbare und relevante Phänomen des Wandels zur Informationsgesellschaft[554] mit seinen weitreichenden Auswirkungen in Form auch „*strukturelle*[*r*] Verschiebungen im Verhältnis zwischen Staat, Wirtschaft und Gesellschaft und infolgedessen [...] eine[r] neue[n] Verantwortungsteilung im Staat der Informationsgesellschaft“[555] [556].

554 Vgl. den ausführlichen Bericht der Bundesregierung „Info 2000 – Deutschlands Weg in die Informationsgesellschaft“, BT-DS 13/4000, *M. A. Schink*, Informationsgesellschaft, passim sowie die Beiträge in J. Tauss/J. Kollbeck/J. Mönikes (Hrsg.), Deutschlands Weg in die Informationsgesellschaft.

555 *F. Schoch*, Informationsordnung, in: VVDStRL, Bd. 57, S. 158 (163) (Hervorh. im Orig.), vgl. auch *R. Pitschas*, Handlungsformen, in: W. Blümel/ders. (Hrsg.), Reform des Verwaltungsverfahrens, S. 229 (248). Teilweise wird – wohl größtenteils synonym – auch der Begriff der Wissensgesellschaft verwendet, mit dem Wissen als „Axialprinzip der modernen industriellen oder postindustriellen Gesellschaftsstruktur“ (*N. Stehr*, Arbeit, Eigentum und Wissen, S. 203) hervorgehoben wird; mit guter Begriffsklärung der Enquete-Abschlussbericht (Fn. 76), BT-DS 14/9200, S. 259 ff.

556 Für das Verständnis der Informationskonflikte sind auch die dem Staat zur Verfügung stehenden Steuerungsmittel für die Durchsetzung von Gemeinwohlinteressen entscheidend, die in den Stichworten der regulierten Selbstregulierung und des Gewährleistungsstaats zusammengefasst werden und auch die bereits beschriebenen privaten Rechtsdurchsetzungsmechanismen umfassen. Zwischen den Phänomenen Informationsgesellschaft und Gewährleistungsstaat bestehen also Interdependenzen, denn wirkliche Verantwortungsteilung zwischen Staat und Bürger wird erst mit Aktenöffentlichkeit möglich (*S. Baer*, "Der Bürger" im VerwR, S. 68). Verknüpfungen etwa bei *T. Vesting*, Gewährleistungsstaat, in: W. Hoffmann-Riem/E. Schmidt-Aßmann (Hrsg.), VerwR in der Informationsgesellschaft, S. 101 ff., *F. Schoch*, Verantwortungsteilung, in: G. F. Schuppert (Hrsg.), Jenseits von Privatisierung und "schlankem" Staat, S. 221 ff. und *T. Würtenberger*, Wandel des Rechts, in: D. Leipold (Hrsg.), Rechtsfragen des Internet, S. 3 (16): „Die Informations- und Wissensgesellschaft stiftet Orientierungswissen, das zu einer Mobilisierung der Öffentlichkeit wesentlich beiträgt.“

Als „gesellschaftliche[r] Grundtypus“[557] zeichnet sich die Informationsgesellschaft durch die für alle gesellschaftlichen Akteure gestiegene Bedeutung von Information aus.[558] Ökonomisch zeigt sich dies v.a. darin, dass zunehmend in Informationsberufen gearbeitet wird, in denen Information das hauptsächliche „Material“ darstellt. Dabei gewinnt die Produktion von Informationsgütern einen immer höheren Stellenwert;[559] im industriellen Sektor steigt der Anteil der Produktion von Informationstechnologie. Informationsgüter sind dabei nicht mehr nur Hilfsgut zur Erzeugung materieller Güter, sondern selbst *primäres* Wirtschaftsgut.[560] Hierin vollzieht sich der Wandel von der Industrie- zur Informationsgesellschaft.[561]

1. Technischer Wandel

Grundlage des Wandels zur Informationsgesellschaft bildet der technologische Fortschritt. V.a. die Digitalisierung ermöglicht dabei eine Potenzierung der Verkörperungs- ebenso wie der Verarbeitungs-, Speicherungs- sowie Verbreitungsmöglichkeiten durch zunehmende Vernetzung;[562] sie sorgt für Datenreduktion und -kompression ohne relevante Verringerung von Information.[563] Dieser tech-

---

557 *R. Pitschas*, Informationsordnung, in: W. Hoffmann-Riem/E. Schmidt-Aßmann/G. F. Schuppert (Hrsg.), Reform des Allgemeinen VerwR, S. 219 (233).

558 Aus der umfangreichen Lit. etwa *W. Hoffmann-Riem*, Informationsgesellschaft, in: ders./E. Schmidt-Aßmann (Hrsg.), VerwR in der Informationsgesellschaft, S. 9 (10), *T. Würtenberger*, Wandel des Rechts, in: D. Leipold (Hrsg.), Rechtsfragen des Internet, S. 3 (4 ff.), *D. Kugelmann*, Informationsfreiheit, DÖV 2005, S. 851 (852). Relativierend zum Nutzen des Begriffs für die Rechtswissenschaft *T. Vesting*, Gewährleistungsstaat, in: W. Hoffmann-Riem/E. Schmidt-Aßmann (Hrsg.), VerwR in der Informationsgesellschaft, S. 101 (107 ff.). *F. Linde*, Ökonomie der Information, S. 12 f.

559 Vgl. etwa *H. I. Schiller*, Verteilung des Wissens, S. 47 ff. am Beispiel der USA. Damit verbunden ist eine Privatisierung und Kommerzialisierung, a.a.O., S. 86 ff. Mit Beispielen für die konkreten Auswirkungen *H. L. Grob/S. Bieletzke*, Informationsgesellschaft, S. 70 ff. und *R. Kuhlen*, Informationsmarkt, S. 45 ff. Aktuelle empirisches Material hierzu findet sich etwa in *A. Zerdick u.a.*, E-conomics, S. 38 ff., 102 ff. und im „Annual Progress Report on i2010“ der EU-Kommission für das Jahr 2007, abrufbar unter http://ec.europa.eu/information_society/eeurope/i2010/annual_report/index_en.htm (Stand: Nov. 2007).

560 *A. W. Branscomb*, Who owns information?, S. 1. Anders die Auffassung, Information sei kein Wert an sich, sondern eine Wert-*Chance*, so *J. N. Druey*, Information, S. 73 (Hervorh. im Orig.). Ihr kann entgegengehalten werden, dass im Wert eines Gegenstands immer auch eine Prognose und Chance zur Schaffung weiterer Werte steckt, *R. Walz*, Wirtschaftsgüter, in: FS L. Fischer, S. 463 (469), die Trennung zwischen Wert und Wert-Chance also schwierig ist.

561 *R. Scholz/R. Pitschas*, Informationelle Selbstbestimmung, S. 18. Umfassend auch *A. Scherzberg*, Öffentlichkeit der Verwaltung, S. 98 ff. und *C. Godt*, Eigentum an Information, S. 452 ff.

562 *A. Wiebe*, Information als Naturkraft, GRUR 1994, S. 233 (244).

563 *I. Ebsen*, Informationsordnung, DVBl 1997, S. 1039 (1039).

nologische Fortschritt bewirkt im wirtschaftlichen Bereich die Kostensenkung für die Übertragung und Zugriffsmöglichkeiten auf Information sowie die technische Standardisierung, die einen allgemeinen Austausch ermöglicht.[564] Kommunikation wird hierdurch einfacher und schneller.

2. Erhöhte Zugänglichkeit von Informationen

Nicht nur werden durch technische Umwälzungen Informationen besser erreichbar, sondern auch die zunehmende Komplexität der gesellschaftlichen Verhältnisse erfordert einen umfassenden Informationsaustausch. Die stetig steigende Informationsabhängigkeit von Staat, Wirtschaft und Gesellschaft lässt Monopolisierungen von Informationen bei einzelnen von ihnen als immer unvorteilhafter erscheinen.[565] Aus diesem Grund hat sich ein *allgemeiner Transparenzgedanke*[566] verbreitet, der – umgesetzt durch entsprechende Rechtsnormen – die Verfügbarkeit von Informationen verschiedener Akteure erhöht; für Unternehmen bedeutet dies zahlreiche Publizitätspflichten, für staatliche Organe verstärkte Öffentlichkeits- und Informationsarbeit sowie erweiterten Zugang zu ihren Akten.[567]
Hierdurch ergeben sich verstärkt Konflikte zwischen Geheimhaltungs- und Offenbarungsinteressenten;[568] auch erscheint eine strikte Trennung von Privatsphäre und Öffentlichkeit nicht mehr realisierbar[569] und überdies nicht sinnvoll, weil die Kommunikationsermöglichung und Eingebundenheit des Einzelnen in die Gesellschaft und Öffentlichkeit als Kommunikationsverbund dem entgegenstehen.[570]
Durch die Verwicklung des Staates in diese Konflikte durch sein Informationshandeln handelt es sich aber nicht immer nur um innergesellschaftliche Kommunikations- und Informationsvorgänge;[571] staatliche und gesellschaftliche Sphäre

---

564 So *A. Zerdick u.a.*, E-conomics, S. 139.

565 *A. Guckelberger*, Informatisierung, VerwArch 97 (2006), S. 62 (80).

566 Zu diesem etwa *R. Gröschner*, Transparente Verwaltung, in: VVDStRL, Bd. 63, S. 344 ff. und *J. Bröhmer*, Transparenz als Verfassungsprinzip, S. 18 ff. Motor der Umsetzung dieses Transparenzgedankens ist zum großen Teil das europäische Gemeinschaftsrecht.

567 Zusammengefasst wir dieser Bereich unter dem Stichwort des *Informationsverwaltungsrechts*, der „die Gesamtheit jener öffentlich-rechtlichen Normen [darstellt], die sich auf den staatlichen Umgang mit Informationen und Kommunikationshandeln beziehen und die das Informationsverhalten der Behörden untereinander sowie gegenüber den Bürgern regeln." (*R. Pitschas*, Informationsordnung, in: W. Hoffmann-Riem/E. Schmidt-Aßmann/ G. F. Schuppert (Hrsg.), Reform des Allgemeinen VerwR, S. 219 [242]).

568 *D. Kugelmann*, Informatorische Rechtsstellung des Bürgers, S. 24.

569 Durch die Weiterentwicklung von Informations- und Kommunikationstechnik werden die Möglichkeiten für Datenschutz geschmälert, vgl. *R. Pitschas*, Informationsordnung, in: W. Hoffmann-Riem/E. Schmidt-Aßmann/G. F. Schuppert (Hrsg.), Reform des Allgemeinen VerwR, S. 219 (244).

570 *K.-H. Ladeur*, Staat gegen die Gesellschaft, S. 23.

571 So auch *R. Pitschas*, Informationsordnung, in: W. Hoffmann-Riem/E. Schmidt-Aßmann/ G. F. Schuppert (Hrsg.), Reform des Allgemeinen VerwR, S. 219 (244).

sind insofern im Informationsbereich verschränkt, die Trennung zwischen Staat und Gesellschaft hierdurch teilweise aufgehoben.

3. Informationsordnung

Diese Situation erfordert das Aufstellen von „Wissensregeln“[572] und Festlegung von „Kommunikationsmuster[n]“[573], um so der Informationsordnung eine konkrete Gestalt zu geben und den Zugang zu Information zu ordnen unter Berücksichtigung der entsprechenden Gegeninteressen.[574] Letzteren ist in der Transparenz- und Zugangseuphorie bisher nicht die notwendige Beachtung geschenkt worden. Gerade aber die Unsicherheit einer komplexen Informationsgesellschaft erfordert als strukturelle Gegenbewegung zur allgemeinen Verfügbarkeit die Sicherung interner Informationen, deren Bedeutung und wirtschaftliche Werthaftigkeit angestiegen ist.
Denn zwar steht die Kommunikationsermöglichung im Mittelpunkt der Informationsordnung und auch im Fokus bisheriger Betrachtungen,[575] in der Realität sind Verbots- und Freiheitsprinzip aber auf komplexe Weise miteinander verschränkt,[576] so dass eine undurchsichtige Mischsituation ohne Erkennbarkeit oder gar Dominanz eines der Prinzipien entstanden ist.

II. Kommerzialisierung von Information

Kommerzialisierung bedeutet die „Transformation ehemals öffentlicher Güter zur privaten Ware“[577] sowie daraus folgend die Möglichkeit der Weiterverwendung und des Weiterverkaufs dieses Guts zu wirtschaftlichen Zwecken. Damit verbun-

---

572 Begriff von *S. Baer*, "Der Bürger" im VerwR, S. 59.

573 *R. Pitschas*, Informationsordnung, in: W. Hoffmann-Riem/E. Schmidt-Aßmann/G. F. Schuppert (Hrsg.), Reform des Allgemeinen VerwR, S. 219 (242).

574 So *W. Zöllner*, Informationsordnung, in: R. Wilhelm (Hrsg.), Information, Technik, Recht, S. 35 (40).

575 Vgl. hierzu *J. Brossette*, Wert der Wahrheit, S. 31, der als anderes grundlegendes Modell einer Ordnung auch das Prinzip des Informationsverbots vorstellt. Für den Bereich der Verwaltung auch *M. Albers*, Verfassungsrechtliche Grundlagen, in: B. Sokol (Hrsg.), Sommersymposion Informationsfreiheit, Internetquelle, S. 31 (35 f.).

576 *J. Brossette*, Wert der Wahrheit, S. 31 f. Einschränkend auch *R. Pitschas*, Informationsordnung, in: W. Hoffmann-Riem/E. Schmidt-Aßmann/G. F. Schuppert (Hrsg.), Reform des Allgemeinen VerwR, S. 219 (301), der Öffentlichkeitskommunikation nur stattfinden lassen will bzgl. Informationen, die „als solche[…] der öffentlichen Sphäre *sachgesetzlich* zugeordnet [werden]“. (Hervorh. im Orig.). Denn nur diese sind der Abwägung zwischen privaten und öffentlichen Interessen überhaupt unterworfen.

577 *J. O. Püschel*, Informationen des Staates, S. 46.

den ist die Entstehung von Märkten für dieses nunmehr knappe, handelbare Gut und über diesen Mechanismus die Preisbildung sowie Verteilung des Gutes.
Eine solche Wandlung vom öffentlichen zum privaten Gut wird für Information diagnostiziert.[578] Diese Entwicklung erfordert die allmähliche Schaffung eines entsprechenden rechtlichen Rahmens, der – die Besonderheiten des Gutes reflektierend – den Bereich für die Betroffenen regelt und ordnet.[579] Bestrebungen hin zu einem Güterrecht für Information, einem „Informationswirtschaftsrecht"[580], sind Ausdruck dieses Bedarfs nach einer solchen Ordnung für Information. Zurückgegriffen werden kann bei der Schaffung eines derartigen Güterrechts vor allem auf die Ansätze aus dem Bereich des gewerblichen Rechtsschutzes und des Urheberrechts.[581] Ein Informationsgüterrecht wird zunächst die Möglichkeiten und Grenzen einer Behandlung als Wirtschaftsgut zu klären haben. Die Grenzmarken ergeben sich dabei hauptsächlich aus der verfassungsrechtlich herausgehobenen, besonderen Stellung von Information.[582]
Diese Entwicklung von Information zu einem privaten Gut bedeutet, dass einzelne Information besitzen und (zunächst einmal rein tatsächlich) über sie verfügen können; andere, die an ihr interessiert sind, sie nicht besitzen, auch nicht ohne weiteres erlangen können und daher zur Zahlung eines Preises bereit sind. Dies macht auch den Wert von Unternehmensgeheimnissen aus. Der Wunsch nach rechtlicher Einkleidung dieser Besitz- und Tauschverhältnisse macht es erforderlich, die Information der betreffenden Person zuzuordnen und ihren Besitz rechtlich anzuerkennen, um vor allem den Güterübergang auch rechtlich fassen zu können.[583] Grundlage eines Informationswirtschaftsrechts muss also die Schaf-

---

578 Vgl. nur *F. Schoch*, Informationsordnung, in: VVDStRL, Bd. 57, S. 158 (172). Zur Entwicklung dieses Wirtschaftsbereichs vgl. den Bericht (Fn. 554), BT-DS 13/4000 S. 17 ff. *A. Wiebe*, Information als Naturkraft, GRUR 1994, S. 233 (234); *A. Büllesbach*, Unternehmen in der Informationsgesellschaft, in: R. Wilhelm (Hrsg.), Information, Technik, Recht, S. 69 (70 f.).

579 Vgl. *V. Mayer-Schönberger*, Informationsrecht, SJZ 97 (2001), S. 383 (384).

580 *V. Mayer-Schönberger*, Information und Recht, ähnlich auch *A. W. Branscomb*, Who owns information?, S. 184, die einen „new body of law pertaining to proprietary rights in information assets" entstehen sieht. Begriff auch bei *V. Boehme-Neßler*, Datenschutz, K&R 2002, S. 217.

581 Ausgangs- und Schwerpunkt eines Informationswirtschaftsrechts ist die Zuteilung subjektiver Rechte an Information, *V. Mayer-Schönberger*, Information und Recht, S. 24. Ausführlich auch *C. Godt*, Eigentum an Information, S. 455 ff., nach der die Eigentumsordnung vor großen Herausforderungen steht, Information als Gut in sein System einzufügen.

582 Der Kommerzialisierung werden etwa durch die Informationsfreiheit (Art. 5 Abs. 1 GG) und andere Grundrechte sowie dem Bedarf nach einer zu einem gutem Maße informierte Öffentlichkeit als Voraussetzung einer funktionierenden Demokratie verfassungsrechtliche Grenzen gesetzt, so *J. O. Püschel*, Informationen des Staates, S. 47 und v.a. S. 129 ff.

583 Umfassend hierzu, besonders auch zum Funktionswandel des Eigentums an Information, *C. Godt*, Eigentum an Information, S. 401 ff., 447 ff.

fung eines Informationszuordnungsrechts[584] sein, das Verfügungsrechte über Information vergibt und deren Reichweite bestimmt. Dieses Zuordnungserfordernis gilt freilich nur, *soweit* Information ein privates Gut darstellt und in proprietäre Strukturen eingegliedert werden soll.

Eine derartige Zuordnung und Zuteilung von Verfügungsbefugnissen für Informationen ist unvollständig, es fehlt an einer (privatrechtlich gesprochen) dinglichen Einordnung und Zuteilung.[585] Die Klärung dieser Frage ist Voraussetzung einer informationsrechtlich abgesicherten Untersuchung von Unternehmensgeheimnissen, denn für die Entwicklung einer Schutzperspektive ist Voraussetzung, dass Information einer Person eigentumsartig[586] oder in anderer Weise zugeordnet ist.

1. Information als ökonomisches Gut

Information wird zunehmend auch in rechtlichen Zusammenhängen als wirtschaftliches Gut gedacht[587] und durch das Prisma der Ökonomie betrachtet. Es weist einige Besonderheiten auf,[588] die auch Auswirkungen auf seine rechtliche Würdigung und Einhegung haben. In der Ökonomie wird – zumeist unter den Begriffen „Informationsökonomie"[589] bzw. „Wissensökonomie"[590] – zum einen

---

584 *V. Mayer-Schönberger*, Information und Recht, S. 21, 23.

585 So auch die Feststellung von *H. Forkel*, Übertragbarkeit geheimer Kenntnisse, in: FS L. Schnorr v. Carolsfeld, S. 105 (106).

586 Für den Bereich der Unternehmensgeheimnissen lässt sich ein Zugang über die Ausgestaltung von Verfügungsrechten leichter gestalten als bei personenbezogenen Informationen, bei denen sich aufdrängender und direkter die Frage nach der Verfügungsmöglichkeit über eigene grundrechtliche Positionen, insbesondere durch den Menschenwürdebezug des Rechts auf informationelle Selbstbestimmung, stellen. Denn die Anerkennung eines Verfügungsrechts über eigene personenbezogene Informationen bedeutet auch die Möglichkeit des Einzelnen, sich „seiner" Informationen entledigen zu können.

587 Diese Betrachtungsweise ist aber noch nicht so ausgereift und rechtlich umgesetzt, als es der bereits bestehenden wirtschaftlichen Relevanz von Information als Vermögensgut entspräche, so auch *A. W. Branscomb*, Who owns information?, S. 182. Anreiz für diese ökonomischen und rechtswissenschaftlichen Veränderungen ist die Erkenntnis, dass Information bzw. Wissen zunehmend Grundlage ökonomischer Aktivitäten ist, nicht mehr (nur) Arbeit und Sacheigentum, so *N. Stehr*, Wissenspolitik, S. 234, vgl. auch *H. I. Schiller*, Verteilung des Wissens, S. 86 f. und *R. Pethig*, Information, in: H. Fiedler/H. Ullrich (Hrsg.), Information als Wirtschaftsgut, S. 1 ff. Des weiteren die allgemeine Beschreibung bei *J. Rifkin*, Access, S. 9 ff.

588 Diese Besonderheiten werden hier nur kurz und insoweit beschrieben, als sie für die Klärung der Zuordnungsproblematik notwendig sind; tiefergehend etwa *B. J. Bates*, Information as an Economic Good, in: V. Mosco/J. Wasko (Hrsg.), Political Economy of Information, S. 89 ff., *K. Goldhammer*, Wissensgesellschaft, in: J. Hofmann (Hrsg.), Wissen und Eigentum, S. 81 ff. sowie die Nachweise in den folgenden Fn. Zur Güterqualität von Information besonders auch *M. Hopf*, Informationen für Märkte, S. 69 ff.

589 Aufgrund des zunehmenden Stellenwerts von Information hat sich die Informationsökonomie als eigenständiger Teilbereich der Wirtschaftswissenschaften herausgebildet,

nachgedacht über eben diese Besonderheiten des Gutes Information, auch bezeichnet als Informationsgut,[591] sowie seine Unterschiede zu stofflichen Gütern, zum anderen über Information als Kostenfaktor der Unsicherheitsminderung und Steuerung des Umgangs mit bestehenden Risiken.[592]

a) Besonderheiten von Informationsgütern

Informationsgüter[593] weisen im Vergleich zu körperlichen Gütern einige Besonderheiten auf:

(1) Besonders einfache Reproduzierbarkeit

Die Produktion einer Information, insbesondere eines komplexeren Informationsprodukts, kann sehr teuer und mit hohem Aufwand verbunden sein. Die Reproduktion hingegen ist – besonders aufgrund von Digitalisierung und damit verbundenen Vervielfältigungsmöglichkeiten – einfach möglich und mit im Vergleich zur Produktion sehr geringen Kosten möglich[594] und das Produkt oftmals ohne

---

grundlegend *G. J. Stigler*, Economics of Information, J. Pol. Econ. 59 (1961), S. 213 ff., zusammenfassend und die Entstehung der Informationsökonomie als „most important break with the past" bezeichnend *J. E. Stiglitz*, Contributions, Quart. J. Econ. 115 (2000), S. 1441 ff. Zusammenfassend *R. Kuhlen*, Informationsmarkt, S. 52 ff.

590 Zum perspektivischen Unterschied zur Informationsökonomie *T. Vesting*, Gewährleistungsstaat, in: W. Hoffmann-Riem/E. Schmidt-Aßmann (Hrsg.), VerwR in der Informationsgesellschaft, S. 101 (102 ff.).

591 Vgl. etwa *K. Goldhammer*, Wissensgesellschaft, in: J. Hofmann (Hrsg.), Wissen und Eigentum, S. 81 (81), für den angloamerikanischen Sprachraum „information goods" *C. Shapiro/H. R. Varian*, Information rules, S. 3 bzw. „information assets", *A. W. Branscomb*, Who owns information?, passim.

592 Vgl. hierzu ausführlicher *F. Machlup*, Knowledge, Vol. 3, S. 25 ff., des Weiteren auch die Beiträge in E. Streißler (Hrsg.), Information in der Wirtschaft, 1982. Zum Informationsmangel aufgrund von Datenschutz- und Privatsphärenrecht als Kostenfaktor *R. A. Posner*, Economics of Privacy, Am. Econ. Rev. 71 (1981), S. 405 (406 f.). Weitere Beispiele für die juristische Rezeption von Erkenntnissen der Informationsökonomie sind etwa die Analyse der Unsicherheitsprobleme und ihrer Lösung im Vertragsrecht von *M. Adams*, Irrtümer, AcP 186 (1986), S. 453 ff. und *H. Fleischer*, Informationsasymmetrie im Vertragsrecht, S. 93 ff. Für den Bereich des Verwaltungsrechts vgl. etwa *R. Pitschas*, Informationsordnung, in: W. Hoffmann-Riem/E. Schmidt-Aßmann/G. F. Schuppert (Hrsg.), Reform des Allgemeinen VerwR, S. 219 (289 f.).

593 Dass sich Information fundamental von anderen Gütern unterscheidet, ist eine der grundlegenden Erkenntnisse der Informationsökonomie, so *J. E. Stiglitz*, Contributions, Quart. J. Econ. 115 (2000), S. 1441 (1448). Daher muss auch die rechtliche Beurteilung und Ausgestaltung von materiellen und immateriellen Gütern unterschiedlich ausfallen, so *U. Sieber*, Informationsstrafrecht, CR 1995, S. 100 (111). Vertieft zu den Besonderheiten auch *H. F. Spinner*, Wissensordnung, S. 27 ff. sowie 128 f.

594 Dementsprechend auch der plakative Satz „Information is costly to *produce* but cheap to *reproduce*." von *C. Shapiro/H. R. Varian*, Information rules, S. 3 (Hervorh. im Orig.),

Zahlung zu erlangen. Ein Marktversagen in der Produktion derartiger Informationen ist daher besonders einfach möglich.[595]

(2) Eigenschaften eines öffentlichen Gutes

Verbunden mit der einfachen Reproduzierbarkeit ist die Schwierigkeit, andere von der Kenntnisnahme und Nutzung einer Information auszuschließen. Denn selbst wenn ein Ausschließlichkeitsrecht an ihr besteht, ist die Rechtsdurchsetzung nicht einfach und der Verletzer oftmals gar nicht auffindbar.[596] Dadurch dass sie auch bei Weitergabe beim Gebenden verbleibt, verringert sich die Rivalität um das Gut, Marktversagen droht. Information hat somit auch den Charakter eines öffentlichen Gutes und „verbindet sich nur begrenzt mit privaten Eigentumsansprüchen“[597]. Andererseits kann Information aber bei entsprechend umfassender rechtlicher Normierung auch den Charakter eines Privatguts annehmen; schließlich aber auch ein Mischgut zwischen diesen beiden Polen sein.[598] Sicherstes Mittel, Zugriff und Nutzung durch andere zu unterbinden und damit Information als privates Gut zu erhalten, ist Geheimhaltung.

(3) Parallele Nutzbarkeit und Nichtverbrauchbarkeit

Parallele Nutzung von Information durch mehrere Personen neben- und unabhängig voneinander ist möglich, sofern beiden die Information zugänglich ist. Auch verbraucht sich Information nicht unbedingt, wenn sie verarbeitet bzw. benutzt wird: Andere können sie danach noch nutzen.[599] Andererseits ist es aber auch

---

denn relevant für eine wirtschaftliche Betrachtung sind nur die sog. „first copy costs“, ebenso *K. Goldhammer*, Wissensgesellschaft, in: J. Hofmann (Hrsg.), Wissen und Eigentum, S. 81 (86) und *A. Zerdick u.a.*, E-conomics, S. 162; zur *Fixkostendominanz* auch *F. Linde*, Ökonomie der Information, S. 21. U.a. deshalb wird aus der *open source*-Bewegung die freie Kopierbarkeit gefordert, etwa *A. Spiegel*, Befreiung der Information, S. 150 f. Eine Nachzeichnung der technischen Entwicklungen, die zu den sinkenden Kosten für die Kopie führen bei *S. Seith*, Wie kommt der Urheber zu seinem Recht?, S. 43 ff.

595 So *I. Spiecker gen. Döhmann*, Staatliche Informationsgewinnung, in: J. Oebbecke (Hrsg.), Nicht-normative Steuerung in dezentralen Systemen, S. 253 (260, dort Fn. 35).

596 So auch *C. Shapiro/H. R. Varian*, Information rules, S. 4.

597 *N. Stehr*, Arbeit, Eigentum und Wissen, S. 208. Ähnlich auch *U. Sieber*, Informationsstrafrecht, CR 1995, S. 100 (111), nach dem Information „in einer offenen Gesellschaft frei fließen muss und deswegen nicht wie körperliche Gegenstände durch Ausschließlichkeitsrechte geschützt werden darf.“

598 *K. Goldhammer*, Wissensgesellschaft, in: J. Hofmann (Hrsg.), Wissen und Eigentum, S. 81 (82 ff.).

599 Beispiel für die Nichtverbrauchbarkeit ist etwa der Handel mit personenbezogenen Informationen und Kaufprofile, diese können von einem Datenhändler an verschiedene Unternehmen verkauft werden, ohne dass dies für einen nachrangigen Käufer von Nachteil wäre, da hier der Wert nicht in der Exklusivität der Information besteht. Vgl. auch *J. Čas/W. Peissl*, Datenhandel, in: J. Hofmann (Hrsg.), Wissen und Eigentum, S. 263 (273).

möglich, dass einzelne, besonders lukrative Verwendungsmöglichkeiten durch Zeitablauf oder Verwendung in Form einer menschlichen Reaktion zu einer Art „Verbrauch“ führen: Erfahren zum Beispiel zwei Unternehmen von einer Gelegenheit für einen guten Geschäftsabschluss, so ist diese Information für beide werthaft, nur eines kann sie aber in dem Sinne auch ausnutzen, dass es den Zuschlag für das Geschäft erhält. Dieser Verbrauch beruht aber immer auf Knappheit im materiellen Bereich, nicht im Bereich der Information. Informationsknappheit ist daher immer „nur“ Informationsvorenthaltung und Knappheit seiner Verwendungsmöglichkeiten, sofern diese Verwendung eine Umsetzung auf materieller Ebene erfordert.

(4) Besonderes hohe Wertrelativität und -unsicherheit

Der Wert einer Information zeigt sich erst bei Erhalt und Nutzung;[600] vor Aufnahme ins Bewusstsein ist ihr Wert unklar,[601] Wertschätzungen geschehen über Nutzensprognosen. Anders als bei prüfbaren körperlichen Gegenständen kann der Käufer gar nicht genau wissen, was er kauft, weil er es sonst nicht mehr kaufen müsste.[602] Auch weitere wertbildende Faktoren wie Richtigkeit, Zuverlässigkeit und Exklusivität sind nur schwierig bestimm- und überprüfbar.[603] Zudem kann der Marktpreis nicht seine Informationsfunktion voll erfüllen, weil wiederum die Nachfrage nach einem Informationsgut von besonderer Unsicherheit geprägt ist über den Wert und daher eine geringere Aussagekraft enthält.

---

600 Hierzu *J. E. Stiglitz*, Contributions, Quart. J. Econ. 115 (2000), S. 1441 (1449).

601 *B. J. Bates*, Information as an Economic Good, in: V. Mosco/J. Wasko (Hrsg.), Political Economy of Information, S. 89 (77), bestätigend *C. Shapiro/H. R. Varian*, Information rules, S. 5, die Information daher als „experience good“ bezeichnen. Gänzlich gegen die Bewertbarkeit von Information *J. N. Druey*, Information, S. 255. Ausführlich auch *F. Machlup*, Knowledge, Vol. 1, S. 208 ff., der zwar im dortigen Zusammenhang von „knowledge“ spricht, darunter aber weitgehend das versteht, was oben unter B.II. (S. 26 ff.) als Information definiert wurde.

602 So auch bereits *H. Forkel*, Übertragbarkeit geheimer Kenntnisse, in: FS L. Schnorr v. Carolsfeld, S. 105 (105); grundlegend *K. Arrow*, Economic Welfare and the Allocation of Resources for Invention, in: D. M. Lamberton (Hrsg.), Economics of information and knowledge, S. 141 ff., der dies als Informationsparadoxon bezeichnet. Diese Problematik wird sich insbesondere bei der Veräußerung geheimer Informationen deutlich: Während beim Kauf einer Patentlizenz der Käufer durchaus den Inhalt des Patents prüfen kann, weil er die Information bereits aus den Patentakten ersehen kann, muss er sich beim Erwerb auf die Angaben des Verkäufers verlassen. Erlangt er bei der Prüfung dennoch die Information, hat der Verkäufer nur unzureichende Schutzmöglichkeiten.

603 *E. W. Kitch*, Valuable Information, in: N. Stehr/R. Grundmann (Hrsg.), Knowledge, Bd. 3, S. 305 (330).

Der Wert von Information ist zudem auch immer besonders relativ und kontextabhängig;[604] bis zu einem gewissen Grad ist das auch bei Sachgütern so, bei Informationen ist die Wertrelativität aber deutlich erhöht. Ursache hierfür sind die Subjektivität, der Interpretationshintergrund des Empfängers und der Kontext als zusätzliche Einflussfaktoren für die Wertbestimmung einer Information: Zeigt man etwa einem Bürger auf der Straße ein Foto einer technischen Anlage aus einem Chemiewerk, aus der sich – für den Experten – der Herstellungsprozess erkennen lässt, wird er den Wert der Information, die er gerade erhalten hat, nicht einschätzen können. *Für ihn* hat die Information keinerlei Wert, auch wenn ein Konkurrent des Chemiewerks viel Geld für dieses Foto bezahlen würde.
Vor das Problem der Informationsbewertung ist auch das Bilanzrecht gestellt, das zunehmend immaterielle Vermögenswerte behandeln muss, deren Wert sich nur recht unzuverlässig feststellen bzw. prognostizieren lässt.[605]

b) Kritik an dieser Entwicklung

Dieser klassisch-ökonomische Verstehens- und Ordnungszugriff auf Information ist in der rechtswissenschaftlichen und vor allem rechtspolitischen Rezeption nicht unkritisiert geblieben.[606] So wird die Überwindung proprietärer Konzepte hin zu *open source* und *free flow* gefordert, in denen Information nicht mehr auf Märkten gehandelt wird, sondern als allgemein verfüg-, nutz-, veränder- und weiterentwickelbare Ressource zugänglich ist. Diese Bewegung kann sich auf die grundlegende Kenntnis stützen, dass sich Information in entscheidenden Punkten von anderen Wirtschaftsgütern dadurch unterscheidet, dass ihm stets auch Merkmale eines öffentlichen Guts zukommen und es zudem als Mittel zur Herstellung

---

604 *D. Schiller*, How to Think About Information, in: V. Mosco/J. Wasko (Hrsg.), Political Economy of Information, S. 27 (32).

605 *M. Havenstein/M. Heiden*, Markenwertmessung, BB 2003, S. 1272 ff., *R. Walz*, Wirtschaftsgüter, in: FS L. Fischer, S. 463 (475 f.). Ausführlich auch *U. Niemann*, Immaterielle Wirtschaftsgüter im Handels- und Steuerrecht, Einl. S. 1 f. Es entwickeln sich aber Standards zur Bewertung, vgl. den IDW-Standard „Grundsätze zur Bewertung immaterieller Vermögenswerte vom 2.12.2007 und die Pläne zur Entwicklung einer internationalen Norm zur monetären Patentbewertung (s. FAZ vom 10.6.2008, S. 16).

606 *W. Hoffmann-Riem*, Informationelle Selbstbestimmung, AöR 123 (1998), S. 513 (520), der aber v.a. personenbezogene Informationen betrachtet. Dass Information im rechtlichen Zusammenhang zumindest auch als Wirtschaftsgut betrachtet werden kann und wird, ist aber mittlerweile unstreitig, etwa *H. Ehmann*, Informationsschutz, AcP 188 (1988), S. 230 (239). Kritiker dieses Befundes argumentieren auf der Sollens-Ebene, etwa *A. Gorz*, Wissen, Wert und Kapital, passim und *S. Bödeker/O. Moldenhauer/B. Rubbel*, Wissensallmende, passim. Für den Bereich der Software und offener Informationszugänge über das Internet vgl. *A. Spiegel*, Befreiung der Information, insbes. S. 149 ff., einschränkend aber S. 154 ff.

von Öffentlichkeit stets besondere Bedeutung für das demokratische Gemeinwesen hat.[607]

Des Weiteren werden aber auch wirtschaftliche Argumente gegen die Behandlung von Information als privates Wirtschaftsgut angeführt: Durch allgemeine Verfügbarkeit von Information stünde diese allen bei Weiterentwicklungen zur Verfügung und ermögliche auf diese Weise einen vielfachen Wohlfahrtszuwachs. Diese Entwicklung könnte sich in einer Spirale immer mehr beschleunigen, so dass in einer hierdurch entstehenden „Innovations-Allmende" (*innovation commons*) die Kreativität, Innovationskraft und damit weitere Informationsproduktion entscheidend verbessert würde gegenüber dem Zustand unter den Gesetzmäßigkeiten des Privateigentums, das auf Ausschluss anderer basiert.[608] Ökonomisch-empirische Belege hierfür gibt es bisher allerdings nur insofern, dass ein Übermaß an Schutz für Informationsinhaber sicher mit Nachteilen für die gesamtwirtschaftliche Bilanz verbundenen ist.[609]

Auch entzündet sich Kritik an der Auffassung von Information als gegenständlichem Wirtschaftsgut. Information und Wissen könnten bereits begrifflich nicht als Besitz eines Menschen gedacht werden, sondern ließen sich nur als Wissensvorgänge und damit Handlungen deuten.[610] Diese Ansicht ignoriert allerdings, dass Informationen bereits seit jeher *auch* als Gut mit wirtschaftlichem Wert gehandelt werden und damit ihr Gütercharakter Realität ist. Angesichts der Vielgestaltigkeit von Information schließen sich verschiedene Sichtweisen auch keinesfalls aus, sondern setzen auf unterschiedlichen Ebenen am Phänomen der Information an.

---

607 *F. Schoch*, Zugang, DÖV 2006, S. 1 (2) mit Verweis auf BVerfGE 27, S. 71 (81 f.).

608 *L. Lessig*, Innovation Commons, in: N. Stehr (Hrsg.), Governance of knowledge, S. 227 ff.; vgl. auch zusammenfassend *B. Lutterbeck*, Zukunft, in: J. Hofmann (Hrsg.), Wissen und Eigentum, S. 319 (330 ff.) sowie *B. Grzeszick*, Erfolg durch Offenheit, in: O. Depenheuer (Hrsg.), Öffentlichkeit und Vertraulichkeit, S. 21 (29, 43 ff.) und *ders.*, Freie Software, MMR 2000, S. 412 ff. Zustimmend auch *T. Vesting*, Subjektive Freiheitsrechte, DV Beiheft 4/2001, S. 21 (53). Damit wird eine der grundlegenden Thesen der Volkswirtschaft in Frage gestellt, wonach Privateigentum an Sachen zu einer effizienteren Ressourcenverwertung führt als Allgemeineigentum. Vgl. hierzu vertiefend *F. Etro*, Competition, innovation, and antitrust, S. 191 ff.

609 Diskutiert wird dies unter dem Stichwort *tragedy of the anti-commons*, das die gesamtwirtschaftlichen Nachteile beschreibt, die die optimale Ausnutzung von immaterialgüterrechtlich geschütztem Wissen verhindert aufgrund der fehlenden Zustimmung des Rechtsinhabers, hierzu *E.-J. Mestmäcker*, Gewerbliche Schutzrechte, in: FS U. Immenga, S. 261 (269) m.w.N sowie grundlegend *M. A. Heller*, Tragedy, Harv. L. Rev. 111 (1998), S. 621 ff., des weiteren *K.-H. Ladeur*, Dynamik, in: M. Eifert/W. Hoffmann-Riem (Hrsg.), Innovation und rechtliche Regulierung, S. 339 (357 f.).

610 *N. Stehr*, Wissenspolitik, S. 22. Ähnlich *J. N. Druey*, Information, S. 262.

2. Folgen dieser Entwicklung

Die Ökonomisierung von Information kann im Recht nicht ohne Reaktion bleiben,[611] wenn Information nunmehr Wirtschaftsgut ist, das entsprechenden Schutz benötigt.[612] Das Recht folgt den geänderten Anforderungen zwar zum Teil, aber nicht immer schnell genug. Insbesondere kann der verfassungsrechtliche Schutzbereich des Eigentums sich nicht mehr nur auf den einfachgesetzlichen Normgeber stützen, will er nicht weite Teile werthafter Güter, die oftmals wirtschaftliche Lebensgrundlagen darstellen, verfassungsrechtlich schutzlos belassen.
Zudem werden sich auch die Spannungen zwischen wirtschaftlichen Bedürfnissen nach Zuordnung und öffentlichen Interessen an Transparenz, Offenheit und Zugang intensivieren. Denn Information lässt sich nicht *ausschließlich* als Ressource wie Geld, Personal oder Sacheigentum zu begreifen,[613] sondern ist gleichzeitig Funktionsvoraussetzung eines freiheitlichen Staates. Deshalb sind große Wissens- und Informationsasymmetrien zwischen Öffentlichkeit und Informationsinhabern als Folge der Kommerzialisierung von Verfügungsbefugnissen über Quellen und Zugänge zu Informationen zu verhindern.[614]

3. Veranschaulichung der Entwicklung

Als Folge der fortschreitenden Kommerzialisierung von Information drängen immer neue Informationen als Schutzgegenstände – sowohl inhalts- als auch formbezogene – in das Immaterialgüterrechtssystem; gemein ist ihnen nur, dass es sich um geistige Arbeitsresultate handelt.[615] Da immer neue Bereiche informa-

---

611 *D. Kugelmann*, Informationsfreiheit, DÖV 2005, S. 851 (859).

612 Hierzu auch *V. Boehme-Neßler*, CyberLaw, S. 271 ff., *R. Pethig*, Information, in: H. Fiedler/H. Ullrich (Hrsg.), Information als Wirtschaftsgut, S. 1 (19).

613 So aber der Ansatzpunkt der Wirtschaftswissenschaften, vgl. dazu etwa *D. Schiller*, How to Think About Information, in: V. Mosco/J. Wasko (Hrsg.), Political Economy of Information, S. 27 (27).

614 Zu dieser Gefahr *D. Kröger*, Informationsfreiheit und Urheberrecht, S. 3 und *F. Schoch*, Informationsordnung, in: VVDStRL, Bd. 57, S. 158 (180). Neben der besonderen Demokratierelevanz von Information lassen sich auch kartellrechtliche Gründe für eine Beschränkung des Ausschließlichkeitsrechtsschutzes anführen, hierzu *H. Ullrich*, Grenzen, in: G. Schricker/T. Dreier/A. Kur (Hrsg.), Geistiges Eigentum im Dienst der Innovation, S. 83 (insb. 100 ff.) und *D. Wielsch*, Wettbewerbsrecht, EuZW 2005, S. 391 ff.

615 *K.-N. Peifer*, Individualität im Zivilrecht, S. 384 f. Das aus dem 19. Jahrhundert stammende System des geistigen Eigentums, das Erfindungen und künstlerische Werke als die zwei großen Schutzbereiche benennt, könnte den Anforderungen der modernen Gesellschaft daher nicht mehr gewachsen sein, so auch *B. Lutterbeck*, Zukunft, in: J. Hofmann (Hrsg.), Wissen und Eigentum, S. 319 (327 ff.). Der Epoche seiner Entstehung, in der die Produktion fast ausschließlich auf Sachen beschränkt war, regelt das Sachenrecht des BGB nur die Zuordnung körperlicher Gegenstände. Für die Informationsproduktion besteht aber der Bedarf nach einem neuen, umfassenderen Zuordnungsrecht, in dem geisti-

tionsschöpferischer Tätigkeiten erschlossen werden,[616] steigt das für deren Ergebnisse das Bedürfnis nach Schutz durch Zuordnung einer subjektiven Rechtsposition an der Information, die aufgrund stetigen technischen und wirtschaftlichen Fortschritts nicht mehr unbedingt in das überkommene Schutzsystem des geistigen Eigentums passen.[617] Gleichzeitig ist damit das Kriterium einer gewissen Schöpfungs-/Gestaltungs- bzw. Erfindungshöhe brüchig geworden.[618]
Der Schutz dieser wirtschaftlichen Güter mit steigendem Stellenwert[619] hat sich, v.a. in der Rechtspraxis und mit Verzögerung auch durch den Gesetzgeber, zum einen ausgeweitet, zum anderen hat sich auch sein Gegenstandsbezug ausgeweitet. Zudem ist auch die Annäherung verschiedener informationsschützender Normkreise zu erkennen.[620] Ihr Schwerpunkt verlagert sich funktionell vom Persönlichkeitsschutz des Schaffenden hin zu einem Leistungs- und Investitionsschutz und damit zu einem Wirtschaftsrecht.[621] Jenseits dieser allgemeinen Beschreibungen über die Veränderungen im System des geistigen Eigentums finden sich auch konkrete Beispiele für die Ausweitung bestehender und Schaffung neuer Schutzrechte:

---

ges Eigentum gleichwertig neben Sacheigentum zur Geltung kommt, so auch *A. Ohly*, Geistiges Eigentum?, JZ 2003, S. 545 (554). Denn Information dient nicht mehr nur der Herstellung körperlicher Güter, sondern ist selbst Endprodukt bzw. Mittel zur Herstellung weiterer Informationsprodukte.

616 *V. A. Dozorcev*, Systematisierung, GRURInt 1996, S. 1186 (1187).

617 *R. Ellger*, Bereicherung durch Eingriff, S. 720 ff. Ähnliche Diagnose auch bei *S. Seith*, Wie kommt der Urheber zu seinem Recht?, S. 61 ff. Gleichzeitig verschwimmen auch die Grenzen der Schutzrechte zueinander, weshalb vermehrt über die Schaffung eines Allgemeinen Teils für Rechte des geistigen Eigentums nachgedacht wird, vgl. etwa *H.-J. Ahrens*, Allgemeiner Teil, GRUR 2006, S. 617 (insb. 620 ff.) und *A. Wiebe*, Information als Naturkraft, GRUR 1994, S. 233 (244), der von der Entstehung „hybrider immaterieller Güter" spricht.

618 *K.-N. Peifer*, Individualität im Zivilrecht, S. 412. Denn zunehmend besteht das Bedürfnis, einfache (und daher nicht als Werk fassbare) Ideen und Informationen nicht nur persönlichkeitsrechtlich, sondern auch in seiner wirtschaftlichen Ausrichtung zu schützen, vgl. *F. Fechner*, Geistiges Eigentum, S. 387

619 *T. Dreier*, Urheberrecht, CR 2000, S. 45 ff., siehe auch *C. Godt*, Eigentum an Information, S. 1 f.

620 *V. Mayer-Schönberger*, Information und Recht, S. 50 zählt auf Urheberrecht, Datenschutzrecht, Normen zum Schutz des allgemeinen Persönlichkeitsrechts in seinen unterschiedlichen Ausprägungen (Recht am Bild etc.). Zur Konvergenz von Schutzrechten auch *A. Kur*, Funktionswandel, in: G. Schricker/T. Dreier/dies. (Hrsg.), Geistiges Eigentum im Dienst der Innovation, S. 23 (33 ff.).

621 Das Recht des geistigen Eigentums muss sich daher auch verstärkt der ökonomischen Analyse und ihren Auswirkungen zuwenden, so auch *A. Wandtke*, Copyright, GRUR 2002, S. 1 (7).

a) Lauterkeitsrechtlicher Schutz

Auch über die beschriebenen[622] Deutungs- und Bedeutungsänderung des wettbewerbsrechtlichen Geheimnisschutzes hin zu einer Art immaterialgüterrechtlicher Position hinaus ist im Lauterkeitsrecht ein Trend hin zur Schaffung subjektiver Rechtspositionen an Leistungen und damit Informationen zu erkennen: Vor allem im Bereich des ergänzenden wettbewerbsrechtlichen Leistungsschutzes ist das Postulat, wonach durch den lauterkeitsrechtlichen Leistungsschutz kein subjektives Recht an Leistungsergebnissen selbst vermittelt, sondern nur das „Wie" der Nachahmung geregelt werde,[623] längst nicht mehr unumstritten. Inzwischen wird der sich aus §§ 3, 4 Nr. 9 UWG ergebende Schutz nicht mehr nur als solcher gegen bestimmte Verhaltensweisen im Markt betrachtet, sondern die unternehmerische Leistung zum unmittelbaren Schutzgegenstand erhoben und damit nicht mehr nur reflexhaft geschützt.[624] Neben dem klassischen Leistungsschutz lässt sich etwa auch der Schutz von „Image" inzwischen als „eigentumsähnliches Ausschließlichkeitsrecht" verstehen.[625] Grund für diese Gleichstellung ist, dass sich der Leistungsschutz in seinen *Schutzwirkungen* nicht von denen der Immaterialgüterrechte unterscheidet.[626]

Diese Bewegung von einem Verhaltenssanktionsrecht zu einem Gegenstandsschutz veranschaulicht auch die *avantgarde*-Stellung des Lauterkeitsrechts, das die sich ändernden Schutzbedürfnisse der Praxis nach und nach aufnimmt und entsprechend reagiert. Nach Reaktion des Gesetzgebers mündet der Schutz dann in einem anderen, expliziten Schutzrecht.[627]

Bemerkenswertes Beispiel dafür ist die Entwicklung im Markenrecht, dass sich vom lauterkeitsrechtlichen Irreführungsschutz hin zu einem eigenen Ausschließlichkeitsrecht, das als dingliches Privatrecht Schutzgut des Art. 14 GG ist, ent-

622 Siehe C.V.1.a) (S. 63 ff.).

623 *H. Köhler*, in: Hefermehl/ders./Bornkamm, WettbewerbsR, § 4 UWG Rn. 9.4.

624 So etwa *K.-H. Fezer*, Modernisierung, WRP 2001, S. 989 (1006), bereits davor *ders.*, Leistungsschutz, WRP 1993, S. 63 (64), da das Immaterialgüterrecht keinen abschließenden Schutz der unternehmerischen Leistung darstelle. Ähnlich *T. Beyerlein*, Ergänzender Leistungsschutz, WRP 2005, S. 1354 ff., *H. Köhler*, Erweiterung, in: C. Ott/H.-B. Schäfer (Hrsg.), Ökonomische Analyse der rechtlichen Organisation von Innovationen, S. 245 ff. und *A. Kur*, Funktionswandel, in: G. Schricker/T. Dreier/dies. (Hrsg.), Geistiges Eigentum im Dienst der Innovation, S. 23 (32). Ausführlicher gegen den *numerus clausus* argumentierend *A. Ohly*, Numerus clausus, in: FS G. Schricker, S. 105 (insbes. 121). Kritischer hingegen *V. Jänich*, Geistiges Eigentum, S. 191 f.

625 *U. Hösch*, Schutz von "Image" als unternehmerische Leistung, WRP 1994, S. 796 (798).

626 Vielmehr ist die Grenze zwischen beiden fließend, vgl. Fn. 261, und das Postulat eines Wesensunterschieds zwischen Immaterialgüterrecht und wettbewerblichem Leistungsschutz eine dogmatisch unehrliche Fiktion, so *A. Ohly*, Numerus clausus, in: FS G. Schricker, S. 105 (112).

627 Vgl. in diese Richtung auch *K.-N. Peifer*, Individualität im Zivilrecht, S. 405 f.

wickelt hat[628] und eine Kommunikationsbeziehung zwischen Unternehmen und Markt schützt.[629] Denn bis zur Änderung des § 8 WZG im Jahr 1992 war das Warenzeichen (als Vorgängerin der Marke) als bloßer Herkunftsnachweis mit dem Geschäftsbetrieb untrennbar verbunden, nicht selbständig veräußerbar und daher auch kein Vermögensrecht. Der Gesetzgeber hat aber die tatsächlichen Bedürfnisse und Entwicklungen nachvollzogen und mit dem Markengesetz, insbesondere §§ 5, 15 MarkenG, neue Ausschließlichkeitsrechte geschaffen. Das Warenzeichen hat sich also vom besonderen Persönlichkeitsrecht zu einer mit dem Patent vergleichbaren Position gewandelt.[630]

b) Gewerblicher Rechtsschutz

Auch im Bereich des gewerblichen Rechtsschutzes bestehen Tendenzen, bestehende Schutzrechte auszudehnen bzw. (implizit) neuartige zu erschaffen für „geringere" bzw. bisher nicht schutzrechtlich erfasste geistige Leistungen. Dies ist oftmals verbunden mit einem geringeren Schutzumfang.[631] Auch in diesem Bereich werden also Rechtsgegenstände geschaffen mit abgestuften Ausschließlichkeitsrechtsstellungen. Diese rechtliche Fortentwicklung geschieht an den Rändern des Rechtsgebiets, um auf neue wirtschaftliche und technische Verhältnisse zu reagieren. Insgesamt wechselt der Schwerpunkt des Schutzzwecks vom Innovations- zum Investitionsschutz.[632]
Beispiele für diese Tendenz sind der ausgeweitete Schutz der Bezeichnung immaterieller Arbeitsergebnisse wie etwa Werbe- und Geschäftskonzepte sowie Veranstaltungen als Werktitel i.S.d. § 5 Abs. 1, 3 i.V.m. § 15 MarkenG, sofern das zugrunde liegende geistige Konzept immaterielles Leistungs- und Arbeitsergebnis ist.[633] Auch im Patentrecht wird zunehmend die Patentfähigkeit von computerim-

628 Vgl. hierzu *R. Ingerl/C. Rohnke*, in: Ingerl/Rohnke, MarkenG, Einl. Rn. 1 ff. sowie § 1 Rn. 1. Auch ist hier der Schutz der Marke ein nicht umfassender, sondern – wie beim Unternehmensgeheimnis – ein gegen bestimmte Handlungen gerichteter (a.a.O., Einl. Rn. 6). Siehe auch *U. Hösch*, Eigentum und Freiheit, S. 24 ff. Für die parallele Entwicklung der Gemeinschaftsmarke *T. Schönfeld*, Gemeinschaftsmarke als selbständiger Vermögensgegenstand, S. 45 ff.

629 So m.w.N. *T. Schönfeld*, Gemeinschaftsmarke als selbständiger Vermögensgegenstand, S. 155 ff.

630 So auch zusammenfassend *G. Wagner*, Gutachten, in: Verhandl. des 66. DJT, S. A 1 (38). Zum Funktionswandel der Marke auch *A. Kur*, Funktionswandel, in: G. Schricker/T. Dreier/dies. (Hrsg.), Geistiges Eigentum im Dienst der Innovation, S. 23 (25 ff.).

631 *O. Brand*, Grenzen der Ausschließlichkeit, in: Jahrbuch Junger Zivilrechtswiss. 2005, S. 77 (99).

632 *O. Brand*, Grenzen der Ausschließlichkeit, in: Jahrbuch Junger Zivilrechtswiss. 2005, S. 77 (88 ff.).

633 Hierzu mit zahlreichen Nachweisen *M. Berberich*, Werktitelschutz, WRP 2006, S. 1431 ff., der auch auf Probleme einer zu großen Ausweitung aufmerksam macht (S. 1437 ff.).

plementierten Geschäftsmethoden diskutiert, wobei die Neuheit durch die Geschäftsmethode, der technische Charakter durch die programmierte Umsetzung dieser Methode vermittelt wird.[634] Durch diese Kombination würde ein Schutz der kreativen Geschäftsidee erreicht, die Grundlage der konkreten Geschäftsmethode ist. Weiteres Beispiel ist die sog. Dienstleistungsmarke für Einzelhandelsdienstleistungen,[635] durch die der Markeninhaber ein absolutes Recht an der konkreten Art und Durchführung der Dienstleistung erlangt.
Des Weiteren ist beim Persönlichkeitsrecht spätestens seit der *Marlene Dietrich*-Entscheidung dessen Ausgestaltung – *praeter legem* – zu einem Persönlichkeits-Immaterialgüterrecht zu beobachten[636], durch das rein kommerzielle Interessen geschützt werden. Die Reichweite auch dieses subjektiven Rechts ergibt sich ebenfalls erst aus einer Abwägung mit entgegenstehenden Belangen.[637]

Das Markenrecht bewegt sich also vom bloßen Kennzeichenschutz zum Leistungsschutz, so auch die Diagnose von *A. Ohly*, Geistiges Eigentum?, JZ 2003, S. 545 (551).

634 Vgl. hierzu *W. Anders*, Computerimplementierte Geschäftsmethode, GRUR 2001, S. 555 (557 ff.) und *V. Jänich*, Sonderrechtsschutz für geschäftliche Methoden, GRUR 2003, S. 483 ff.; weitergehend zu patentierten Geschäftsmethoden das US-amerikanische Recht, hierzu etwa *J. R. Allison*, The Case of Business Methods, Berk. Tech. L. J. 21 (2006), S. 729 ff. Als Beispiel für eine patentierte Geschäftsmethode wird genannt die sog. 1-Klick-Technik des Online-Versandhändlers Amazon.com, die es dem Kunden erlaubt, mit nur einem Mausklick Ware zu bestellen (US-Patent 5,960,411 vom 12.9.1997). *A. Kalpakidou*, Business Method Patents, Int. J. L. & Inf. Tech. 13 (2005), S. 243 (243 f.) sieht in Patenten für Geschäftsmethoden gar einen Ersatz für den Informationsschutz über Betriebsgeheimnisse und auch in Europa eine zunehmende Bereitschaft für derartige Patente (S. 250 ff.). Auch diese Entwicklung zeigt, dass sich der gewerbliche Rechtsschutz in einem Anpassungsprozess an neue und andere, erweiterte Schutzbedürfnisse befindet (so auch *K. E. McReynolds*, Business Method Patents, UCLA J. L. & Tech. 2003, S. 17 ff.), u.a. auch durch Reaktionen des Gesetzgebers, vgl. v.a. den RL-Vorschlag der Kommission über die Patentierbarkeit computerimplementierter Erfindungen (KOM 2002/92 endgültig), der sich überwiegend mit technisch umgesetzten Geschäftsmethoden im elektronischen Handel beschäftigt.

635 Dies umfasst u.U. sogar Sortimentauswahl und Serviceleistungen für Kunden, vgl. hierzu und grundsätzlich *F. Weiler*, Eintragungsfähigkeit von Dienstleistungsmarken, WRP 2006, S. 195 ff. Diese Entwicklung ist europarechtlich radiziert durch die Marken-RL (89/104/EWG) und die entsprechende Auslegung durch den EuGH, Slg. I 2005, S. 5873 (5916 ff.).

636 BGHZ 143, S. 214 ff., so auch *A. Ohly*, Numerus clausus, in: FS G. Schricker, S. 105 (109). Diese Entwicklung bedeutet nicht, dass das Persönlichkeitsrecht einen ausschließlich kommerziellen Charakter hat, vielmehr bestehen kommerzielle und ideelle Komponenten des Persönlichkeitsrechts nebeneinander. Umfassende Darstellung auch bei *R. Ellger*, Bereicherung durch Eingriff, S. 730 ff.

637 Ebenso verhält es sich beim Recht am Geheimnis aus der Unlauterkeitsabwägung. Zur Erweiterung des Persönlichkeitsrechts hin zum Schutz kommerzieller Interessen vgl. die Nachweise in Fn. 248.

c) Urheberrechtlicher Schutz

Im Urheberrecht zeigen sich starke Ökonomisierungstendenzen weg vom Persönlichkeitsrecht hin zu einer Art Wirtschaftsrecht.[638] Damit einher geht die Tendenz, die Anforderungen an die rechtliche Schutzwürdigkeit und den Werkbegriff und seine Schöpfungshöhe zu verringern.[639] Das Urheberrecht lässt sich daher inzwischen auch als Teil des Wirtschaftsrechts betrachten[640] und verlegt dabei seinen Schwerpunkt vom Innovations- auf den Investitionsschutz.[641] Das urheberrechtliche Werk ist innerlich also inzwischen immer enger mit Vermarktung verbunden, es hat sich zur rein immateriellen, voll verkehrsfähigen Ware fortentwickelt,[642] die angesichts stark ausgeweiteter Reproduktionsmöglichkeiten und ihrer Massenverwertung den Schutzbedarf haben ansteigen lassen.[643] Neben dem diagnostizierten Bedeutungsgewinn sind auch neue Arten geistigen Eigentums im Entstehen, dies hängt jedoch von der Schaffung einer entsprechenden rechtlichen Grundlage ab:[644]

So wurde der urheberrechtliche Schutz etwa auch auf Computerprogramme ausgedehnt, weil sich der zunächst nur lauterkeitsrechtliche ergänzende Leistungsschutz als zwar einschlägig, aber nicht ausreichend erwies.[645] Ebenfalls nicht in das klassische urheberrechtliche Konzept passt der Schutz für Datenbanken, §§

---

638 Es bewegt sich damit von der idealistischen und naturrechtlichen Vorstellung des Persönlichkeitsschutzes von Autoren und Komponisten hin zu einem Teil des „Informationswertrecht[s]" (*H. P. Bull*, Was ist Informationsrecht?, iur 1986, S. 287 [288]). Angedeutet bei *M. Rehbinder*, UrheberR, Rn. 2, des Weiteren *D. Kröger*, Informationsfreiheit und Urheberrecht, S. 6 ff. und *W. Hoffmann-Riem/W. Schulz/T. Held*, Konvergenz und Regulierung, S. 45, kritisch *T. Hoeren*, Urheberrecht 2000, MMR 2000, S. 3 (3), nach dem das Urheberrecht von einem „Kultur- zum Industrierecht herabsinkt". Damit gewinnt das Werk selbst gegenüber seinem Schöpfer an Bedeutung, *K.-N. Peifer*, Individualität im Zivilrecht, S. 85 f., 91 ff.

639 So *F. Fechner*, Geistiges Eigentum, S. 366 und *M. Müller*, Informationszugang und -nutzung, in: M. Cottier/D. Rüetschli/K. W. Sahlfeld (Hrsg.), Information&Recht, S. 173 (178). Umfassend zu den Schutzausweitungen *W. Cornish*, Expansion, in: G. Schricker/T. Dreier/A. Kur (Hrsg.), Geistiges Eigentum im Dienst der Innovation, S. 9 ff.

640 *A. Wandtke*, Copyright, GRUR 2002, S. 1 (2). Kritisch zur Annäherung des Urheberrechts an die gewerblichen Schutzrechte *K. H. Hodik*, Leistungsschutzrechte, ZUM 1989, S. 65 (65); es dürfe keinen allgemeinen Schutz jeglicher Leistungsergebnisses entstehen, weil dies den Charakter des UrhG zerstörte.

641 *S. Hüsken*, Informationsfreiheit und urheberrechtlicher Schutz, S. 272, die auf die negativen Auswirkungen auf die Informationsfreiheit hinweist.

642 *A. Wandtke*, Copyright, GRUR 2002, S. 1 (4 f.).

643 *A. Wandtke*, Copyright, GRUR 2002, S. 1 (3).

644 *V. A. Dozorcev*, Systematisierung, GRURInt 1996, S. 1186 (1186).

645 Vgl. zur Vorgeschichte und europarechtlichen Fundierung *M. Grützmacher*, in: Wandtke/Bullinger, UrhR, Vorbem. § 69a ff. UrhG Rn. 1 ff.

87a ff. UrhG, der neuartiges, investitions- und unternehmensbezogenes Immaterialgüterrecht *sui generis* statuiert.[646]

d) Folgerungen

Die immer größere Relevanz immaterieller Güter, die in neuartigen Formen und Abstufungen auftauchen und das überkommene immaterialgüterrechtliche System auf die Probe stellen, zeigt sich in den soeben beschriebenen Entwicklungen.[647] Vor diesem Hintergrund sind auch die Versuche zu verstehen, immaterialgüterartige Rechte an geheimen Unternehmensinformationen zu etablieren.[648] Folge hiervon könnte die Normierung dieser Bemühungen *de lege ferenda* als Anerkennung des faktisch bereits Vollzogenen sein.[649]

Die für geheime unternehmerische Informationen dargestellte, sich vollziehende Ausweitung des gegenstandsbezogenen und eigentumsrechtlichen Schutzbereichs durch die Flexibilisierung des Gegenstandsbegriffs ist also nicht singuläres Phänomen, sondern eingebettet in einen größeren Entwicklungszusammenhang der Schutzausweitung und Vergegenständlichung. Hiermit vervollständigt sich die Absicherung nicht mehr nur schöpferischer, sondern v.a. investitionsintensiver

---

646 Hierzu *M. Büscher*, in: Wandtke/Bullinger, UrhR, Vorbem. §§ 87 ff. UrhG Rn. 1 ff. Auch der Datenbankschutz in dieser Form ist eine Umsetzung europarechtlicher Vorgaben. Dass es dabei weniger um den Schutz von Innovation als vielmehr Investition geht, zeigt auch die Einschätzung von BFHE 201, S. 65 f., das nicht einmal aufbereitete Adressdatenbestände für Know-how, sondern eben bloße Datensammlungen hält.

647 Vgl. hierzu *R. Pethig*, Information, in: H. Fiedler/H. Ullrich (Hrsg.), Information als Wirtschaftsgut, S. 1 (13 und insbes. Fn. 13, 18): Die Untergrenze für die Schaffung von Verwertungsrechten für Informationen könne nicht bei Werken bleiben. Zwar müssten Ideen frei sein, dem stehe aber gegenüber, dass Informationen von ökonomischer Bedeutung in der Regel handels- oder marktfähig sein sollten, damit ihre Verbreitung und Produktion gesichert sei. In diese Richtung auch *A. Wandtke*, Copyright, GRUR 2002, S. 1 (8). Entspr. fordert *L. Thurow*, Creating Wealth, S. 125 „a new system of intellectual property rights". Kritischer zur stetigen Ausweitung von Schutzrechten *J. Boyle*, Manifesto, Duke L. & Tech. Rev. 2004, S. 1 ff. und *B. Zypries*, Hypertrophie der Schutzrechte?, GRUR 2004, S. 977 ff.

648 Vgl. in diese Richtung *E. Hauck*, Wirtschaftsgeheimnisse, S. 19. Wie im lauterkeitsrechtlichen ergänzenden Leistungsschutz verdichten sich Verhaltensregeln zu subjektiven Rechten.

649 Weniger das Recht (der Gesetzgeber), sondern v.a. die Rechtsprechung reagieren zunächst auf erkennbare Bedürfnisse des Schutzes von Leistungen und Informationen und bauen entsprechende Schutzrechte aus bzw. deuten wettbewerbsrechtliche Schutzbestimmungen Immaterialgüterrechte um. Dieses Vorgehen ist ihnen deshalb (im Gegensatz zum Sachenrecht) möglich, weil kein strenger numerus clausus immaterieller Schutzrechte besteht. Letzteres weist *A. Ohly*, Numerus clausus, in: FS G. Schricker, S. 105 (insb. 119) nach. Entsprechend die Forderung von *H.-J. Ahrens*, Allgemeiner Teil, GRUR 2006, S. 617 (621) nach der erweiterten zivilrechtlichen Ausgestaltung des Geheimnisschutzes.

immaterieller Werte weiter in Richtung eines allgemeinen Rechtsgedankens.[650] Dieser stetige Ausbau von immaterialgüterrechtlichen Positionen ist nicht sogleich einseitig als Behinderung und Einschränkung des freien Informationsflusses und -zugangs zu deuten, sondern zeigt zunächst lediglich auf, dass in jedem einzelnen Bereich eine Abwägung zwischen Informationsschutz und freiem Zugriff erfolgen muss. Auch sind diese Veränderungen Zeichen veränderter gesellschaftlicher Bedürfnisse in Form von veränderter Schutznachfrage.[651] Dabei ist primär, wenn auch natürlich nicht allein, dem Markt die Aufgabe zugewiesen, über die Anerkennung einer subjektiv-rechtlichen Position als Vermögensrecht zu entscheiden.[652]

Diese Entwicklung weist in zwei Richtungen Probleme auf: Zum einen wird damit die „Grundregel" der demokratischen Informationsgesellschaft, wonach grundsätzlich Informationen frei zugänglich und nutzbar sind, zunehmend eingeschränkt. Zum anderen führt die Ausweitung von Rechten an Information dazu, dass nicht mehr Innovations-, sondern Investitionsschutz die ausschließliche und ausschließende Zuordnung rechtfertigt. Ab einer gewissen Intensität wirkt dies nicht mehr innovationsfördernd, sondern vielmehr -hemmend.[653]

Für die zuordnende Wirkung geheimnisschützender Normen besteht diese Gefahr zwar abstrakt ebenfalls, allerdings befindet sich das Unternehmensgeheimnis auf einer anderen Entwicklungsstufe hin zu einem immaterialgüterartigem Recht. Zudem ist es wegen seiner Auflösung bei Veröffentlichung und dem Abwägungsvorbehalt mit entgegenstehenden Interessen weniger in der Gefahr, den allgemeinen Informationsfluss über Gebühr zu behindern.

III. Voraussetzungen einer Zuordnung von Information

Wird Information als Wirtschaftsgut betrachtet, so stellt sich die Frage nach seiner Verteilung. Dies ist nicht eine rein wirtschaftliche Frage, sondern hängt auch davon ab, ob und inwieweit das Recht Informationen einzelnen Personen zuordnet und ihnen damit ermöglicht, mit ihren Informationen zu verfahren. Eine Betrachtung der allgemeinen Voraussetzungen kann Aufschluss darüber geben, ob, in

---

650 Es handelt sich, wenn nicht um einen Funktionswandel, sondern um eine Funktionserweiterung des Immaterialgüterrechts, ähnlich auch *A. Ohly*, Geistiges Eigentum?, JZ 2003, S. 545 (551).

651 Je mehr sich die Wirtschaft auf die Produktion immaterieller Informationsgüter verlagert und entsprechend investiert, desto mehr ist sie auf die entsprechende Einbeziehung der Produkte in den Markt durch eigentumsartige Zuordnung angewiesen. Zu dieser Tendenz schon *J. Bußmann*, Patentrecht und Marktwirtschaft, GRUR 1977, S. 121 (134 f.).

652 *G. Wagner*, Gutachten, in: Verhandl. des 66. DJT, S. A 1 (40) m.w.N.

653 So jüngst für den Bereich der Patente *D. Harhoff/C. Engel/W. Möschel*, Patentschutz und Innovation, Internetquelle, S. 18 f. Näher hierzu unter G.V.6. (S. 210 ff.).

welchem Maße und auf welche Weise geheime Informationen Zuordnung zu einem Unternehmen erfahren (können).

1. Begriff der Zuordnung

Der Begriff der Zuordnung beschreibt die Ver- und Zuteilung von Gütern durch Rechtsnormen.[654] Zuordnung je nach Grad bedeutet die Anerkennung einer besonderen Verbindung zwischen Gut und Individuum, eine „Zugehörigkeitsbeziehung“[655]. Diese Beziehung grenzt das betreffende Individuum von der Allgemeinheit ab und privilegiert es insoweit. Aus der Zugehörigkeitsbeziehung folgen in der Regel besondere Nutzungs- und Verfügungsmöglichkeiten über die Information verbunden mit der entsprechenden Berechtigung hierzu. Zuordnung ist insofern wesentliches Element und Grundlage eines subjektiven Rechts.[656] Kombiniert werden in diesem Begriff tatsächliche Verbindung zwischen Gegenstand und Person mit der rechtlichen Erlaubnis der Einflussnahme. Die einzelnen Handlungsbefugnisse werden durch die rechtliche Zuordnung festgelegt.[657]

2. Besonderheiten bei der Zuordnung von Information

Informationen weisen zu einer Mehrzahl von Personen Bezüge auf, die als Grundlage einer Zuordnung der Information dienen können.[658] Zwar können auch an Sachen mehrere Bezüge und Rechte bestehen, diese begrenzen sich aber aufgrund der körperlichen Fixierung und Begrenztheit gegenseitig;[659] Information hingegen ist gerade nicht körperlich fixiert und kann zu mehreren Personen Bezüge aufweisen, so dass diesen Personen unabhängig voneinander und in jeweils vollem Umfang eine Zuordnung mit dem Objekt Information zuerkannt werden könnte.[660]

654 Vgl. *W. Ost*, Zuordnung als Kriterium des subjektiven Rechts, S. 24 ff.

655 *W. Ost*, Zuordnung als Kriterium des subjektiven Rechts, S. 35.

656 Kritisch zur These, dass ein subjektives Privatrecht immer einen „positiven Zuweisungsgehalt“ voraussetze *W. Portmann*, Wesen und System der subjektiven Privatrechte, S. 50 f.

657 *H. Kube*, Eigentum an Naturgütern, S. 105 f.

658 Es geht also zunächst um die Möglichkeiten und Grenzen faktischer Zuordnung, das zu unterscheiden ist von rechtlicher Zuordnung als Eigentum, vgl. zu dieser Differenzierung *J. Eschenbach*, Schutz des Eigentums, S. 215 m.w.N. Sicherlich ist aber faktische Zuordnung Vorform von und Voraussetzung für Eigentum und eng mit der dann rechtlichen Zuordnung verwandt, vgl. auch *H. Kube*, Eigentum an Naturgütern, S. 103 ff.

659 Zwar können auch an einer Sache mehrere Personen Eigentum haben, allerdings sind sie nicht völlig unabhängig voneinander, weil die körperliche Begrenztheit der Sache ihren Rechtsumfang zueinander einschränkt. So sind etwa an einer Sache nur Mit- oder Gesamthandseigentum möglich, nicht mehrere Alleineigentumsstellungen nebeneinander.

660 Mehrrelationalität steht einer Zuordnung an sich aber nicht im Wege, zu beachten ist sie aber bei der Art und Ausgestaltung der Zuordnung, so auch *B. Buchner*, Informationelle Selbstbestimmung, S. 222 f.

Diese zunächst rein faktischen Verknüpfungen von Information mit einer oder mehreren Personen sind Grundlage einer späteren rechtlichen Zuordnung von Information[661] als Gegenmodell der allgemeinen Zugänglichkeit und Nutzbarkeit von Information.[662] Angesichts der Möglichkeit des unbegrenzten Vorhandenseins von Information bedeutet rechtliche Zuordnung hier nicht wie bei Sachen, dem Inbegriff „natürlich abgegrenzter Güter"[663], die Verteilung ohnehin knapper Güter, sondern erst ihre Verknappung. Zuordnung von Information durch Recht verbietet daher Nichtberechtigten die Nutzung einer an sich unerschöpflichen Ressource.[664] Inhalt der Zuordnung ist damit – je nach Ausgestaltung – das Recht, die Information geheim zu halten, zu verbreiten, zu verkaufen oder auf körperlicher Ebene umzusetzen (etwa eine Erfindung zu bauen). Des Weiteren ist als Folge der Unkörperlichkeit zu berücksichtigen, dass Information (anders als Daten) einer Person unter normalen Umständen nicht wieder entzogen werden kann.
Für den Schutz von Unternehmensgeheimnissen, die alle möglichen Informationen und Informationsstrukturen von der Einzelinformation[665] bis zum komplexen Informationsgeflecht[666] und damit sehr heterogene immaterielle Güter umfassen können, stellt sich daher besonders dringlich die Frage, nach welchen allgemeinen Kriterien Informationszuordnung erfolgen kann;[667] dies fällt angesichts der großen Weite der Kategorie Information schwer.[668]

661 Durch die Kontextabhängigkeit von Information wird die Interpretation und damit die Bewusstseinsveränderung bei den einzelnen „Besitzern" unterschiedlich sein. Daher ist relativierend zu formulieren, dass derselbe Nachrichtenwert einer Information bei verschiedenen Personen vorhanden sein kann. Zu den Unterschieden zum Sacheigentum vgl. auch *V. A. Dozorcev*, Systematisierung, GRURInt 1996, S. 1186 (1186 f.).

662 Diese Frage nach Zuordnung und Verteilung von Zugangsrechten an Informationen stellt sich bisher insbesondere dem Urheberrecht und hat aufgrund des technischen Wandels dessen Bedeutungszuwachs verursacht, vgl. hierzu etwa *T. Kreutzer*, Spannungsfeld, in: J. Hofmann (Hrsg.), Wissen und Eigentum, S. 109 (109).

663 *O. Depenheuer*, in: v. Mangoldt/Klein/Starck, GG I, Art. 14 Rn. 58.

664 Damit stellt sich auch die Frage, inwieweit Information mit Sachen vergleichbar ist und einzelnen gehören kann und soll. Generell kritisch gegen eine Sachanalogie von Wissen und damit auch das Denken in Sachherrschaften *H. F. Spinner*, Ist Wissen analogiefähig?, in: FS J. N. Druey, S. 947 (962). Ähnlich kritisch auch *J. N. Druey*, Information, S. 262.

665 Etwa die Information, dass ein Unternehmen sich in Vertragsverhandlungen mit einem anderen Unternehmen befindet.

666 Etwa Informationen über technische Verfahren und Werken, die Gegenstand gewerblicher Schutzrechte sein können.

667 Allgemeinere Ausführungen zur Zuordnung informationeller Werte als Grundlage für subjektive – weder private noch öffentliche – Rechtspositionen gibt es bisher nicht, *V. Mayer-Schönberger*, Information und Recht, S. 22.

668 So auch *D. Kröger*, Informationsfreiheit und Urheberrecht, S. 10.

a) Fehlende Ausgestaltung

Auch sind bisher nur Teilbereiche der Informationszuordnung geregelt durch die Schaffung von Ausschließlichkeitsrechten v.a. im Urheber- und Patentrecht, nicht hingegen in den zivilrechtlichen Normen zum Eigentum.[669] Da aber der Wandel von der Waren- zur Informationsgesellschaft in vollem Gange ist, wird Information immer mehr zum entscheidenden Wirtschaftsgut,[670] das einer entsprechend erweiterten zuordnenden Ausgestaltung bedarf. Auch das Urheberrecht vermag eine solche Zuordnung von Information nur unzureichend zu leisten, weil es für den Werkschutz v.a. von Musik und Literatur konzipiert und bisher nur unvollständig zu einem allgemeineren Informationszuordnungsrecht weiterentwickelt wurde.[671]

Das Recht der Informationszuordnung[672] ist vor allem deshalb unvollständig, weil das Zivilrecht als der Rechtsbereich, dem überwiegend die Aufgabe der Zuordnung von Gegenständen zu Personen zufällt, schutzwürdige Güter außerhalb von Ware und Dienstleistung nur ansatzweise erfasst und behandelt.[673] Bei schützenswerten und in irgendeiner Weise zugeordneten[674] Informationen handelt es sich aber um eine neue Art von *property rights*[675] mit eigenen Sachgesetzlichkei-

---

669 *D. Kröger*, Informationsfreiheit und Urheberrecht, S. 20. Die Schaffung angemessener Rahmenbedingungen für die expandierenden Informationsmärkte erscheint daher als wichtige Aufgabe nicht zuletzt eines entstehenden Informationsrechts, so *R. Moufang*, Information als Vertragsgegenstand, in: H. Fiedler/H. Ullrich (Hrsg.), Information als Wirtschaftsgut, S. 213 (216).

670 *V. Boehme-Neßler*, CyberLaw, S. 271 f.

671 *T. Hoeren*, Internet, NJW 1998, S. 2849 (2849). Ähnlich auch *H. P. Bull*, Was ist Informationsrecht?, iur 1986, S. 287 (288).

672 Für *V. Mayer-Schönberger*, Information und Recht, S. 23 und *A. W. Branscomb*, Who owns information?, S. 174 ff. steht das Informationszuordnungsrecht gleichbedeutend mit dem allgemeineren Terminus Informationsrecht. Es ist damit Analogie zum Sachenrecht des BGB, das als Lehre der Beziehungen zwischen Personen und Sachen i.S.d. §§ 90 ff. BGB gedeutet werden kann. Informationszuordnungsrecht ist immer auch ein „Informationswertrecht" (*H. P. Bull*, Was ist Informationsrecht?, iur 1986, S. 287 [288]), weil es zu einer Verknappung der Nutzungsmöglichkeiten von Information führt.

673 Ähnlich auch *A. Wandtke*, Copyright, GRUR 2002, S. 1 (1), der von der Ausrichtung des Zivilrechts vorwiegend auf „körperliche Warenverhältnisse" spricht. Allerdings ist durch die Schuldrechtsreform aus dem Jahr 2002 der Kauf „sonstiger Gegenstände" nunmehr explizit in § 453 BGB geregelt worden, der auch und vor allem unkörperliche Güter umfasst, an denen keine subjektiven Rechte bestehen, aber aufgrund ihres informationellen Gehalts verwert- und übertragbare Wirtschaftsgüter sind, *M. Haedicke*, Rechtskauf und Rechtsmängelhaftung, S. 75 ff. Diese, wenn auch zaghafte Annäherung des BGB an Informationsgüter, relativiert die vorgebrachte Kritik.

674 Hierzu unter E.III.3. (S. 150 ff.).

675 *Property rights* bezeichnen die rechtlichen Beziehungen zwischen Menschen im Hinblick auf die ökonomische Verwertbarkeit von bestimmten Wirtschaftsgütern und sind mit den Begriffen wie Handlungsrechten oder Verfügungsrechten gleichzusetzen, *P. Häberle*,

ten und einer nur begrenzten Analogiefähigkeit zu den klassischen Zuordnungsformen des BGB.[676] Gefragt wird nach den rechtlichen Beziehungen zwischen Information und Person[677] und ihrer Ausgestaltung, aus der sich die Art und Reichweite des Verfügungsrechts über die Information ergeben.[678]
Die Kongruenz mit der der Sacheigentumsterminologie ist dabei bisher unvermeidlich, weil es an einer eigenen, besonderen Begriffsbildung für den Bereich der Information weitgehend mangelt. Zwar lässt sich allgemeiner und besser von Verfügungsrechten an Information sprechen und dadurch der Begriff des Eigentums vordergründig vermeiden, aber durch die Verwendung von anderen, für das Sacheigentum (und „klassische“ geistige Schutzrechte) geprägte Begriffe (Übertragung, Übertragbarkeit, Besitz etc.) wird immer die Eigentumsassoziation ausgelöst, die sich durch das Fehlen einer alternativen Terminologie der Informationsverfügungsrechte auch nicht verhindern lässt. Zudem ist das Sacheigentum der Prototyp des subjektiven privaten Rechts, an ihm sind andere Befugnisse orientiert.[679] Eine Öffnung des Eigentumsbegriffs verbunden mit der Erweiterung möglicher Zuordnungsinhalte ist aber einer Neuetablierung von Informationsverfügungsrechten jenseits des Eigentums mit entsprechenden eigenen Begrifflichkeiten vorzuziehen, auch wenn damit die Subjekt-Objekt-Relation des Sacheigentums übernommen wird, die auf Information nicht zutrifft.[680]

Property Rights, AöR 109 (1984), S. 36 (39). Derartige Handlungsrechte beeinflussen die Handlungsmöglichkeiten und Nutzensströme und wirken sich daher auch auf die Verteilung von Werten aus, vertieft hierzu *J. Röpke*, Handlungsrechte, in: A. Schüller (Hrsg.), Property rights und ökonomische Theorie, S. 111 (121 ff.). Durch ihre Zuweisung an Personen, die eine Information erschaffen haben, ergeben Handlungsrechte eine Anreizstruktur zur Schaffung weiterer Informationen, vgl. vor allem das Patentrecht. Ein zu weitreichende Zuordnung an Handlungsrechten vermindert diesen Anreiz allerdings sowohl für den Handlungsrechtsinhaber als auch Konkurrenten, vgl. hierzu *D. Harhoff/C. Engel/W. Möschel*, Patentschutz und Innovation, Internetquelle, S. 2 ff. sowie Fn. 609.

676 *T. Hoeren*, Internet, NJW 1998, S. 2849 (2849), bestätigend *D. Kröger*, Informationsfreiheit und Urheberrecht, S. 9 f.

677 Vgl. etwa *H. P. Bull*, Datenschutz, in: H. Hohmann (Hrsg.), Freiheitssicherung durch Datenschutz, S. 173 (181 und 198) und *V. Mayer-Schönberger*, Information und Recht, S. 23, die das Informationsrecht als Recht der Informationsbeziehungen interpretieren.

678 So *V. Mayer-Schönberger*, Information und Recht, S. 21. Dieser eine Teil des Informationsrechts kann also als Informationszuordnungsrecht („cyberlink“) bezeichnet werden neben den beiden anderen Bereichen „cybercontent“ (Inhalteregulierung) und „cybersstructure“, in dem es um die rechtliche Einhegung und Bewertung der Informations- und Kommunikationsstrukturen geht. Zu dieser Einteilung des Informationsrechts vgl. *V. Mayer-Schönberger*, Information und Recht, S. 19 ff. und *E. Holzleithner/V. Mayer-Schönberger*, Deconstructing Cyberlaw, Internetquelle, S. 2 ff.

679 *V. Jänich*, Geistiges Eigentum, S. 187 ff.

680 *V. Mayer-Schönberger*, Information und Recht, S. 54 ff. Denn das Individuum (Unternehmen) ist eben der Interpretationszusammenhang, den Information ausmacht und der Empfänger für eine Interpretation benötigt. Die Beziehung von der Information zum Indivi-

b) Faktische Anknüpfungen rechtlicher Zuordnung

Eine ausschließliche (und bis zu einem gewissen Grad auch andere ausschließende) Zuordnung von Information muss sich an der Tiefe und Qualität der zahlreichen faktischen Beziehungen zwischen Person und Information orientieren und hierdurch einige Beziehungen, die eine Zuordnung bewirken, von anderen abgrenzen und insoweit privilegieren.[681] Beziehungen zwischen Person und Information als Anknüpfungspunkte einer Zuordnung können insbesondere sein:
(1) Eine Person erzeugt, erfindet bzw. erschafft Information;[682] so auch § 7 UrhG.
(2) Eine Person verarbeitet eine Information[683] und rekombiniert diese zu einer Struktur mit eigenständigem Wert.[684] Es kann sich dabei auch um eine Information handeln, die eigentlich der öffentlichen Sphäre angehört; Beziehungen entstehen zu demjenigen, der sie verarbeitet und die Information für die Übermittlung formt.[685]
(3) Eine Person ist Inhalt der Information (Information *über* eine Person).[686]

---

duum ist also immer auch inhaltlich identitätsstiftend oder -beschreibend, hat also immer einen Bezug zur Person und damit zur Persönlichkeit des Individuums, weil es einen Teil derselben offenbart.

681 Allein aus der Rekombinierbarkeit und besonderen Gemeinschaftsbezogenheit von Information ergibt sich die nur begrenzte und mit verminderter Wirkung ausgestattete Zuordnungskraft. Information ist daher nicht individualistisch, sondern im jeweiligen Sachzusammenhang zu sehen, *K. Vogelgesang*, Informationelle Selbstbestimmung, S. 57.

682 Dies hebt für den Bereich des Geheimnisses besonders hervor *G. Thiele*, Geschäfts- und Betriebsgeheimnis in § 17 UWG, S. 30; vgl. auch *W. Ost*, Zuordnung als Kriterium des subjektiven Rechts, S. 113, der auf den engen Bezug zur Persönlichkeit des Schöpfers hinweist. Allgemein für den Begriff des Geistigen Eigentums ist der Schöpfungsakt Definitionselement, vgl. *C. P. Rigamonti*, Geistiges Eigentum, S. 37 f. Die Schöpfung ist dabei vorrechtliche, tatsächliche Voraussetzung. Die spätere Schaffung bzw. Ausformung zu einem (Eigentums)recht geschieht auf einer späteren Stufe durch die Rechtsordnung, vgl. hierzu *F. Fechner*, Geistiges Eigentum, S. 121 ff.

683 Die ersten beiden Anknüpfungspunkte gehen fließend ineinander über, sind hier aber aus Gründen der Übersichtlichkeit getrennt aufgeführt.

684 Es kann sich um Konzepte oder Strategien, technische Erfindungen oder sonstige Verknüpfungsleistungen handeln aus Informationen mit geringerem Verknüpfungsgrad handeln. Zur Relevanz dieses Anknüpfungspunkts in der Netzwerkökonomie *T. Vesting*, Subjektive Freiheitsrechte, DV Beiheft 4/2001, S. 21 (24 f.).

685 *D. Catala* zitiert nach *H. Fleischer*, Informationsasymmetrie im Vertragsrecht, S. 153 f. Jener erkennt als anderen Zuordnungsgrund die Personenbezogenheit einer Information an.

686 Informationsoffenbarungen des Staates, eines Mitbewerbers oder Dritten über das Unternehmen können danach also ebenfalls als Informationen des Unternehmens gelten. Die Zuordnungskraft des Inhalts ist aber in besonderer Weise relativ, weil andere die Information geschaffen haben und diese zudem als ihre Meinungsäußerung eine einfache Zuordnung zum betroffenen Unternehmen verhindert. Nicht unter diesen Punkt werden al-

(4) Eine Person ist Empfänger der Information.
(5) Eine Person besitzt eine Verkörperung der Information.
(6) Eine Person hat Einfluss auf die Information.[687]
(7) Eine Information entsteht und befindet sich im Macht-, d.h. räumlichen Herrschaftsbereich einer Person.

Diese Anknüpfungspunkte führen aber längst nicht immer zu einer Zuordnung von Information zu einer Person, auch wenn eine Zuordnung nur aus einer einzelnen Nutzungsberechtigung und nicht einer umfassenden Verfügungsbefugnis besteht. Denn Anknüpfungspunkte bestehen bei allen Informationen unabhängig davon, ob sie der öffentlichen oder der Sphäre Einzelner zugewiesen sind. Vielmehr existiert Information oftmals in der Öffentlichkeit und weist dabei kein oder nur sehr geringe Bezüge zu Personen auf, die eine Zuordnung rechtfertigten.

Bei der Frage nach den Anknüpfungspunkten, die zum Anlass für eine Zuordnung von Information zu einer Person genommen werden, wird teilweise gefordert, nicht lediglich faktische Anzeichen für eine Zuweisung zu nutzen, sondern nach Gerechtigkeits- bzw. Bedürfnisgesichtspunkten zu verteilen.[688] Neben immensen Problemen bei der Frage, was eine gerechte Informationsverteilung ist, tauchten Informationsprobleme bei der Suche von Informationsbedürfnis und seiner Bewertung auf.

c) Grenzen der Zuordnung

Die meisten Informationen aber sind frei und keiner Person, v.a. nicht eigentumsartig, zugeordnet.[689] Dies entspricht den Anforderungen des demokratischen Verfassungsstaats, der eine möglichst große Informationsoffenheit und -verfügbarkeit verlangt, soweit nicht gegenläufige Interessen ein anderes erfordern. Denn die Zuweisung von Handlungs- und Verfügungsrechten an Information bedeutet immer auch die Beschränkung von Kommunikation anderer[690] und sind daher zu

---

lerdings betrachtet die Zuordnung und Behandlung unwahrer, beleidigender oder sonstiger geschäftsschädigender Äußerungen.

687 Dieses Kriterium spielt für die Anerkennung eines subjektiven Rechts an der Information nur eine untergeordnetere Rolle, weil subjektive Rechte die Beziehungen zu anderen Personen ausgestalten, nicht die Beziehung zum Gegenstand, so etwa *E.-J. Mestmäcker*, Gewerbliche Schutzrechte, in: FS U. Immenga, S. 261 (266 f.). A.A. etwa *H. Kube*, Eigentum an Naturgütern, S. 103, der Eigentum als eine Beziehung zwischen Person und Gegenstand versteht. Die Beherrschbarkeit von Immateriellem ist gegenüber Sacheigentum aufgrund der beschriebenen Eigenschaften von Information eingeschränkt, so auch *F. Fechner*, Geistiges Eigentum, S. 220.

688 So etwa *J. N. Druey*, Information, S. 34, der die Chance einer neuartigen Informations(zu)ordnung im Gegensatz zum Sachenrecht sieht.

689 *V. Mayer-Schönberger*, Information und Recht, S. 57 f.

690 *J. Brossette*, Wert der Wahrheit, S. 215 und *J. N. Druey*, Information, S. 34 m.w.N.

begrenzende Ausnahmen vom Paradigma der freien Verfügbarkeit.[691] Verteilungsregelungen haben dies auch insofern zu beachten, als dass Zuordnungen außerhalb des engsten persönlichen Bereichs daher immer nur relativ und nie umfassend sein können und sich in einem verringerten Schutzniveau auswirken.

3. Arten der Zuordnung

Die genannten Anknüpfungsmöglichkeiten für Zuordnung von Information werden nicht sämtlich genutzt. Es dominieren drei Arten, aus denen es aber auch Mischformen geben kann. Auch können die Intensität der Zuordnung und damit der Umfang der Verfügungsrechte unterschiedlich sein.

a) Gegenständliche Zuordnung

V.a. im Sachenrecht und im Recht des geistigen Eigentums werden konkrete (körperliche bzw. unkörperliche) Gegenstände einer Person zugeordnet. Voraussetzung hierfür ist, dass die betreffende Information als unkörperlicher Gegenstand verstanden werden kann. Hierfür müssen die Information als – relativ – identisches Objekt und die Beziehung zwischen Person und Information als stabil erscheinen.[692]

Information als Gegenstand zu fassen, bereitet im Gegensatz zu körperlichen Gegenständen, Sachen iS.d. § 90 BGB, oftmals Probleme,[693] weil Information sich nicht immer genau aus einem Informationskontext und einer Informationsstruktur herauslösen und, daraus folgend, isoliert als Gegenstand betrachten lässt. Denn die Identität von Information ergibt sich *auch* aus ihrer Kontextumgebung und führt dazu, dass die Identität einer Information nicht vollständig fixiert werden kann.[694] Diese geringe Identitätsfixierbarkeit zeigt sich vor allem bei Informationen, die nicht eng in komplexe Kontexte und (Wissens)strukturen eingebunden und als „einzelne" Informationen besonders mobil und kontextunabhängig sind.[695] Je mehr eine Information also in eine Wissensstruktur eingebunden ist, desto weniger lässt sie sich also abgegrenzt einzeln erfassen, ist aber – im Kontext betrachtet – weniger identitätsvolatil als eine Information außerhalb stabiler Vernetzungen.[696]

---

691 *T. Hoeren*, Information, MMR Beilage 9/1998, S. 6 (7).

692 Hierzu und zur Abgrenzung von bloßen Handlungsmöglichkeiten *J.-R. Sieckmann*, Modelle des Eigentumsschutzes, S. 88 f.

693 Denn das positive Zuordnungsrecht ist ganz auf körperliche Sachen zugeschnitten, *B. Pfister*, "Know How" als Vermögensrecht, S. 4

694 Ähnlich auch *V. Jänich*, Geistiges Eigentum, S. 196 f.

695 Siehe auch oben B.II.4.b) (S. 32).

696 *O. Depenheuer*, in: v. Mangoldt/Klein/Starck, GG I, Art. 14 Rn. 60. Zum Abgrenzungsproblem von Informationen auch *M. Rehbinder*, UrheberR, Rn. 42. Deshalb ist Voraus-

Insgesamt sind daher Informationsvernetzungen und -strukturen als ganze am ehesten gegenständlich (strenggenommen dann als Gesamtgegenstand aus einzelnen Informationen) fassbar, weil sie ein hohes Maß an Stabilität durch einen festen Kontext vermitteln. Anschaulich wird dies bei der Betrachtung von Immaterialgüterechten, bei denen eine ganze, zu anderen Informationen abgrenzbare Wissensstruktur als ein Gegenstand betrachtet wird, der als solcher eine stabile Identität hat.[697] Mit ganz ähnlichen Kriterien wird auch im Bilanzrecht über die Aktivierbarkeit von immateriellen Vermögenswerten entschieden.[698]

Insgesamt ist eine gegenständliche Zuordnung also voraussetzungsreich und stellt Anforderungen an die zuzuordnende Information(sstruktur). Denn diese Art der Zuordnung setzt die Abgrenzbarkeit einer Information und ihre tatsächliche Abgegrenztheit (von anderen Gegenständen bzw. nichtgeschützten, anderen Bereichen) voraus.[699] Kommt man dazu, dass es sich bei einer Information(sstruktur) um einen unkörperlichen Gegenstand handelt, dann ist er mit Sachen strukturell unmittelbar vergleichbares vorrechtliches und werthaftes Gut.[700]

Mit der Ausweitung der gegenständlichen Informationszuordnung, die für eine unmittelbare Handelbarkeit – also die selbständige Veräußerlichkeit bzw. Ver-

---

setzung für eine Bilanzierung von immateriellen Gegenständen im Steuerrecht, dass diese identifizierbar sind, so *R. Walz*, Wirtschaftsgüter, in: FS L. Fischer, S. 463 (469).

697 Im Urheberrecht ist das ganze Werk Gegenstand des Schutzrechts, nicht einzelne Informationen hieraus. Letztere ließen sich auch nur unzureichend aus dem Gesamtwerk isolieren. Vgl. auch das Patentrecht, wo in einer Patent- bzw. Offenlegungsschrift die aus vielen einzelnen Informationen bestehende Wissensstruktur exakt zu beschreiben versucht wird (vgl. § 32 Abs. 2 und 3 PatG), um ihr eine Identität und Unverwechselbarkeit zu geben. Sie ist als derart fixierte Struktur Gegenstand.

698 Vgl. *H. Merkt*, in: Baumbach/Hopt, HGB, § 246 Rn. 4 ff.: Voraussetzungen der Aktivierbarkeit immaterieller Güter in der Bilanz sind eigenständige Bewertbarkeit (und damit Abgrenzbarkeit) und selbständige Verkehrsfähigkeit. Sie müssen eine konkrete Möglichkeit und abgrenzbare Nutzenserwartung für den Betrieb darstellen, *R. Walz*, Wirtschaftsgüter, in: FS L. Fischer, S. 463 (475). Da letztlich jedes Wirtschaftsgut auf eine geistige Leistung zurückzuführen ist, fällt eine Abgrenzung zwischen immateriellem und materiellem Gegenstand bisweilen schwer, vgl. etwa *J.-P. Kählert/S. Lange*, Abgrenzung, BB 1993, S. 613 (614 f). Des weiteren zu den Anforderungen an immaterielle Gegenstände *J. Eschenbach*, Schutz des Eigentums, S. 596 f., nach dem Zuordnungsobjekt nur das sein kann, was auch unabhängig von der Person, der es zugeordnet ist, existiert. Ist es mit der Person unlösbar verbunden, handelt es sich um einen Teil der Person und nicht um ein selbständiges Objekt. Das Objekt muss also prinzipiell jedem Menschen zugeordnet werden können und der Außenwelt angehören.

699 Analog zu den Ausführungen von *P. Bydlinski*, Sachbegriff, AcP 198 (1998), S. 287 (303). Die Abgegrenztheit (i.V.m. anderen Kriterien) führt dazu, dass man von einem Gegenstand sprechen kann. Für weitere Kriterien für die Gegenständlichkeit von Information/Geheimnis siehe G.III.1. (S. 163).

700 *M. Haedicke*, Rechtskauf und Rechtsmängelhaftung, S. 73.

kehrsfähigkeit[701] – sorgt, werden die Anforderungen an die Gegenständlichkeit immer geringer. Denn hohe Ansprüche an den Werkbegriff und an die Schöpfungshöhe sichern die Gegenständlichkeit von Information durch einen festen Kontext. Mit der Ausweitung von gegenständlich gedachten Rechten an Information sinken die Anforderungen – erkauft allerdings durch einen geringeren Schutz.

b) Zuordnung nach Bereichen

Information kann aber auch – ohne dass es auf ihre Gegenständlichkeit ankommt – einer Person darüber zugeordnet sein, dass sie sich in einem Bereich befindet, über den die Person herrscht und der als ihr als zu ihr gehörig ausgewiesen ist. Dieser Bereich ist durchaus auch als räumlicher zu verstehen. In ihm entstehende und ausschließlich dort vorhandene Information ist demjenigen zugewiesen, der über den räumlichen Bereich berechtigterweise herrscht. Beispiele sind etwa private Wohnungen und Unternehmensgebäude.[702] Der zunächst räumliche Sphärengedanke wird zwar durch abstrakte, wertende Zuordnungskriterien weitgehend abgelöst, ist aber Ausgangspunkt der der Informationszuordnung nach Bereichen.[703]

Auch bei Verpflichtungen zur Weitergabe von Informationen aus dem geschützten Bereich an Behörden bleiben diese schützenswert. Denn mit der Erhebung bzw. Weitergabe wird der private Bereich ausgelagert in den behördlichen Bereich, geschützt wird er durch Zweckbindungen.[704]

c) Inhaltliche Zuordnung

Des Weiteren kann über den Inhalt einer Information diese einer Person zugeordnet werden. Beispiel im Datenschutz ist etwa die Personenbezogenheit, die Inhaltsbezogenheit bedeutet, weil alle die Informationen in den Schutzbereich des BDSG fallen, die sich inhaltlich auf eine einzelne Person beziehen.[705] Dieser Inhaltsbezug ist nur dann vorhanden, wenn die Information mit dem Namen verknüpft ist oder die Verbindung zur Person auf andere Weise hergestellt werden kann. So ist etwa ein Fingerabdruck solange kein personenbezogenes Datum, als nicht ein Bezug zu einer konkreten natürlichen Person hergestellt werden kann. Die Person ist also der für die Information wesensnotwendige Kontext; dieser wird erst hergestellt durch die Identifikation mit der betreffenden Person, welche

---

701 Vgl. *H. Merkt*, in: Baumbach/Hopt, HGB, § 246 Rn. 5.

702 Zur Privatsphäre ausführlich *M. Albers*, Informationelle Selbstbestimmung, S. 193 ff.

703 Vgl. *H. Dreier*, in: ders. (Hrsg.), GG, Art. 2 Abs. 1 Rn. 70. Deutlicher ist der räumliche Bezug in Art. 13 GG, *G. Hermes*, in: H. Dreier (Hrsg.), GG, Art. 13 Rn. 1 und 12 ff. Dieses Grundrecht ist explizit auf „die Beherrschung von Informationen" in geschützten Räumlichkeiten gerichtet.

704 Hierzu *G. Hermes*, in: H. Dreier (Hrsg.), GG, Art. 13 Rn. 33.

705 Vgl. hierzu *P. Gola/R. Schomerus*, BDSG, § 3 Rn. 3 f.

so ihrerseits zum Objekt der Information wird[706]. Eine Information hat also dann einen Unternehmensbezug, wenn als Teil ihres Inhalts ein einzelnes Unternehmen genannt wird oder identifizierbar ist.[707] Zwar gibt es für personenbezogene Informationen Vorschläge zur Ausgestaltung als Verfügungsrechte in mehr gegenständlicher Weise, um die informationellen Selbstbestimmung zu verstärken,[708] allerdings führt dies noch nicht zur Gegenständlichkeit der personenbezogenen Informationen.[709]

Der Inhaltsbezug als Zuordnungsgrund ist allerdings in besonderer Weise entgegenstehenden Interessen ausgesetzt. Denn eigentümerähnliche Herrschaftsbefugnisse beschränken auch immer die Meinungs- und Informationsfreiheit anderer und beschränken damit fremdes (informationelles) Handeln.[710] Zwar tangiert jede Zuordnung die Kommunikation anderer, allerdings kann sich nur die inhaltsbezogene Zuordnung auch auf Informationen beziehen, die frei in der öffentlichen Sphäre vorhanden sind. Andererseits kann die Zuordnung zur Person auch besonders stark und schutzwürdig sein, weil die Information durch den Inhaltsbezug die Persönlichkeit einer Person beschreibt und besonders intensiv auf sie zurückwirkt.

---

706 *J. N. Druey*, Information, S. 25 f. spricht von der Objektsperson bzw. dem Betroffenen.

707 So ist die Information, dass irgendein Unternehmen ein neues Produkt herausbringen wird, wertlos und nicht schützenswert, solange nicht bekannt ist, um welches Unternehmen es sich handelt. Auch etwa Kalkulationsunterlagen haben nur einen Wert, wenn bekannt ist, aus welchem Unternehmen sie stammen. Ihr Wert ergibt sich gerade aus dem Bezug zu einem konkreten Unternehmen.

708 Etwa bei *W. Kilian*, Informationelle Selbstbestimmung, CR 2002, S. 921, *V. Boehme-Neßler*, Datenschutz, K&R 2002, S. 217 und *A. W. Branscomb*, Who owns information?, S. 180 f., die die Probleme und Grenzen eines solchen Ansatzes aber noch weitgehend ausblenden; kritischer hingegen *V. Bergelson*, Property rights in personal information, U.C. Davis L. Rev. 37 (2003), S. 379 ff. und *R. A. Posner*, Right of Privacy, Ga. L. Rev. 12 (1978), S. 393 (397 ff.), *H. Meister*, Datenschutz im Zivilrecht, S. 117 ff., *K.-H. Ladeur*, Datenschutz, DuD 2000, S. 12 (18) und *T. Weichert*, Wem gehören die privaten Daten?, in: FS W. Kilian, S. 281 ff. sowie *ders.*, Ökonomisierung, NJW 2001, S. 1463 (1465 ff.). Ausführlich auch *B. Buchner*, Informationelle Selbstbestimmung, S. 208 ff. Ablehnend auch *R. Pitschas*, Informationsordnung, in: W. Hoffmann-Riem/E. Schmidt-Aßmann/G. F. Schuppert (Hrsg.), Reform des Allgemeinen VerwR, S. 219 (244).

709 Kritisch jüngst noch einmal BVerfG, EuGRZ 2006, S. 695 (697): „Gerade im Verkehr zwischen Privaten lässt sich dem allgemeinen Persönlichkeitsrecht allerdings kein dingliches Herrschaftsrecht über bestimmte Informationen entnehmen." Persönlichkeitsrechte können danach keine Gegenstände sein, *H. Heinrichs*, in: Palandt, BGB, Überbl. v. § 90 Rn. 2. Ablehnend auch *M. Albers*, Informationelle Selbstbestimmung, S. 144. Differenzierend *J. Kühling*, Datenschutz, DV 40 (2007), S. 153 (165 f.), nach dem eine eigentumsrechtliche Betrachtungsweise allenfalls in einigen Bereichen (Adressdatenhandel etc.) als Ergänzung des persönlichkeitsrechtlichen Schutzansatzes hinzukommen, letzteren aber nicht verdrängen kann.

710 *J. Brossette*, Wert der Wahrheit, S. 215.

F. Zusammenfassung des zweiten Teils

Unternehmensgeheimnisse sind aufgrund des Aufstiegs der Information zum entscheidenden Symbol und Leitbild der modernen Gesellschaft durch zum einen veränderte Regelungskonzepte mit ihrer stärkeren Einbeziehung von Privaten in die Rechtskontrolle und zum anderen erhöhten Informationszugangsmöglichkeiten größeren Gefahren ausgesetzt und stellen gleichzeitig mehr denn je wichtige Wertgegenstände dar. Der Konflikt zwischen Offen- und Geschlossenheit[711] hat sich damit auf einer neuen Ebene aktualisiert und dramatisiert. Vor allem auch die sich fortsetzende Proprietarisierung unternehmerischer Geheimnisse verhindert nicht nur einen Systemwechsel zur völligen Offenheit und Zugänglichkeit von Information, sondern ist Basis einer strukturellen Gegenbewegung zu und Grenze von freiem Informationszugang. Aufgrund der sich ändernden rechtlichen und tatsächlichen Rahmenbedingungen ist dieser Konflikt auch nicht endgültig zu lösen; vielmehr lässt sich mit Hilfe genauer, noch zu entwickelnder abwägungsleitender Vorgaben lediglich eine fragile praktische Konkordanz von geringer Halbwertzeit herstellen.

711 Vgl. einleitend Fn. 3.

Dritter Teil

G. Neuansatz des Schutzes von Unternehmensgeheimnissen

Auf der Grundlage der bisherigen Erkenntnisse lässt sich ein Neuansatz für den Schutz von Unternehmensgeheimnissen wagen.

I. Notwendigkeit eines neuen Schutzkonzepts

Wie der bisherige Verlauf der Untersuchung ergeben hat, muss Ziel ein Schutzkonzept für Unternehmensgeheimnisse sein, das die veränderten rechtlichen[712] und tatsächlichen[713] Bedingungen rezipiert. Dabei ist der Geheimnisschutz als subjektiv-öffentliches Recht angesichts zunehmender Interferenzen mit dem Privatrecht[714] mit dessen lauterkeits- und deliktsrechtlichen Schutzgewährleistungen abzustimmen,[715] zumal der Geheimnisschutz zivilrechtliche Wurzeln hat.[716] Dennoch findet in öffentlich-rechtlichen Konstellationen nicht lediglich der Ausgleich zwischen privatautonom handelnden, gleichberechtigten Subjekten statt, so dass das lauterkeitsrechtliche Schutzkonzept von Geheimnissen sich einfach übernehmen ließe. Daher stellt sich die Frage, ob und inwieweit Private vermittelt durch subjektiv-öffentliche Rechtsstellungen Einblick in Unternehmensgeheimnisse

---

712 Wandel zum Gewährleistungsstaat, erhöhter Informationszugang, vgl. unter E.I.2. (S. 127 f.).

713 Wachsende Bedeutung von Information als Wirtschaftsgut, vgl. unter E.II. (S. 128 ff.).

714 Denn das Verhältnis Bürger zu Bürger ist nicht mehr reine Domäne des Privatrechts, sondern auch zum Regelungsgegenstand des Verwaltungsrechts geworden, *H. de Wall*, Anwendbarkeit privatrechtlicher Vorschriften, S. 39 f. Auch die dargestellte Durchsetzung öffentlicher Interessen durch Private und andere gewährleistungsstaatliche Regelungstechniken führen zur Relativierung der beiden Teilrechtsordnungen, vgl. in diese Richtung auch *H.-H. Trute*, Verzahnungen, in: W. Hoffmann-Riem/E. Schmidt-Aßmann (Hrsg.), Wechselseitige Auffangordnungen, S. 167 (174 ff., 181, 202 f.).

715 Andere Lösungen als die der Konvergenz würden zu zahlreichen Umgehungsmöglichkeiten führen mit der Folge, dass Geheimnisse nur auf dem Schutzniveau der Teilrechtsordnung mit den geringeren Schutzgewährleistungen abgesichert werden.

716 Siehe C.II.7. (S. 49 ff.). Insofern kann man von der Transformation eines zivilrechtlichen Instituts in das Öffentliche Recht sprechen, hierzu *H. de Wall*, Anwendbarkeit privatrechtlicher Vorschriften, S. 60.

nehmen dürfen, welche nach den Wertungen des Privatrechts auf lautere Weise nicht zu erlangen gewesen wären.[717]
Auch hat sich gegenüber der reinen Lauterkeitsentscheidung, ob der Informationszugriff von außen durch ein anderes Unternehmens aus *ex post*-Sicht rechtmäßig war, die gegenseitige Begrenzung der unterschiedlichen Informationsinteressen verkompliziert, weil die Behörde zum einen selbst über die Informationen verfügt und zum anderen auch hinter den Einsichtsrechten stehende Gemeinwohlinteressen beachten und in die Abwägungsentscheidung einbeziehen muss. Zudem haben die Beurteilung der Nachteile für das betroffene Unternehmen sowie der durch die Einsicht entstehenden Vorteile für öffentliche Interessen aus der Sicht *ex ante* zu erfolgen, was der Behörde ein Mehr an Prognoselast und Unsicherheit in ihrer Entscheidung bringt.
Zudem berührt die Geheimhaltung von Informationen im unternehmerischen Interesse verschiedene Schutzbereiche gleichzeitig und ineinander verschachtelt: So spielen für die Begründung der Geheimhaltung eine Rolle die individuelle Handlungsfreiheit, der Vermögensschutz, Wettbewerbsfreiheit und der Leistungsschutz.[718] Hierfür gilt es, die verschiedenen Argumentationslinien in einer Neukonzeption zu entwirren und die jeweiligen Begründungen für die Schutzwürdigkeit einer geheimen Information freizulegen.[719]

II. Rahmen einer Neukonzeption

Als Rahmen einer Neukonzeption sind zum einen gesamtwirtschaftliche Gründe für Geheimhaltung (hierzu unter 1.), zum anderen veränderte Realbedingungen (hierzu unter 2.) zu beachten.

1. Staatliche Gewährleistung des Wettbewerbs

Neben Eingriffen in subjektive Rechtspositionen können Akteneinsicht und allgemeiner Zugang zu wirtschaftlich relevanten, geheimen Informationen und Da-

717 Im Lauterkeitsrecht wird *tatsächliches* Handeln von Unternehmen (Aktivitäten, um an Geheimnisse zu gelangen, wie Rückbau von Produkten [*reverse engineering*], Beobachtung und Ausspähung von Konkurrenten etc.) beurteilt, im Öffentlichen Recht hingegen geht es um den Verlust eines Geheimnisses bei Behörden, also ein Verlust aufgrund *rechtlicher* Regelungen. Das Nebeneinander von tatsächlicher Geheimhaltung und rechtlichem Geheimnisschutz droht hierdurch verloren zu gehen, *E. Hauck*, Wirtschaftsgeheimnisse, S. 69.

718 Vgl. auch *E. Hauck*, Wirtschaftsgeheimnisse, S. 103.

719 Dies ist allein schon durch die in der historischen Betrachtung (C.II.7. [S. 49 ff.]) hervortretende Differenzierung gefordert.

ten auch eine Beeinflussung des Wettbewerbs als Institution bewirken.[720] Denn mit dem Erlangen wettbewerbsrelevanter Informationen eines Konkurrenten, die unter normalen Umständen nicht zugänglich sind, wird ein Unternehmen in seinem Wettbewerbsverhalten beeinflusst und in den ergebnisoffenen Prozess des *trial and error* eingegriffen. In (betriebswirtschaftlich) positiver Hinsicht werden so unnötige Suchkosten vermieden,[721] in (volkswirtschaftlich betrachtet) negativer wird auf Alternativentwicklung verzichtet und das eigene Verhalten dem des anderen Unternehmens angepasst.[722] Diese Anpassung geschieht nicht über den Markt als Informationsmedium und ist daher Ursache der wettbewerbsbeschränkenden Wirkung.

Vergleichbar sind die Wirkungen der Informationserlangung durch Ausübung von Einsichtsrechten mit Marktinformationsverfahren,[723] die für ihre Teilnehmer die Markttransparenz erhöhen und negative Auswirkungen auf den Wettbewerb haben können.[724] Im Kartellrecht fallen diese Verfahren aufgrund der entstehenden

---

720 Festgestellt worden ist diese Wirkung bisher für wirtschaftsrechtliche Publizitätspflichten von Unternehmen (etwa §§ 325 HGB, 15 WpHG), vgl. *L. Meyer/U. Müller*, Zukunft, WuW 2007, S. 117 (124 f.) sowie die technische Entwicklung, *P. Krone*, Horizontale Markttransparenz, S. 119 ff. Sie gilt aber auch für Informationserhalt aus Informationszugangs- und verfahrensrechtlichen Akteneinsichtsrechten.

721 Dies ist für das Unternehmen der Anreiz zur Erlangung der Informationen, siehe D.II.1.b) (S. 83 f.)

722 Im theoretischen Wettbewerbsmodell führt vollkommene Transparenz und damit das Fehlen jeglicher Wissensasymmetrien zum Wettbewerbsstillstand, weil für Erwerb und Verwertung von Wissen als maßgebliches Wettbewerbshandeln kein Anreiz und Bedarf mehr besteht, vgl. im Einzelnen *G. Aberle*, Ökonomische Bewertung, in: Bewertung und Zulässigkeit von Marktinformationsverfahren, S. 1 (2 ff., insb. 5). Innovationsaktivitäten in Gestalt eigenständiger Allokationsentscheidungen (*D. Wieddekind*, Innovationsforschung, in: M. Eifert/W. Hoffmann-Riem (Hrsg.), Innovation und rechtliche Regulierung, S. 134 [145]) entfallen dann.

723 Zum Begriff *P. Krone*, Horizontale Markttransparenz, S. 7 ff. Hierbei kooperieren mehrere Unternehmen miteinander, indem sie marktrelevante Informationen und Daten austauschen. Inhalt des Austauschs sind überwiegend Informationen, die als Unternehmensgeheimnisse gelten (Absatzmengen, Umsätze, Investitionen, Geschäftsabschlüsse, Konditionen und Rabatte usw.). Hierdurch entheben sich die kooperierenden Unternehmen nicht nur gegenseitig zu einem gewissen Grad des Wettbewerbszwangs, sondern erreichen auch kartellartige Vorteile gegenüber nichtbeteiligten Unternehmen. Hierzu *C. Berg*, Geschäftsgeheimnisse, S. 16 f.

724 Vgl. zu den Schwierigkeiten der Bewertung von Marktinformationsverfahren *F. Wagner-v. Papp*, Marktinformationsverfahren, S. 186 ff., 213 ff.; entscheidend sein kann u.a. der Inhalt des Ausgetauschten, des weiteren Art der Ausgestaltung (v.a. Identifizierbarkeit der Teilnehmer), Marktkonzentrationsgrad, Produkt usw. Hierzu auch *E.-J. Mestmäcker/H. Schweitzer*, Europ. WettbewerbsR, § 9 Rn. 42 ff. Im ökonomischen Modell der vollständigen Informiertheit des Marktes und seiner Teilnehmer kommt der Wettbewerb zum Erliegen.

„Reaktionsverbundenheit“[725] daher überwiegend unter das Verbot des § 1 GWB[726] bzw. Art. 81 Abs. 1 EGV[727], können sich aber – vereinzelt – auch positiv auf den Wettbewerb auswirken.[728] Einziger Unterschied von Einsichtsrechten zu solchen Marktinformationsverfahren ist, dass kein kooperativer Informationsaustausch, sondern eine einseitige Informationsaufnahme stattfindet. Dies hat eine zusätzliche wettbewerbshemmende Wirkung, weil der Informationsfluss nur zugunsten des Einsichtnehmenden erfolgt und daher die Markttransparenz nicht allgemein – oder zumindest für einen größeren Kreis von Unternehmen – erhöht wird.

Aufgrund der uneindeutigen Bewertung von Informationsflüssen zwischen Unternehmen im Rahmen von Marktinformationsverfahren verbietet sich zwar eine Extremlösung in Form eines völligen Verbots von Informationsaustausch zwischen Unternehmen;[729] fest steht aber, dass die Geheimhaltung wettbewerbsrelevanter Informationen eines Unternehmens für funktionierenden Wettbewerb unerlässlich und daher schutzbedürftig ist,[730] um einen gewissen Grad an Ungewissheit aufrecht zu erhalten.

Das wirtschaftsverfassungsrechtliche Leitbild des Wettbewerbs kann also nicht nur als Argument für Transparenz und Informationszugänglichkeit[731] dienen, sondern muss auf der anderen Seite auch Kontrolle eines Unternehmens über seine Informationen und Daten absichern.[732] Geheimhaltung ist zudem Teil der objektiven Dimension des Art. 12 GG und als Sicherung einer suboptimalen Informa-

---

725 *M. Albers*, Wettbewerbsbeschränkung durch Information, CR 1987, S. 753 (755).

726 *D. Zimmer*, in: Immenga/Mestmäcker, GWB, § 1 Rn. 390 ff.

727 *E.-J. Mestmäcker/H. Schweitzer*, Europ. WettbewerbsR, § 9 Rn. 40 ff.

728 *F. Wagner-v. Papp*, Marktinformationsverfahren, S. 261 ff. Insbesondere Internet-Marktplätze als Marktinformationssysteme i.w.S. können vorteilhaft für den Wettbewerb sein, *E.-J. Mestmäcker/H. Schweitzer*, Europ. WettbewerbsR, § 9 Rn. 46, kritischer *U. M. Gassner*, Internet-Handelsplattformen, MMR 2001, S. 140 ff. und *L. Meyer/U. Müller*, Zukunft, WuW 2007, S. 117 (123 f.).

729 *F. Wagner-v. Papp*, Marktinformationsverfahren, S. 304 ff.

730 *L. Meyer/U. Müller*, Zukunft, WuW 2007, S. 117 (117). Skeptischer *W. Benisch*, Geheimwettbewerb, in: FS E. Steindorff, S. 937 (943 ff.).

731 Vgl. als Beispiel für Information als Voraussetzung für Wettbewerb etwa BVerwGE 118, S. 270 ff. und neustens auch EuG, WuW 2007, S. 1169 ff., indem es um Schnittstelleninformationen für Software ging; grdl. hierzu *J. Petersen*, Medienrecht und Informationsrecht, S. 11 ff.; zur Entscheidung selbst *H.-C. Hausmann*, Microsoft-Urteil, MMR 2008, S. 381 ff. Informationsweitergaben und Offenlegungen dienen gerade auch der Herstellung und Sicherung von Wettbewerb und ermöglichen damit die freie wirtschaftliche Betätigung, vgl. hierzu *E.-J. Mestmäcker*, in: Immenga/ders., GWB, Einl. Rn. 7.

732 Informationsfluss in Form einer Verhaltensabstimmung zwischen Unternehmen ist hingegen unerwünscht, *D. Zimmer*, in: Immenga/Mestmäcker, GWB, § 1 Rn. 107 ff.

tionsverteilung Funktionsvoraussetzung für Wettbewerb – frei nach dem noch zu prägenden Motto „Wettbewerb wird geheim sein oder er wird nicht sein".[733] Angesichts der „Ambivalenz von Information im Wettbewerb"[734] muss ein *Korridor* zwischen den jeweils negativen Positionen der vollständigen Offenheit und der kompletten Informationsabschottung abgesteckt werden. Hiervon ist auch der Schutz von Unternehmensgeheimnissen betroffen. Prozessuale Ausgestaltungen und Akteinsichtsmöglichkeiten, die dies nicht angemessen berücksichtigen, können nicht nur zu Grundrechtsverletzungen bei den betroffenen Unternehmen, sondern auch zu negativen Auswirkungen auf den Wettbewerb durch die Ausnutzung im Verfahren erlangter Informationen und Daten führen.[735] Durch die Erweiterung von Einsichtsrechten und das Zurückdrängen eines anerkannt schützenswerten Bereichs der Unternehmensgeheimnisse ist der Geheimwettbewerb neuen Gefährdungen ausgesetzt, weshalb in allen geheimnisschützenden Normen ein Mindestschutz zum Ausdruck kommen und als *öffentliches Interesse* an der Geheimhaltung in Abwägungen eingestellt werden muss.

Ein Beispiel für die Berücksichtigung dieser Erkenntnis ist etwa § 3 Nr. 1 d) IFG: Die Regelung zeigt, dass Akteneinsicht von Unternehmen (v.a. in Akten des BKartA oder der BNetzA) sich nicht nur auf Unternehmensgeheimnisse anderer Unternehmen, sondern auch auf den Wettbewerb negativ auswirken kann. Daher kann ein Einsichtsbegehren auch aus Gründen des Institutionenschutzes abgelehnt werden.[736]

---

733 Angedeutet auch in BVerfGE 115, S. 205 (229), *J. Dietlein/A. Brandenberg*, Betriebs- und Geschäftsgeheimnisse, N&R 2006, S. 95 (97) und bei *T. Spiegels*, Geheimverfahren, VBlBW 2004, S. 208 (212); ansonsten ist die institutionelle Funktion der Geheimnissicherung im Zuge der Debatte um Informationszugang und Akteneinsicht weitgehend unbelichtet geblieben. Zwar gibt Art. 12 GG nicht direkt ein Wirtschaftssystem vor; allein durch seine Freiheitsgewährungen scheint aber nur ein zunächst staatsfreies Wettbewerbssystem möglich, in dem staatliche Maßnahmen als Eingriffe rechtfertigungsbedürftig sind, *G. Manssen*, in: v. Mangoldt/Klein/Starck, GG I, Art. 12 Rn. 32.

734 *F. Wagner-v. Papp*, Marktinformationsverfahren, S. 29 f.

735 *U. Dormann*, Drittklagen, S. 179.

736 So *C. Burholt*, Auswirkungen, BB 2006, S. 2201 (2203), *A. Leopold*, Kartellbehörden, WuW 2006, S. 592 (595) und *M. Rossi*, IFG-Hk, § 3 Rn. 22. Eine Einwilligung des betroffenen Unternehmens in die Akteneinsicht scheidet dementsprechend aus. So wird verhindert, dass Akteneinsichtsrechte zur Installation eines Marktinformationssystems missbraucht werden (vgl. hierzu Fn. 470, entspr. auch *D. Waelbroeck/A. Specker*, Freedom, EurUP 2006, S. 236 [239]). Daneben kann sich der Schutz von Unternehmensgeheimnissen auch aus §§ 3 Nr. 4 IFG i.V.m. 30 VwVfG ergeben.

2. Neue Gefährdungen und Anforderungen

Ein Konzept zum Schutz von Unternehmensgeheimnissen hat die veränderten Realbedingungen zu beachten. Neben den oben bereits dargestellten[737] sind dies v.a. folgende Feststellungen:

a) Schutz gegen den Staat

Gegenteilig zu der Entwicklung im Datenschutzrecht, das Gefahren für personenbezogene Daten lange nur in staatlichen Stellen sah und sich erst durch längere Entwicklungszeiträume von einer gewissen Staatsfixiertheit gelöst hat und immer noch löst,[738] blenden geheimnisschutzrechtliche Regelungen Konstellationen, in denen der Staat Geheimnisse von Privaten erlangt, weitgehend aus ihrem Schutzbereich aus. Dies ist aus dem Blickwinkel des Schutzes von Unternehmensgeheimnissen gerechtfertigt, solange sie beim Staat verbleiben und dieser sie nicht selbst zu wettbewerblichen Zwecken nutzt.[739] Zudem lassen sich Informationsanforderungen des Staates mit erhöhter Erforderlichkeit aufgrund seines stetig steigenden Informationsbedarfs[740] rechtfertigen.
Die Einschränkung solcher Informationsanforderungen ist also erst dann geboten, wenn, etwa durch Erweiterung von Einsichtsrechten, die Informationsdurchlässigkeit staatlicher Institutionen erhöht wird und hierdurch der Schutz von Unternehmensgeheimnissen beim Staat nicht mehr angemessen zu gewährleisten ist. Ein solch angemessenes Schutzniveau ist dann nicht mehr gegeben, wenn der Schutz in öffentlich-rechtlichen Konstellationen gegenüber der durch zivilrechtliche Normen vermittelten Konstruktion wesentlich zurückbleibt. Zwar ergeben sich aus den im Öffentliche Recht verwurzelten Gemeinwohlinteressen zusätzliche Offenlegungsargumente und damit Einschränkungen des Geheimnisschutzes; dies darf aber nicht zu einer Infragestellung des Instituts des Unternehmensgeheimnisses führen, sondern es muss sich der Geheimnisschutz im Öffentlichen Recht an der zivilrechtlichen Ausgestaltung zumindest orientieren.

---

737 Wandel zur Informationsgesellschaft, vgl. E.I. (S. 125 ff.), Kommerzialisierung von Information, vgl. E.II. (S. 128 ff.) und v.a. die verstärkte Einbeziehung Privater in die öffentlich-rechtliche Rechtsdurchsetzung, vgl. D.II.4.b) (S. 113 ff.).

738 Vgl. Fn. 18.

739 Die Pflicht zur Informations- und Wissensüberlassung in zahlreichen Bereichen, etwa im Steuerrecht und der Wirtschaftsüberwachung, an den Staat korrespondiert mit der Zusicherung desselben, das Überlassene nicht zu veröffentlichen oder weiterzugeben; vgl. hierzu grundlegend *H.-U. Evers*, Privatsphäre und Ämter für Verfassungsschutz, S. 12 f.

740 Zu diesem *R. Pitschas*, Handlungsformen, in: W. Blümel/ders. (Hrsg.), Reform des Verwaltungsverfahrens, S. 229 (248), *K. Stohrer*, Informationspflichten Privater, S. 111 ff. und *J. Steinbicker*, Staat der Wissensgesellschaft, in: P. Collin/T. Horstmann (Hrsg.), Wissen des Staates, S. 91 (115 ff.). Indirekt auch *G. Hermes*, in: H. Dreier (Hrsg.), GG, Art. 13 Rn. 14.

b) Erhöhte Zugänglichkeit vieler Informationen

Durch Informationsdienste und ausgeweitete Recherchemöglichkeiten verringert sich der Anteil der Informationen, die als nicht offenkundig und damit geheim anzusehen sind. Vor allem die Publizitätspflichten von Unternehmen,[741] die einer höheren Markttransparenz dienen, ermöglichen es anderen in Verbindung mit der nahezu aufwandslosen Erreichbarkeit der Informationen und Daten über das Internet, diese zu sammeln, zu kombinieren und auszuwerten.[742]
Ursache für diese Entwicklung sind zum einen die Erweiterung der technischen Möglichkeiten, zum anderen der sich – ebenso wie beim Staat – erhöhende Informationsbedarf von Gesellschaft und Wirtschaft. Zudem werden vermehrt Pflichten der Unternehmen zu Publikation von Informationen als Steuerungsmittel eingesetzt, um die Markttransparenz zu erhöhen.
Auf der anderen Seite erhöht sich auch die *Unübersichtlichkeit*, ob eine Information bereits veröffentlicht wurde und damit als offenkundig nicht mehr Geheimnis ist. Gerade aufgrund der zahllosen Informationszugänge und Massen erreichbarer Information werden eigentlich veröffentlichte Informationen von Konkurrenten gar nicht gefunden und sind daher noch als geheim einzustufen.[743] So können Information etwa im Rahmen der Durchführung von Umwelt-Audits, in Patentschriften, Gerichtsverhandlungen, aufgrund von Informationszugangsrechten oder als (teilweise) Veröffentlichung in Fachzeitschriften öffentlich werden.[744] Die Grenze zwischen Geheimem und Öffentlichem verschwimmt.

c) Aktivitäten der Konkurrenzunternehmen

Entsprechend der erhöhten Zugänglichkeit betreiben Unternehmen inzwischen professionell die Beobachtung von Konkurrenten. So beschreibt etwa *competitor accounting* das systematische Sammeln und Analysieren von Jahresabschlussinformationen der Konkurrenz.[745] Es ermöglicht weitreichende Schlussfolgerungen

741 Zu diesen auch unter D.I.2.d) (S. 78).

742 Vgl. die Darstellung von *C. Dömich*, Textmining von Wirtschaftsinformationen, in: M. Ockenfeld (Hrsg.), Leitbild Informationskompetenz, S. 99 ff.

743 Dies hat Auswirkungen auf das Kriterium der Offenkundigkeit als Voraussetzung eines Geheimnisses. Es kann oftmals gar nicht mehr wirklich beurteilt werden; denn oft kann eine Information an vor lauter Angeboten verborgener Stelle doch verfügbar sein.

744 Kritisch, dass dies bereits zur Offenkundigkeit führen soll, *J. Fluck/S. Merenyi*, Zugang, VerwArch 97 (2006), S. 381 (403). Anders aber *E. W. Kitch*, Valuable Information, in: N. Stehr/R. Grundmann (Hrsg.), Knowledge, Bd. 3, S. 305 (314).

745 So die Definition von *A. Hoffjan*, Competitor Accounting, BB 2003, S. 1494 (1494). Analysiert werden vor allem Handelsregistereinträge, veröffentlichungspflichtige Abschluss- und Zwischenberichte sowie Presse- und Ad hoc-Mitteilungen. Ähnlich auch der Begriff *Competitive Intelligence*, der die strategische Markt- und Wettbewerbsbeobachtung und damit Konkurrenzforschung beschreibt, für das große Unternehmen bereits eigene Abteilungen eingerichtet haben. Vgl. hierzu *H. P. Burwell*, Online competitive intelligence,

über die Situation des Konkurrenzunternehmens sowie dessen Ausrichtung und Strategie. Zudem haben sich Firmen auf die Informationssammlung und Erstellung von Dossiers über Unternehmen spezialisiert, die erworben werden können, um Informationen über Wettbewerber zu erhalten; v.a. Schätzungen der Kosten der Wettbewerber für einzelne Produkte – strategisch wichtige Unternehmensgeheimnisse – werden so möglich.[746] Die wettbewerbsbezogenen Nachteile von Publizität sind also auch auf Informationszugangsrechte zu übertragen.[747] Folge dieser stark angewachsenen Zugriffsmöglichkeiten auf Informationen über Unternehmen und deren Rekombinierbarkeit ist, dass Informationen schwieriger als nichtoffenkundig, also geheim einzustufen sind.

d) Multipolarer Interessenausgleich

Die Regeln der abwägenden Prüfung in bipolaren Konfliktlagen müssen für multipolare Konstellationen modifiziert werden,[748] da das Vorgehen der Behörde an den Grundrechten zweier einander gegenüberstehender Grundrechtsträger zu messen ist. Es müssen also sowohl das Recht auf effektiven Rechtsschutz des Wettbewerbers und die dahinterstehenden materiellen Rechte als auch den Schutz der Unternehmensgeheimnisse des regulierten Unternehmens derart berücksichtigt werden, dass die Angemessenheit beider Positionen gewahrt bleibt. Da der Schutz des einen Rechtsguts nur auf Kosten des anderen zu realisieren ist, müssen die Schutzanliegen jeweils in einem angemessenen Verhältnis zur Beeinträchtigung des anderen stehen.[749] Es handelt sich dabei um *ungleichartige* Grundrechtskollisionen, die Beteiligten können sich also auf unterschiedliche Grundrechte berufen, die im konkreten Fall einander einschränken. Für eine Abwägung zwischen beiden sind *konkretisierende Maßstäbe und Beurteilungskriterien* notwendig.[750]

---

insbes. S. 3 ff. sowie die websites www.dcif.de und www.scip.org. Inzwischen gibt es auch einen entsprechenden Aufbaustudiengang, vgl. FAZ v. 3.11.2007, S. C 1.

746 *A. Hoffjan*, Competitor Accounting, BB 2003, S. 1494 (1495).

747 Angeboten werden z.B. entsprechende Dienstleistungen auch für Anfragen nach dem US-amerikanischen FOIA etwa von der FOIA Group, Inc. und FOI Service, Inc. Vgl. auch *E. Gurlit*, Akteneinsicht, in: G. Winter (Hrsg.), Öffentlichkeit von Umweltinformationen, S. 511 (521 f.).

748 BVerfGE 115, S. 205 (233 f.). Ausführlicher bereits unter D.II.2.d)(3) (S. 95 f.).

749 BVerfGE 115, S. 205 (234).

750 *M. Schmidt-Preuß*, Kollidierende Privatinteressen, S. 52 (Hervorh. jew. im Orig.). Im Rahmen dieser Arbeit werden die geforderten Maßstäbe lediglich für das von der Offenbarung betroffene Unternehmen herausgearbeitet. Denn die Argumente für die Einsichtnahme (subjektive Beteiligungsrechte) sind bereits vielfach, auch für den Bereich des Informationsfreiheitsrechts (vgl. die Nachw. unter D.III.1. [S. 118 f.]), angeführt und dargestellt worden.

Ausgangspunkt für eine Entwicklung derselben ist, dass unabhängig davon, ob die einsichtbegehrende Partei rein nach eigenem Interesse handelt oder zudem mit der Durchsetzung öffentlicher Interessen betraut ist, der Staat nicht nur durch Schutzpflichten, sondern als direkt grundrechtsgebunden verpflichtet ist,[751] weil nach wie vor staatliches Handeln (die Offenbarung von Informationen), nicht lediglich das private Handeln der Wettbewerber zu beurteilen ist.

III. Ansatzpunkt einer Neukonzeption

Der erhöhte Druck auf Unternehmensgeheimnisse durch das Transparenzparadigma macht es notwendig, die Schutzbedürftigkeit von Unternehmensgeheimnissen genauer auszudifferenzieren, um besonders schutzwürdigen Geheimnissen entsprechende Absicherung zukommen zu lassen, weniger schutzbedürftige aber unter einen (erweiterten) Abwägungsvorbehalt mit entgegenstehenden Einsichtsinteressen zu stellen.

1. Vertiefung der Differenzierungsansätze

Der Nutzen von Differenzierungsversuchen[752] zwischen verschiedenen Arten von Unternehmensgeheimnissen besteht darin, eine präzisere grundrechtliche Verankerung gestützt auf unterschiedliche Grundrechte[753] und hierdurch nach Inhalten abgestufte Schutzniveaus zu ermöglichen, mit deren Hilfe sich die Gewichtung von Unternehmensgeheimnissen in Abwägungen präzisieren lässt. Derartige Fragen nach Verankerung und Schutzabstufung stellten sich in rein zivil- bzw. strafrechtlichen Konstellationen nicht in dieser Deutlichkeit, weil neben der schon erwähnten selben Rechtsfolge für alle Informationen, die als Unternehmensgeheimnis angesehen werden, eine implizite Abwägung und Differenzierung darüber erfolgt, dass über das Kriterium der Unlauterkeit das Eingreifen in das betroffene Unternehmen und seine internen Informationen bewertet wird und dabei indirekt die Schutzwürdigkeit des konkreten Geheimnisses mit in diese Bewertung eingestellt wird.[754] Die Regulierung des Geheimnisschutzes über die Unlauterkeit hat auch ein Nachdenken darüber weitgehend entbehrlich gemacht, ob und inwieweit subjektive Privatrechte des Unternehmens an den Geheimnissen bestehen.
In öffentlich-rechtlichen und zudem multipolaren Konstellationen aber ist der Rückgriff auf subjekiv-öffentliche Rechte notwendig. Diese Differenzierungsver-

751 So bereits unter D.II.4.d) (S. 116 ff.).
752 Zu den bisherigen Ansätzen in der Lit. siehe C.II.9. (S. 54 ff.).
753 Siehe hierzu G.IV. (S. 170 ff.).
754 Dieses Vorgehen und indirekte Differenzieren über die flexible „Stellschraube" der Unlauterkeit ist in der Rspr. zum UWG über die Jahrzehnte verfestigt worden, musste allerdings auch nur in bipolaren Verhältnissen abwägen.

suche sind damit nicht mehr nur „rein terminologischer Art“[755], sondern greifen die verschiedenen Wurzeln des Geschäfts- und Betriebsgeheimnisses auf als Grundlage einer Neuausgestaltung. Anzusetzen ist dabei an den unterschiedlichen *Inhalten* und *Arten*, anhand derer sich unterschiedliche Schutzwürdigkeiten entwickeln lassen, insbesondere wenn die Inhalte sich auf unterschiedliche Schutzgründe zurückführen lassen.[756] Die folgenden Differenzierungsmöglichkeiten der verschiedenen Arten von Geheimnisinhalten sollen dies ermöglichen:

a) Differenzierung nach dem Leistungskriterium

Ein Ansatz ist die Differenzierung anhand der Frage, ob und inwiefern ein Geheimnis Ergebnis eigener Leistung[757] und eigener Investitionen ist. Geheimnisse, die mit Aufwand und Kapitaleinsatz geschaffen wurden, sind von solchen zu unterscheiden, die im Laufe der Unternehmenstätigkeit entstehen.[758] So bedarf etwa die Entwicklung eines technischen (Produktions-)verfahrens oder auch einer Geschäftsstrategie des Einsatzes von Material und Personal. Darüber hinaus ist bei der Suche nach solchen neuen Verfahren der Erfolg nicht sicher einzuschätzen; das Unternehmen geht also Risiken mit der Investition seiner Ressourcen ein. Ähnlich ressourcen- und kostenintensiv kann aber auch die Entwicklung neuer Geschäftspraktiken und Strategien sein.[759] Damit geht einher, dass *aufwandsin-*

755 *A. Stadler*, Schutz des Unternehmensgeheimnisses, S. 6.

756 Dieses Vorgehen wird bereits angedeutet bei *J. N. Druey*, Information, S. 366.

757 Da Leistung in Verbindung zu bringen ist mit Eigentum, insb. mit Eigentum an immateriellen Gütern (hier ist das Merkmal der Leistung grundlegende, wichtigste Voraussetzung für ein Immaterialgüterrecht [vgl. *F. Fechner*, Geistiges Eigentum, S. 130 ff., 202 ff.] – im Gegensatz zum [verfassungsrechtlichen] Eigentum an materiellen Gütern, siehe Fn. 806), handelt es sich um das entscheidende Kriterium zur Differenzierung zwischen eigentumsartigem und nichteigentumsartigem Schutz von Informationen. Denn insgesamt hat der Gesetzgeber bei aller ihm zukommenden Ausgestaltungsfreiheit die Leistungen eines Schöpfers als Eigentum zu behandeln, *F. Fechner*, Geistiges Eigentum, S. 214 f. Vertieft hierzu unter G.IV.2. (S. 171 ff.). Kritisch zu dieser Argumentation *J. N. Druey*, Information, S. 370.

758 Leise Anklänge einer solchen Differenzierung in den Entscheidungen OVG NRW, juris, 13a D 18/02 v. 9.7.2002, Umdruck S. 3, 5 sowie OVG NRW, juris, 13 B 15/00 v. 8.11.2000, Umdruck S. 3, die auf investierte Leistung und getätigten Finanzaufwand zur Schaffung der geheimen Informationen hinweisen; hieraus folgert das Gericht den Schutz der Informationen durch die Eigentumsgarantie. Deutlicher noch VG Köln, NuR 2005, S. 665 (666) und *T. v. Danwitz*, Schutz, DVBl 2005, S. 597 (600).

759 Auch etwa Kundenlisten können – je nach Art des Unternehmens – mit großem Aufwand zustande gekommen sein. V.a. Unternehmen mit kleinem Kundenkreis, etwa spezielle Personalberater, haben in die Akquise viel investiert.

tensive Geheimnisse geplant erschaffen werden und nicht lediglich Nebenfolge unternehmerischen Handelns sind.[760]
Von diesen aufwandsintensiven Geheimnissen sind zu unterscheiden die Geheimnisse eines Unternehmens, die *im laufenden Betrieb* entstehen. So ist die Information, dass sich das betreffende Unternehmen in Geschäftsverhandlungen mit einem anderen befindet, inhaltlich nicht auf eine besondere Leistung und Investition zurückzuführen. Auch ein Mitarbeiterverzeichnis, selbst wenn dessen Zusammenstellung einen gewissen Aufwand bereitet, ist inhaltlich kein aufwandsintensives Geheimnis.

b) Differenzierung nach dem Finalitätskriterium

Des Weiteren kann danach – dies wird ganz überwiegend mit den Ergebnissen des Leistungskriteriums übereinstimmen – differenziert werden, ob die Information *gezielt* geschaffen wurde oder sich *zufällig* bzw. im Rahmen normalen wirtschaftlichen Handelns „beiläufig“ ergeben hat.[761] Aus ökonomischer Sicht sind erstere schutzwürdig, weil durch den Schutz und die Zuweisung der daraus folgenden Vorteile ein Anreiz zur weiteren Informationsproduktion geschaffen wird. Zufällig entstandene Information hingegen kann keine Anreizfunktion erfüllen, ihr Schutz und die Zuerkennung ihres Wertes an den Informierten sind daher nicht geboten. Zwar ist dieses Kriterium nicht trennscharf,[762] weist aber auf die beiden unterschiedlichen Begründungsstränge des Schutzes von Geheimnissen hin: Der Schutz gezielt geschaffener Informationen ist Leistungsschutz, der Schutz beiläufig entstandener Informationen aber muss auf Begründungsansätze wie Persönlichkeits- und Wettbewerbsschutz zurückgreifen. Entsprechend wird auch im Patentrecht teilweise versucht, zwischen durch gewollter Schöpfung und zufälliger Entdeckung (verstanden als bloße Wahrnehmung) erlangten Informationen zu unterscheiden,[763] denn geschützt werden sollen Ideen im Gegensatz zu Fakten.

---

760 Hierzu sogleich unter G.III.1.b). Abzugrenzen ist die Leistung zur Erschaffung der Informationen und Daten von Leistung, die darauf verwendet wird, die Geheimhaltung zu sichern. Letztere ist nicht relevant für die Abgrenzung verschiedener Arten des Unternehmensgeheimnisses, so auch *E. Hauck*, Wirtschaftsgeheimnisse, S. 263.

761 Dieses Kriterium wurde entwickelt von *A. T. Kronman*, Mistake, Disclosure, Information, J. L. Stud. 7 (1978), S. 1 (2, 13 ff.) für das Vertragsrecht. Ähnlich auch *R. A. Posner*, Economics of Justice, S. 244: „Where information is not a product of a significant investment, the case for protection is weakened."

762 Dies gilt als der Hauptkritikpunkt an dieser Differenzierung, vgl. hierzu *H. Fleischer*, Informationsasymmetrie im Vertragsrecht, S. 152 ff.

763 *F.-K. Beier/J. Straus*, Schutz wissenschaftlicher Forschungsergebnisse, S. 13 f. Diese Unterscheidung droht allerdings zunehmend eingeebnet zu werden etwa durch die Patentierung genetischer Informationen, hierzu *C. Godt*, Eigentum an Information, S. 3, 25 f.

c) Differenzierung nach dem Komplexitätskriterium

Als weiteres Differenzierungskriterium lässt sich dasjenige nach der Komplexität des Geheimnisinhalts anführen. Auf der einen Seite sind beispielsweise geheime technische Verfahren nicht nur einzelne Informationen, sondern eine Wissensstruktur aus vielen einzelnen Informationen.[764] Der Wert dieser komplexeren Geheimnisse ergibt sich neben den jeweiligen Werten der erzeugten und zusammengetragenen einzelnen Informationen vor allem aus ihrer Verknüpfung zu einer Struktur als Ergebnis zusätzlich investierter Leistung.
Auf der anderen Seite stehen Einzelinformationen, die (untechnisch gesprochen) nur eine Nachricht enthalten und nicht in eine Struktur eingegliedert sind. Ihr Wert ergibt sich lediglich aus der Reaktionsmöglichkeit eines außenstehenden Empfängers, nicht aus der Übernahme einer Struktur und deren möglicher Verwendung. So weisen etwa Kunden- oder Mitarbeiterlisten nur einen relativ geringen Verknüpfungsgrad auf, weil durch das Zusammenstellen einer solchen Liste zwar Informationen zusammengeführt, nicht aber zu einer komplexen Wissensstruktur verknüpft werden.[765] Vielmehr erleichtert eine Liste nur den Überblick über die einzelnen Informationen, vermittelt aber keinen Mehrwert aus ihrer zusammengefügten Struktur. Dass derartige Kundenlisten für ein Unternehmen wertvoll und mit hohen Investitionen entstanden sein können, ist hierbei nicht relevant.
Diese Differenzierung nach dem Komplexitätsgrad ermöglicht allein zwar keine trennscharfe Aufteilung in zwei Gruppen von Geheimnissen.[766] Dennoch kann sie als unterstützender Bewertungs- und Abgrenzungsmaßstab herangezogen werden, um geheime Informationen mit immaterialgüterrechtlichem Schutzgrund von anderen zu unterscheiden.

d) Differenzierung nach dem Stabilitätskriterium

Wiederum unter dem Vorbehalt einer nur graduellen Einordnung lassen sich Informationen, die in zeitlicher und identitärer Hinsicht stabil sind – sich also als identifizierbare, bei allen Kontextveränderungen im Kern unveränderte Erscheinung beschreiben lassen[767] –, von solchen unterscheiden, die kontextschwach sind

---

764 Zum Wissensbegriff siehe oben B.II.4.b) (S. 32).

765 Der Wert einer Liste geht also nicht wesentlich über die Summe der einzelnen Informationen hinaus.

766 Gerade außerhalb technischer Geheimnisse ist diese Differenzierung schwierig. Das Kriterium der Komplexität findet sich auch im Urheberrecht, für das etwa *A. Beater*, Urheberrechtliche Schranken, in: FS E. Ullmann, S. 3 (8) darauf hinweist, dass bloße Information kein Werk sein könne.

767 Vgl. die Anforderungen an immaterielle Vermögenswerte nach der Bilanzierungsvorschrift IAS 38, die *Identifizierbarkeit* und *Beherrschbarkeit* fordert, hierzu *U. Niemann*, Immaterielle Wirtschaftsgüter im Handels- und Steuerrecht, S. 24 ff. (Hervorh. v. Verf.).

und daher nur eine geringe Halbwertzeit aufweisen.[768] Einzelne Informationen sind als solche nicht stabil genug, um als Gegenstand betrachtet werden zu können, bei ihnen handelt es sich um ein Zerfallsprodukt.[769]
Stabilität und Identität von Information ergibt sich v.a. aus ihrer Eingebundenheit in eine Informationsstruktur und einen spezifischen Kontext. Diese Informationsstruktur ist als ganze abgrenzbar gegenüber nicht einbezogenen Informationen und entwickelt als solche Gegenstandscharakter.[770] Einzelne Informationen, etwa von Auskunfteien, sind hingegen schnell überholt und können daher keine Gegenständlichkeit entwickeln.[771]

e) Differenzierung nach dem Nutzungskriterium

Des Weiteren können Geheimnisse nach dem Grund der gewollten Geheimhaltung differenziert werden. Zum einen hält ein Unternehmen Informationen geheim, um diese selbst zu nutzen für weitere unternehmerische Tätigkeit (Kalkulationen, Strategien, Verfahren oder gar weitere Innovation).[772] Zum anderen aber gibt es in einem Unternehmen auch Informationen, die nur deshalb geheim gehal-

---

Informationen sind immer bis zu einem gewissen Grad „fuzzy“ und damit konturenlos, *P. Drahos*, Philosophy of intellectual property, S. 158.

768 Zur Zeitgebundenheit von Information *A. Voßkuhle*, Wandel, in: W. Hoffmann-Riem/E. Schmidt-Aßmann (Hrsg.), VerwR in der Informationsgesellschaft, S. 349 (396). Ähnlich auch die Feststellung von *M. Adams*, Irrtümer, AcP 186 (1986), S. 453 (469), dass gerade Informationen aus dem nicht-technischen Bereich oftmals sehr kurzlebig sind, dennoch von großer Wichtigkeit und entsprechendem Wert sein können; dies zeigen auch die §§ 13 ff. WpHG.

769 So *T. Vesting*, Gewährleistungsstaat, in: W. Hoffmann-Riem/E. Schmidt-Aßmann (Hrsg.), VerwR in der Informationsgesellschaft, S. 101 (107 f.). Kritischer noch inzwischen *T. Vesting*, Informationsordnung, in: FS BVerfG, Bd. 2, S. 219 (221), wonach es Information als gegenstandsartige Erscheinung gar nicht geben könne, da es sich nur um Kommunikationskomponenten handele.

770 Vgl. hierzu *P. Bydlinski*, Sachbegriff, AcP 198 (1998), S. 287 (303): Die Abgegrenztheit (i.V.m. anderen Kriterien) führt dazu, dass man von einem Gegenstand sprechen kann. Im Sacheigentum ist aufgrund des Bestimmtheitsgrundsatzes nur das Eigentum an einzelnen Sachen möglich, bei immateriellen Gütern hingegen können auch einzelne Schöpfungsteile gegenständlichen Schutz als Werk erfahren, hierzu *V. Jänich*, Geistiges Eigentum, S. 209.

771 Nutzungsrechte an solchen Informationen können bereits aus der Praxis heraus nur sehr kurz bestehen, *W. Egloff*, Information, DVR 7 (1978), S. 115 (141).

772 Diese Informationen sind daher nicht End-, sondern lediglich Zwischenprodukt, vgl. *R. A. Posner*, Right of Privacy, Ga. L. Rev. 12 (1978), S. 393 (394), der von „intermediate goods“ und „instrumental values“ spricht. Diese Differenzierung zumindest andeutend *J. N. Druey*, Information, S. 297 f. Ähnlich auch das Kriterium in der Bilanzierungsvorschrift IAS 38.17, das künftigen wirtschaftlichen Nutzen aus dem immateriellen Gut fordert, hierzu *U. Niemann*, Immaterielle Wirtschaftsgüter im Handels- und Steuerrecht, S. 26.

ten werden, weil ein Bekanntwerden nachteilige Folgen für das Unternehmen hätte. Intern werden sie aber nicht genutzt.[773] Die Geheimhaltung von Informationen der ersteren Art dient damit der Sicherung des in den Informationen enthaltenen, zumeist durch eigene Leistung erarbeiteten Werts, während die Geheimhaltung der zweiten Art von Informationen zukünftige Nachteile verhindern soll. Der Wert der letzteren Art von geheimen Informationen geht mit der Offenbarung auch *vollständig* verloren, während die nutzbaren Geheimnisse dies bleiben und daher weiterhin einen Wert haben, auch wenn die Exklusivität der Nutzung verlorengeht.[774]

f) Differenzierung nach dem Ablösungskriterium

Dieses Kriterium stammt aus der Diskussion um den Vermögenswert von Persönlichkeitsrechten.[775] Mit ihm sollen die Entwicklung eines Persönlichkeitsdetails zu einem Vermögensrecht gekennzeichnet werden. Für die hier vorzunehmende Differenzierung kann es insofern herangezogen werden, als dass mit ihm Informationen, die ihren Wert und ihr Interesse von Konkurrenten nur daher beziehen, dass sie sich auf ein bestimmtes Unternehmen beziehen,[776] von solchen abgegrenzt werden können, die werthaltig sind, auch ohne dass bekannt ist, aus welchem Unternehmen sie stammen.[777] Sicherlich handelt es sich auch hier um ein graduelles Kriterium, denn auch bei z.B. technischen Verfahren kann für einen Konkurrenten zusätzlich interessant sein, woher die Information stammt. Der Schwerpunkt des Interesses liegt aber eindeutig auf der technisch umgesetzten Idee. Informationen können aber auch Doppelcharakter besitzen: Bei Kalkula-

---

773 Gemeint ist eine Nutzung über den bloßen Anreiz für Veränderungen hinaus. So wird etwa die Information über Unregelmäßigkeiten in der Buchhaltung eines Unternehmens dieses wahrscheinlich dazu veranlassen, die Buchhaltung zu verbessern, darüber hinaus wird diese Information aber nicht zur Produktion weiterer Werte genutzt, sondern nur vor Veröffentlichung geschützt, weil sie negative Folgen hätte (Rufschädigung, behördliche Ermittlungen). Diese Einteilung findet sich bereits bei *J. Kohler*, Der unlautere Wettbewerb, S. 181 ff., der offensive und defensive Geheimnisse differenziert. Vgl. auch *H. Windsheimer*, "Information" als Interpretationsgrundlage, S. 18, der Informationen einen negativen Wert zuordnet, wenn durch ihre Geheimhaltung lediglich negative Reaktionen verhindert werden sollen. Solche mit positivem Wert spricht trotz ebenfalls vorhandenem Sozialbezugs mehr für die Geheimhaltung.

774 Andeutung des Nutzungskriteriums etwa bei *A. Roßnagel/J. Bizer*, Geheimnis- und Datenschutz, GewArch 1992, S. 121 (124).

775 Vgl. die Nachweise in Fn. 248.

776 So hat die Information, dass ein Unternehmen in Zahlungsschwierigkeiten ist, nur Wert für andere, konkurrierende Unternehmen, wenn bekannt ist, um welches Unternehmen genau es sich handelt.

777 Ein technisches Verfahren oder gar ein nicht angemeldetes Patent kann für andere Unternehmen von Interesse sein, auch wenn sie nicht wissen, aus welchem Unternehmen die Informationen stammen.

tionsunterlagen oder Strategiepapieren stehen das Herkunftsinteresse und der eigentliche Inhalt (die vom Unternehmen losgelösten schöpferischen Informationen) gleichberechtigt nebeneinander.
Unternehmens*bezogene* Informationen unterscheiden sich also von solchen, die auch unabhängig von ihrer Herkunft einen Wert besitzen, daher nicht auf das Subjekt zurückwirken und immaterieller Gegenstand sind. Sie sind übertragbar in dem Sinne, dass die Informationsstruktur als ganze übertragen werden kann, also vom Betrieb ablösbar ist.[778] Einzelinformationen hingegen sind nicht ablösbar, sondern können nur bekannt werden.[779]

2. Zusammenfassung

Aus der Zusammenschau dieser Kriterien lässt sich ermitteln, in welchem Stadium der Vergegenständlichung sich geheime unternehmerische Informationen befinden. Zusammengefasst ist zu differenzieren zwischen Geheimnissen, die zu Rechtsgegenständen erstarkt sind und solchen, bei denen dies (noch) nicht geschehen ist. Einige Geheimnisse befinden sich auch in einem Zwischenstadium zwischen beiden Polen,[780] so dass der Übergang zur Gegenständlichkeit ein fließender ist.
Eine solche Differenzierung wird notwendig, weil aufgrund des gesellschaftlichen und wirtschaftlichen Wandels nicht mehr nur körperliche Waren, sondern auch immaterielle Güter eine immer größere Rolle spielen. Information als immaterielles Gut in seiner allgemeinsten Form wird dabei aber nicht mehr nur allein als Dienstleistung aufgefasst, sondern zunehmend als immaterielle, aber dennoch gegenständliche Ware.[781] Die Grenze zwischen Dienstleistung und Ware verschwimmen hierbei.
Auch ermöglicht eine Unterscheidung, die an der Gegenständlichkeit von Information ansetzt, hierüber hinaus das Aufzeigen der Gründe, warum die geheime

---

778 Ablösbarkeit als Kriterium wird auch angeführt von *J. Hager*, in: Staudinger, BGB, § 823 Rn. B139.

779 Vgl. in diese Richtung *H. Forkel*, Übertragbarkeit geheimer Kenntnisse, in: FS L. Schnorr v. Carolsfeld, S. 105 (117).

780 Als Beispiel hierfür können etwa detaillierte Unternehmensstrategien gelten, die *de lege lata* nicht ausschließlichkeitsrechtlich geschützt werden, allerdings angesichts des sich ausweitenden Gegenstandsbegriffs immer mehr immaterialgüterrechtlichen Charakter annehmen. Vgl. auch die Entwicklungen hin zum erweiterten Schutz für Konzepte unter E.II.3.b) (S. 139 f.).

781 Vgl. bereits *P. Kirchhof*, Verfassungsrechtlicher Gehalt, in: FS W. Zeidler, Bd. 2, S. 1639 (1649), nach dem sich bei immateriellen Gütern die Frage stellt, ob es sich um Eigentum oder eine (wiederholbare) Dienstleistung handelt. Gerade etwa Software lässt sich nicht nur als „informations- und wissensintensive Dienstleistung“ (Enquete-Abschlussbericht, [Fn. 76], BT-DS 14/9200, S. 124 f.), sondern Ware verstehen, die dem Eigentumsschutz unterfällt.

Information überhaupt und in welcher Weise schützenswert ist. So ist gegenständliche Information unmittelbar mit Eigentumsschutz in Verbindung zu bringen, während nichtgegenständliche Information dagegen im Rahmen von Persönlichkeits-, Privatheits- oder Berufsfreiheitsschutz abzusichern ist.[782] Gerade dieses Aufzeigen der unterschiedlichen Schutzgründe ermöglicht überhaupt erst eine angemessen präzise Abwägung mit entgegenstehenden Interessen.
Die Beurteilung, ob und wie weit ein Unternehmensgeheimnis gegenständlich ist, kann sich neben den erarbeiteten allgemeinen Kriterien auch an der Entwicklung im Bereich der gewerblichen Schutzrechte[783] orientieren. Informationen, die mit solchen vergleichbar sind, welche im Immaterialgüterrecht vermehrt Schutz erfahren (etwa Geschäftskonzepte und Datenbanken) sind also auf dem Weg der Vergegenständlichung. Diese gesetzgeberische Wertung kann für die Beurteilung der Schutzwürdigkeit von Unternehmensgeheimnissen übernommen werden.

IV. Verfassungsrechtliche Grundlagen einer Neukonzeption

Die Festlegung auf eine verfassungsrechtliche Grundlage[784] ist schon deshalb nahezu unmöglich, weil unter dem Oberbegriff des Unternehmensgeheimnisses sehr verschiedene Informationen zusammengefasst werden, die eine unterschiedliche Schutzbedürftigkeit, Schutzbegründung und Herkunft aufweisen. Ähnlich wie beim Recht auf informationelle Selbstbestimmung versammeln sich auch unter dem Oberbegriff Unternehmensgeheimnis „in kommunikationsrechtlicher Sicht differenzierte Schutzanliegen“[785].

---

782 Wie bereits die historische Darstellung gezeigt hat (C.II.7. [S. 49 ff.]), ist der Schutz von Unternehmensgeheimnissen über den Schutz technischer und damit gegenständlicher Geheimnisse entwickelt worden und hat andere Schutzgründe erst im Laufe der Zeit miteinbezogen.

783 Hierzu unter E.II.3. (S. 136 ff.).

784 Angesichts der europarechtlichen Fundierung zahlreicher Normen (etwa von EnWG, TKG, GenTG) und teilweise auch ihrer Geheimnisschutzregeln stellt sich die Frage der Überprüfbarkeit am Maßstab der Grundrechte des Grundgesetzes. Diese wird seit der Solange-II-Entscheidung BVerfGE 73, S. 339 ff. überwiegend verneint. Vgl. etwa auch OVG NRW, NVwZ-RR 2006, S. 248 (250). *H.-U. Erichsen*, Recht, NVwZ 1992, S. 409 (412) geht sogar nicht einmal davon aus, dass Unternehmensgeheimnisse am europäischen Grundrechtsschutz teilhaben; anders aber *J. Beer/A. Wesseling*, Umweltinformations-RL, DVBl 2006, S. 133 (135), *D. Waelbroeck/A. Specker*, Freedom, EurUP 2006, S. 236 (236) und *O. Reidt/G. Schiller*, in: Landmann/Rohmer, UmweltR III, 47. Lfg. (Dez. 2005), Vorbem. § 8 f. UIG Rn. 35; in diese Richtung auch EuGH, Slg. I 2005, S. 10423 (10447, Tz. 76). Dennoch hilft eine Einordnung und Abschichtung anhand der Grundrechte des GG bei der Entwicklung von Schutzabstufungen.

785 *R. Scholz/R. Pitschas*, Informationelle Selbstbestimmung, S. 98.

Bisherige Versuche einer grundrechtlichen Einordnung bleiben zumeist oberflächlich und ungenau, da sie die Heterogenität der Schutzgründe nicht ausreichend berücksichtigen. Allgemein wird lediglich auf den Schutz durch Art. 14 Abs. 1[786] und 12 Abs. 1 GG verwiesen, oftmals ohne diesen näher zu begründen.

1. Nutzen einer grundrechtlichen Einordnung

Der Nutzen, Unternehmensgeheimnisse genauer in die Schutzbereiche verschiedener Grundrechte einzuordnen, liegt v.a. darin, genauere Gewährleistungsinhalte und damit Konturen für den Schutz von Unternehmensgeheimnissen zu gewinnen. Denn die entsprechenden grundrechtlichen Gewährleistungen prägen den einfachrechtlichen Schutz, insbesondere dann, wenn eine einfachrechtliche Ausgestaltung des Schutzes nicht umfassend vorhanden ist.[787]

2. Geheimnisschutz als Teil des Grundrechts auf Eigentum

a) Schutzgut

(1) Eigenständige Position

Art. 14 GG schützt „die rechtliche Zuordnung eines vermögenswerten Gutes an einen Rechtsträger"[788]. Um in den Genuss des eigentumsgrundrechtlichen Schutzes zu kommen, muss also das betreffende Unternehmensgeheimnis ein Vermögensgut darstellen, an dem ein subjektives Recht besteht. Ob einem Unternehmen die bei ihm vorhandenen Geheimnisse, die nicht durch besondere Ausschließlichkeitsrechte definiert und geschützt sind[789], als subjektives (zunächst privates)

---

786 Z.T. wird auch nur auf Art. 14 Abs. 1 GG abgestellt, etwa *F. Schoch/M. Kloepfer*, IFG-ProfE, S. 116 f.

787 Vgl. hierzu *P. Badura*, Ordnung, in: HGR I, § 20 Rn. 12 ff., 26 ff.

788 *R. Wendt*, in: M. Sachs (Hrsg.), GG, Art. 14 Rn. 21.

789 Ausschließlichkeitsrechte fallen unstreitig in den Schutzbereich des Art. 14 Abs. 1 GG: Für das Warenzeichenrecht BVerfGE 51, S. 193 (216 ff.), für das Urheberrecht BVerfGE 31, S. 229 (238 f.), für das Patent, auch die noch nicht angemeldete Erfindung BVerfGE 36, S. 281 (290 f.), bzgl. letzterer noch unentschieden BVerfG, NJW 1964, S. 1715 (1715). Die unangemeldete Erfindung genießt aber (auf privatrechtlicher Ebene) nicht einen umfassenden Schutz gegen die Nutzung anderer, sondern nur gegen die Anmeldung zum Patent durch Dritte, so *J. Hager*, in: Staudinger, BGB, § 823 Rn. B138 und ausführlich *L. Pahlow*, Erfindungsschutz, GRUR 2008, S. 97 (98 ff.). Dies zeigt, dass nicht nur umfassende Vollrechte, sondern auch abgestufte Positionen unter den Schutz des Art. 14 GG fallen können, deren Existenz das Privatrecht nicht explizit vorsieht, siehe hierzu *F. Fechner*, Geistiges Eigentum, S. 213. Verfügungsrechte werden also nur in einem bestimmten Maß zugeordnet, unterfallen aber dennoch dem grundrechtlichen Eigentumsschutz, vgl. hierzu auch *H. Kube*, Zugänge, JZ 2001, S. 944 (946), der eine „Tendenz zur

Vermögensrecht zustehen, ist zwar angesichts des undeutlichen und dürftigen Normbestands nicht ohne einen gewissen Argumentationsaufwand festzustellen, letztlich aber für vergegenständlichte Informationen zu bejahen.[790] Hieraus folgt unmittelbar[791] der Schutz durch das Eigentumsgrundrecht Art. 14 Abs. 1 GG.[792] Ergänzend können noch öffentlich-rechtliche Normen zur Begründung einer Eigentumsposition herangezogen werden.[793]

---

wachsenden Bedeutung isolierter Handlungs-, insbesondere Nutzungsbefugnisse im Rahmen der Struktur des verfassungsrechtlichen Eigentumsbestandes" v.a. im Bereich immaterieller Güter beobachtet. Dieser inhaltliche und funktionale Anpassungsprozess des Eigentums ist verfassungsrechtlich geboten, BVerfGE 31, S. 229 (240). Damit schwindet aber das Sacheigentum als strukturelles Vorbild (zu diesem *O. Depenheuer*, in: v. Mangoldt/Klein/Starck, GG I, Art. 14 Rn. 33 f.); andererseits ist der verfassungsrechtliche Eigentumsbegriff zivilrechtlich geprägt, so dass Änderungen in den zivilrechtlichen Auffassungen über das Eigentum sich auf diesen auswirken (a.a.O., Rn. 51). Zum Begriff des geistigen Eigentums als verfassungsrechtlicher *F. Fechner*, Geistiges Eigentum, insb. S. 115 ff.

790 Vgl. hierzu die Ausführungen zur privatrechtlichen Sicht des Geheimnisses als Rechtsposition unter C.V. (S. 62 ff.). Da das BVerfG an das Bestehen eines Rechts an einem vermögenswerten Gut keine strengen Anforderungen stellt, sondern „‚rechtsformal' auf das Bestehen einer objektiven Norm ab[stellt], die zum Schutze individueller Interessen [...] Befugnisse an einzelne gegenüber anderen Rechtsgenossen oder der Allgemeinheit verleiht" (*J. Eschenbach*, Schutz des Eigentums, S. 216), dürfte die Transformation der privatrechtlichen Position in den Schutzbereich des Art. 14 Abs. 1 GG keine Probleme aufwerfen. Insofern handelt es sich auch nicht (mehr) lediglich um privat geschaffene Güter, deren Anerkennung durch die Rechtsordnung noch fraglich ist (hierzu *C. Engel*, in: T. v. Danwitz/O. Depenheuer/ders., Bericht zur Lage des Eigentums, S. 78 f.). Ganz selbstverständliche Einordnung unter Art. 14 GG etwa auch bei *W. Hahn*, Offenbarungspflichten, S. 171.

791 Durch die Privatrechtsordnung gewährte subjektive Privatrechte sind Kern des Schutzbereichs des Art. 14 Abs. 1 GG, vgl. hierzu *H.-J. Papier*, in: Maunz/Dürig, GG, Lfg. 40 (Juni 2002), Art. 14 Rn. 35 ff. sowie *R. Wendt*, in: M. Sachs (Hrsg.), GG, Art. 14 Rn. 22.

792 So die inzwischen h.M., etwa *G. Trantas*, Akteneinsicht und Geheimhaltung, S. 323 f. Anders aber *C. Engel*, Eigentumsschutz für Unternehmen, AöR 118 (1993), S. 169 (186), der aus BVerfGE 51, S. 193 (212 ff., insb. 215) – über den Tenor hinaus – allgemein einen Ausschluss wertbildender Faktoren eines Unternehmens, die lediglich durch das UWG geschützt werden, aus dem Schutzbereich des verfassungsrechtlichen Eigentumsschutzes folgert. Die fehlende Ausgestaltung des Unternehmensgeheimnisses führt er auf den funktionierenden Schutz über das Lauterkeitsrecht in der Praxis zurück. Wie hier *F. Fechner*, Geistiges Eigentum, S. 149 f. und *R. Rassow*, Staatliche Schutzpflichten für geistiges Eigentum, S. 72, nach dem die Lauterkeitsvorschriften geistiges Eigentum zuordnen können.

793 Die Schutzgüter des Art. 14 GG ergeben sich gleichrangig aus dem privaten und Öffentlichen Recht, BVerfGE 58, S. 300 (336). Auch Normen wie etwa die Regelungen zur Zweitanmeldung (siehe C.V.2 [S. 68 ff.]) als materiell Öffentliches Recht begründen also Eigentumsschutzgüter und gestalten sie mit aus. Ebenfalls in diese Richtung die An-

Der rechtliche Gehalt des verfassungsrechtlichen Eigentums besteht in der Privatnützigkeit des Gegenstands, d.h. zunächst in der Zuordnung zu einem Rechtsträger,[794] und auf der zweiten Stufe in einer Nutzungs- sowie Verfügungsbefugnis (genaugenommen einem Bündel hiervon) über den Gegenstand.[795] Den Bereich und Umfang der Zuordnung und der daraus folgenden Verfügungsbefugnis stecken Verbots-, Erlaubnis- und Gebotsnormen ab. Eine solche Zuweisung von Verfügungsrechten an das Unternehmen (v.a. Offenbarung, Lizenzierung, Nutzung im Unternehmen) bewirkt der geheimnisschutzrechtliche Normenbestand[796] i.V.m. seiner v.a. lauterkeits- und deliktsrechtlichen Ausgestaltung durch die Rechtsprechung.

(2) Recht am Unternehmen

Nach einem anderen Begründungsstrang, der von dem der Anerkennung des Geheimnisses als selbständiges absolutes Recht nicht immer streng unterschieden wird,[797] sind Unternehmensgeheimnisse Bestandteil des Unternehmens, das in

---

erkennung eines Datenschutzrechts juristischer Personen als Schutzgut des Art. 14 Abs. 1 GG, etwa in BVerfGE 84, S. 239 (279), hierzu näher unter G.IV.4.b) (S. 188 f.).

794 So BVerfGE 42, S. 263 (294). Zu den faktischen Anknüpfungspunkten einer Zuordnung von Informationen siehe E.III. (S. 143). Ein Einfallstor für Kritik (vgl. etwa *H. A. Wolff*, Verfassungsrechtlicher Schutz, NJW 1997, S. 98 [99 f.]) könnte sich daraus ergeben, dass Zuordnung von Geheimnissen aufgrund deren Immaterialität nicht immer ausschließlich, d.h. nicht nur für einen Rechtsträger, sein kann. Diese Nichtexklusivität entspricht aber dem Charakter von Information und wird von vornherein durch die Rechtsordnung anerkannt, etwa dadurch dass die unabhängige Schaffung von Unternehmensgeheimnissen die Rechtsstellung eines anderen Geheimnisinhabers nicht berührt oder verletzt. Erst recht spricht die nichtausschließliche Zuordnung nicht gegen Information als Rechtsgegenstand, vgl. hierzu auch *J. N. Druey*, Information, S. 33. Vgl. des weiteren die Wirkungsbeschränkung gegenüber dem Benutzer, der unabhängig die Erfindung für den eigenen Bedarf entdeckt hat, in § 12 Abs. 1 PatG. Insgesamt kritisch zu immateriellen Gütern als Schutzgüter des Art. 14 GG *H. Rittstieg*, Eigentum als Verfassungsproblem, S. 363 ff., weil die persönlichkeitsbezogene Zuordnung gegenüber der wirtschaftlichen Verwertung zu sehr in den Hintergrund gerate.

795 BVerfGE 101, S. 54(75). Der Geheimnisinhaber kann nach Belieben mit dem Geheimnis, das ihm erst einmal zugeordnet ist, verfahren und es nutzen. Grenzen ergeben sich vor allem aus dem Charakter des Geheimnisses, eine Veröffentlichung entspricht daher der Zerstörung einer Sache.

796 Dieser umfasst sowohl privat- als auch öffentlich-rechtliche Normen, siehe Fn. 793. Begrenzt ist die Zuordnung durch normierte Ausnahmetatbestände, vgl. hierzu C.II.6. (S. 135); dort genannte Informationen sind von vornherein (also unabhängig von ihrer Gegenständlichkeit) keine Unternehmensgeheimnisse und damit auch keine Eigentumsposition.

797 Für einen Schutz aller Unternehmensgeheimnisse über Art. 14 GG als Teil des Rechts am Unternehmen *A. Stadler*, Schutz des Unternehmensgeheimnisses, S. 38 f. Für einen Schutz zumindest auch über den eingerichteten Gewerbebetrieb etwa BayVGH, BayVBl.

seiner Sach- und Rechtsgesamtheit ebenfalls eine privatrechtliche vermögenswerte Rechtsposition darstellt.[798] Neben der unsicheren Transformation dieser privatrechtlich unbestrittenen in eine öffentlich-rechtliche Rechtsposition[799] kann durch die pauschale Aussage, wonach alle Arten von Unternehmensgeheimnissen Bestandteil des Unternehmens sind,[800] eine differenzierte grundrechtliche Einordnung dieser verschiedenen Geheimnisse nicht erfolgen, ohne wiederum das Recht am Gewerbebetrieb dogmatisch modifizieren zu müssen durch Aufspaltung in einen unkörperlichen, aber gegenständlichen und einen nichtgegenständlichen Schutzbereich.

(3) Schutzvoraussetzungen

(i) Gegenständlichkeit

Um als Eigentum i.S.d. Art. 14 Abs. 1 GG geschützt zu werden, müssen die als Unternehmensgeheimnis zu schützenden Informationen, die oftmals zu einer komplexeren Wissensstruktur verknüpft sein werden, von gewisser Stabilität so-

---

2007, S. 369 (371).Beide Argumentationswege aufzeigend etwa *H.-J. Papier*, Probleme der Zweitanmeldung, NJW 1985, S. 12 (13), unentschlossen auch OVG SH, NuR 2006, S. 327 (328).

798 Vgl. etwa *A. Stadler*, Schutz des Unternehmensgeheimnisses, S. 38 und *S. Eilers/T. Schröer*, Schutz, BB 1993, S. 1025 (1027).

799 Ansätze einer Abwendung bereits bei BVerfGE 51, S. 193 (221 f.); inzwischen ist das BVerfG eindeutig zurückhaltend bis kritisch gegenüber einem Recht am Gewerbebetrieb als durch Art. 14 Abs. 1 GG zu schützende Position, so auch *H.-J. Papier*, in: Maunz/Dürig, GG, Lfg. 40 (Juni 2002), Art. 14 Rn. 95, zuletzt BVerfGE 96, S. 375 (397) und BVerfGE 105, S. 252 (278). Vgl. auch *U. Hösch*, Eigentum und Freiheit, S. 36 ff., *J. Wieland*, in: H. Dreier (Hrsg.), GG, Art. 14 Rn. 50 ff.: Eine erforderliche inhaltliche Bestimmung des Rechts am Unternehmen liege nicht vor, sondern lediglich zivilrechtliches Richterrecht (a.a.O., Rn. 52; gegen dieses Argument *O. Depenheuer*, in: v. Mangoldt/Klein/Starck, GG I, Art. 14 Rn. 133). Sehr ausführlich hierzu auch *O. Hagen*, Unternehmen, GewArch 2005, S. 402 ff. Im Bereich des Geheimnisses könnte ähnliches eingewandt werden, doch ist hier ein gewisser Normbestand, in dem das Geheimnis erwähnt und als schutzwürdig eingestuft wird, vorzufinden und ihr Gegenstandscharkter, so sie als gegenständliche überhaupt in den Schutzbereich des Art. 14 GG fallen können, wesentlich deutlicher auszumachen als bei der Gegenstandsgesamtheit Unternehmen. Forderungen nach „Öffnung des rechtlichen Gegenstandsbegriffs für Abstraktion" (*H. Kube*, Zugänge, JZ 2001, S. 944 [947], entspr. spricht auch *P. Drahos*, Philosophy of intellectual property, S. 151 ff. von „abstract objects") und damit auch nach Erweiterung und Flexibilisierung des Schutzbereichs des Art. 14 GG kommen dieser Auffassung entgegen und sind notwendig, um die geänderten wirtschaftlichen Realitäten (vgl. unter E.I. [S. 125] und E.II. [S. 128]) rechtlich bewältigen zu können. Skeptisch zu Öffnung und Abstufung etwa *F. Ossenbühl*, Freiheiten des Unternehmers, AöR 115 (1990), S. 1 (27).

800 So wohl die allgemeine Auffassung, etwa *J. Willbrand*, Gesetzlicher Regelungsbedarf, S. 61 m.w.N.

wie Identifizierbarkeit und damit Gegenständlichkeit sein; denn nur rechtsgegenständliche Geheimnisse können in den Schutzbereich des Art. 14 GG fallen.[801] Herangezogen werden können die zur Binnendifferenzierung des Unternehmensgeheimnisses entwickelten Kriterien,[802] mit deren Hilfe rechtsgegenständliche von nicht gegenständlich fassbaren Geheimnissen unterschieden werden können. Hieraus ergibt sich wiederum als Gegenstandsvoraussetzung die Notwendigkeit inhaltlicher Bestimmtheit, Identität und Abgrenzbarkeit des Geheimnisses sowie eine Stabilität (d.h. nicht unbedingt völlige Unverändertheit) in zeitlicher Hinsicht.[803]

Die Differenzierung danach, ob ein Unternehmensgeheimnis Rechtsgegenstand (geworden) ist oder nicht, hat zugleich die (wenn auch nur indizhafte) Funktion, eigentumsgrundrechtlich geschützten Bestand an vermögenswerten Rechten abzugrenzen von Chancen, Erwartungen und Gewinnmöglichkeiten, die nicht in den Schutzbereich des Art. 14 GG fallen.[804]

(ii) Leistungsbezug

Zwar kann eine Verknüpfung von Eigentum und Leistung nicht dazu führen, dass jedes mit Leistung erschaffene Ergebnis dem Schaffenden als Eigentum zusteht, sofern es nur einen Marktwert hat.[805] Ein Mindestmaß an rechtlicher Ausgestal-

---

801 So spricht das BVerfG durchgehend von geschützten Eigentums*gegenständen*, siehe beispielhaft BVerfGE 101, S. 54 (75) (Hervorh. vom Verf.). *K. H. Friauf/R. Wendt*, Eigentum am Unternehmen, S. 24 weisen auf die „objektbezogene Gewährleistungsfunktion" des Art. 14 GG hin. Zum Gegenstandsbegriff und zu den Problemen mit unkörperlichen Gegenständen *M. Haedicke*, Rechtskauf und Rechtsmängelhaftung, S. 47 ff. Auch bei Immaterialgüterrechten handelt es sich um Rechte an unkörperlichen Gegenständen, *A. Ohly*, Geistiges Eigentum?, JZ 2003, S. 545 (550).

802 Siehe hierzu G.III.1. (S. 163) und zur gegenständlichen Zuordnung unter E.III. (S. 143 ff.). Erforderlich ist Information als (relativ) abgegrenzter geistiger Gegenstand, dessen Inhalt in einer identifizierenden Form fixiert ist (vgl. *M. Rehbinder*, UrheberR, Rn. 53).

803 In diese Richtung auch die Auffassung von *J. Hager*, in: Staudinger, BGB, § 823 Rn. B139, wonach – privatrechtlich betrachtet – absolute Rechte des Unternehmens nur bestehen an Geheimnissen, die vom Betrieb abgelöst werden können, also rechtsgegenständlich fassbar sind. Ebenso *E. Denninger*, Zweitanwenderproblematik, GRUR 1984, S. 627 (632 f.).

804 *R. Wendt*, in: M. Sachs (Hrsg.), GG, Art. 14 Rn. 48 f., diese Abgrenzung des Eigentumsbestands von zukünftigen Erwerbschancen ist im Einzelnen schwierig. Gerade bei Informationen können nur diejenigen in den Eigentumsbestand gehören, die nicht ausschließlich eine Entscheidungs- und Handlungsoption für die Zukunft und damit „Wert-Chancen", sondern eigenständige, gegenständliche Vermögenswerte darstellen. In diese Richtung auch *H.-J. Papier*, in: Maunz/Dürig, GG, Lfg. 40 (Juni 2002), Art. 14 Rn. 99 f. für das Recht am Gewerbebetrieb. Geschützt seien hierüber nur „vorhandene konkrete Werte, […] die auf einer vorhandenen Organisation sachlicher, persönlicher und sonstiger Mittel gründen" und damit konkretes Erfahrungswissen des Unternehmens darstellen.

805 Anklänge hierzu aber bei *K. Fischer*, Zweit- und Parallelanmeldung, S. 46 f.

tung ist also zu fordern. Allerdings kann aus der grundrechtlichen Eigentumsfreiheit eine „Maxime der Sicherung eigener Leistung“[806] und hieraus wiederum geradezu die prinzipielle Verpflichtung dazu abgeleitet werden, privat erzielte Leistungsergebnisse insgesamt durch gesetzliche Zuordnung zu sichern.[807] Insbesondere Immaterialgüterrechte bezwecken Schutz von Leistungsergebnissen; Leistung ist damit, zumindest im Bereich immaterieller Werte, unbedingte Voraussetzung eines Schutzes.[808] Angesichts der gesellschaftlichen Veränderungen, die zu einem immer größerem Stellenwert und höherer wirtschaftlicher Bedeutung von – teilweise neuartigen – immateriellen Gütern führen,[809] folgt aus der eigentumsrechtlichen Institutsgarantie bereits die Pflicht zur erweiterten Anerkennung immaterieller Güter, die nicht der Schutzwirkung überkommener Rechte des geistigen Eigentums unterfallen, um nicht weite Bereiche der Freiheitsbetätigung mit Gütern ungeschützt und die Privatautonomie im vermögensrechtlichen Bereich nicht verkümmern zu lassen.[810]

Zumindest gegenständlichen geheimen Informationen, die durch Leistung geschaffen wurden, kann daher – anders als beim Sacheigentum, für dessen Schutz

---

806 *R. Wendt*, in: M. Sachs (Hrsg.), GG, Art. 14 Rn. 65 und *P. Badura*, Lehre, in: FS T. Maunz, S. 1 (9), stark in diese Richtung auch *F. Fechner*, Geistiges Eigentum, S. 162 f., 202 f., 214 f., *J.-R. Sieckmann*, Modelle des Eigentumsschutzes, S. 71 f., 192 ff. und *U. Hösch*, Eigentum und Freiheit, S. 26 f. Skeptischer wohl *H.-J. Papier*, in: Maunz/Dürig, GG, Lfg. 40 (Juni 2002), Art. 14 Rn. 13; zwar ebenfalls gegen ein „Recht auf Eigentum“ *O. Depenheuer*, in: v. Mangoldt/Klein/Starck, GG I, Art. 14 Rn. 98, aber staatliche Schutz-, Regelungs- und Ausgestaltungspflichten keineswegs ausschließend; differenzierend auch *S. Seith*, Wie kommt der Urheber zu seinem Recht?, S. 116 f., 122 ff.

807 Stark in diese Richtung BVerfGE 79, S. 29 (40), ähnlich *O. Depenheuer*, in: v. Mangoldt/Klein/Starck, GG I, Art. 14 Rn. 147. Zumindest aber ist durch eigene Leistung Erlangtes in besonderer Weise schutzwürdig, *P. Kirchhof*, Verfassungsrechtlicher Gehalt, in: FS W. Zeidler, Bd. 2, S. 1639(1646), und damit in Abwägungen besonders zu würdigen. So auch *P. Häberle*, Property Rights, AöR 109 (1984), S. 36 (64). Besonders im Bereich des geistiger schöpferischer Leistungen in die Richtung einer privatrechtlichen Normierungs- und Ausgestaltungspflicht auch *J. Wieland*, in: H. Dreier (Hrsg.), GG, Art. 14 Rn. 59. Für eine enge Verbindung von Schutzrecht und Leistung auch *K.-N. Peifer*, Individualität im Zivilrecht, S. 107. Zur Schutzpflichtendimension *R. Rassow*, Staatliche Schutzpflichten für geistiges Eigentum, S. 71 ff.

808 *U. Hösch*, Eigentum und Freiheit, S. 19, vgl. auch BVerfGE 31, S. 229 (239), das hervorhebt „vor allem den durch eigene Leistung erworbenen Bestand an vermögenswerten Gütern“.

809 Beispielhaft hierzu *A. Wandtke*, Copyright, GRUR 2002, S. 1 (2).

810 Vgl. bereits die frühe Prognose von *W. Egloff*, Information, DVR 7 (1978), S. 115 (141) m.w.N. Kritischer zu der Frage, inwiefern nicht explizit geschaffene Rechte verfassungsrechtlich über Art. 14 GG anzuerkennen sind *C. Engel*, in: T. v. Danwitz/O. Depenheuer/ders., Bericht zur Lage des Eigentums, S. 78 f. Positiver – auf privatrechtlicher Ebene – hingegen *G. Wagner*, Gutachten, in: Verhandl. des 66. DJT, S. A 1 (40) m.w.N., wonach primär dem Markt die Aufgabe zugewiesen ist, über die Anerkennung einer subjektivrechtlichen Position als Vermögensrecht zu entscheiden.

es weniger darauf ankommt, ob das vermögenswerte Recht aufgrund eigener Leistung entstanden ist,[811] – ein eigentumsrechtlicher Schutz nicht verwehrt werden. Denn geschützt durch Art. 14 GG wird der Bestand an vermögenswerten Gütern, vor allem solcher, die durch Arbeit und Leistung erworben wurden.[812]
Um dies zu erreichen, muss sich der verfassungsrechtliche Gegenstandsbegriff des Art. 14 GG, der sich bisher „an körperlichen Warenverhältnissen"[813] ausrichtet, für immaterielle Güter weiterentwickeln[814] und eine „Vergeistigung des Gegenstandsbegriffs"[815] stattfinden. Dabei ist die einfachrechtliche Ausgestaltung des Eigentums sicherlich Anknüpfungspunkt, aber nicht strenge Grenze des verfassungsrechtlichen Eigentums, da ansonsten weite Teile immaterieller Güter mit inzwischen hoher Bedeutung und entsprechendem Vermögenswert schutzlos blieben.[816] Kommt der Gesetzgeber den Fortschreibungsanforderungen der immaterialwirtschaftlichen und informationsgesellschaftlichen Entwicklung nicht nach, so bietet der verfassungsrechtliche Eigentumsschutz mit seinem eigenständigen Schutzgehalt zumindest in öffentlich-rechtlichen Konstellationen Schutz für

---

811 Vgl. auch die Differenzierung in BVerfGE 31, S. 229 (243), wonach Leistung für die Schutzintensität zu berücksichtigen ist. *H.-J. Papier*, in: Maunz/Dürig, GG, Lfg. 40 (Juni 2002), Art. 14 Rn. 55. Anders aber in diesem Punkt *O. Depenheuer*, in: v. Mangoldt/Klein/Starck, GG I, Art. 14 Rn. 13, 15, der in der Leistung den Legitimationsgrund des Eigentums sieht. Dieser Leistungsbezug führt zumindest zu einer Erhöhung der Schutzwürdigkeit. Zum philosophischen und rechtstheoretischen Hintergrund der Verknüpfung von eigener Leistung und Eigentum *M. Brocker*, Arbeit und Eigentum, passim., insb. S. 346 ff. sowie *U. Hösch*, Eigentum und Freiheit, S. 87 ff.

812 *P. Kirchhof*, Verfassungsrechtlicher Gehalt, in: FS W. Zeidler, Bd. 2, S. 1639 (1645); BVerfGE 31, S. 229 (239).

813 *A. Wandtke*, Copyright, GRUR 2002, S. 1 (1). Von dem Ergebnis der Debatte, wie wesensähnlich Sach- und geistiges Eigentum sind, hängt die Begründung für einen gleichwertigen und umfangreichen Schutz auch immaterieller Gegenstände durch Art. 14 GG ab, vgl. hierzu *P. Badura*, Lehre, in: FS T. Maunz, S. 1 (6).

814 So auch die Forderung von *H. Kube*, Zugänge, JZ 2001, S. 944 (947 ff.) nach „einer weitere[n] Öffnung des Gegenstandsbegriffs für Abstraktion" entsprechend den neuen Wirklichkeitsstrukturen und eine Einbeziehung in den Schutzbereich des Art. 14 GG. In eine ähnliche Richtung auch *K.-H. Ladeur*, Dynamik, in: M. Eifert/W. Hoffmann-Riem (Hrsg.), Innovation und rechtliche Regulierung, S. 339 (345 ff.). Zur Entwicklungsoffenheit des Art. 14 GG auch *S. Seith*, Wie kommt der Urheber zu seinem Recht?, S. 110.

815 *E. Ulmer*, Urheber- und Verlagsrecht, S. 11. Vergeistigung bedeutet v.a. *Flexibilisierung* des Eigentumsbegriffs durch die Entwicklung abgestufter Schutzgehalte. Vorbild müssen zunehmend bestehende Rechte des geistigen Eigentums mit ihren nicht immer umfassenden Zuordnungen und ihrer begrenzten Schutzdauer sein, weniger das Sacheigentum.

816 Gegen einen verfassungsrechtlichen Eigentumsbegriff rein nach Maßgabe des einfachrechtlichen auch *W. Kahl*, Entwicklungslinien, AöR 131 (2006), S. 579 (603) m.w.N. sowie *V. Jänich*, Geistiges Eigentum, S. 231 f. Zur Weiterentwicklung des verfassungsrechtlichen Eigentumsbegriffs und Schutzerstreckung auch auf neuartige Eigentumsformen und -derivate *T. Vesting*, Subjektive Freiheitsrechte, DV Beiheft 4/2001, S. 21 (46 f.).

gegenständliche Unternehmensgeheimnisse, auch wenn die einfachrechtliche Ausgestaltung des Geheimnisschutzes nur einen geringen Detaillierungsgrad erreicht. Um neuartige immaterielle Güter nicht schutzlos werden zu lassen, bis der Gesetzgeber die geänderten Bedürfnisse nach ihrem Schutz nachvollzogen hat, muss sich der verfassungsrechtliche Eigentumsbegriff an dieser Stelle vom einfachrechtlichen emanzipieren, um zumindest in Abwägungen neuartigen Schutzgütern den Schutz der Eigentumsfreiheit zukommen lassen zu können.

b) Beeinträchtigungen und Maßstabsentwicklung

Dem Charakter des Unternehmensgeheimnisses als besonderem Schutzrecht gegen Kenntnisnahme durch Konkurrenten entsprechend führt eine Informationsweitergabe an den Staat noch nicht zur Beeinträchtigung der Eigentumsposition, sofern dieser sie für sich behält.[817] Denn das Spezifikum der eigentumsrechtlichen Position Geheimnis – die exklusive Nutzung – bleibt dem Unternehmen erhalten. Erst wenn der Staat seinerseits die Information veröffentlicht bzw. gezielt einem Privaten übermittelt oder das betroffene Unternehmen selbst zur Veröffentlichung bzw. Weitergabe zwingt, liegt eine Beeinträchtigung vor. Diese hat dann aber sogleich die Qualität nicht nur einer Nutzungsbeeinträchtigung, sondern eines völligen Verlusts der Position. Zwar bleiben dem Unternehmen die Information und ihre Nutzungsmöglichkeit erhalten, aber der Kern der Position – die Exklusivität der Nutzung und die Möglichkeit der Geheimhaltung (Verfügungs- und Verwertungsbefugnis) – geht vollständig verloren und trägt daher Züge einer Enteignung.[818] Andererseits ergibt sich aus der Eigentumsposition Geheimnis und seiner Ausgestaltung (Abwägungsvorbehalt) selbst bereits der strenge Dualismus aus Anerkennung und völligem Verlust.[819] Insofern ist eher von

817 Anders *S. Scholl*, Zweitanmelderproblematik, S. 19 f., der in der (nicht näher ausgeführten) erhöhten Gefährdung des Geheimnisses durch die Weitergabe an eine Behörde bereits eine Beeinträchtigung sieht.

818 So auch die Bewertung von *T. v. Danwitz*, Schutz, DVBl 2005, S. 597 (601) und OVG NRW, justiz.nrw.de, 13 E 190/01 v. 4.7.2001, Umdruck S. 8. Vgl. hierzu aber auch die Formulierung des BVerfGE 100, S. 226 (240), wonach eine Enteignung „darauf gerichtet [ist], konkrete Rechtspositionen, die durch Art. 14 Abs. 1 S. 1 GG geschützt sind, zur Erfüllung bestimmter öffentlicher Aufgaben vollständig oder teilweise zu entziehen." Zwischen Entziehung und inhaltlicher Begrenzung der Rechtsposition ist hier nur schwierig zu differenzieren, weil die Institute der Enteignung und Inhalts- und Schrankenbestimmung auf Sachen zugeschnitten sind.

819 Näher ausgestaltete Immaterialgüterrechte wie das Patent sind hingegen von Inhalts- und Schrankenbestimmungen begrenzt, die nicht sogleich die Position als ganze gefährden. So führt z.B. eine Zwangslizenz nicht zum völligen Verlust des Patents, sondern schränkt lediglich die eigene Nutzungsbefugnis ein. Es liegt am Geheimnis selbst, dass erhaltende Einschränkungen ihm nicht möglich sind. Höchstens die Verpflichtung zur Geheimhaltung desjenigen, dem das Geheimnis eröffnet wird, könnte diesen Dualismus abmildern (dazu unter G.V.5.b) [S. 206]).

einer Inhalts- und Schrankenbestimmung auszugehen, die zu einem Verlust der Position führen kann und damit in ihrer Wirkung mit einer Enteignung übereinstimmt.[820]
Da eine Ausgleichspflicht für diesen intensive Beeinträchtigung nicht vorgesehen ist, kann die Offenlegung von durch Art. 14 GG geschützten Informationen an den Wettbewerber – wenn überhaupt – nur in verhältnis- und damit verfassungsmäßiger Weise erfolgen, wenn für die Offenlegung zwingende und überragende Gründe streiten. [821] Für die Offenlegung ohne finanziellen oder sonstigen Ausgleich, der aufgrund der Nähe zur Enteignung gerade naheliegt, sind aber kaum überragende öffentliche Interessen denkbar.[822] Zudem ist, wenn eine Bestandsgarantie sich nicht realisieren lässt, eine möglichst weite Wertsicherung der Eigentumsposition zu ermöglichen.[823]
Andererseits ist die gesteigerte Bedeutung von Information in Wirtschaft und Gesellschaft und damit auch für die eigenverantwortliche Lebensgestaltung eines jeden zu berücksichtigen.[824] Immaterielle vermögenswerte Ergebnisse eigener Leistung erhalten damit einen höheren Stellenwert und schränken die Ausgestaltungsmöglichkeiten des Gesetzgebers nach unten hin ein, fordern also ein Mindestmaß an Schutz.

---

820 Insgesamt hat der Gesetzgeber im Bereich des geistigen Eigentums ohnehin einen weiten Gestaltungsspielraum, siehe allein die zeitlichen Begrenzungen anderer Informationsschutzrechte, vgl. hierzu *F. Fechner*, Geistiges Eigentum, S. 175 m.N. der Rspr. Das BVerfG differenziert dabei nicht danach, ob es sich um eine Inhalts- oder Schrankenbestimmung handelt, vielmehr sieht es Art. 14 Abs. 1 S. 2 GG als einheitliche Regelungsermächtigung, so *M. Ruffert*, Vorrang der Verfassung, S. 111, a.A. etwa *R. Wendt*, in: M. Sachs (Hrsg.), GG, Art. 14 Rn. 55 ff.

821 Die (abwägende) Schrankenziehung darf nur aufgrund öffentlicher Interessen erfolgen, *R. Wendt*, in: M. Sachs (Hrsg.), GG, Art. 14 Rn. 70. Daher ist im Informationsfreiheitsrecht dem Gesetzgeber die Möglichkeit der zwangsweisen Offenlegung von gegenständlichen und daher von Art. 14 GG geschützten Unternehmensgeheimnissen von vornherein verwehrt, sofern nicht neben dem Zugangsinteresse des Privaten auch ein öffentliches Interesse an der Offenbarung geltend gemacht wird.

822 Zur Idee einer ausgleichspflichtigen Schrankenbestimmung näher unter G.V.5.a) (S. 203 f.). So ist die Figur der ausgleichspflichtigen Schrankenbestimmung im Bereich immaterieller Güter entwickelt worden, hierzu *P. Lerche*, Fragen sozialbindender Begrenzungen, in: FS E. Reichardt, S. 101 (105 f.), gerade aufgrund des strengen Dualismus zwischen Innehaben und Verlust.

823 *O. Depenheuer*, in: v. Mangoldt/Klein/Starck, GG I, Art. 14 Rn. 212. Aufgrund der strengen Dichotomie des Geheimnisses zwischen Existenz und Nichtexistenz ist hier die Ausgleichspflicht Ersatz für den vollständigen Verlust, kritisch (auf das Sacheigentum bezogen) a.a.O., Rn. 255.

824 BVerfGE 79, S. 29 (40). Zum weiten Spielraum des Gesetzgebers beim geistigen Eigentum *J.-R. Sieckmann*, Modelle des Eigentumsschutzes, S. 155. Eigentum an Information ist sehr viel differenzierter zu regeln (durch Abstufungen und Eingrenzungen) als Eigentum an Sachen, *W. Egloff*, Information, DVR 7 (1978), S. 115 (140).

Grundsätzlich schwenken die widerstreitenden Belange des Schaffenden und die öffentlichen Interessen an Veröffentlichung und freier Verfügbarkeit des Geschaffenen daher mehr in Richtung der Schutzbedürftigkeit aus. Diese sieht sich aber – nicht generell, sondern punktuell – auch einem erhöhten Einsichtsinteresse gegenüber. Allerdings ist beim Einsichtsinteresse wiederum einzustellen, dass jenseits des gerechtfertigten öffentlichen Einsichtsinteresses noch der Werttransfer zum Wettbewerber liegt, der sich nicht durch öffentliche Interessen rechtfertigen, aber auch nicht verhindern lässt. Hierdurch erhöhen sich die Anforderungen an die Verhältnismäßigkeit einer möglichen Offenbarung, die auch mit dem gesteigerten Sozialbezug geistiger Güter nur schwierig zu rechtfertigen ist.
Die ausgleichslose Weitergabe von eindeutig gegenständlichen Unternehmensgeheimnissen, die *de lege lata* vorgesehen ist, lässt sich durch öffentliche Interessen nur in besonderen Ausnahmefällen überhaupt rechtfertigen, so dass das Geheimhaltungsinteresse an gegenständlichen Informationen bis auf absolute Ausnahmefälle überwiegen muss.

3. Geheimnisschutz als Teil des Grundrechts auf Berufsfreiheit

a) Schutzbereich

(1) Grundlagen

Während bei einem Unternehmen als Eigentumsposition zugeordneten Geheimnissen der Schutz über Art. 14 GG deshalb näherliegt,[825] weil es um den Verlust von durch Leistung erzeugten Gegenstände geht, fokussiert sich bei geheimen Informationen unabhängig von ihrer Gegenständlichkeit der Schutz auf das wettbewerbliche Interesse, den auf der Geheimhaltung basierenden Wettbewerbsvorsprung selbst nutzen zu können (positiv) und (negativ) darauf, dass die Informationen nicht der Konkurrenz Vorteile im Wettbewerb in Form einer Unsicherheitsminderung verschaffen. Dieses Interesse kann grundsätzlich in den Schutzbereich des Art. 12 GG fallen[826] und einen Schutz vor der Weitergabe (bzw. der Pflicht zur eigenen Weitergabe) unternehmerischer Informationen bieten.
Anders als bei der Eigentumsfreiheit muss hier nicht ein Zuweisungsgehalt der Informationen zum Unternehmen als Schutzvoraussetzung ermittelt werden, sondern es sind negative Folgen staatlichen Handelns auf Unternehmensgeheimnisse und damit die Position des Unternehmens im beruflichen Kontext zu ermitteln

825 Und darüber hinaus insgesamt ein höheres Schutzniveau gewährleisten kann, hierzu und zum Verhältnis beider Grundrechte zueinander G.IV.6. (S. 191 f.).
826 So etwa BVerwGE 71, S. 183 (194 f.), restriktiver aber BVerfGE 105, S. 252 ff., dessen Auffassung aber von der Lit. ganz überwiegend abgelehnt wird, vgl. etwa *G. Manssen*, in: v. Mangoldt/Klein/Starck, GG I, Art. 12 Rn. 87 m.w.N.

und am Maßstab der Berufsfreiheit zu messen. Als persönlichkeitsbezogenes Grundrecht umfasst der Schutzbereich alle Unternehmensgeheimnisse unabhängig von ihrer Vergegenständlichung.

(2) Gewährleistung der Wettbewerbsfreiheit

„Wettbewerbsfreiheit bedeutet die Freiheit für jedes Marktsubjekt, seine Fähigkeiten durch den Einsatz solcher Mittel auszunutzen, die als geeignet empfunden werden, um der Marktgegenseite qualitativ bessere oder rationell günstigere Angebote zu machen und sie vom Marktpartner zu gewinnen.“[827] Sie wird von Art. 12 Abs. 1 GG als Schutz des Verhaltens im Wettbewerb geschützt.[828] Agieren im Wettbewerb umfasst nicht nur die Möglichkeit, nach freier unternehmerischer Entscheidung im Markt zu handeln, sondern auch, dass Marktreaktionen von Konkurrenten und Konsumenten nach eigener ökonomischer Rationalität auf Grundlage des im Markt vorhandenen (und auch dort nicht einheitlichen) Informationsstands getroffen und nicht staatlich beeinflusst werden.[829] Betroffen ist diese Freiheit nicht durch Verbesserungen des allgemeinen Marktinformationsstands durch Informationsveröffentlichung,[830] sondern staatliche Beeinflussung des Informationsgefälles zwischen einzelnen Marktakteuren, insbesondere im Verhältnis zweier konkurrierender Anbieter zueinander.[831] Art. 12 Abs. 1 GG bietet allerdings selbstverständlich keinen allgemeinen Schutz der Stellung im Wettbewerb, sondern schützt nur gegen Eingriffe in den Wettbewerbsprozess von außen.

Als Ausprägung der Wettbewerbsfreiheit lässt sich eine Art Recht auf wettbewerbsbezogene „informationelle Selbstbestimmung“ oder besser ein Recht auf Kontrolle eigener, wettbewerbsrelevanter Informationen ableiten, dessen Schutzrichtung zwar weniger gegen die staatliche Informationsanforderung und -verarbeitung,[832] als vielmehr die Weitergabe der Informationen an Konkurrenten

---

827 So die Definition bei *C. Tsiliotis*, Wettbewerbsfreiheit, S. 82.

828 BVerwGE 71, S. 183 (189).

829 *H.-J. Papier*, in: Maunz/Dürig, GG, Lfg. 40 (Juni 2002), Art. 14 Rn. 230.

830 Denn „[d]as Grundrecht [Art. 12 GG] schützt aber nicht vor der Verbreitung zutreffender und sachlich gehaltener Informationen am Markt, die für das wettbewerbliche Verhalten der Marktteilnehmer von Bedeutung sein können, selbst wenn die Inhalte sich auf einzelne Wettbewerbspositionen nachteilig auswirken.“ (BVerfGE 105, S. 252 [265]); hierzu sogleich unter G.IV.3.a)(4) (S. 180).

831 Dieses Informationsgefälle ist damit Teil der Institution Wettbewerb, denn bei einem gleichen Informationsstand aller würde der Wettbewerb zum Erliegen kommen, vgl. auch G.II.1. (S. 156).

832 Zwar kann bereits die Verpflichtung zur Offenbarung von Informationen gegenüber staatlichen Stellen (Mitteilungs- und Meldepflichten) die Berufsfreiheit beeinträchtigen, so *R. Stober*, Grundrechtsschutz der Wirtschaftstätigkeit, S. 65 und *R. Breuer*, in: HStR VI, § 148 Rn. 26; diese Schutzrichtung ist für den Schutz von Unternehmensgeheimnissen aber weniger relevant und hat einen anderen Maßstab.

gerichtet ist.[833] Die Wettbewerbsfreiheit verbürgt zudem den Schutz des Geheimwettbewerbs als Teil der Institution Wettbewerb und verleiht ein Abwehrrecht zum Schutz eigener Unternehmensgeheimnisse.[834] Denn durch die Offenbarung der Geheimnisse durch den Staat wird die Wettbewerbssituation des betroffenen Unternehmens verschlechtert, indem ihm die *exklusive* Nutzung der Daten und Informationen unmöglich gemacht wird.[835] Dieses Abwehrrecht ist zwar letztlich gegen die Kenntnisnahme Privater gerichtet, verpflichtet aber als klassisches Abwehrrecht den Staat und verhindert dessen Einfluss auf die Stellung im Wettbewerb zuungunsten des betroffenen Unternehmens durch Veränderung der Informationslage von Konkurrenten. Die berufliche Tätigkeit ist dabei Anknüpfungspunkt für spezifisch-funktionale Freiheitsgewährleistungen,[836] die privautonomes Verhalten und Entscheiden (auch über den Umgang mit internen Informationen) schützen.[837]

(3) Einschränkungen des Schutzbereichs

Zwar fällt die wirtschaftliche Dispositionsfreiheit in den Schutzbereich des Art. 12 GG;[838] dies bedeutet aber nicht, dass jedes Verhalten, das im weitesten Sinn die Berufsausübung und den Wettbewerb betrifft, auch im Schutzbereich der Berufsfreiheit liegt. Das gilt umso mehr, als dass Versuche zu erkennen sind, grundrechtliche Normgehalte vor dem Hintergrund immer komplexerer, multipolarer Konfliktlagen möglichst spezifisch herauszuarbeiten.[839] Folge hiervon ist eine Modifikation des Schutzbereichs[840] verbunden mit der Herausarbeitung konkreter

---

833 Eine solche Gewährleistung stünde strukturell dem Recht auf informationelle Selbstbestimmung natürlicher Personen nahe, das aus Art. 2 Abs. 1 i.V.m. 1 Abs. 1 GG abgeleitet wird, weshalb der Selbstbestimmungsterminus hier angeführt wird, unterscheidet sich aber durch die geringere Staatsgerichtetheit. Die Verortung in Art. 12 GG entspricht dabei den Forderungen von *R. Scholz/R. Pitschas*, Informationelle Selbstbestimmung, S. 99 und v.a. *M. Albers*, Informationelle Selbstbestimmung, S. 357 ff. nach einer Verlagerung vom hochabstrakten Schutzkonzept des Rechts auf informationelle Selbstbestimmung (hierzu sogleich unter G.IV.4.b) (S. 188 f.) hin zu konkreteren Informationsschutzgewährleistungen aus spezielleren Grundrechten.

834 *K. Stern*, Berufsfreiheit, in: Stern, StaatsR IV/1, § 111 II 1 γ) (S. 1822). Explizit BVerfGE 115, S. 205 (229 f., 265 f.).

835 Hierauf stellt auch BVerfGE 115, S. 205 (230) ab.

836 *R. Pitschas*, Berufsfreiheit und Berufslenkung, S. 67.

837 *H.-J. Papier*, Unternehmen, in: VVDStRL, Bd. 35, S. 7 (75 ff.).

838 *H.-U. Erichsen*, in: HStR VI, § 152 Rn. 61 f. Teilweise wird auch Art. 2 Abs. 1 GG für einschlägig gehalten, vgl. die Streitdarstellung bei *R. Stober*, Grundrechtsschutz der Wirtschaftstätigkeit, S. 65.

839 *W. Hoffmann-Riem*, Grundrechtsanwendung, Der Staat 43 (2004), S. 203 (228 f.).

840 Dies wird auch angedeutet vor dem Hintergrund der veränderten Auffassungen hin zu begrenzter staatlicher Verantwortung unter dem Stichwort des Gewährleistungsstaates bei *W. Hoffmann-Riem*, Grundrechtsanwendung, Der Staat 43 (2004), S. 203 (226 ff.).

Gewährleistungen der Berufsfreiheit, die der gestiegenen Bedeutung von Information[841] Rechnung tragen müssen. Dies ist als Weiterentwicklung der von der wohl h.M. schon bisher vorgenommenen Schutzbereichseinschränkung zu sehen, wonach bei einer faktischen Beeinträchtigung[842] eine objektiv berufsregelnde Tendenz erkennbar sein muss, damit der Schutzbereich der Berufsfreiheit berührt ist.[843] Denn die Grundrechte und insbesondere auch die Berufsfreiheit schützen nicht vor jeder nachteiligen Betroffenheit des einzelnen; daher ist nach Maßgabe des Schutzzwecks des betroffenen Grundrechts zu bestimmen, ob eine Schutzbereichsberührung vorliegt.[844]

(4) Abgrenzung von Publikumsinformationen

Diskutiert werden diese Schutzbereichseinschränkungen im Recht der Publikumsinformationen.[845] Im Unterschied zu diesen ist bei der Weitergabe geheimer Informationen eines Unternehmens an einen Konkurrenten durch den Staat die Folge nicht eine (mögliche) Reaktion des gesamten Marktes, v.a. also der Konsumenten, sondern gerade die Besserstellung des direkten Konkurrenten.[846] Bei der allgemeinen Publikumsinformation handelt es sich lediglich um eine indirekte,

841 Entsprechend wurde oben der Gegenstandsbegriff der Eigentumsfreiheit modifiziert, siehe G.IV.2.a)(3)(i) (S. 174 f.).

842 Aufgrund der veränderten und erweiterten Handlungsformen der Verwaltung hin zu sog. schlichtem Verwaltungshandeln ist die Frage einer Schutzbereichsberührung durch eben dieses schlichte Handeln, zu dem auch die Steuerung durch Information gehört (vgl. *M. Schulte*, Schlichtes Verwaltungshandeln, S. 50 ff., 85 ff.), besonders erörterungsbedürftig. Hierzu gehören auch behördliche Informationen, die ein bestimmtes oder mehrere benannte Unternehmen zum Inhalt haben und sich besonders an deren Konkurrenten wenden, daneben aber auch an die Allgemeinheit. Solche Informationen werden v.a. von BNetzA und BKartA veröffentlicht, um zum einen spezial- und generalpräventive Wirkung gegen wettbewerbsrechtswidriges Verhalten zu entfalten, andererseits aber auch den Markt allgemein über die behördliche Tätigkeit zu informieren, hierzu *H. Merkt*, Unternehmenspublizität, S. 139 f., 269 ff.

843 Vgl. *P. J. Tettinger/T. Mann*, in: M. Sachs (Hrsg.), GG, Art. 12 Rn. 73 m.entspr.N., kritisch hierzu etwa *G. Manssen*, in: v. Mangoldt/Klein/Starck, GG I, Art. 12 Rn. 74.

844 So das BVerwGE 71, S. 183 (192).

845 Vgl. zum Begriff *C. Gramm*, Publikumsinformation, Der Staat 30 (1991), S. 51 (53 f.): Es handelt sich im weiten Sinn um eine Information mit dem Staat als Sender an einen offenen Empfängerkreis. Als Beispiel einer expliziten Ermächtigungsgrundlage für staatliche Warnungen und Information der Bürger siehe §§ 1 ff. VIG Bln.

846 Fraglich ist, ob nicht insofern auch nach der Auffassung des BVerfGE 105, S. 252 (273) ein Eingriff in die Berufsfreiheit vorliegt, weil die formulierte Ausnahme der Ausgrenzung staatlichen Informationshandelns aus dem Gewährleistungsbereich in diese Richtung keine Aussage trifft. Angesichts der direkteren Folgewirkung ist ein solcher Eingriff zu bejahen.

mittelbare[847] Beeinträchtigung mit unsicherer Steuerungswirkung, da die konkrete Wirkung beim Empfänger nicht vorherzusagen ist.[848] Ziel der Publikumsinformation ist die Förderung von Wettbewerb durch Herstellung seiner Voraussetzungen (die Bürger sollen in den Stand versetzt werden, eine rationale Marktentscheidung treffen zu können), also allgemeine Markttransparenz.[849] Folge hiervon ist, dass Unternehmensgeheimnisse, die auch als Publikumsinformationen durch den Staat veröffentlicht werden dürften, nicht als geheime unternehmerische Information durch die Berufsfreiheit vor der Weitergabe an Konkurrenten geschützt sind.
Die staatliche (bzw. aufgrund gesetzlicher Verpflichtung durch das Unternehmen selbst vorgenommene) Informationsweitergabe an Konkurrenten stellt sich hingegen als Markteingriff dar. Zwar ist auch hier nicht final die Schlechterstellung des betroffenen Unternehmens gewollt, aber der Nachteil in Form einer Veränderung des Wettbewerbsverhaltens des Konkurrenten[850] zuungunsten des betroffenen Unternehmens tritt mit sicherem Wissen und als *direkte Folge* der Informationsweitergabe ein. Die Wirkung derartiger Maßnahmen ist auch intensiver, weil es sich nicht mehr nur um eine Form der indirekten Verhaltenssteuerung ohne eine bestimmte, vorhersehbare Anreizwirkung handelt, sondern unmittelbar die

---

847 Kritisch zum Begriff der Mittelbarkeit in diesem Zusammenhang *U. Di Fabio*, Gestaltungsmittel, JuS 1997, S. 1 (4 f.).

848 Hierauf zieht sich BVerfGE 105, S. 279 (304 f.) zurück und verneint einen Eingriff; dagegen *G. Manssen*, in: v. Mangoldt/Klein/Starck, GG I, Art. 12 Rn. 86, Zum Thema auch *C. Bumke*, Publikumsinformation, DV 37 (2004), S. 3 (10, 22). Bereits und gerade für den Bereich wirtschaftlich relevanter Informationen lässt sich dies angesichts der konkreten Reaktionsmöglichkeiten der Empfänger (Ausweichen auf andere Produkte) durchaus auch anders beurteilen (etwa *H. Bethge*, Staatliche Teilhabe, AfP (Sonderheft) 2007, S. 18 [19]). Anders auch der EuGH, vgl. *H. T. Weiß*, Determinante, EuZW 2008, S. 74 ff. Es kann (und wird sehr oft auch) von Publikumsinformationen eine konkrete Steuerungswirkung auf die Konsumenten ausgehen. Andererseits besteht eben keine Rechtspflicht zur Verhaltensänderung, hierzu auch *R. Pitschas*, Informationsordnung, in: W. Hoffmann-Riem/E. Schmidt-Aßmann/G. F. Schuppert (Hrsg.), Reform des Allgemeinen VerwR, S. 219 (302 f.). Ausführlich auch *C. Gusy*, Informationsbeziehungen, in: W. Hoffmann-Riem/E. Schmidt-Aßmann/A. Voßkuhle (Hrsg.), GVwR II, § 23 Rn. 105 ff., der auf die negativen Folgen für den Ruf des Unternehmens eingeht; denn fraglich ist auch unter diesem Aspekt, ob der Staat den Ruf negativ beeinflusst oder ihn nicht einfach nur – in den Kommunikationsprozess eintretend – vervollständigt.

849 So BVerfGE 105, S. 252 (267).

850 Diese Konsequenz ist zwingend, auch wenn die genaue Art der Reaktion nicht immer konkret ex ante benannt werden kann. Der eigentliche Nachteil für das betroffene Unternehmen liegt in der Reaktion des Konkurrenten und stellt keine rechtlich zwingende Folge dar. Sie ist aber direkt mit dem Erhalt der Information verbunden, von sehr hoher Wahrscheinlichkeit und damit voraussehbar und dem Staat zurechenbar, so dass eine Eröffnung des Gewährleistungsbereichs (und nach traditioneller Dogmatik ein Eingriff) vorliegt, so auch für die Publikumsinformation *F. Schoch*, Informationspolitik, DVBl 1991, S. 667 [669 f.]).

Stellung zweier im Wettbewerb miteinander stehender Unternehmen zueinander verändert wird,[851] so dass auch nicht mehr allgemeine Transparenzschaffung als Ziel angeführt werden kann. Je mehr also der Kreis der Empfänger und damit derjenigen, denen eine Reaktion auf den Informationserhalt möglich ist, eingrenzbar ist, desto eher ist der Schutzbereich der Berufsfreiheit eröffnet und desto weniger trägt auch der allgemeine Transparenzgedanke.

(5) Zusammenfassung

„Werden also [...] Betriebsgeheimnisse durch den Staat offen gelegt oder verlangt er deren Offenlegung, ist Art. 12 Abs. 1 GG in seinem Schutzbereich berührt."[852] Denn die Berufs- und als ihr Teil die Wettbewerbsfreiheit stellen eine Einzelgewährleistung von Autonomie in der sozialen Sphäre, hier der Marktteilnahme dar.[853] Dies bedeutet nicht Schutz gegen jede Reaktion des Wettbewerbers oder gar der bestehenden Wettbewerbslage,[854] sondern (als passender und einzig sinnvoller Ansatzpunkt) grundlegend Schutz gegen staatliche bzw. staatlich induzierte Informationsweitergabe an Konkurrenten. Er umfasst dabei alle möglichen Arten von Unternehmensgeheimnissen unabhängig vom Grad ihrer Gegenständlichkeit. Von der Wettbewerbsfreiheit werden vor Offenbarung auch Informationen geschützt, die erst durch die Behörde zusammengestellt bzw. aus Daten des Unternehmens weiterverarbeitet wurden.[855]

b) Eingriff und Maßstabsentwicklung

Wird ein Unternehmen zur Vorlage von Daten und Informationen im Rahmen eines Verwaltungs- oder Gerichtsverfahrens verpflichtet mit der Folge, dass Wettbewerber diese einsehen können, wird dem betroffenen Unternehmen die alleinige Nutzung dieser Daten und Informationen unmöglich gemacht und seine

---

851 Dies bedeutet nach herkömmlicher Dogmatik nicht nur die Eröffnung des Schutzbereichs, sondern ist darüber hinaus als rechtfertigungsbedürftiger Eingriff aufzufassen. Da BVerfGE 105, S. 252 ff. diesen Dreischritt aber zugunsten eines Denkens in Gewährleistungsbereichen im Bereich der Marktinformationen zwar nicht aufgegeben, aber neu konturiert zu haben scheint – so etwa *C. Bumke*, Publikumsinformation, DV 37 (2004), S. 3 (21, 23) sowie, wenn auch moderater *W. Hoffmann-Riem*, Grundrechtsanwendung, Der Staat 43 (2004), S. 203 (218, 226), anders *D. Murswiek*, Dogmatik, NVwZ 2003, S. 1 (2 f.) –, lässt sich eine Abgrenzung nur an dieser Stelle sinnvoll diskutieren. Kritisch zur mangelnden Differenzierung zwischen Schutzbereich und Eingriff bereits zur vorangegangenen Entscheidung des BVerwG *F. Schoch*, Informationspolitik, DVBl 1991, S. 667 (669).

852 BVerfGE 115, S. 205 (230).

853 Vgl. hierzu *M. Ruffert*, Vorrang der Verfassung, S. 54 f.

854 *M. Hoffmann*, Schutz der marktwirtschaftlichen Unternehmenstätigkeit, S. 53.

855 So auch die Regulierungsbehörde in ihrer Stellungnahme in BVerfGE 115, S. 205 (223). Die Wettbewerbsfreiheit reicht hier also weiter als der mögliche Eigentumsschutz.

Stellung im Wettbewerb beeinträchtigt. Ein Eingriff in die Berufsfreiheit liegt damit vor.[856]
Als Maßstab für die Rechtfertigung des Eingriffs kommt es auf die (möglichen) *Folgen* an, die ein Informationstransfer für das betroffene Unternehmen hat; aus ihnen bestimmt sich die Intensität des Eingriffs. Dabei verbietet sich allerdings einseitiges Argumentieren mit der berufs- und wettbewerbsbezogenen Privatautonomie des betroffenen Unternehmens, weil auch Informationsverlangen und Informationssuche zu seiner Berufsfreiheit des Wettbewerbers gehören. Informationsoffenbarungspflichten stellen unter normalen Umständen Berufswahlregelungen dar, sind daher mit vernünftigen Erwägungen des Gemeinwohls zu rechtfertigen[857] und damit mit der Abwägung im Rahmen der allgemeinen Handlungsfreiheit, Art. 2 Abs. 1 GG, vergleichbar.[858] Der Eingriff wird also einer – umfassend angelegten – Verhältnismäßigkeitsprüfung unterworfen.[859] Hierfür sind im Bereich des Geheimnisschutzes Kriterien zu entwickeln.[860]

4. Geheimnisschutz als Teil des Persönlichkeitsrechts

Subsidiär zur Berufs- und Eigentumsfreiheit kann das allgemeine Persönlichkeitsrecht von Unternehmen aus Art. 2 Abs. 1 GG[861] eigenständige Bedeutung im wirtschaftlichen Bereich nur erlangen, sofern es sich um ein Verhalten handelt, das nicht in Erwerbszusammenhängen und entsprechender Motivation erfolgt und daher nicht bereits durch eigentumsrechtliche Verfestigung oder die Merkmale des Berufs gekennzeichnet ist.[862] Dies wird angesichts der umfangreichen Einbeziehung von Unternehmensgeheimnissen in die Schutzbereiche der Art. 12 Abs. 1 und 14 Abs. 1 GG kaum der Fall sein.[863] Lediglich in besonderen Ausprägungen des Persönlichkeitsrechts, Recht auf Privatsphäre und auf informationelle Selbst-

---

856 So jetzt auch eindeutig BVerfGE 115, S. 205 (231 f.). Je mehr auf Information als Steuerungsressource zurückgegriffen wird, desto relevanter wird auch eine abwägende Regelung und Anerkennung als möglicher Eingriff.

857 *P. J. Tettinger/T. Mann*, in: M. Sachs (Hrsg.), GG, Art. 12 Rn. 101.

858 So auch *U. Di Fabio*, Gestaltungsmittel, JuS 1997, S. 1 (5).

859 *P. J. Tettinger/T. Mann*, in: M. Sachs (Hrsg.), GG, Art. 12 Rn. 114.

860 Zu diesen unter G.V. (S. 193 ff.).

861 *D. Murswiek*, in: M. Sachs (Hrsg.), GG, Art. 2 Rn. 77.

862 *U. Di Fabio*, in: Maunz/Dürig, GG, Lfg. 39 (Juli 2001), Art. 2 Abs. 1 Rn. 81.

863 Geheimnis- und Kommunikationsgarantien aus Art. 2 Abs. 1 GG treten gegenüber Einzelgrundrechten mit ihren spezielleren Gewährleistungen oftmals als subsidiär zurück, *R. Scholz/R. Pitschas*, Informationelle Selbstbestimmung, S. 93, 99. Dies ändert sich auch nicht dadurch, dass im Privatrecht der Schutz von Unternehmensgeheimnissen oftmals auf das – dann privatrechtliche – Persönlichkeitsrecht gestützt wird (etwa bereits *J. Kohler*, Der unlautere Wettbewerb, S. 246 und *J. N. Druey*, Geheimsphäre des Unternehmens, passim).

bestimmung,[864] können eigenständige Schutzgehalte für Unternehmensgeheimnisse vorhanden sein. Da allerdings klassischerweise differenziert wird zwischen unveräußerlichen Persönlichkeitsrechten einerseits und Vermögenswerten andererseits,[865] kann persönlichkeitsrechtlicher Schutz überhaupt nur nichtvergegenständlichte geheime Informationen umfassen. Sobald Ablösungs- und damit Vergegenständlichungsprozesse, die die abgelösten Teile zu Immaterialgüterrechten werden lassen,[866] vonstatten gehen, fällt der Schutz derartiger Informationen primär in den Bereich der Eigentumsfreiheit.

a) Recht auf Privatsphäre

Das Recht auf (Achtung der) Privatsphäre war lange alleiniger Maßstab für den grundrechtlichen Schutz vor fremden Wissensinteressen[867] und sichert Bereiche privater Lebensgestaltung als Grundlage der Persönlichkeitsentfaltung. Die in diesem Bereich entstehenden Informationen und Daten sind über das Recht auf Privatsphäre mitgeschützt.[868] Entsprechend abstrahiert der Begriff der Geheimsphäre von Inhalten und beschreibt vielmehr einen geschützten *Raum*.[869]
Die Fragen, ob der Schutzbereich des Rechts auf Privatsphäre vollständig bereits von dem der Berufsfreiheit abgedeckt wird und überdies überhaupt als Recht auf Unternehmenssphäre auf juristische Personen anwendbar ist,[870] bedürfen für den Schutz von Unternehmensgeheimnissen bereits deshalb keiner Beantwortung,

---

864 Das Verhältnis der Anwendungsbereiche dieser drei grundrechtlichen Positionen zueinander ist ungeklärt, *M. Albers*, Informationelle Selbstbestimmung, S. 276. Zu dem Nebeneinander von Selbstdarstellungsrecht, Privatsphäre und Recht auf informationelle Selbstbestimmung auch *J. Aulehner*, "Volkszählungs"-Urteil, CR 1993, S. 446 (448).

865 So für den Bereich des privatrechtlichen Persönlichkeitsrechts *H. Hubmann*, Persönlichkeitsrecht, S. 9 ff. Der eigentliche Gegensatz besteht nicht zwischen Persönlichkeits- und Vermögensrechten, sondern zwischen Persönlichkeits- und Immaterialgüterrechten, *H.-P. Götting*, Persönlichkeitsrechte als Vermögensrechte, S. 9. In die Richtung eines Schutzes von Unternehmensgeheimnissen durch das grundrechtliche Persönlichkeitsrecht aus Art. 2 Abs. 1 GG lediglich *K. Fischer*, Zweit- und Parallelanmeldung, S. 58 ff. und *S. Eilers/T. Schröer*, Schutz, BB 1993, S. 1025 (1027).

866 *H.-P. Götting*, Persönlichkeitsrechte als Vermögensrechte, S. 10. Vgl. hierzu auch die Beispiele unter E.II.3. (S. 136 ff.).

867 *M. Albers*, Informationelle Selbstbestimmung, S. 244.

868 *M. Albers*, Informationelle Selbstbestimmung, S. 277. Informationen werden daher nicht gegenständlich oder inhaltsbezogen, sondern bereichsartig zugeordnet, vgl. zu dieser Einordnung E.III.3.b) (S. 152). Des weiteren zum Recht auf Privatsphäre *D. Murswiek*, in: M. Sachs (Hrsg.), GG, Art. 2 Rn. 69 und *U. Di Fabio*, in: Maunz/Dürig, GG, Lfg. 39 (Juli 2001), Art. 2 Abs. 1 Rn. 149.

869 *J. N. Druey*, Geheimsphäre des Unternehmens, S. 228 (Hervorh. v. Verf.).

870 Umfassend zum Sphären- und damit Persönlichkeitsansatz *J. N. Druey*, Geheimsphäre des Unternehmens, S. 89 ff.

weil es in den beschriebenen Realsituationen[871] nicht um staatliche oder private Eingriffe in diese Sphäre geht, sondern um die Weitergabe von Daten und Informationen, die bereits beim Staat und damit außerhalb der geschützten Sphäre vorhanden sind.[872]

b) Recht auf informationelle Selbstbestimmung

Der Schutz von Unternehmensgeheimnissen über das Recht auf informationelle Selbstbestimmung ist deshalb nicht fernliegend, weil Schutzgrund wie auch beim informationellen Selbstbestimmungsrecht natürlicher Personen die Rückwirkungen von Information auf das Subjekt ist. In seiner Schutzrichtung ist aber das Recht auf informationelle Selbstbestimmung[873] v.a. gegen den Staat[874] und dessen Informations- und Datenanforderungen sowie die Sammlung und Verarbeitung derselben gerichtet, während der Schutz von Unternehmensgeheimnissen ausschließlich die Kenntnisnahme durch Wettbewerber und die Marktgesamtheit verhindern soll. Erhebungen durch den Staat sind insoweit zwar notwendige Voraussetzung für spätere Gefährdungen von Unternehmensgeheimnissen in öffentlich-rechtlich geprägten Konstellationen und zudem Eingriffe in das Recht auf informationelle Selbstbestimmung der betroffenen Unternehmen.[875] Deren Erfor-

871 Siehe unter D. (S. 73 ff.).

872 Begriffe man die Behörde als Auslagerung der schützenswerten Unternehmenssphäre, so liefe das auf eine rein räumlich bezogene Auffassung von Geheimnissen hinaus, die mit der Ubiquität von Information und dem Wirtschaftsgutscharakter von Unternehmensgeheimnissen nur schlecht zu vereinbaren ist. Fraglich ist allerdings, ob nicht der Sphärenschutz auch den späteren Umgang mit der Information prägt und vorgibt, dass Wettbewerber nicht auf dem Umweg über staatliche Maßnahmen und ihre Beteiligung an diesen (in Verwaltungsverfahren usw.) doch auf diese Sphäre zugreifen können, obwohl sie direkt in die Sphäre nicht hätten eingreifen dürfen. Dennoch können auch Unternehmensgeheimnisse durchaus einen räumlichen Bezug haben: So sind Daten, die von außen gemessen werden können, von vornherein keine Unternehmensgeheimnisse, *H. D. Jarass*, BImSchG, § 10 Rn. 35.

873 Welches sich aus dem Recht auf Privatsphäre und dem allgemeinen Persönlichkeitsrecht entwickelt hat, *U. Di Fabio*, in: Maunz/Dürig, GG, Lfg. 39 (Juli 2001), Art. 2 Abs. 1 Rn. 173 und *M. Albers*, Informationelle Selbstbestimmung, S. 247. Zu dem – teilweise unklaren – Verhältnis von Recht auf Privatsphäre und Selbstbestimmung *K. Vogelgesang*, Informationelle Selbstbestimmung, S. 112 ff., der auf die grundlegende Monographie von *H.-U. Evers*, Privatsphäre und Ämter für Verfassungsschutz, verweist.

874 Zur Staatsgerichtetheit des Datenschutzes siehe Fn. 19.

875 Ein informationelles Selbstbestimmungsrecht, das bisher überwiegend allein aus Art. 2 Abs. 1 GG hergeleitet wird, ist auch auf juristische Personen übertragbar (Art. 19 Abs. 3 GG), so *D. Murswiek*, in: M. Sachs (Hrsg.), GG, Art. 2 Rn. 77, *U. Di Fabio*, in: Maunz/Dürig, GG, Lfg. 39 (Juli 2001), Art. 2 Abs. 1 Rn. 48 und *D. R. Lupberger*, Auskunfts- und Prüfungsverfahren der Kartellbehörden, S. 49 ff. Eindeutig jetzt auch BVerfG, WM 2007, S. 1360 (1366). Schon frühzeitig für eine Ausweitung *L. Tuner*, Datenschutz, DuD 1985, S. 20 ff. und *H. Rumpf*, Datenschutz, DSWR 1984, S. 135 ff.

derlichkeit und Verhältnismäßigkeit sind aber bisher nicht erfolgreich gerügt worden.[876]

Zwar erfasst das Recht auf informationelle Selbstbestimmung auch die Informationsweitergabe an andere Private durch den Staat,[877] so dass der Schutz von Unternehmensgeheimnissen als ein Teil des Rechts auf informationelle Selbstbestimmung in seiner wirtschaftsbezogenen Ausrichtung erscheint.[878] Sein Schutzschwerpunkt liegt aber eindeutig darauf, dem Staat „weitreichende Einblicke in die persönlichen [...] und in die beruflichen, betrieblichen, unternehmerischen oder sonstigen wirtschaftlichen Verhältnisse"[879] nicht unbegrenzt zu ermöglichen. Da aber für die staatliche Informationsanforderung und die Offenbarung von Unternehmensgeheimnissen unterschiedliche Bewertungsmaßstäbe gelten,[880] erscheint der Geheimnisschutz als eigenständiger Bestandteil in einem umfassenden wirtschaftsbezogenen Recht auf informationelle Selbstbestimmung bzw. Kontrolle über eigene Informationen. In Fällen der drohenden Offenbarung interner Informationen und Daten an Wettbewerber liegt daher der Schutz über die informationelle Komponente der Wettbewerbsfreiheit näher, denn es geht nahezu aus-

---

Zur strukturellen Ähnlichkeit zwischen Unternehmensgeheimnis- und Datenschutz vgl. auch Fn. 31.

876 Dies geschah zurecht nicht explizit unter Berufung auf das Recht auf informationelle Selbstbestimmung des betroffenen Unternehmens, etwa BGH, N&R 2008, S. 36 ff; der Schutzbereich von Unternehmensgeheimnissen sei bei Datenanforderungen durch den Staat gar nicht betroffen, solange nicht der Staat die Daten veröffentlicht oder weitergibt, a.a.O. S. 21 f. Zum Eingriff durch erhöhte Gefährdung der Geheimnisse siehe Fn. 299. In der Vorinstanz berief sich das Unternehmen vielmehr auf seine Gewerbefreiheit und das Recht am Unternehmen, das den Schutz der Unternehmensgeheimnisse umfasse, OLG Düsseldorf, juris, VI-3 151/06 v. 28.6.2006, Umdruck S. 2.

877 BVerfGE 65, S. 1 (43), BVerfGE 67, S. 100 (143), *D. R. Lupberger*, Auskunfts- und Prüfungsverfahren der Kartellbehörden, S. 94 f. Es bietet einen umfassenden Schutz gegen das Wissen anderer, *M. Albers*, Informationelle Selbstbestimmung, S. 252, und sichert die grundlegende Möglichkeit, das Ausmaß der Informationspreisgabe selbst zu bestimmen, *G. Sydow*, Staatliche Verantwortung, DV 38 (2005), S. 35 (43).

878 Für Unternehmensgeheimnisse als vorwiegendes Schutzgut eines informationellen Selbstbestimmungsrechts des Unternehmers etwa *R. Breuer*, Schutz, NVwZ 1986, S. 171 (172). Auch *R. Scholz/R. Pitschas*, Informationelle Selbstbestimmung, S. 98 f. bringen Betriebs- und Geschäftsgeheimnisse explizit mit dem Begriff der informationellen Selbstbestimmung zusammen. Siehe auch die Verknüpfung in BVerfGE 77, S. 1 (47 f.).

879 BVerfGE 67, S. 100 (142).

880 Informationsanforderungen des Staates sind einfacher zu rechtfertigen als Informationsoffenbarungen an private Dritte, weil sie zum einen unter normalen Umständen weniger eingreifen, zum anderen ihre Erforderlichkeit offensichtlicher und daher besser zu begründen ist.

schließlich um den Schutz rein wirtschaftlicher Interessen, nicht um die Sicherung von Persönlichkeit gegenüber Staat und Wettbewerber.[881]
Aus diesem Grund ist der Schutz von Unternehmensgeheimnissen als Teil der *informationellen Wettbewerbsfreiheit* ausschließlich[882] beim spezielleren Grundrecht des Art. 12 Abs. 1 GG anzusiedeln, aus dem sich auch eher Bewertungsmaßstäbe, v.a. auch für den Schutz von Unternehmensgeheimnissen mit ihrer besonderen Schutzrichtung, gewinnen lassen.[883] Daneben kann die Verankerung des Geheimnisschutzes auch in einem unternehmerischen Recht auf informationelle Selbstbestimmung als übergeordnete Kategorie des Informationsschutzes nichts ergänzen.[884] Denn vorliegend wurzelt die Problematik nicht so sehr in der Erhebung und internen Verarbeitung durch den Staat, sondern in der Veröffentlichung gegenüber Wettbewerbern. Dennoch bestehen zwischen beiden grundrechtlichen Positionen Wechselbezüge: Da Informationsanforderungen des Staates nur selten als Eingriffe in das Recht auf informationelle Selbstbestimmung oder andere Positionen der Unternehmen unverhältnismäßig erscheinen, muss der Schutz der erhobenen Informationen vor Veröffentlichung entsprechend „hochdosiert" sein,

---

881 Ohnehin kann der informationelle Selbstbestimmungsschutz für Unternehmen nicht dem von Privatpersonen entsprechen, so *J. Willbrand*, Gesetzlicher Regelungsbedarf, S. 67 mit Verweis auf *U. Di Fabio*, in: Maunz/Dürig, GG, Lfg. 39 (Juli 2001), Art. 2 Abs. 1 Rn. 224, der aber vom allgemeinen Persönlichkeitsrecht für juristische Personen spricht. Ähnlich *D. Kugelmann*, Informatorische Rechtsstellung des Bürgers, S. 70 f.

882 Sofern sie nicht als Gegenstand auch dem Schutz von Art. 14 Abs. 1 GG unterfällt.

883 *U. Di Fabio*, in: Maunz/Dürig, GG, Lfg. 39 (Juli 2001), Art. 2 Abs. 1 Rn. 225 verweist bzgl. der informationellen Selbstbestimmung von Unternehmen zurecht auf speziellere Grundrechte. Detailliert auch *E. Denninger*, Zweitanwenderproblematik, GRUR 1984, S. 627 (631), der anführt, dass die Geheimnisoffenbarung nicht die Persönlichkeit berühre, sondern Werte transferiere, so dass auf die wirtschaftsbezogenen Grundrechte zurückzugreifen sei. Das BVerfG, WM 2007, S. 1360 (1366) nimmt allerdings auch bei rein wirtschaftlichem Bezug Art. 2 Abs. 1 GG als Maßstab: Zwar betreffe nicht jede staatliche Datenanforderung das Unternehmen in seinem Schutzbereich der informationellen Selbstbestimmung, vielmehr müsse es in seiner spezifischen (d.h. wirtschaftlichen) Freiheitsausübung betroffen sein (offen noch die Anwendbarkeit in BVerfG [K], NJW 1995, S. 2839). Teilweise hatte das BVerfGE 67, S. 100 (142) als spezielleres Grundrecht auch Art. 14 Abs. 1 GG herangezogen für den Geheimhaltungsschutz, d.h. den Schutz vor Weitergabe wirtschaftlicher Informationen. Dies geschah aber vor der stillen Abwendung von der verfassungsrechtlichen Figur des Rechts am eingerichteten und ausgeübten Gewerbebetrieb (vgl. hierzu Fn. 799) und für das Steuergeheimnis, das nicht unmittelbar wettbewerbsbezogen ist. Das BVerwG, NJW 1991, S. 1246 (1247 f.) zieht hingegen das Recht auf informationelle Selbstbestimmung (anscheinend bereits auch für juristische Personen) und die Berufsfreiheit nebeneinander als Maßstäbe heran.

884 Sicher ist, dass für die Fälle, in denen – sofern vorstellbar – nichtwirtschaftliche Informationen des Unternehmens betroffen sind, auf das Recht auf informationelle Selbstbestimmung aus Art. 2 Abs. 1 GG zurückgegriffen werden kann.

weil ansonsten die Verhältnismäßigkeit bereits der Informationsanforderung *ex post* fraglich würde.[885]
Dies führte zu einer Informationsunterversorgung und damit zur Minderung der Leistungs- und Arbeitsfähigkeit des Staates.[886]

5. Geheimnisschutz als Teil des Rechts auf Unverletzlichkeit der Wohnung

Art. 13 Abs. 1 GG sichert die räumliche Sphäre der Wohnung – diese umfasst auch die Geschäfts- und Betriebsstätten von Unternehmen[887] – und damit auch die Informationsbeherrschung in derartigen Bereichen.[888] Hierdurch ist das Grundrecht in enger Verbindung eine besondere Ausgestaltung des Rechts auf Privatsphäre und informationelle Selbstbestimmung. Allerdings kommt der Schutzbereich des Rechts auf Unverletzlichkeit der Wohnung ebenfalls nur indirekt zum Tragen, weil bei den in Frage stehenden Konstellationen mit staatlicher Beteiligung die betreffenden geheimen Informationen sich bereits bei eben diesem und damit außerhalb des geschützten Bereichs befinden. Auch hier wirkt sich eine Veröffentlichung an Wettbewerber nur im Nachhinein auf die Verhältnismäßigkeit der ursprünglichen Informationserhebung aus.

6. Folgen für den Geheimnisschutz

Aus Art. 14 GG ergibt sich der Grundsatz, dass der Urheber prinzipiell Anspruch auf den wirtschaftlichen Nutzen seiner Arbeit und damit auch der von ihm geschaffenen Informationen hat,[889] sofern diese als gegenständliche Informationen in den Schutzbereich fallen können. Nichtgegenständliche geheime Informationen

---

885 Zu dieser Verknüpfung auch BVerfGE 67, S. 100 (139): Das Steuergeheimnis sei als Gegenstück zu den weitgehenden Offenbarungspflichten des Steuerrechts zu verstehen; ebenso BVerfGE 84, S. 239 (280) und *R. Scholz/R. Pitschas*, Informationelle Selbstbestimmung, S. 96 (Hervorh. im Orig.): „Gleichsam in ‚Entsprechung' zu den kommunikationsgrundrechtlichen Gewährleistungen von Privatheit und informationeller Selbstbestimmung hat der Gesetzgeber schon seit langem die grundsätzliche Pflicht aller öffentlichen Verwaltungen *zum Schutz ihr anvertrauter und von ihr erlangter Geheimnisse* in das *einfache Gesetzesrecht* aufgenommen." Hingegen für eine strikt getrennte Betrachtung von informationserhebendem und informationsüberlassendem Staat *M. Rossi*, Informationszugangsfreiheit, S. 225.

886 *R. Pitschas*, Informationsordnung, in: W. Hoffmann-Riem/E. Schmidt-Aßmann/G. F. Schuppert (Hrsg.), Reform des Allgemeinen VerwR, S. 219 (300).

887 So zumindest in st.Rspr. das BVerfG, etwa BVerfGE 109, S. 279 (320). Kritisch aber weite Teile der Lit., etwa *G. Hermes*, in: H. Dreier (Hrsg.), GG, Art. 13 Rn. 26 f. und *J.-D. Kühne*, in: M. Sachs (Hrsg.), GG, Art. 13 Rn. 4.

888 *G. Hermes*, in: H. Dreier (Hrsg.), GG, Art. 13 Rn. 12.

889 Siehe unter G.IV.2.a)(3)(i) (S. 174). Für das Urheberrecht BVerfGE 31, S. 229 (243), hierzu *V. Jänich*, Geistiges Eigentum, S. 139 ff.

hingegen bewegen sich lediglich im Schutzbereich des Art. 12 Abs. 1 GG als informationeller Komponente der Wettbewerbsfreiheit.
Unter normalen Umständen bestehen allerdings zwischen den Schrankenregelungen der Berufs- und Eigentumsfreiheit keine Unterschiede, so dass ein gerechtfertigter Eingriff in die eine Freiheit auch die andere Freiheit nicht verletzt.[890] Auch eine die Anforderungen an die Rechtfertigung erhöhende Wirkung durch Betroffenheit beider Positionen tritt nicht ein.[891]
Im Fall des Schutzes von Unternehmensgeheimnissen trifft diese Bewertung aber nicht zu. Denn die Offenbarung vergegenständlichter Information an einen Wettbewerber bedeutet eine eigenständige, zusätzliche Beschwer in Form des Verlustes einer Vermögensposition. Veranschaulichen lässt sich dies durch einen Vergleich mit der Beeinträchtigung durch Subventionierung von Wettbewerbern: Werden Subventionen an einen Wettbewerber durch den Staat gezahlt, so beeinträchtigt dies den nichtbedachten Wettbewerber in seiner Berufsfreiheit,[892] weil durch den Staat die Marktstellung des Begünstigten durch die Marktreaktion zulasten des Nichtbegünstigten verändert wird. Stammt jedoch das Geld für die Subventionsleistung auch noch vom betroffenen Wettbewerber, das dieser durch gesetzliche Verpflichtung hierfür dem Staat überlassen musste, so ist er zusätzlich beeinträchtigt.[893] Der Wertverlust ist dabei nicht deckungsgleich mit dem Nachteil für die Stellung im Wettbewerb, sondern zusätzliche Beeinträchtigung, weil neben die Tätigkeits- eine Bestandsbeschränkung tritt.
Hieraus folgt eine höhere Eingriffsschwelle und Schutzwürdigkeit für vergegenständlichte, immaterialgüterartige Informationen. Dies bedeutet allerdings nicht eine Dichotomie zwischen besonders schützenswerten gegenständlichen und anderen Informationen, sondern eine *Skalierung* der Schutzwürdigkeit danach, wie sehr eine Informations(struktur) vergegenständlicht ist und daher in den zusätzlichen Eigentumsschutzbereich gelangt.[894] Eindeutig gegenständliche Unterneh-

---

890 So die h.M., etwa *B.-O. Bryde*, in: I. v. Münch/P. Kunig (Hrsg.), GG, Art. 14 Rn. 109, *R. Scholz*, in: Maunz/Dürig, GG, Lfg. 47 (Juni 2006), Art. 12 Rn. 150 und *H.-J. Papier*, in: Maunz/Dürig, GG, Lfg. 40 (Juni 2002), Art. 14 Rn. 222.

891 So die ganz überwiegende Ansicht, siehe zusammenfassend *C. Spielmann*, Verstärkungswirkung, JuS 2004, S. 371 ff., und wurde auch vorwiegend für idealkonkurrierende Grundrechte mit divergenten Schranken angedacht. Vgl. hierzu auch BVerfG, DVBl 2002, S. 328 ff. mit Anm. *U. Volkmann*. Anders aber *I. Spiecker gen. Döhmann*, Schutz von Betriebs- und Geschäftsgeheimnissen, Typoskript, S. 9.

892 Zu den genauen Voraussetzungen *G. Manssen*, in: v. Mangoldt/Klein/Starck, GG I, Art. 12 Rn. 99.

893 Der Vergleich trägt insofern nicht vollständig, als eine Geldleistung an den Staat durch den Betroffenen bereits den Verlust seiner Position bedeutet. Bei der Überlassung geheimer Informationen an den Staat ist dies jedoch nicht der Fall.

894 Angesichts des offenen, sich erweiternden und bei immateriellen Gütern stets relativen Gegenstandsbegriffs ließe sich ein anderes Vorgehen gar nicht bewerkstelligen, vgl. G.III.2. (S. 169 f.).

mensgeheimnisse erhalten dabei die höchste Schutzwürdigkeit, welche vorsieht, dass das Geheimnis – sofern nicht ein finanzieller Ausgleich vorgesehen ist – nur in absoluten Ausnahmefällen an Wettbewerber offenbart werden darf. Verringert sich der Grad der Gegenständlichkeit, so verringert sich aus eigentumsfreiheitlicher Sicht auch die Schutzwürdigkeit.

V. Grundlinien eines abgestuften Schutzkonzepts

Ein Schutzkonzepts für Unternehmensgeheimnisse basiert vor allem auf der Unterscheidung zwischen informationellem Selbstbestimmungs- und Wettbewerbsrecht einerseits und eigentumsartigen Rechten andererseits.[895] Neben dieser Abstufungsgrundlage bedarf es aber, insbesondere für nichtgegenständliche Geheimnisse, zudem noch Kriterien und Ansatzpunkte für eine allgemeine Folgenabwägung.

Aus verschiedenen Erwägungen und grundrechtlichen Verankerungen des Schutzes ergibt sich eine Matrix der Schutzwürdigkeiten und damit auch eine *Abwägungsmatrix*, anhand der die für eine Abwägung notwendige Herausarbeitung der betroffenen Werte[896] auf der Seite der Geheimhaltungsbelange deutlich wird. In der Abwägung bewertet werden dann die Auswirkungen auf die Belange je nach Handlungsalternative.[897] Für den Belang des Geheimnisschutzes bedeutet dies eine Bewertung der wirtschaftlich nachteiligen Folgen einer Offenbarung, welche nicht immer mit großer Sicherheit vorherzusagen sind.[898] Für eine Folgenbewer-

---

895 Auf diesen „nie geklärten" Bezug zwischen beiden Bereichen weist etwa *B. Lutterbeck*, Harmonisierung, in: T. Heymann (Hrsg.), Informationsmarkt und Informationsschutz in Europa, S. 127 (141) hin; auch *H. Ehmann*, Informationsschutz, AcP 188 (1988), S. 230 (243) bezeichnet mit Verweis auf *R. Jhering* die Abgrenzung zwischen beiden als die „entscheidende Frage". Mit Verweis auf den historischen Befund (siehe C.II.7. [S. 49 ff.]) kann genauer auch von einer Rückbesinnung bzw. einem Rückbau des Geheimnisses gesprochen werden, der die verschiedenen Fundamente und Schutzbegründungen (Eigentumsschutz und Persönlichkeitsschutz) freilegt und einem unterschiedlichen Schutzregime unterwirft. Diese Differenzierung ebenfalls andeutend die Regulierungsbehörde in ihrer Stellungnahme in BVerfGE 115, S. 205 (224), nach der übermittelte Angaben nur zum Teil Parallelen zum geistigen Eigentum aufwiesen.

896 Ausführlicher zum Abwägungsvorgang *E. Hofmann*, Abwägung im Recht, S. 264 ff.

897 *E. Hofmann*, Abwägung im Recht, S. 266.

898 Siehe bereits unter C.II.3.d) (S. 44 f.). Wie auch für das Datenschutzrecht gefordert (siehe nur *A. Roßnagel*, Konflikte, MMR 2007, S. 16 [19 f.] und *M. Kloepfer*, Gutachten, in: Verhandl. des 62. DJT, S. D 1 [85]), müssen besonders sensible Daten und Informationen von einer Einsichtnahme ausgeschlossen sein. Solche mit Bagatellcharakter hingegen können nahezu immer eingesehen werden.

tung muss nicht nur der Detaillierungsgrad[899] der betreffenden Daten und Informationen eingeschätzt, sondern auch die vorstellbaren Nutzungsmöglichkeiten für den erlangenden Wettbewerber gesammelt und ihrerseits auf die Wahrscheinlichkeit ihrer Nutzung sowie der Schadenstiefe hin bewertet werden.

1. Grenzen der Folgenabwägung

Eine umfassende Folgenabwägung[900] stößt aufgrund der schlechten Vorhersehbarkeit der Offenbarungswirkungen an ihre Grenzen. Denn die unbegrenzte Rekombinierbarkeit und damit theoretisch unendlichen Nutzungsmöglichkeiten von Information erlauben als Ergebnis einer Folgenprognose nur Wahrscheinlichkeitsaussagen über den Schadenseintritt und seine Intensität.[901] Für die Entscheidung, ob Informationen einem Wettbewerber zugänglich gemacht werden sollen, bedarf es also Meta-Informationen über die Wirkungsbedingungen und Realfolgen einer Veröffentlichung.[902] Diese beizubringen und zu bewerten erfordert wiederum entsprechenden Sachverstand und Überblick über komplexe Marktsituationen, über den – je nach Art der Informationen – Behörde und Gericht nur begrenzt verfügen.

Für die Folgenabwägung zentral ist die Einschätzung, wie wahrscheinlich der Schadenseintritt in Form der Nutzung durch den Wettbewerber ist. Dabei ist zu berücksichtigen, dass sich die Wahrscheinlichkeitsabschätzung aufgrund der unbegrenzbaren Reproduktion von Information nach Veröffentlichung nur auf unmittelbare und naheliegende Folgen beschränken kann. Denn eine umfassende Folgenabwägung ist wegen der Vielzahl der Rekombinations- und Weitergabe-

---

899 BVerwG, K&R 2004, S. 95 (99), *J. Sommer/T. Bosch*, Akteneinsichtsrechte, K&R 2002, S. 456 (462).

900 Teilweise werden nicht nur die Folgen einer Offenbarung bzw. der Geheimhaltung mit in die Abwägung eingestellt, sondern darüber hinaus auch die Erfolgsaussichten im gerichtlichen Verfahren mit einbezogen: Verlangt die im Regulierungsverfahren Drittbeteiligte nun als Klägerin im gerichtlichen Verfahren Akteneinsicht, so kann sich bereits aus der unsicheren Zulässigkeit der Klage ergeben, dass eine Offenlegungsentscheidung der Behörde ermessensfehlerhaft und damit rechtswidrig wäre. So OVG NRW, justiz.nrw.de, 13a D 14/04 v. 13.10.2004, Umdruck S. 3. Nachteile für das Recht auf effektiven Rechtsschutz der Wettbewerber können nämlich dann nicht entstehen, wenn es nicht zu einer Prüfung der Begründetheit und entsprechende Beweislastentscheidungen aufgrund mangelnder Akteneinsichtsmöglichkeit des Gerichts kommt. Entscheidend ist also auch, in welchem Verfahrensstadium und in welcher konkreten Verfahrenskonstellation die Aktenoffenlegung geschehen soll.

901 Andersherum ist die Gewissheit oder gar Nachweisbarkeit des Nachteils bei Veröffentlichung nicht erforderlich, so zumindest auch OVG NRW, juris, 13a D 18/02 v. 9.7.2002, Umdruck S. 5.

902 Vgl. *I. Spiecker gen. Döhmann*, Verwaltungsrecht, DVBl 2007, S. 1074 (1081). Diese Meta-Informationen beizubringen liegt bei der beweispflichtigen Partei, vgl. hierzu unter C.II.3.d) (S. 44 ff.).

möglichkeiten nicht möglich. Die Folgen lassen sich also nur für eine begrenzte Zahl von Zwischenschritten und damit ersichtliche Reaktionsmöglichkeiten überhaupt beurteilen.

2. Ausgangspunkt eines Maßstabs

a) Folgerungen aus begrenzter Folgenabwägung

Für die Maßstabsentwicklung zu beachten sind die Eigenschaften von Information wie Rekombinierbarkeit und Reproduzierbarkeit und damit die begrenzten Möglichkeiten der Folgenabwägung, die zu der Vorgabe führen müssen, immer die für das betroffene Unternehmen als am nachteiligsten anzunehmende Folge einer Offenbarung vorauszusetzen.

Denn zwar wurde im Bereich des Umweltinformationsrechts für Mehrecksbeziehungen teilweise ein eher verringerter Schutz von Unternehmensgeheimnissen angenommen, weil kein direktes Konkurrenzverhältnis und keine direkte Verbindung zwischen Geheimnisinhaber und dem bei der Behörde um Information Nachsuchenden bestehe und daher der Schutzbedarf des Geheimnisses geringer sei.[903] Diese Ansicht ignoriert aber zum einen die Erfahrungen mit Informationszugangsrechten[904] und verkennt zum anderen, dass durch Einsichtsrechte erlangte Informationen ihrerseits keinen Verwendungsgrenzen unterliegen, weder rechtlich noch tatsächlich. Daher können unternehmerische Informationen ohne weiteres an diejenigen gelangen, die am meisten an ihnen interessiert sind und deren Kenntnisnahme für das betroffene Unternehmen den größten Nachteil bedeutet. Auf Seiten des Geheimnisschutzes ist deshalb der Schutzstandard unabhängig vom jeweiligen Rechtsgebiet zu bestimmen.[905]

---

903 Vgl. etwa *E. Gurlit*, Gläserne Verwaltung?, ZRP 1989, S. 253 (255), die zwischen Geheimnisschutzregeln im „Parallelverhältnis" (Wettbewerbsrecht) und im „Austauschverhältnis" (Umweltinformationsrecht) unterscheidet. Darstellend, letztlich aber kritisch *A. Turiaux*, UIG, § 8 Rn. 43 ff.

904 Die Ansicht, dass die Öffentlichkeit im Gegensatz zum Konkurrenten kein wirtschaftliches Interesse habe, sondern nur eines an der Begrenzung umweltschädlichen Verhaltens (so *J. Willbrand*, Gesetzlicher Regelungsbedarf, S. 44), ignoriert die weitgehenden Missbrauchsmöglichkeiten eines allgemeinen Informationszugangs und die hohe Wahrscheinlichkeit, dass der Konkurrent gemäß seiner ökonomischen Rationalität handelt und zum eigenen Vorteil Einsicht nimmt. Vgl. hierzu auch die Nachw. in Fn. 506.

905 Anders insofern *P. Dahlke*, in: Beck'scher TKG-Komm., § 136 Rn. 12 und *R. Bieber*, Informationsrechte Dritter, DÖV 1991, S. 857 (864), nach denen ein Unternehmensgeheimnis anhand der Besonderheiten des jeweils betroffenen Sach- oder Rechtsgebiets zu bestimmen ist. Für die hervorgehobene Bedeutung von Unernehmensgeheimnissen im Regulierungsrecht gegenüber anderen verwaltungsgerichtlichen Verfahren auch *A. Ohlenburg*, Geheimnisschutz, NVwZ 2005, S. 15 (17). Dies trifft allerdings nur hinsichtlich der entgegenstehenden Offenbarungsinteressen zu, nicht aber für die Gründe, die für die

Bei der – ohnehin nur begrenzt möglichen – Folgeneinschätzung von Informationsoffenbarungen ist also davon auszugehen, dass die betreffende Information nach Veröffentlichung zu demjenigen gelangt, bei dem sie für das Unternehmen am nachteiligsten sind.[906]

b) Fehlen eines Schutzprinzips

Dem gegenständlich geprägten Informationsschutzrecht des geistigen Eigentums[907] liegt das Prinzip der Nachahmungsfreiheit[908] zugrunde, welches davon ausgeht, dass alle nicht durch besondere Normen geschützten Informationen frei nutzbar sind. Im Gegensatz dazu steht als anderer großer Bereich des Informationsschutzrechts das Datenschutzrecht,[909] das grundsätzlich Speicherung und Nutzung von personenbezogenen Informationen verbietet, sofern nicht eine gesetzliche Erlaubnis vorliegt.[910]
Diese beiden Grundlagen des Informationsschutzes existieren nicht in ihrer Reinform, sondern bewegen sich durch zahlreiche gesetzliche Regelungen aufeinander zu.[911] Allerdings geben beide nach wie vor eine unterschiedliche Antwort auf die

---

Geheimhaltung sprechen. Denn in jeder Konstellation kann die Information zu dem gelangen, bei dem sie den meisten Schaden anrichten kann.

906 Dies ist der Umkehrschluss aus einem Teil des sog. *Coase*-Theorems, nachdem bei freier Verfügbarkeit Güter zu demjenigen gelangen, für den sie am nützlichsten sind, vgl. hierzu *R. H. Coase*, Problem of Social Cost, J. L. & Econ. 3 (1960), S. 1 (42 ff.).

907 Zur Problematik dieses Begriffs *F. Fechner*, Geistiges Eigentum, S. 105 ff. und *A. Ohly*, Geistiges Eigentum?, JZ 2003, S. 545 ff.

908 Hierzu *A. Lubberger*, Grundsatz der Nachahmungsfreiheit?, in: FS E. Ullmann, S. 737 ff. und *A. Jenny*, Nachahmungsfreiheit, insb. S. 129 ff. Es handelt sich hierbei um eine spezielle Ausprägung der Informationsfreiheit und *zugleich* der wirtschaftlichen Dispositions- und Handlungsfreiheit.

909 Als hervorstechendes Beispiel für Informationsschutz, der persönlichkeitsrechtlich und nicht gegenständlich, sondern bereichsartig begründet wird.

910 So die Grundsatznormen § 4 Abs. 1 BDSG, § 12 Abs. 1, 2 TMG, mit Verweis auf u.a. diese Norm auch § 47 RStV in seiner Fassung nach dem 9. Änderungsstaatsvertrag vom Juli 2006. Der Wert dieses Grundsatzes ist allerdings angesichts der starken Gegenrechte, die ebenfalls mit Demokratie und Kommunikationsfreiheit begründet werden, relativ. Er bedeutet also keinesfalls eine allgemeine Überlegenheit des Datenschutzes gegenüber entgegenstehenden Belangen. Für das Datenschutzrecht ist die Nutzung als Ausnahme spätestens seit BVerfGE 65, S. 1 ff. verfassungsrechtlich vorgegeben, hierzu auch *B. Buchner*, Informationelle Selbstbestimmung, S. 82 f.

911 Denn durch die allgemein formulierten und großzügig ausgelegten Ausnahmen vom grundsätzlichen Nutzungsverbot wird dieses als Ordnungsprinzip nahezu irrelevant und austauschbar gegen das gegenläufige Prinzip der Informationsfreiheit, sofern dieses seinerseits entsprechend eingeschränkt wird. In diese Richtung ebenfalls *B. Buchner*, Informationelle Selbstbestimmung, S. 81. Dies führt zu der zunächst paradox anmutenden Situation, dass für Unternehmensgeheimnisse das immaterialgüterrechtliche Schutzkonzept, das von der Informationsfreiheit her aufgebaut ist, gemäß der oben erarbeiteten Abstufung

Frage, ob der Informationsschutz oder das entgegengestellte Prinzip der Informationsfreiheit[912] Ausgangspunkt und Ursprung einer Ausgleichsfindung ist.
Das Unternehmensgeheimnisschutzrecht weist ein solches grundlegendes Ordnungsprinzip nicht auf und setzt sich damit in gewisser Weise in Gegensatz zu anderen Informationsschutzregelungen, die auf einem der beiden Informationsschutzprinzipien beruhen. Folge eines solchen Verzichts auf ein Regel-Ausnahme-Verhältnis, der v.a. auch im Lauterkeitsrecht mit seiner offenen Abwägung zwischen Zugangs- und Geheimhaltungsinteressen zum Ausdruck kommt, ist u.a., dass es keine „Beweislastverteilung" im Geheimnisschutz gibt,[913] die der Ausnahme von der Grundregel eine gewisse Begründungslast auferlegt.[914]

3. Weitere Gewichtungskriterien

Anders als im klassischen Datenschutzrecht ist eine Differenzierung der Schutzintensität nach verschiedenen Unternehmensgeheimnisinhalten besser möglich. Auf dieser Grundlage sollen zu immateriellen Eigentumspositionen konkretisierte Informationen einen höheren Schutz erfahren als Informationen, die lediglich durch ihren inhaltlichen Bezug auf das betroffene Unternehmen schutzwürdig sind.[915]

---

weitergehenden Schutz für (vergegenständlichte) Informationen bietet als das Konzept des wettbewerbsbezogenen Datenschutzes bzw. der informationellen Wettbewerbsfreiheit für Informationen (unabhängig von ihrer Gegenständlichkeit), obwohl dieses auf den Informationsschutz als Grundlage aufbaut und Informationsnutzungen als Ausnahme begreift. Grund dafür ist, dass für Unternehmen ein „Datenschutz" sowohl in seiner Ausprägung gegen staatliche als auch private Datenerfassung und -nutzung weitgehend nicht existiert bzw. durch weitgehende Publizitätsanforderungen stark relativiert ist.

912 Vgl. zum grundlegenden Konflikt die Nachweise in Fn. 3, die sich aber alle allein auf den Gegensatz von Datenschutz und Informationsfreiheit beziehen.

913 Kritisch zur a.A. bereits unter D.II.1.c) (S. 84 ff., insb. auch Fn. 353). Denn angesichts einer komplexen Emulsion von Offenheit und Geheimhaltung (*M. Jestaedt*, Geheimnis, AöR 126 (2001), S. 204]205, 220 f.]) ist es unmöglich, von Ausgangslagen und Schutzprinzipien auf Gewichtungen zu schließen.

914 So für das Urheberrecht *A. Beater*, Urheberrechtliche Schranken, in: FS E. Ullmann, S. 3 (3) m.entspr.N. der Rspr., wonach Gegenrechte grundsätzlich zurückhaltend auszulegen sind, gesteigerte öffentliche Interessen aber in die Abwägung einfließen. Die Situation ist durchaus vergleichbar mit der im verwaltungsrechtlichen einstweiligen Rechtsschutz, wo bei unsicherem Ausgang des Verfahrens eine allgemeine Interessen- und Folgenabwägung vorgenommen wird; vgl. hierzu *F. Schoch*, in: ders./E. Schmidt-Aßmann/R. Pietzner (Hrsg.), VwGO, Grundwerk (Feb. 1996), § 80 Rn. 25, 253 ff.

915 So auch *J. M. Joshua*, Confidentiality, ECLR 15 (1994), S. 68 (75), der von *proprietary information* spricht und diese v.a. von Informationen abgrenzt, die sich negativ auf den Ruf des Unternehmens auswirken (allgemeiner spricht er von *single-event information* [S. 72]).

a) Art und Geschäftsfeld des Unternehmens

Je mehr ein Unternehmen und sein Geschäftserfolg auf Information basieren, desto schützenswerter sind diese Informationen, weil ihre Veröffentlichung einen schwereren wirtschaftlichen Nachteil bedeutete als für Unternehmen, die nur am Rande mit Informationen arbeiten.
Für Unternehmen, deren Kerngeschäft etwa der Handel und Umgang mit Informationen ist,[916] machen Informationen den ganz überwiegenden Teil des Unternehmenswerts und vor allem auch den ihre Position im Wettbewerb aus. Daher sind etwa Karteien und Adressdatenlisten etwa von Maklern oder Personalvermittlern schützenswerter als die eines Handwerkers, denn erstere sind im Kern ihrer Wirtschaftstätigkeit betroffen.

b) Alter der Information

Gerade bei nichtvergegenständlichten Informationen nimmt die Relevanz für Wettbewerber und damit die Schutzwürdigkeit mit zunehmendem Alter der Information ab.[917] So sind gerade Preiskalkulationen und Kundenlisten nur sehr kurze Zeit aktuell in dem Sinne, dass sie für Wettbewerber interessant sind und diesen Wettbewerbsvorteile bringen.[918] Mit zunehmendem Alter sinkt also die Schutzwürdigkeit von Unternehmensgeheimnissen und ist irgendwann gar nicht mehr schutzwürdig, sofern nicht besondere Umstände vorliegen. Andererseits kann im Einzelfall aber auch das Veröffentlichungsinteresse in Form eines überwiegenden Gemeinwohlinteresses älterer Daten und Informationen geringer sein.[919]

c) Nähe zu veröffentlichungspflichtigen Informationen

Des Weiteren sind bereits in geltenden Rechtsnormen implizierte abwägungsleitende Vorgaben enthalten: Die weitreichenden Publizitätsvorschriften (v.a. im Bereich des Kapitalmarktrechts) zeigen bereits, dass derartige Informationen und Daten nach der gesetzgeberischen Wertung einen geringen Grad an Schutz genie-

916 Informationsbroker, (Börsen-)Informationsdienste, Auskunfteien, besondere Makler usw.

917 So auch im europäischen Wettbewerbsrecht, wo angenommen wird, dass Informationen und Daten nach fünf Jahren nicht mehr schutzwürdig sind, vgl. *A. Heinemann*, in: Immenga/Mestmäcker, EG-KartellR, Art. 27 VO 1/03 Rn. 21. Entspr. auch Ziff. 3.2.3. der Mitteilung der Kommission (Fn. 460 a.E.). Zumindest sind Daten und Informationen, die acht Jahre oder älter sind, nicht mehr schutzwürdige Unternehmensgeheimnisse, BVerwG, CR 2007, S. 301 (302). Mit dem Alter von Daten argumentierend auch BVerfG, NVwZ 2004, S. 719 (720).

918 *A. Stadler*, Schutz des Unternehmensgeheimnisses, S. 15 f. Auch bei Einsicht in ältere Anlagen ist die Schutzbedürftigkeit geringer, OVG SH, ZUR 2006, S. 318 (320).

919 So für Umweltinformationen *M. Kloepfer/E. Rehbinder/E. Schmidt-Aßmann*, Umweltgesetzbuch, AT, Forschungsbericht, S. 409.

ßen. Diese gesetzgeberische Wertung ist auch für nicht direkt betroffene, aber ähnliche Informationen zu übernehmen. Nicht nur können also Informationen und Daten, die möglicher Inhalt einer Pflichtveröffentlichung sind, nicht als Unternehmensgeheimnis zu bewerten sein, vielmehr ist hieraus auch für Informationen und Daten *derselben Art* ein geringerer Schutzgrad zu folgern.

d) Freiwilligkeit/Pflicht zur Information

Gelangen Unternehmensgeheimnisse aufgrund von normierten Informationspflichten an den Staat, ist dieser zu ihrer Geheimhaltung verpflichtet, um die teilweise sehr umfangreichen Informationsanforderungen zu rechtfertigen. Der Staat bewerkstelligt dies durch die Normierung von Geheimhaltungspflichten seiner Organe gegenüber anderen Bürgern (Amtsgeheimnis, Steuergeheimnis) und z.T. sogar anderen Behörden(teilen)[920]. Wird diese Informationsrestriktion relativiert (Akteneinsichtsrechte von Wettbewerbern, Informationsfreiheitsrechte etc.), verstärkt im Nachhinein die Eingriffswirkung der Informationspflicht bis hin zur Unverhältnismäßigkeit. Auf dieser Grundlage erscheinen freiwillig der Verwaltung übermittelte Informationen weniger schutzwürdig als solche, die durch gesetzliche Pflicht an die Verwaltung gelangt sind.[921] Denn in freiwilliger Überlassung scheint sich geringerer Schutzbedarf der Information auszudrücken.
Andererseits differenziert die grundsätzliche staatliche Geheimhaltungspflicht nicht zwischen freiwillig und verpflichtend übermittelten unternehmerischen Informationen. Zudem ist auch die kommunikationssichernde Aufgabe des Geheimnisschutzes in öffentlich-rechtlichen Zusammenhängen zu berücksichtigen: Nur wenn wichtige geheime Informationen eines Unternehmens, die dieses der Verwaltung übermittelt, dort ein ausreichendes Maß an Schutz erfahren, wird das Unternehmen bereit sein, mit der Verwaltung zu kommunizieren.[922] Denn gerade ein kooperativer Staat, der auf private Informationen über die zwangsweise Erhebung hinaus angewiesen ist, darf die Privaten nicht verschrecken.[923] Daher sind

---

920 Je nach Art der Regelung sogar innerhalb einer Behörde oder Abteilung, vgl. etwa die Regelung in § 139b Abs. 1 S. 3 GewO.

921 Diese Differenzierung andeutend § 9 Abs. 2 UIG, allerdings für durch Dritte erbrachte Informationen.

922 *G. Sydow*, Staatliche Verantwortung, DV 38 (2005), S. 35 (40). In diese Richtung auch *R. Pitschas*, Informationsordnung, in: W. Hoffmann-Riem/E. Schmidt-Aßmann/G. F. Schuppert (Hrsg.), Reform des Allgemeinen VerwR, S. 219 (300).

923 *A. Voßkuhle*, Wandel, in: W. Hoffmann-Riem/E. Schmidt-Aßmann (Hrsg.), VerwR in der Informationsgesellschaft, S. 349 (354 f.), *M. Kloepfer*, Grundprobleme, K&R 2006, S. 19 (23). Speziell für das Umweltinformationsrecht (für den erhöhten Schutz freiwillig übermittelter Informationen) *M. Schröder*, Interessen der Wirtschaft, ZHR 155 (1991), S. 471 (474 f.) und *J. Fluck*, Schutz von Unternehmensdaten, NVwZ 1994, S. 1048 (1049 f.). Denn oftmals ist sie auf Informationen des Bürgers als einzige Quelle angewiesen, *S. Baer*, "Der Bürger" im VerwR, S. 57 f.

freiwillig übermittelte Informationen, die Unternehmensgeheimnisse darstellen können, als besonders schutzwürdig einzustufen.[924]
Eine entsprechende Differenzierung, allerdings unter anderen Vorzeichen, gilt auch bei der Frage, ob bei der Veröffentlichung von Teilen eines Unternehmensgeheimnissen sich die Schutzwürdigkeit des restlichen Teils erhöht.[925] Wurde das Unternehmen zur Veröffentlichung des einen Teils verpflichtet, kann das den anderen Teil besonders schützenswert machen; hat er ihn freiwillig veröffentlicht, deutet dies auf eine geringe Schutzwürdigkeit auch des anderen Teils hin.

e) Lauterkeitsrechtliche Überlegungen

Mit Bezug auf die zivilrechtliche Herkunft des Unternehmensgeheimnis müssen zur Präzisierung des Stellenwerts auch lauterkeitsrechtliche Hilfsüberlegungen angestellt werden: *Hätte das einsichtbegehrende Unternehmen außerhalb öffentlich-rechtlicher Konstellationen auf lautere Weise die begehrte Information vom betroffenen Unternehmen oder Dritten erhalten können?*
Die Antwort auf diese Frage bindet zwar nicht, stellt aber dennoch ein wichtiges, bisher unerwähntes[926] Abwägungskriterium dar. Denn ist die Information für den Interessenten nicht auf lauterem Wege erreichbar, so spricht dies für ihre hohe Schutzwürdigkeit. Denn nach den Wertungen des Gesetzgebers im Lauterkeits- und allgemeinen Privatrecht sind auf lauterem Wege erlangte und erlangbare nicht als Geheimnis schützenswert und der entstehende wirtschaftliche Nachteil hinzunehmen. Andererseits ist damit im zivilrechtlichen System der Schutz nur auf unlauterem Wege zu erlangender Unternehmensgeheimnisse angelegt. Größere Schutzungleichgewichte zwischen Öffentlichem und privatem Recht führten zu Fehlanreizen und einem *race to the bottom* mit der Folge, dass u.U. Durchsetzung objektiven Rechts nur betrieben wird, um Akteneinsicht zu erlangen, die nach lauterkeitsrechtlichen Maßstäben nicht zu erlangen gewesen wäre.
Da der private Wettbewerber, der zur objektiven Rechtsdurchsetzung herangezogen wird, im Rahmen seiner Privatautonomie handelt[927] und damit dem Geheim-

---

924 So für das BKartA *C. Burholt*, Auswirkungen, BB 2006, S. 2201 (2201).

925 In diese Richtung indirekt auch *J. Fluck/S. Merenyi*, Zugang, VerwArch 97 (2006), S. 381 (403).

926 Einzige Ausnahme *O. Böttcher*, Problematik, GRUR 1980, S. 78 (81), nach dem die Verwaltung die Wertungen des Delikts- und Lauterkeitsrechts beachten muss, weil sie ansonsten Amtspflichtverletzungen beginge. Diese Überlegung ist allerdings keineswegs zwingend, weil Begriffe und Wertungen in unterschiedlichen Teilrechtsordnungen unter rein methodischen Gesichtspunkten auch unterschiedlich ausfallen können. Zudem ignoriert eine rein nach privatrechtlichen Maßstäben erfolgende Auslegung und Abwägung die im Öffentlichen Recht hinzukommenden öffentlichen Interessen in der Abwägung.

927 *J. Masing*, Rechtsstatus, in: W. Hoffmann-Riem/E. Schmidt-Aßmann/A. Voßkuhle (Hrsg.), GVwR I, § 7 Rn. 23. Siehe auch unter D.II.2.e)(2) (S. 100 ff.) mit den dortigen Nachweisen.

nisinhaber gleichgestellt ist, kann der die Verhältnisse zwischen privaten Gleichen regelnde Lauterkeitsrecht nicht vollständig außer Acht gelassen werden, sondern ist vielmehr primärer Maßstab.[928] Bis zu welchem Grad er durch öffentlich-rechtliche Regelungen überlagert ist, lässt sich hierfür angesichts der Paradoxie zwischen dem privatautonomen Verständnis des Wettbewerberhandelns und seiner Ausstattung mit zusätzlichen Einsichtsrechten gegenüber der Verwaltung nicht entscheiden, sondern bedarf der Festlegung durch den Gesetzgeber.

f) Innovationspotential

Wie die klassischen gewerblichen Schutzrechte zeigen, ist Information, die Ergebnis eines Innovationsprozesses ist, besonders schutzwürdig. Dies ist auch in der Bewertung von Geheimnissen zu berücksichtigen, so dass Geheimnisse als Innovationsergebnis als schutzwürdiger einzustufen sind als solche, die lediglich Investitionsergebnis sind. In einem noch höheren Maße schutzwürdig sind Informationen, die (zudem) zukünftig als Grundlage weiterer Innovation dienen.

4. Ergänzende Fragen zur Folgenabwägung

- Ist der Kern der Unternehmenstätigkeit bzw. der Kernbereich des geistigen Eigentums an Geheimnissen betroffen?[929]
- Sind damit in Beziehung stehende Informationen bereits (durch das Unternehmen selbst) veröffentlicht worden, die Rückschlüsse zulassen oder wesentliche Ergebnisse des eigentlichen Geheimnisses darstellen?[930]
- Wie lange hätte ein anderes Unternehmen gebraucht, um die Information zu erschaffen?[931]

928 Denn gerade im Bereich der Wirtschaftsregulierung schwinden die Grenzen zwischen Öffentlichem und privatem Recht; Regulierungsverwaltungsrecht ist „privatrechtsnah", *I. Spiecker gen. Döhmann*, Verwaltungsrecht, DVBl 2007, S. 1074 (1078).

929 Ansatzpunkt etwa von OVG NRW, NVwZ-RR 2006, S. 248 (251). Entscheidend können sein Informationen über die Produkte des Unternehmens und darüber, welche am meisten Gewinn bringen. Denn sie sind entscheidend für die Vorbereitung einer Übernahme oder Verdrängung.

930 Hat das betroffene Unternehmen selbst die in Beziehung zum eigentlichen Geheimnis stehenden Informationen veröffentlicht, so deutet dies auf eine geringe Schutzwürdigkeit des Geheimnisses hin. Sind sie hingegen von jemand anderem veröffentlicht worden, so gilt dies nicht zwingend.

931 So *W. M. Landes/R. A. Posner*, Economic Structure of Intellectual Property Law, S. 359. Hinter dieser Frage verbirgt sich die nach dem Wert des Geheimnisses. Die Frage ist allerdings sehr voraussetzungsreich, weil die zukünftige Tätigkeit und Leistungsfähigkeit im Vergleich zu der des betroffenen Unternehmens eingeschätzt werden muss. Allerdings können auf diese Weise Informationen, die ohnehin in kürzerer Zeit offenbart worden wären, in ihrer Schutzwürdigkeit herabgestuft werden.

• Können die betreffenden Informationen auch als Publikumsinformationen durch den Staat veröffentlicht werden?[932]
• Wie verhalten sich andere Unternehmen bei der Veröffentlichung vergleichbarer Informationen und Daten?[933]
• Können die betroffenen Informationen durch die Behörde oder Dritte legal aus anderer Quelle beschafft werden?[934]
• Kann die betroffene Information als Grundlage einer (dann vergegenständlichten) Wissensstruktur dienen?[935]
• Inwieweit können aus Informationen und Daten, über deren Offenbarung zu entscheiden ist, Rückschlüsse auf weitere Unternehmensgeheimnisse gezogen werden?[936]
• Sind derartige oder ähnliche Informationen – auch in anderen rechtlichen Zusammenhängen – als Unternehmensgeheimnis ausgeschlossen durch einen Ausnahmetatbestand[937]?[938]
• Ist in anderen Zusammenhängen schon einmal durch eine Behörde oder ein Gericht über die Offenbarung positiv entschieden worden?[939]

---

932 Vgl. hierzu bereits unter G.IV.3.a)(4) (S. 183 f.); ist dies der Fall, so sind – sofern nichtgegenständlich – die betroffenen Informationen nicht als Unternehmensgeheimnis geschützt.

933 Veröffentlichen diese vergleichbare Informationen freiwillig, so lässt das auf geringe wirtschaftliche Nachteile und geringen Wert schließen.

934 Z.B. schreibt die EU-Kommission andere Unternehmen an, mit der Bitte, sie über ihr Kaufverhalten oder andere Beobachtungen zu informieren, um Marktanteile herauszufinden; die angeschriebenen Unternehmen antworten freiwillig. Auf diese Art an die Behörde gelangte Informationen sind weniger schutzwürdig als Informationen, die die Behörde selbst aufgrund von Eingriffsermächtigungen erlangt hat. Denn sie sind entweder vom betroffenen Unternehmen selbst herausgegeben worden oder im Rahmen von Interaktion zwischen beiden entstanden (etwa Vertragsverhandlungen) und daher als mehreren zugeordnete Information von vornherein weniger schutzwürdig. Zur Informationserhebung bei nicht grundrechtsverpflichteten Dritten *M. Albers*, Informationelle Selbstbestimmung, S. 200 ff., auch sie sind Eingriffe in das Recht auf informationelle Selbstbestimmung.

935 Der konkrete Bezug zu einer immaterialgüterartigen Information(sstruktur) erhöht die Schutzwürdigkeit der Information.

936 In diese Richtung *M. Kloepfer/E. Rehbinder/E. Schmidt-Aßmann*, Umweltgesetzbuch, AT, Forschungsbericht, S. 409.

937 Zu diesen C.II.6. (S. 47 f.).

938 Ausschlusstatbestände haben damit über ihren Regelungsbereich hinaus eine Indizwirkung, der zur Konvergenz verschiedener geheimnisschützender Normkreise führt. Aus Gründen unterschiedlicher Verbandskompetenz kann dies aber nur für Bundesrecht gelten, in dem die Ausschlusstatbestände normiert sind.

939 Ist eine Information bereits im Rahmen eines anderen Verfahrens offenbart worden, so sind sie auch in anderen zu veröffentlichen, weil nur so die Differenzierung zwischen geheim und öffentlich trennscharf gehalten werden kann. Anders insoweit OVG NRW, juris, 13a D 18/02 v. 9.7.2002, Umdruck S. 4, OVG NRW, juris, 13 B 15/00 v. 8.11.2000,

- Verfügt der einsichtbegehrende Wettbewerber bereits über Informationen, die in Kombination mit den nun angeforderten weite Rückschlussmöglichkeiten zulassen oder zu einem Gesamtbild zusammengefügt werden können?[940]
- Inwieweit haben sich die Kosten für die Erschaffung der Information bereits wieder amortisiert?[941]

5. Zusätzliche Instrumente in einem neuen Schutzkonzept

a) Kompensationslösungen

Gerade im Bereich vergegenständlichter Information ist deren erzwungene Offenlegung gegenüber dem Wettbewerber als *Werttransfer* zu charakterisieren. Dieser ist bisher kompensationslos einzige Alternative dazu, die Geheimhaltung der entsprechenden unternehmerischen Informationen aufrechtzuerhalten und damit nach einer Interessenabwägung demjenigen Einblick zu verwehren, der aufgrund gesetzlicher Vorgaben subjektive Rechte hierauf hat.

(1) finanzieller Art

Im Urheberrecht hingegen ist der Vergütungsanspruch Ersatz für den mit der Veröffentlichung aufgegebenen umfassenden Verfügungsanspruch.[942] Auch ist in diesem Bereich auf verfassungsrechtlicher Ebene die ausgleichspflichtige Inhaltsbestimmung entwickelt worden,[943] um besonders intensive Eingriffe in die Position des Inhabers zu relativeren und den strengen Dualismus aus Abwehr und Duldung[944] zu durchbrechen. Denn eine Offenlegung unter Ausschluss von Ver-

---

Umdruck S. 3, OVG NRW, MMR 1999, S. 553 (555) und OLG Düsseldorf, RdE 2007, S. 130 (131), die den Geheimnischarakter von Informationen aufrechterhalten sehen wollen, die in anderen Regulierungsverfahren Drittbeteiligten offenbart worden sind.

940 Ist dies der Fall, so sind die betreffenden Informationen besonders schutzwürdig, denn ihre Offenbarung bringt für das betroffene Unternehmen einen besonders großen Nachteil.

941 Zum Amortisationsstand als Kriterium *R. Breuer*, Schutz, NVwZ 1986, S. 171 (178). Da Unternehmensgeheimnisse im Gegensatz etwa zu Patenten keine gesetzlich begrenzte Schutzdauer haben, der Geheimnisschutz aber auch Leistungs- und Investitionsschutz ist, sinkt die Schutzwürdigkeit des Geheimnisses mit fortlaufender Amortisierung der Investitionen.

942 BVerfGE 31, S. 229 (242), hierzu auch *P. Kirchhof*, Verfassungsrechtlicher Gehalt, in: FS W. Zeidler, Bd. 2, S. 1639 (1654 f.). Folgerichtig existiert vor der Kompensation ein Recht der Nichtveröffentlichung von Informationen; das Recht auf Geheimhaltung ist demnach ein dem Urheberrecht vorgelagerter, gleichartiger Anspruch.

943 *P. Lerche*, Fragen sozialbindender Begrenzungen, in: FS E. Reichardt, S. 101 (105 f.).

944 *A. Voßkuhle*, Kompensationsprinzip, S. 8. Der Dualismus ergibt sich daraus, dass mit der Veröffentlichung das Unternehmen der gesamten Position verlustig geht. Dies schränkt

gütung bzw. Ausgleich lässt sich besonders schwierig rechtfertigen, weil die Unentgeltlichkeit selbst nicht durch Gemeinwohlbelange begründet ist.[945]
Geht man davon aus, dass das einsichtbegehrende Unternehmen die Kompensationszahlung zu leisten hätte, so erscheint diese als Voraussetzung der Freiheits- und Rechtsbetätigung[946] und erinnert damit an ein „System von Zwangslizenzen“[947], in dem zwar die Offenbarung und Nutzung der Informationen erlaubt, hierfür aber gleichsam automatisch Gebühren zu zahlen sind. Finanzielle Kompensationen sind aber nur dann möglich, wenn nicht der Geheimhaltung ohnehin Vorrang einzuräumen ist.[948] Die finanzielle Kompensation stellt einen im Vergleich zur ausgleichslosen Offenbarung geringeren Eingriff für das von der Offenbarung betroffene Unternehmen dar, weil diesem zwar nicht mehr die exklusive Nutzung zusteht, es aber immerhin finanziell für zur Schaffung des Geheimnisses aufgewendete Mühen und das Entgehen zukünftiger Vorteile entschädigt wird. Die Nähe der Geheimnisoffenbarung zur eine Entschädigungspflicht auslösenden Enteignung spricht ebenfalls für eine finanzielle Kompensation.
Bei durch Leistung entstandenen Informationen, um die es sich wohl ausschließlich handelt, ist der Nachteil auch direkt zu erkennen und zu benennen, denn der Wettbewerber erspart sich die Kosten, die zur Erschaffung der Informationen notwendig sind.[949] Dies ist auch Grundlage zur Berechnung der Kompensationshöhe, sofern nicht die Geheimnisse einen relativ stabilen Verkehrswert, erkennbar durch Lizenzgebühren, haben. Ohnehin kann nur die Offenbarung derjenigen Geheimnisse finanziell kompensiert werden, deren Wert sich überhaupt ansatzweise bestimmen lässt.[950] Hierzu können auch die Bilanzen der Unternehmen und bilanzrechtliche Vorschriften, die die Bewertung immaterieller Güter regeln, herangezogen werden.
Als problematisch erscheint allerdings, dass die finanzielle Kompensationspflicht in seiner Wirkung nicht lediglich der Ausgleichung des erlangten gegenständlichen Geheimnisses dient, sondern zwingend zugleich eigene Freiheitsausübung erst ermöglicht. Die finanzielle Belastung folgt somit aus der Untrennbarkeit von

---

die noch verhältnismäßige entschädigungsfreie Beschränkung von Rechten, die dem Gesetzgeber in Grenzen durchaus möglich ist, sehr ein.

945 *P. Lerche*, Fragen sozialbindender Begrenzungen, in: FS E. Reichardt, S. 101 (105), *F. Fechner*, Geistiges Eigentum, S. 243 und *H.-J. Papier*, in: Maunz/Dürig, GG, Lfg. 40 (Juni 2002), Art. 14 Rn. 345.

946 Vgl. hierzu *A. Voßkuhle*, Kompensationsprinzip, S. 11.

947 *K.-N. Peifer*, Individualität im Zivilrecht, S. 413, auch in diese Richtung *J. Lipton*, Information property, Florida L. Rev. 56 (2004), S. 135 (173).

948 Diese Rangfolge leitet sich ab aus der Entscheidung BVerfGE 58, S. 300 (insb. 323), die auf der ersten Stufe den Grundrechtsberechtigten zur Abwehr der Eingriffe verpflichtet, ihn nur sekundär auf ein Entschädigungsverlangen ausweichen lässt und damit dem Vorgehen im Zeichen des „Dulde und liquidiere“ den Boden entzieht.

949 Beispielhaft OVG NRW, juris, 13 B 15/00 v. 8.11.2000, Umdruck S. 5.

950 Vgl. zur hohen Wertrelativität von Informationen unter E.II.1.a)(4) (S. 133).

zu erlangendem Wettbewerbsvorteil und Ausübung prozessualer Einsichtsrechte. Ist nämlich der einsichtbegehrende Wettbewerber in materiellen Positionen betroffen und will deshalb die Rechtsdurchsetzung betreiben, so wirkt jede finanzielle Belastung als zusätzlicher Nachteil und damit weiterer Eingriff in das Recht auf effektiven Rechtsschutz.
Ebenfalls kann es v.a. dann unbillig erscheinen, den Wettbewerber mit den Kosten der Rechtsdurchsetzung zu belasten, wenn er die Akteneinsicht zur objektiven Rechtsdurchsetzung und damit vorwiegend für das Allgemeininteresse und ohne bzw. mit nur geringer eigener materieller Betroffenheit nutzt. Bestehende Anreize zur objektiven Rechtsdurchsetzung würden hierdurch zerstört, so dass bereits deshalb Kompensationslasten lediglich vom von der Rechtsdurchsetzung profitierenden Staat getragen werden können.
Kompensationszahlungen erscheinen daher nur für zum einen gegenständliche Geheimnisse und zum anderen nur in Konstellationen möglich, in denen der einsichtbegehrende Wettbewerber weitgehend unabhängig von der Betroffenheit eigener Rechte agiert. Die dann vom Staat zu bewirkende Zahlung ist damit Ausgleich für die Entlastung von eigener Rechtsdurchsetzungspflicht und damit verbundener zunehmender Gefährdung von Unternehmensgeheimnissen. Sie ist der Preis der Rechtsdurchsetzungsprivatisierung.

(2) Informationeller Art

Daneben ist auch eine informationelle Kompensation der Offenbarung eigener geheimer Informationen denkbar: Im Gegenzug zum Einblick in Unternehmensgeheimnisse eines Wettbewerbers muss das einsichtbegehrende Unternehmen die entsprechenden Daten und Informationen seinerseits dem betroffenen Unternehmen offenbaren, um den zur Rechtsdurchsetzung automatisch hinzutretenden, ungerechtfertigten Wettbewerbsvorteil zu kompensieren.
Wiederum erscheint die Pflicht, seinerseits Geheimnisse offenbaren zu müssen als Voraussetzung eigener Rechtsausübung und ist daher den bereits beschriebenen Bedenken ausgesetzt. Zudem besteht je nach Umfang des gegenseitigen Informationstransfers und nach Marktsituation die Gefahr, zur Wettbewerbsverschlechterung durch Installation eines Marktinformationssystems beizutragen.[951]

b) Verpflichtung zur Geheimhaltung

Wird einem einzelnen Wettbewerber im Zuge eines Verfahrens[952] Einsicht gewährt, kann er bisher nicht dazu verpflichtet werden, das Erfahrene seinerseits

951 Hierzu unter G.II.1. (S. 156 ff.).

952 Im Rahmen des Zugangs aufgrund von Informationsfreiheitsrechten ist eine Verpflichtung zur Geheimhaltung nur dann sinnvoll, wenn nicht ohnehin jedem Interessenten die Information zugänglich ist. Dies ist dann der Fall, wenn ein Einsichtbegehrender ein größeres gerechtfertigtes Interesse geltend machen kann als andere. Dies ist nach dem Kon-

geheim zu halten,[953] obwohl dies eine Vertiefung der nachteiligen Wirkung einer Veröffentlichung (etwa durch Weitergabe an andere Wettbewerber) verhindern könnte.
Bei voraussetzungslosen Einsichtsrechten außerhalb von Verwaltungsverfahren ist eine derartige Regelung ohnehin nicht sinnvoll. Da allerdings auch die eigene Nutzung der Informationen und Daten hierdurch nicht mehr verhindert und daher in dieser Richtung keine Schutzwirkung entfaltet werden kann, wird diese Lösung überhaupt nur in Konstellationen sinnvoll einzusetzen sein, in denen der Einsichtbegehrende selbst nicht Wettbewerber ist.

c) Sicherheitsleistung

Zu denken ist auch an das Hinterlegen einer Sicherheitsleistung,[954] die in dem Fall dem von der Offenbarung betroffenem Unternehmen zukommt, dass der Einsichtnehmende die erlangten Informationen verwertet. Zum einen lässt sich die Höhe der Sicherheitsleistung nur schwer bestimmen, zum anderen lassen sich Reaktionen des Einsichtnehmenden nicht verhindern, so dass sich Reaktionen und Nutzungen, die die Sicherheitsleistung verfallen lassen, von denen, die nicht verhinderbar sind, nur schlecht abgrenzen lassen. Der Weg der Kompensation ist daher praktikabler.

d) *In camera*-Verfahren

Als Instrument zur Herstellung praktischer Konkordanz in Konstellationen, in denen nicht die Auskunft selbst Ziel des Rechtsstreits ist,[955] wird ein *in camera*-Verfahren auch für die Hauptsache überwiegend für möglich,[956] teilweise sogar

---

zept des voraussetzungsfreien Zugangs allerdings nicht vorstellbar, da eventuell verstärkend wirkende private Zugangsinteressen nicht zu betrachten und bewerten sind, vgl. hierzu D.III.2. (S. 120 ff.).

953 Regelung sind nur sehr vereinzelt zu finden, etwa § 174 Abs. 3 GVG und § 150b Abs. 4 GewO.

954 Vorschlag bei *G. Spindler/M. P. Weber*, Geheimnisschutz, MMR 2006, S. 711 (712).

955 So v.a. bei Informationsfreiheitsrechten.

956 BVerfGE 115, S. 205 (239). Die Entwicklungen im Zivilprozess zusammenfassend *W. Kürschner*, Parteiöffentlichkeit, NJW 1992, S. 1804 ff., auch für den Einsatz von Sachverständigen. Ausführlich auch *J. Bornkamm*, Schutz vertraulicher Informationen, in: FS E. Ullmann, S. 893 (904 ff.). Verwaltungsgerichtliche in camera-Verfahren wurden bereits für möglich gehalten im Zeitraum zwischen der Entscheidung des BVerfGE 101, S. 106 ff. und der Neufassung des § 99 VwGO durch den Gesetzgeber, vgl. etwa OVG NRW, NVwZ 2001, S. 820 f. OVG NRW, justiz.nrw.de, 13 E 190/01 v. 4.7.2001, Umdruck S. 2 f., umfassend hierzu *A. Beutling*, Neue Wege, DVBl 2001, S. 1252 (1254 ff.) und *M. Redeker/P. Kothe*, Neuregelung, NVwZ 2002, S. 313 ff.; kürzlich auch unter der aktuellen Rechtslage aufgrund richtlinienkonformer Auslegung BVerwG, CR 2007, S. 301 ff. Für den Zivilprozess *R. Stürner*, Geheimsphäre, JZ 1985, S. 453 (458 f.), *A. Stad-*

für zwingend notwendig gehalten, ist aber *de lege lata* nicht zulässig.[957] Es stellt das wohl einzig realisierbare Instrument zur Abmilderung des Informations- und Grundrechtskonflikts dar, der v.a. in regulierungsverwaltungsrechtlichen Dreieckskonstellationen auftritt.[958]

Für den Drittbeteiligten bringt ein solches *in camera*-Verfahren insofern eine Verbesserung, als dass zwar sein Recht auf rechtliches Gehör weiterhin versagt bleibt, seinem Recht auf effektiven Rechtsschutz aber stärker Rechnung getragen wird, weil das Gericht die geheimen Daten und Informationen als Prozessstoff in die Entscheidung einbeziehen kann.[959] Die Ansichten und Argumente der Wettbewerber fließen aber weiterhin nicht in die Entscheidung ein,[960] da sie weiterhin nicht die Unternehmensgeheimnisse selbst interpretieren und als Argumentationsgrundlage nutzen können. Erwägenswert ist daher ein zusätzlicher (neutraler) Beteiligter am *in camera*-Verfahren der Hauptsache, der – zur Verschwiegenheit verpflichtet – die Position der Wettbewerber vertritt, diese in Kenntnis der gesamten Unterlagen stärkt und zugleich zusätzlichen Input für die Regulierungsentscheidung liefert.[961] Es kann sich dabei auch um eine Art Generalanwalt oder

---

ler, Schutz, NJW 1989, S. 1202 (1203) und *G. Spindler/M. P. Weber*, Geheimnisschutz, MMR 2006, S. 711 (712 f.). Kritisch hingegen *S. Schüly*, "in camera"-Verfahren der Verwaltungsgerichtsordnung, S. 103 und *T. Bosch/J. Sommer*, Akteneinsichtsrechte, K&R 2004, S. 67 (72).

957 *S. Schüly*, "in camera"-Verfahren der Verwaltungsgerichtsordnung, S. 87 f. und BVerwG, NVwZ 2004, S. 105 (106). Teilweise wird aber argumentiert, dass bereits *de lege lata* Möglichkeiten zur Verwendung der im Zwischenverfahren nach § 99 Abs. 2 VwGO erlangten Informationen bestünden, etwa OVG NRW, NVwZ 2001, S. 820 (820 f.), hierzu *B. Kind u.a.*, Änderung, MMR Beilage 12/2003, S. 3 (23 f.). Kritisch hingegen *J. Sommer/T. Bosch*, Akteneinsichtsrechte, K&R 2002, S. 456 (460). Ein *in camera*-Verfahren sei zumindest dann hinzunehmen, wenn dadurch die beweisbelastete Partei Vorteile erzielen könnte als Ausgleich für die Einschränkung ihres Rechts auf rechtliches Gehör, *T. Mayen*, Verwertbarkeit, NVwZ 2003, S. 537 (542).

958 Siehe etwa den Vorschlag von Richter Gaier in seiner abweichenden Meinung in BVerfGE 115, S. 205 (253 ff.). Im Anschluss daran *M. Schütze*, Rechtskontrolle, CR 2006, S. 665 (665). Für die Einführung eines *in camera*-Verfahrens in der Hauptsache im TK-Recht *U. Zwach*, Gerichtliche Kontrolle, MMR Beilage 12/2002, S. 15 (17). Letztlich positiv auch *S. W. H. Lodde*, Informationsrechte, S. 203 ff.

959 Deutlich formuliert (allerdings nicht für eine multipolare Konstellation) das BVerfGE 101, S. 106 (130): „Demgegenüber führt im verwaltungsgerichtlichen Verfahren gerade ein Absehen von einem ‚in camera'-Verfahren zu einer Minderung des Individualrechtsschutzes, die erheblich schwerer wiegt als eine Einschränkung des rechtlichen Gehörs." Ebenso in Abwägung mit den einzuschränkenden Gehörsrechten, Begründungserfordernissen und Rechtsmittel(begründungs)möglichkeiten *A. Beutling*, Neue Wege, DVBl 2001, S. 1252 (1256 f.).

960 Obwohl dies vornehmliche Aufgabe einer Beteiligung ist, etwa *K.-H. Ladeur*, Drittschutz, CR 2000, S. 433 (434 f.), v.a. im Kartellrecht (vgl. unter D.II.3.a) (S. 102 ff.).

961 So bereits *J. Masing*, Gutachten, in: Verhandl. des 66. DJT, S. D 1 (172), der für ein in camera-Verfahren in der Hauptsache einen „Regulierungsbeauftragten" anregt. Vgl. auch

Branchenvertreter handeln. Dies würde die ansonsten fehlende Waffengleichheit im Verfahren relativieren, die dadurch entstünde, dass die die Geheimnisse innehabende Partei exklusiv mit dem Gericht über deren Inhalt kommunizieren könnte.

Ein solches *in camera*-Verfahren ist allerdings sparsam einzusetzen; es darf also nicht zu einer unkontrollierten Ausweitung derartiger Verfahren kommen.[962] Vielmehr ist stets auf einer ersten Stufe zu prüfen, ob die Geheimhaltungsinteressen überhaupt von solchem Gewicht sind, dass ihre Veröffentlichung im Verfahren ausscheiden muss. Nur wenn dies der Fall ist, kann auf einer zweiten Stufe ein *in camera*-Verfahren möglich sein.[963]

Die Abwägung zwischen dem Schutz von Unternehmensgeheimnissen und dem Recht der anderen Prozessbeteiligten auf rechtliches Gehör verlagert sich also auf die Frage, ob ein *in camera*-Verfahren in der Hauptsache geführt werden soll.[964] Sie ist aber anders gelagert als die Abwägung, ob Unternehmensgeheimnisse überhaupt als Prozessstoff in das Verfahren eingebracht werden können, weil bei der Entscheidung über ein *in camera*-Verfahren in der Hauptsache das Recht der Beteiligten auf effektiven Rechtsschutz gewahrt bleibt – auch wenn es in seiner Ausprägung als Recht auf rechtliches Gehör eingeschränkt wird.[965] Die Entscheidung hierüber hat ihrerseits *in camera* zu erfolgen.

Mit der Durchführung eines solchen *in camera*-Verfahrens erfüllt das Gericht der Hauptsache seine Aufgabe, „in dem nötigen Umfang die Vertraulichkeit der Angaben in den Akten zu wahren“[966]. Eine begriffliche Präzisierung und inhaltliche

---

zur „Anwaltslösung“ im europäischen Wettbewerbsrecht D.II.3.b) (S. 106), dort auch Fn. 465, *D. Hausberg*, Schutz von Betriebs- und Geschäftsgeheimnissen, S. 124 ff. (auch zur Frage, ob der Anwalt frei gewählt werden kann oder vom Gericht zu bestimmen ist) und nunmehr auch der BGH, juris, KRB 59/07 v. 4.10.2007, Umdruck S. 1 ff., und vor allem den Anhörungsbeauftragten (zu diesem unter D.II.3.b) (S. 106 ff.), der gegenüber Rechtsanwälten den Vorteil einer beamtenrechtlichen Einbindung und daher höheren Neutralität hat. In eine ähnliche Richtung gehen auch Vorschläge zur Schaffung des Amtes eines Informationsbeauftragten, siehe etwa *A. Voßkuhle*, Wandel, in: W. Hoffmann-Riem/E. Schmidt-Aßmann (Hrsg.), VerwR in der Informationsgesellschaft, S. 349 (404).

962 Bedenken in dieser Richtung auch bei *A. Voßkuhle*, Wandel, in: W. Hoffmann-Riem/E. Schmidt-Aßmann (Hrsg.), VerwR in der Informationsgesellschaft, S. 349 (403 f.).

963 Alternativ müssten die Akten als Prozessstoff ausscheiden und eine gerichtliche Entscheidung nur nach Beweislastgrundsätzen ergehen (grdl. VG Köln, juris, 1 K 6480/98 v. 13.3. 2003, Rn. 44). Beweispflichtig ist im allgemeinen die Partei, für die die Entscheidung günstig ist, OVG NRW, juris, 13a D 18/02 v. 9.7.2002, Umdruck S. 6.

964 Gaier in BVerfGE 115, S. 205 (257) und OVG NRW, justiz.nrw.de, 13 E 190/01 v. 4.7. 2001, Umdruck S. 4. Bedenken, dass es zu vorschneller Verwendung des *in camera*-Verfahrens kommt, bei *B. Holznagel*, Rechtsschutz, MMR 2003, S. 513 (516).

965 Und zwar unabhängig von der Entscheidung nach Beweislastgrundsätzen. Auch werden die öffentlichen Interessen an der Findung einer richtigen Entscheidung im Regulierungsverfahren gewahrt, weil der Sachverhalt inhaltlich voll gerichtlich überprüft werden kann.

966 BVerwG, CR 2007, S. 301 (304).

Differenzierung sowie Abstufung nach Schutzwürdigkeit von Unternehmensgeheimnissen wird also durch die Einführung eines *in camera*-Verfahrens in der Hauptsache keineswegs überflüssig. Das gestiegene Bedürfnis nach *in camera*-Verfahren ist Folge der beschriebenen verschärften Informationskonflikte, ein solches Verfahren in der Hauptsache wäre die logische Konsequenz und Vollendung des „Paradigmenwechsel[s] für das deutsche Prozessrecht"[967].
Andeutungen zu einem *in camera*-Verfahren finden sich bereits in § 83 Abs. 1 S. 3 EnWG und § 71 Abs. 1 S. 3 GWB. Diese treffen eine besondere Regelung, indem dem Gericht gestattet wird, seine Entscheidung ausnahmsweise auch auf Tatsachen und Beweismittel zu stützen, zu denen sich die Beigeladene aus Gründen des Schutzes von Geschäfts- und Betriebsgeheimnissen nicht äußern konnten. Dabei erlangt das Gericht in jedem Fall volle Einsicht in die Akten, lediglich kann es sich nicht immer in vollem Umfang auf den kompletten Inhalt stützen, sofern es ihn anderen Prozessteilnehmern nicht offengelegt hat. Ist ein Wettbewerber hingegen Kläger gegen eine Entscheidung der Regulierungsbehörde in einem Verfahren, zu dem das regulierte Unternehmen dann beigeladen wird, so kann ihm § 83 Abs. 1 S. 3 EnWG nicht entgegengehalten werden, so dass gemäß § 83 Abs. 1 S. 2 EnWG das Gericht sich in seiner Entscheidung sich auf nicht vorgelegte Unterlagen stützen kann. Die Richtung hin zu einem *in camera*-Verfahren in der Hauptsache ist auch in § 138 Abs. 2, 4 TKG angelegt, der die Verwertung des geheimen Materials dem Parteiwillen anheim stellt.[968]
Auch käme es durch *in camera*-Verfahren zu schnelleren Entscheidungen in der Hauptsache, weil nicht mehr langwierige Zwischenverfahren durchgeführt werden müssten.[969] Dies stärkt das Recht auf effektiven Rechtsschutz und auch die Effektivität der Rechtsdurchsetzung, denn auch die gerade vom BVerwG betonten öffentlichen Interessen[970] im Regulierungsverfahren könnten in einem *in camera*-Verfahren angemessen berücksichtigt werden.

---

967 *T. Mayen*, Verwertbarkeit, NVwZ 2003, S. 537 (537).

968 Diese verzichten damit auf ihr Recht auf rechtliches Gehör, hierzu *M. Geppert/H.-J. Piepenbrock*, in: Beck'scher TKG-Komm., § 138 Rn. 24 ff., verfassungsrechtliche Bedenken hiergegen bei *D. Hausberg*, Schutz von Betriebs- und Geschäftsgeheimnissen, S. 105 ff. § 138 TKG wurde mit der Neufassung des TKG 2004 eingeführt und bezweckt eine Beschleunigung des Verfahrens, so a.a.O. Rn. 3, 13; beispielhaft für die Sinnhaftigkeit dieser Sonderregelung OVG NRW, NVwZ 2000, S. 449 ff.

969 Kritisch zur, auch durch die Zwischenverfahren verursachten, langen Verfahrensdauer der Achte Bericht der Kommission über die Umsetzung des Reformpakets für den Telekommunikationssektor, KOM(2002) 695, S. 24, *U. Lau*, Wer behindert wen?, MMR Beilage 12/2002, S. 3 (5), *C. Koenig/A. Neumann*, Sektorspezifische Regulierung, K&R Beilage 2/2003, S. 1 (26) und *B. Holznagel*, Rechtsschutz, MMR 2003, S. 513 (515 f.).

970 BVerwG, K&R 2004, S. 95 (98), BVerwG, NVwZ 2004, S. 105 (107), BVerwGE 118, S. 352 (358).

6. Verhältnis zu herkömmlichen Schutzrechten

Begründung für die Existenz von Schutzrechten, gerade von Patenten, ist auch, dass durch die Veröffentlichung der das Patent ausmachenden Informationen kombiniert mit dem Verbot der Nutzung dieser Informationen zum Nachbau[971] gesamtwirtschaftliche Vorteile entstehen. Denn durch die Zuordnung werden Anreize zur Schaffung weiterer immaterieller Werte gesetzt – zum einen für den Schöpfer, weil ihm der Wert des geschaffenen technischen Konstrukts, die sog. Monopolrente, zukommt, zum anderen aber auch als Impuls für andere, ähnliches zu schaffen und dessen Wert zu nutzen.[972]
Bei der Zuordnung geheimer Informationen sind die Wohlfahrtsvorteile wesentlich geringer, denn nur das Unternehmen, das über die geheimen Informationen verfügt, kann die Vorteile nutzen. Ein Imitations- und Substitutionsanreiz wird unterbunden, weil die Information nicht öffentlich ist. Bestehen bleibt bei der zuordnenden Wirkung von Unternehmensgeheimnissen allerdings der Anreiz des betroffenen Unternehmens, weiterhin Information zu erschaffen und sie selbst zu nutzen; der Grundsatz, wonach Wissensproduktion zu einem großen Teil von der „Chance der privatwirtschaftlichen Appropriation des Gewinns“[973] abhängt, trifft auch auf den Bereich der Geheimnisse zu. Dieser Anreiz gilt freilich nur für gezielt produzierte Informationen.[974]
Nun bedeutet zwar die Anerkennung einer exklusiven Nutzungsbefugnis durch Geheimhaltung zugleich eine Einschränkung der Handlungsfreiheit anderer; allerdings erstreckt sich diese Einschränkung entsprechend den geringeren volkswirtschaftlichen Vorteilen durch den verringerten Substitutionsanreiz für Wettbewerber nicht darauf, unabhängig dieselben geheimen Informationen zu schaffen und zu nutzen. Auch kann jeder Wettbewerber durch Markt- und Produktbeobachtung und andere lautere Vorgehensweisen an die Informationen gelangen und diese dann ohne weiteres nutzen.[975] Der geringere volkswirtschaftliche Nutzen

---

971 Hierauf weist klarstellend *B. Pretnar*, Ökonomische Auswirkungen, GRURInt 2004, S. 776 (778 f.) hin, der dadurch betont, dass die Erfindungsidee sowie die entsprechenden Informationen daher ein *öffentliches Gut* sind. Nur die Umsetzung der Idee in eine Verkörperung ist dem Patentinhaber vorbehalten. Die Informationen als Ausgangspunkt weiterer Erfindungsideen sind also frei. Ähnlich auch *J. Bußmann*, Patentrecht und Marktwirtschaft, GRUR 1977, S. 121 (126).

972 Vgl. hierzu *D. Wieddekind*, Innovationsforschung, in: M. Eifert/W. Hoffmann-Riem (Hrsg.), Innovation und rechtliche Regulierung, S. 134 (162 ff.) und *R. Kraßer*, Patentrecht, S. 42 f. Zweck war damit auch die „Bekämpfung der Fabrikgeheimnisse“, *H. Ehmann*, Informationsschutz, AcP 188 (1988), S. 230 (238).

973 *N. Stehr*, Wissen und Wirtschaften, S. 210.

974 Siehe unter G.III.1.b) (S. 165), woraus deren höhere Schutzwürdigkeit folgt.

975 Der Geheimnisschutz ist von vornherein auf solche Informationen beschränkt, die nicht ohnehin gezwungenermaßen im Rahmen wirtschaftlichen Handelns offenbar werden. Die Geheimhaltung von (technischen) Informationen und Verzicht auf die Patentierung einer

wird also durch einen weniger umfangreichen Schutz ausgeglichen. *Der Geheimnisschutz ergänzt insofern das Patentrecht.*[976] Denn im Gegensatz zu diesem kann jener uneingeschränkt beibehalten werden und ist nicht mit hohen Anmelde- und Durchsetzungskosten verbunden.[977] Dafür kann er keinen umfassenden Schutz bieten[978] und ist vorwiegend dann Mittel zur Investitionssicherung, wenn dem Unternehmen keinerlei Schutzrechte zur Verfügung stehen.[979] Ohne diese Ergänzung käme es zu einem geringeren Informationsaustausch zwischen Unternehmen und damit zu geringeren Wohlfahrtsvorteilen;[980] zumal Anerkennung und Schutz von Unternehmensgeheimnissen außerdem die für den Wettbewerb notwendigen Informationsasymmetrien absichern.[981] Mit dem Aufstieg neuartiger, nicht unter klassische Schutzrechte zu fassender Informationsgüter wird diese Ergänzungsfunktion des Geheimnisschutzes immer wichtiger für die Innovations- und Investitionssicherung.[982]

Die Frage nach dem gesamtwirtschaftlichen Nutzen der Anerkennung des Geheimnisschutzes steht im selben Kontext wie die nach der Reichweite von überkommenen Schutzrechten. Hierzu gibt es vielfältige, einander teilweise widersprechende ökonomische Aussagen, aus denen sich eine „Feinsteuerung" des Verhältnisses von Schutzumfang und freier Informationsnutzbarkeit schlecht her-

---

Erfindung (bzw. Eintragung anderer Schutzrechte) ist also nur dann sinnvoll für ein Unternehmen, wenn bei Veröffentlichung und Verkauf eines auf den Informationen basierenden Produkts keine Rückschlüsse auf eben diese Informationen möglich sind. Dies schränkt den Bereich der Informationen, die über Geheimhaltung überhaupt schützbar sind, stark ein und verringert eventuelle Konflikte mit anderen Schutzrechten.

976 Das Phänomen der Geheimhaltung existiert deshalb, weil – zumindest im Bereich durch Leistung entstandener Information – andere staatliche Schutzangebote (Patent) nicht den Bedürfnissen entsprechen. Der Rückgriff auf Geheimhaltung ist damit eine normale Marktreaktion; sie zu berücksichtigen bei der Frage, wie weit Geheimnisschutz rechtlich anerkannt werden soll, liegt nahe, wenn tatsächlich primär der Markt für die Schaffung und Ausgestaltung von Schutzrechten zuständig ist (vgl. Nachw. in Fn. 652).

977 Und hat damit nahezu keine Anreizschwelle zur Rechtswahrnehmung (beim Patent: Anmeldung, Veröffentlichung und Durchsetzung).

978 *W. M. Landes/R. A. Posner*, Economic Structure of Intellectual Property Law, S. 360, ähnlich *V. A. Dozorcev*, Systematisierung, GRURInt 1996, S. 1186 (1187); dafür kann über den Geheimnisschutz weit mehr abgesichert werden.

979 *R. A. Posner*, Economics of Justice, S. 242 f.

980 *W. M. Landes/R. A. Posner*, Economic Structure of Intellectual Property Law, S. 371. Kritischer gegen die Ergänzungsfunktion des Geheimnisses hingegen *H.-H. Maass*, Information und Geheimnis, S. 101, nach dem der Schutz von (patentfähigen) Betriebsgeheimnissen an sich der rechtspolitischen Zielsetzung des Patentrechts widerspricht.

981 Siehe die Ausführungen zu Marktinformationssystemen unter G.II.1. (S. 156 f.).

982 So für das Patent etwa *A. Krieger*, Innovation, GRUR 1979, S. 350 ff.; dies lässt sich angesichts der ausgeweiteten Breite von Informationsgütern auch auf das Geheimnis übertragen, solange nicht andere neuartige Schutzrechte durch den Gesetzgeber installiert werden.

stellen lässt.[983] Der volkswirtschaftlich optimale Zuschnitt von Schutzrechten für Geheimnisse und Informationen zwischen den Gefahren von *underproduction*[984] (zuwenig an Schutz) einerseits und *underutilization*[985] (zuviel an Schutz) andererseits lässt sich also nicht bestimmen; zudem ändert er sich fortwährend abhängig von technischen und allgemeinwirtschaftlichen Entwicklungen.[986]
Auch können Unternehmensgeheimnisse nicht ohne weiteres zur Wettbewerbsbehinderung genutzt werden wie Patente,[987] da sie nicht zu so weitreichenden, wettbewerbsrechtlich problematischen Machtstellung[988] führen können wie letztere. Gerade weil Innovationsförderung als Hauptzweck des Patentrechts und der meisten anderen Schutzrechte ergänzt, teilweise sogar überlagert wird durch den Zweck des Investitionsschutzes,[989] kann der Geheimnisschutz mit seinem gemin-

983 Vgl. *A. Wiebe*, Information als Naturkraft, GRUR 1994, S. 233 (243).

984 Geringe rechtliche Anerkennung von Unternehmensgeheimnissen führt zu hohen Kosten bei den Unternehmen für tatsächliche Geheimhaltungsmaßnahmen, *W. M. Landes/R. A. Posner*, Economic Structure of Intellectual Property Law, S. 369. Auch kann ungenügender Geheimnisschutz negative Auswirkungen auf die Innovationsentwicklung haben, *D. Waelbroeck/A. Specker*, Freedom, EurUP 2006, S. 236 (237).

985 Geheimhaltung von Information (und deren rechtliche Anerkennung) bewirken eine Umverteilung und damit einen Eingriff auf dem Markt der Information zuungunsten der anderen Marktteilnehmer und wirkt effektivitätsmindernd (bezogen auf den Gesamtmarkt), *R. A. Posner*, Economics of Privacy, Am. Econ. Rev. 71 (1981), S. 405 (407 f.).

986 Vgl. hierzu *D. Harhoff/C. Engel/W. Möschel*, Patentschutz und Innovation, Internetquelle, S. 1 f. Das geforderte ausgewogene Verhältnis zwischen Güterschutz und Wettbewerbsfreiheit (*A. Krieger*, Innovation, GRUR 1979, S. 350 [354]) lässt sich also nicht wirklich finden. Fest steht nur, dass ein Übermaß an Schutz ebenso den Wettbewerb hindert (*C. Godt*, Eigentum an Information, S. 527, vgl. auch Fn. 609) wie eine unzureichende Sicherung von Informationsgütern (*A. Wiebe*, Information als Naturkraft, GRUR 1994, S. 233 [242 ff.], weitgehend anders hingegen *L. Lessig*, vgl. Fn. 608; seiner Argumentation nach müsste auch die totale Offenlegung aller unternehmerischen Informationen zu einem Optimum an Wohlfahrtsvorteil führen.). Dieses Spannungsfeld zeigt sich deutlich an der Frage, die Dauer von Schutzrechten nach ökonomischen Kriterien optimal zu bestimmen, hierzu *B. Pretnar*, Ökonomische Auswirkungen, GRURInt 2004, S. 776 (782).

987 Ausnahme hierzu sind lediglich Fälle wie das „Microsoft"-Urteil des EuG (vgl. Fn. 731), da die Schnittstelleninformationen vom Unternehmen geheim gehalten wurden, um die Nutzung durch andere zu verhindern. Ob Schutzrechte an den Informationen bestehen, ist unklar, *A. Heinemann*, Gefährdung, GRUR 2006, S. 705 (711). Ausführlich zu den kartell- und schutzrechtlichen Implikationen des Falls *F. Etro*, Competition, innovation, and antitrust, S. 207 ff. und (zum Verfahren zur einstweiligen Anordnung) *C. Kirchner*, Die Dynamik des Wettbewerbs, FAZ v. 8.1.2005, S. 13.

988 Durch Bündel relativ ähnlicher Anmeldungen (sog. Patentgeflechte bzw. -dickichte) kann der Inhaber die Gesamtreichweite des Schutzrechts ausdehnen und die Substitution erschweren, vgl. *D. Harhoff/C. Engel/W. Möschel*, Patentschutz und Innovation, Internetquelle, S. 9 und *R. Kraßer*, Patentrecht, S. 46.

989 *C. Godt*, Eigentum an Information, S. 448 f. Ebenso *A. Wiebe*, Information als Naturkraft, GRUR 1994, S. 233 (245). Dies gilt insbesondere für die Patentfähigkeit genetischer In-

dertem Schutzumfang Investitionen absichern, ohne weitreichende negative Auswirkungen auf den Wettbewerb zu haben.

7. Einpassung in eine Informationsordnung

Ähnlich wie auch im Datenschutz lässt sich eine konsistente Regelung des Geheimnisschutzes für Unternehmen nur in einem größeren Ordnungszusammenhang, einer *Informationsordnung*, erreichen,[990] die über die reine Abwehrperspektive des einzelnen Unternehmens hinausgeht,[991] sondern vielmehr ein umfassendes, objektives Verkehrsrecht für Informationen darstellen soll. Damit handelt es sich um das komplexe Unterfangen, die entgegenstehenden Informationsinteressen auf höherer Regelungsebene gegeneinander auszugleichen. Hierzu allerdings bedarf es angesichts der partiellen Unausgleichbarkeit konträrer Informationsinteressen sowie der aktuellen Maßstabsarmut bei Ausgleichsversuchen[992] gesetzgeberischer Entscheidungen darüber, wie der Konflikt aufzulösen und inwieweit der Geheimnisschutz dabei einzuschränken ist. Insbesondere in privatrechtsnahen wirtschaftsrechtlichen Konstellationen erfordert nicht nur die bereits angemahnte[993] Abstimmung zwischen privat- und öffentlich-rechtlichen Geheimnisschutzregelungen, sondern auch die Schaffung einer integrierten Informationsordnung aufgrund der insgesamt zunehmenden „Diffusion zwischen öffentlichem und privatem Sektor"[994] ein differenziert gemeinrechtliches Schutzkonzept[995], um überhaupt einen effektiven Geheimnisschutz verwirklichen zu können.

---

formationen (§ 1a PatG), die nicht erfunden werden. Lediglich wird durch die Patentierung der hohe Aufwand ihrer Entschlüsselung wird abgesichert. Das allgemeine Argument des Investitionsschutzes wird vermehrt herangezogen für die Bildung von Schutzrechten, die genauen Anforderungen und Beschränkungen (technische Neuheit, Erfindung) der gewerblichen Schutzrechte nicht entsprechen. Vgl. bereits die Schutzrechte für Datenbanken, hierzu Fn. 646. Kritisch zu dieser Entwicklung *D. Harhoff/C. Engel/W. Möschel*, Patentschutz und Innovation, Internetquelle, S. 17 f.

990 Hierzu auch bereits oben unter E.I.3. (S. 128). Vgl. auch *M. Kloepfer*, Gutachten, in: Verhandl. des 62. DJT, S. D 1 (86), zum Begriff etwa *W. Zöllner*, Informationsordnung, insb. S. 9 ff. und *I. Ebsen*, Informationsordnung, DVBl 1997, S. 1039. Für eine übergreifende Konzeption unter der Bezeichnung Informations- bzw. Informationsverwaltungsrecht auch *R. Pitschas*, Informationsverwaltungsrecht, DV 33 (2000), S. 111 (114).

991 Eine solche reiche nicht aus, *M. Albers*, Informationelle Selbstbestimmung, S. 262.

992 Vgl. hierzu unter D.II.2.e)(2) (S. 100 ff.).

993 Vgl. etwa unter G.V.3.e) (S. 200 f.). Ein weiteres Beispiel für die Annäherung und Vermischung beider Teilrechtsordnungen im Geheimnisschutz ist § 13 ElektroG, der zur Erfüllung öffentlich-rechtlicher Entsorgungspflichten die Meldung von Unternehmensgeheimnissen an eine privatrechtliche, von allen Wettbewerbern organisierte Stelle vorschreibt, hierzu *M. Bullinger/M. Fehling*, in: dies. (Hrsg.), ElektroG, § 13 Rn. 19.

994 *H.-H. Trute*, Schutz, JZ 1998, S. 822 (823).

Geheimnisschutz kann also überhaupt nur wirkliches „Element eines informatorischen Ordnungsmodells“[996] werden, wenn er – fußend auf den hier entwickelten Wertungsmaßstäben sowie eingedenk der sich stetig erhöhenden Bedeutung und Werthaftigkeit von geheimen Informationen – als übergreifendes Phänomen wahrgenommen und einheitlich als sinnvolles Gegengewicht zu Transparenz und Informationsfreiheit behandelt wird. Mit seiner Schutzrichtung gegen den gleichgestellten Wettbewerber ist der Geheimnisschutz zunächst Teil eines überwiegend privatrechtlich anmutenden „Recht[s] einer Marktkommunikationsordnung“[997], das auch in Konstellation mit staatlicher Beteiligung Ausgangspunkt jeder Bewertung und Abwägung ist.

In diesem zu schaffenden Ordnungsmodell stehen den Geheimhaltungsinteressen des Unternehmens enorme Bedürfnisse nach Offenheit, Zugang und Transparenz gegenüber, für die eine Fülle von Aspekten und Begründungssträngen spricht.[998] Diesen Anliegen ist in einer Informationsordnung Rechnung zu tragen, weshalb Unternehmen Offenbarungen ihrer internen Informationen als „Korrelat der Marktteilnahme“[999] hinnehmen müssen, solange berechtigte Interessen hieran im Vordergrund stehen und nicht der unkompensierte *Transfer konkreter informatorischer Werte* – aus einer objektiven Außenperspektive – der beherrschende Vorgang ist.

Dabei handelt es sich um Informationen, die durch Bedürfnisse des Marktes und der Öffentlichkeit wie Sicherheit,[1000] Funktionsfähigkeit des Marktes, Rechtsschutz und Rechtmäßigkeitskontrolle öffentlichkeitsbezogen sind und damit überwiegend um Einzelinformationen, die ausschließlich in den Schutzbereich des Art. 12 Abs. 1 GG fallen. Sind hingegen gegenständliche Geheimnisse und damit Schutzgüter auch des Art. 14 Abs. 1 GG betroffen, so sind in einer Informa-

---

995 Vgl. hierzu grdl. *M. Bullinger*, Öffentliches Recht und Privatrecht, S. 81 ff., 112 ff., zu Privatisierungstendenzen des Öffentlichen Rechts *W. Leisner*, "Privatisierung" des Öffentlichen Rechts, insb. S. 110 ff.

996 Vgl. hierzu *M. Kloepfer*, Gutachten, in: Verhandl. des 62. DJT, S. D 1 (93).

997 So *J. Keßler*, Recht der Marktkommunikation, WRP 2005, S. 1203 (insbes. 1208 f.), der die „Bedeutung von Marktinformationen für das Funktionieren des wettbewerblichen Austauschprozesses“ deutlicher als üblich in den Blickpunkt rückt. Die Lauterkeitsordnung habe – zumindest auch – die Aufgabe, eine ausreichende Informationsversorgung der Marktteilnehmer sicherzustellen, aber auch zu begrenzen.

998 Diese sind in der vorliegenden Arbeit nicht in aller Ausführlichkeit ausgebreitet worden, vgl. aber Fn. 523, des weiteren *J. Bröhmer*, Transparenz als Verfassungsprinzip, mit den verschiedenen Begründungsansätzen von Transparenz im Demokratie- (S. 38 ff.) und Rechtsstaatsprinzip (S. 146 ff.) sowie einer Vielzahl von Grundrechten (S. 196 ff.).

999 Teil des Untertitels von *H. Merkt*, Unternehmenspublizität. Der Schutz von geheimen Unternehmensinformationen wird also zwangsläufig dadurch relativiert, dass das Unternehmen am Wirtschaftsverkehr teilnimmt.

1000 Exemplarisch § 8 ProdSG.

tionsordnung erweiterte Konfliktslösungsinstrumente vorzusehen,[1001] die erst die Herstellung eines Interessenausgleichs ermöglichen.

VI. Fazit

Nachdem der zweite Teil der Arbeit die Unsicherheit über die Behandlung von Geheimnissen[1002] bei ihrer gleichzeitigen enormen Bedeutungszunahme in der informationsgesellschaftlichen Ökonomie[1003] aufgezeigt hat, hat der abschließende dritte Teil versucht, einen sich auf verfassungsrechtliche Wertungen stützenden Maßstab für den Ausgleich der widerstreitenden Informationsinteressen[1004] zu entwickeln und dabei Bezüge und Unterschiede zwischen informationellem Selbstbestimmungsrecht und Eigentümer- und Urheberrechten[1005] herauszustellen.

Die dabei entwickelte unterschiedliche Gewichtung von Unternehmensgeheimnissen je nach „Typ und Art der betroffenen Daten"[1006] bedeutet – so ist zu hoffen – nicht lediglich eine Neubeschreibung der Problematik, sondern auch einen Problemlösungsbeitrag für den Umgang mit Unternehmensgeheimnissen auch in unübersichtlichen, multipolaren rechtlichen Konstellationen.

1001 Vgl. unter G.V.5. (S. 203 ff.).

1002 Unter D. (S. 73 ff.).

1003 Unter E. (S. 125 ff.).

1004 *R. Bieber*, Informationsrechte Dritter, DÖV 1991, S. 857 (857).

1005 Auf diesen „nie geklärten" Bezug weist *B. Lutterbeck*, Harmonisierung, in: T. Heymann (Hrsg.), Informationsmarkt und Informationsschutz in Europa, S. 127 (141) hin, auch der historische Exkurs hat die ursprüngliche Differenzierung freigelegt (C.II.7. [S. 49 ff.]).

1006 BVerfGE 115, S. 205 (247).

H. Zusammenfassende Thesen

• Bei Unternehmensgeheimnissen – umfassend verstanden als geheime Informationen eines Unternehmens – handelt es sich um ein zunächst privat- und lauterkeitsrechtliches Schutzkonzept, das in das Öffentliche Recht übertragen wurde.
• Bedeutung und Stellenwert von Unternehmensgeheimnissen sind im Öffentlichen Recht unklar. Vor allem in Abwägungen mit einem Gemisch auf öffentlichen und privaten Interessen führt dies zu großer Unsicherheit über die Schutzwürdigkeit von Geheimnissen und zu unauflösbaren Informationskonflikten.
• Die Sicherung des Geheimnisschutzes ist die Gegenbewegung zu erweiterten Informationszugangsmöglichkeiten. Sie ist Ausdruck der gestiegenen Bedeutung von Information als Wirtschaftsgut, von der die sich stetig ausweitenden gewerblichen Schutzrechte zeugen. Auf diese Entwicklung muss auch das Öffentliche Recht reagieren und Unternehmensgeheimnissen den notwendigen Schutz zukommen lassen.
• Die hohe und sich weiter erhöhende Schutzbedürftigkeit von Unternehmensgeheimnissen bildet gleichzeitig die Grenze der Geheimnisgefährdung durch den Informationstransfer zu privaten Akteuren zum Zweck der Rechtsdurchsetzung; sie ist insofern auch Grenze des Gewährleistungsstaats, weshalb im Einzelfall ein Teil der Rechtsdurchsetzungsaufgaben beim Staat verbleiben muss, sofern nicht umfassende Geheimnisschutzlösungen gefunden werden. Ansonsten erscheinen Unternehmen als „Opfer" des Wandels der staatlichen Rechtsdurchsetzung.
• Der erhöhte Druck auf Unternehmensgeheimnisse lässt sich nur durch eine inhaltsbezogene Schutzdifferenzierung lösen, die gegenständlichen, immaterialgüterartigen Geheimnissen einen höheren Schutz zuweist als einzelnen, zwar wettbewerbsrelevanten, aber nicht zu weiterer Informationsproduktion und Innovation führenden Geheimnissen.
• Die Gegenständlichkeit von Unternehmensgeheimnissen nimmt im Rahmen der immer größeren wirtschaftlichen Relevanz immaterieller Güter zu. Damit werden Geheimnisse immer mehr vom Schutzbereich der verfassungsrechtlichen Eigentumsfreiheit erfasst, deren Gegenstandsbegriff sich immateriellen Gütern mit abgestuftem Schutzumfang weiter und mehr öffnen muss, um nicht weite Bereiche von vermögensgegenständlichen Gütern schutzlos zu lassen und damit ihren Status als „grundrechtliche Kontaktnorm zum Ökonomischen"[1007] zu verlieren.
• Unabhängig von ihrer Gegenständlichkeit sind Geheimnisse eines Unternehmens grundsätzlich durch Art. 12 Abs. 1 GG geschützt als Teil der dort verankerten Wettbewerbsfreiheit. Das inzwischen für Unternehmen anerkannte Recht auf informationelle Selbstbestimmung geht hierin im Bereich des Geheimnischutzes weitgehend auf.

1007 *P. Häberle*, Property Rights, AöR 109 (1984), S. 36 (49).

- Ausreichender Schutz von Unternehmensgeheimnissen ist schon deshalb in staatlichem Interesse, weil sich ansonsten die Eingriffsintensität eigener Informationsanforderungen vom Unternehmen bis hin zur Unverhältnismäßigkeit erhöhte. Dies hätte angesichts des stetig steigenden Informationsbedarfs des Staates negative Folgen für seine Kontroll- und Handlungsfähigkeit.
- Neben der Schutzniveaudifferenzierung je nach Grad der Gegenständlichkeit des betreffenden Geheimnisses und den Kriterien der Folgenabwägung mit ihrer Nutzbarkeit *de lege lata* sind *de lege ferenda* zusätzliche Instrumente zur Konfliktentschärfung einzuführen, insbesondere ist über ein *in camera*-Verfahren in der Hauptsache und die Kompensation von Geheimnisoffenbarungen nachzudenken. Vor allem ist der Kompensationsgedanke verstärkt in konkrete gesetzliche Regelungen umzusetzen, um die Verhältnismäßigkeit der Verlagerung von Rechtsdurchsetzungs- und Kontrollverantwortung auf Private zu wahren.

Verzeichnis der zitierten Rechtsprechung

EuGH (Az. C-204/00 „Aalborg Portland“ vom 7.1.2004) in Slg. I 2004, S. 123.
EuGH (Az. C-438/04 „Mobistar“ vom 13.7.2006) in Slg. I 2006, S. 6675.
EuGH (Az. C-453/03 u.a. „ABNA“ vom 6.12.2005) in Slg. I 2005, S. 10423.
EuGH (Az. C-7/95 John Deere ./. Kommission“ vom 28.5.1998) in Slg. I 1998, S. 3111.
EuGH (Az. Rs. C-418/02 vom 7.7.2005) in Slg. I 2005, S. 5873.
EuG (Az. Rs. T-353/94 „Postbank ./. Kommission“ vom 18.9.1996) in Slg. II 1996, S. 921.
EuG (Az. T-198/03 „Bank Austria ./. Kommission“ vom 30.5.2006) in Slg. II 2006, S. 1429.
EuG (Az. T-201/04 „Microsoft“ vom 17.9.2007) in WuW 2007, S. 1169.
BVerfG (Az. 1 BvL 19, 20/75 u.a. vom 8.7.1976) in BVerfGE 42, S. 263.
BVerfG (Az. 1 BvL 5, 6, 9/70 vom 15.1.1974) in BVerfGE 36, S. 281.
BVerfG (Az. 1 BvL 7/91 vom 2.3.1999) in BVerfGE 100, S. 226.
BVerfG (Az. 1 BvL 77/78 vom 15.7.1981) in BVerfGE 58, S. 300.
BVerfG (Az. 1 BvL 9/75 vom 22.5.1979) in BVerfGE 51, S. 193.
BVerfG (Az. 1 BvR 1168/04 vom 22.8.2006) in NJW 2006, S. 3409.
BVerfG (Az. 1 BvR 1244/87 vom 14.10.1987) in BVerfGE 77, S. 121.
BVerfG (Az. 1 BvR 1550/03 u.a. vom 13.6.2007) in WM 2007, S. 1360.
BVerfG (Az. 1 BvR 1783/99 vom 15.1.2002) in DVBl 2002, S. 328.
BVerfG (Az. 1 BvR 185/77 vom 3.6.1980) in BVerfGE 54, S. 148.
BVerfG (Az. 1 BvR 2027/02 vom 23.10.2006) in EuGRZ 2006, S. 695.
BVerfG (Az. 1 BvR 2087/03, 1 BvR 2111/03 vom 5.2.2004, einstw. Anordnung) in NVwZ 2004, S. 719.
BVerfG (Az. 1 BvR 2087/03, 1 BvR 2111/03 vom 14.3.2006) in BVerfGE 115, S. 205.
BVerfG (Az. 1 BvR 209/83 u.a. „Volkszählungsurteil“ vom 15.12.1983) in BVerfGE 65, S. 1.
BVerfG (Az. 1 BvR 2378/98, 1084/99 vom 3.3.2004) in BVerfGE 109, S. 279.
BVerfG (Az. 1 BvR 2623/95, 1 BvR 622/99 „n-tv“ vom 24.1.2001) in BVerfGE 103, S. 44.
BVerfG (Az. 1 BvR 37/63 vom 10.6.1964) in NJW 1964, S. 1715.
BVerfG (Az. 1 BvR 385/90 vom 27.10.1999) in BVerfGE 101, S. 106.
BVerfG (Az. 1 BvR 46/65 vom 3.10.1969) in BVerfGE 27, S. 71.
BVerfG (Az. 1 BvR 479/92 und 307/94 vom 12.11.1997) in BVerfGE 96, S. 375.
BVerfG (Az. 1 BvR 558/91 u.a. „Glykol“ vom 26.2.2002) in BVerfGE 105, S. 252.
BVerfG (Az. 1 BvR 670/91 „Osho“ vom 26.2.2002) in BVerfGE 105, S. 279.

BVerfG (Az. 1 BvR 743/86, 1 BvL 80/86 vom 11.10.1988) in BVerfGE 79, S. 29.
BVerfG (Az. 1 BvR 765/66 vom 7.7.1971) in BVerfGE 31, S. 229.
BVerfG (Az. 1 BvR 995, 2288, 2711/95 vom 14.7.1999) in BVerfGE 101, S. 54.
BVerfG (Az. 2 BvE 11/83, 2 BvE 15/83 vom 17.7.1984) in BVerfGE 67, S. 100.
BVerfG (Az. 2 BvR 1178, 1179, 1191/86 vom 1.10.1987) in BVerfGE 77, S. 1.
BVerfG (Az. 2 BvR 1493/89 vom 27.6.1991) in BVerfGE 84, S. 239.
BVerfG (Az. 2 BvR 197/83 vom 22.10.1986) in BVerfGE 73, S. 339.
BVerfG (K) (Az. 2 BvR 894/94 vom 13.12.1994) in NJW 1995, S. 2839.
BFH (Az. I R 90/01 vom 13.11.2002) in BFHE 201, S. 65.
BGH (Az. 1 StR 764/94 vom 10.5.1995) in BGHSt 41, S. 140.
BGH (Az. I ZR 111/53 „Möbelwachspaste" vom 15.3.1955) in GRUR 1955, S. 424.
BGH (Az. I ZR 112/75 vom 18.2.1977) in NJW 1977, S. 1062.
BGH (Az. I ZR 12/70 „Wandsteckdose II" vom 8.10.1971) in BGHZ 57, S. 116.
BGH (Az. I ZR 126/03 vom 27.4.2006) in WRP 2006, S. 1511.
BGH (Az. I ZR 15/53 „Dücko" vom 25.1.1955) in BGHZ 16, S. 172.
BGH (Az. I ZR 47/61 „Industrieböden" vom 21.12.1962) in BGHZ 38, S. 391.
BGH (Az. I ZR 49/97 vom 1.12.1999) in BGHZ 143, S. 214.
BGH (Az. I ZR 64/00 „Präzisionsmessgeräte" vom 7.11.2002) in GRUR 2003, S. 356.
BGH (Az. I ZR 72/59 „Wurftaubenpresse" vom 1.7.1960) in GRUR 1961, S. 40.
BGH (Az. II ZR 190/95 vom 20.5.1996) in NJW 1996, S. 2576.
BGH (Az. KVR 16/06 vom 19.6.2007) in N&R 2008, S. 36.
BGH (Az. KVR 37/05 vom 7.11.2006) in NJW 2007, S. 607.
BGH (Az. KZR 28/83 „Heizkessel-Nachbau" vom 29.3.1984) in GRUR 1984, S. 753.
BGH (Az. KZR 7/79 „Pankreaplex" vom 12.2.1980) in NJW 1980, S. 1338.
BGH, Az. KRB 59/07 vom 4.10.2007, juris.
BGH, Az. KVR 16/06 vom 19.6.2007, bundesgerichtshof.de.
BVerwG (Az. 1 C 52/88 vom 11.12.1990) in NJW 1991, S. 1246.
BVerwG (Az. 20 F 2/07 vom 21.2.2008) in NVwZ 2008, S. 554.
BVerwG (Az. 20 F 1.06 vom 9.1.2007) in CR 2007, S. 301.
BVerwG (Az. 20 F 12/04 vom 12.1.2006) in DÖV 2006, S. 698.
BVerwG (Az. 20 F 13/03 vom 24.11.2003) in BVerwGE 119, S. 229.
BVerwG (Az. 20 F 3/03 vom 15.8.2003) in BVerwGE 118, S. 352.
BVerwG (Az. 20 F 7/03 vom 15.8.2003) in K&R 2004, S. 95.
BVerwG (Az. 20 F 8/03 vom 15.8.2003) in NVwZ 2004, S. 105.
BVerwG (Az. 20 F 9/03 vom 19.12.2003) in NVwZ 2004, S. 742.
BVerwG (Az. 3 C 34.84 vom 18.4.1985) in BVerwGE 71, S. 183.
BVerwG (Az. 3 C 46/02 vom 2.7.2003) in BVerwGE 118, S. 270.
BVerwG (Az. 6 B 15/62 vom 19.8.1964) in BVerwGE 19, S. 179.

BVerwG (Az. 6 B 59.04 vom 4.1.2005) in N&R 2005, S. 76.
BVerwG (Az. 6 C 3/96 vom 26.2.1997) in BVerwGE 104, S. 105.
BVerwG (Az. 7 C 5.04 vom 18.10.2005) in DVBl 2006, S. 182.
BayVGH (Az. 7 BV 05.2582 vom 7.8.2006) in BayVBl. 2007, S. 369.
Hess. VGH (Az. 10 TG 2531/06 vom 30.11.2006) in NVwZ 2007, S. 348.
KG Berlin (Az. 1 Kart 9/86 vom 19.8.1986) in ZIP 1986, S. 1614.
KG Berlin (Az. Kart 8/97 „Herlitz/Landré“ vom 3.6.1999) in AG 2000, S. 80.
Nds. OVG (Az. 14 PS 1/02 vom 24.1.2003) in NVwZ 2003, S. 629.
OLG Düsseldorf (Az. VI-3 Kart 289/06 vom 14.3.2007) in RdE 2007, S. 130.
OLG Düsseldorf (Az. VI-3 Kart 358/06 vom 28.3.2007) in RdE 2007, S. 166.
OLG Düsseldorf, Az. VI-3 151/06 vom 28.6.2006, juris.
OLG Düsseldorf, Az. VI-3 161/06 (V) vom 7.4.2006, juris.
OLG Düsseldorf, Az. VI-3 162/06 vom 6.7.2006, juris.
OLG Düsseldorf, Az. VI-3 Kart 285/06 (V) vom 2.11.2006, juris.
OLG Stuttgart (Az. 2 U 43/81 „Gerätewartung“ vom 30.10.1981) in GRUR 1982, S. 315.
OLG Stuttgart (Az. 8 W 388/06 vom 7.11.2006) in NZG 2007, S. 72.
OVG NRW (Az. 13 A 2773/01 vom 15.8.2003) in MMR 2003, S. 808.
OVG NRW (Az. 13 B 1812/99 vom 25.11.1999) in NVwZ 2000, S. 449.
OVG NRW (Az. 13 B 2623/03 vom 29.1.2004) in MMR 2004, S. 278.
OVG NRW (Az. 13 B 632/99 vom 12.5.1999) in MMR 1999, S. 553.
OVG NRW (Az. 13 E 276/00 vom 23.11.2000) in NVwZ 2001, S. 820.
OVG NRW (Az. 13a D 80/03 vom 20.8.2004) in NVwZ-RR 2005, S. 749.
OVG NRW (Az. 8 B 940/05 vom 20.6.2005) in NVwZ-RR 2006, S. 248.
OVG NRW, 13a D 18/02 vom 9.7.2002, juris.
OVG NRW, Az. 13 B 15/00 vom 8.11.2000, juris.
OVG NRW, Az. 13 E 190/01 vom 4.7.2001, justiz.nrw.de.
OVG NRW, Az. 13a D 14/04 vom 13.10.2004, justiz.nrw.de.
OVG RP (Az. 8 A 10267/06.OVG vom 2.6.2006) in GewArch 2006, S. 491.
OVG RP (Az. 1 A 10886/07 vom 20.2.2008) in ZUR 2008, S. 259.
OVG SH (Az. 4 LB 2/06 vom 4.4.2006) in ZUR 2006, S. 318.
OVG SH (Az. 4 LB 30/04 vom 22.6.2005) in NuR 2006, S. 327.
VG Berlin, Az. 2 A 72.04 vom 10.5.2006, juris.
VG Düsseldorf (Az. 26 K 1585/04 vom 3.2.2006) in NWVBl. 2006, S. 305.
VG Düsseldorf, Az. 26 K 4163/03 vom 9.7.2004, juris.
VG Frankfurt (Az. 7 E 2109/05 vom 10.5.2006) in NVwZ 2006, S. 1321.
VG Frankfurt, Az. 7 E 5426/06 vom 12.3.2008, juris.
VG Hamburg, Az. 7 VG 1422/2003 vom 14.1.2004, juris.
VG Köln (Az. 1 K 1246/02 vom 31.7.2003) in CR 2003, S. 831.
VG Köln (Az. 13 L 771/05 vom 9.6.2005) in NuR 2005, S. 665.
VG Köln, Az. 1 L 538/99 vom 21.1.2001, juris.
VG Köln, Az. 1 K 6480/98 vom 13.3.2003, juris.

VG Magdeburg (Az. 5 A 383/05 vom 18.7.2006) in UPR 2006, S. 403.
VG Saarl., Az. 1 K 96/01 vom 18.10.2002, juris.
VG Schleswig (Az. 6 A 245/02 vom 31.8.2004) in DuD 2005, S. 38.

Literaturverzeichnis

Aberle, Gerd, Ökonomische Bewertung von Transparenz oder Geheimhaltung der Marktdaten als Wettbewerbsparameter, in: Bewertung und Zulässigkeit von Marktinformationsverfahren, Referate einer FIW-Veranstaltung, Köln u.a. 1993, S. 1.

Adams, Micheal, Irrtümer und Offenbarungspflichten im Vertragsrecht, AcP 186 (1986), S. 453.

Ahrens, Hans-Jürgen, Brauchen wir einen Allgemeinen Teil der Rechte des Geistigen Eigentums?, GRUR 2006, S. 617.

Albach, Hans, Imitationswettbewerb und Innovationswettbewerb, Pharma Recht 1985, S. 53.

Albers, Marion, Information als neue Dimension im Recht, Rechtstheorie 33 (2002), S. 61.

Albers, Marion, Informationelle Selbstbestimmung, Baden-Baden 2005.

Albers, Marion, Umgang mit personenbezogenen Informationen und Daten, in: Hoffmann-Riem, Wolfgang/Schmidt-Aßmann, Eberhard/Voßkuhle, Andreas (Hrsg.), Grundlagen des Verwaltungsrechts (GVwR), Band 2, Informationsordnung – Verwaltungsverfahren – Handlungsformen, München 2007, § 22.

Albers, Marion, Verfassungsrechtliche Grundlagen einer transparenten Verwaltung, in: Sokol, Bettina (Hrsg.), Sommersymposion Informationsfreiheit, https://www.ldi.nrw.de/mainmenu_Service/submenu_Tagungsbaende/Inhalt/2004_Informationsfreiheit/Tagungsband_des_Sommersymposiums_2004/Tagungsband_Symposium_infofreiheit.pdf, Düsseldorf 2004, S. 31.

Albers, Michael, Wettbewerbsbeschränkung durch Information, CR 1987, S. 753.

Allison, John R., On the Feasibility of Improving Patent Quality One Technology at a Time: The Case of Business Methods, Berk. Tech. L. J. 21 (2006), S. 729.

Altmeppen, Stefan/Kahlen, Christine, IWG – Neue Impulse für den Informationsmarkt – Entwurf der Bundesregierung für ein Gesetz über die Weiterverwendung von Informationen öffentlicher Stellen, MMR 2006, S. 499.

Anders, Wilfried, Wie viel technischen Charakter braucht eine computerimplementierte Geschäftsmethode, um auf erfinderischer Tätigkeit zu beruhen?, GRUR 2001, S. 555.

Ann, Christoph, Know-how – Stiefkind des Geistigen Eigentums?, GRUR 2007, S. 39.

Antweiler, Clemens/Nieberding, Felix, Rechtsschutz im neuen Energiewirtschaftsrecht, NJW 2005, S. 3673.

Arrow, Kenneth, Economic Welfare and the Allocation of Resources for Invention, in: Lamberton, Donald M. (Hrsg.), Economics of information and knowledge – selected readings, Hamondsworth 1971, S. 141.

Attendorn, Thorsten, TK-Zugangsregulierung und Drittschutz – Können Wettbewerber weitergehende belastende Anordnungen gegen das regulierte Unternehmen einklagen?, MMR 2008, S. 444.

Augsberg, Steffen, Der Staat als Informationsmittler – Robin Hood oder Parasit der Wissensgesellschaft?, DVBl 2007, S. 733.

Aulehner, Josef, 10 Jahre „Volkszählungs"-Urteil, CR 1993, S. 446.

Badura, Peter, Grundrechte als Ordnung für Staat und Gesellschaft, in: Merten, Detlef/Papier, Hans-Jürgen (Hrsg.), Handbuch der Grundrechte in Deutschland und Europa, Band 1, Entwicklung und Grundlagen, Heidelberg 2004, § 20.

Badura, Peter, Zur Lehre von der verfassungsrechtlichen Institutsgarantie des Eigentums, betrachtet am Beispiel des „geistigen Eigentums", in: Lerche, Peter/Zacher, Hans/ders. (Hrsg.), Festschrift für Theodor Maunz zum 80. Geburtstag, München 1981, S. 1.

Baer, Susanne, „Der Bürger" im Verwaltungsrecht – Subjektkonstruktion durch Leitbilder vom Staat, Tübingen 2006.

Baer, Susanne, Verwaltungsaufgaben, in: Hoffmann-Riem, Wolfgang/Schmidt-Aßmann, Eberhard/Voßkuhle, Andreas (Hrsg.), Grundlagen des Verwaltungsrechts (GVwR), Band 1, Methoden – Maßstäbe – Aufgaben – Organisationen, München 2006, § 11.

Balthasar, Stephan, Der Schutz der Privatsphäre im Zivilrecht – eine historisch-vergleichende Untersuchung zum deutschen, französischen und englischen Recht vom ius commune bis heute, Tübingen 2006.

Basedow, Jürgen, Perspektiven des Kartelldeliktsrechts, ZWeR 2006, S. 294.

Bassenge, Peter/Brudermüller, Gerd u.a., Palandt, Bürgerliches Gesetzbuch, 66. Auflage, München 2007.

Bates, Benjamin J., Information as an Economic Good: Sources of Individual an Social Value, in: Mosco, Vincent/Wasko, Janet (Hrsg.), The Political Economy of Information, Madison, Wisc. 1988, S. 89.

Battis, Ulrich, Bundesbeamtengesetz (BBG), Kommentar, 3. Auflage, München 2004.

Baumbach, Adolf/Hopt, Klaus, Handelsgesetzbuch, Kommentar, 32. Auflage, München 2006.

Beater, Axel, Urheberrechtliche Schranken, Werkbegriff und mediale Information, in: Ahrens, Hans-Jürgen/Bornkamm, Joachim/Kunz-Hallstein, Hans P. (Hrsg.), Festschrift für Eike Ullmann, Saarbrücken 2006, S. 3.

Bechtold, Rainer, Erweiterung der Beschwerdebefugnis im Kartellverfahren, NJW 2007, S. 562.

Bechtold, Rainer, Kartellgesetz, Gesetz gegen Wettbewerbsbeschränkungen, Kommentar, München 2002.

Beer, Julia/Wesseling, Anke, Die neue Umweltinformationsrichtlinie im Spannungsfeld von europäischer Eigentumsgewährleistung und privatem Informationsinteresse, DVBl 2006, S. 133.

Beier, Friedrich-Karl/Straus, Joseph, Der Schutz wissenschaftlicher Forschungsergebnisse – zugleich eine Würdigung des Genfer Vertrages über die internationale Eintragung wissenschaftlicher Entdeckungen, Weinheim u.a. 1982.

Benisch, Werner, Kartellrechtliche Überlegungen zum Geheimwettbewerb, in: Baur, Jürgen F./Hopt, Klaus J./Mailänder, K. Peter (Hrsg.), Festschrift für Ernst Steindorff zum 70. Geburtstag, Berlin 1990, S. 937.

Berberich, Matthias, Werktitelschutz für Veranstaltungen und Geschäftskonzepte, WRP 2006, S. 1431.

Berg, Christine, Geschäftsgeheimnisse, Akteneinsicht und Drittbeteiligung im Kartellverwaltungs- und Beschwerdeverfahren, Berlin 1984.

Bergelson, Vera, It's personal but is it mine? Toward property rights in personal information, U.C. Davis L. Rev. 37 (2003), S. 379.

Berger, Sven/Roth, Jürgen/Scheel, Christopher, Informationsfreiheitsgesetz – Gesetz zur Regelung des Zugangs zu Informationen des Bundes (IFG), Kommentar, Köln u.a. 2006.

Berkemeier, Astrid, Die Verwertung von Immaterialgüterrechten, Berlin 1984.

Bethge, Herbert, Die staatliche Teilhabe an öffentlicher Kommunikation, AfP (Sonderheft) 2007, S. 18.

Beutling, Alexander, Neue Wege im Verwaltungsprozess – das in camera-Verfahren, DVBl 2001, S. 1252.

Beverley-Smith, Huw/Ohly, Ansgar/Lucas-Schloetter, Agnès, Privacy, Property and Personality – Civil Law Perspectives on Commercial Appropriation, Cambridge (UK) 2005.

Beyer, Hans, Der Begriff der Information als Grundlage für die Beurteilung des technischen Charakters von programmbezogenen Erfindungen, GRUR 1990, S. 399.

Beyerlein, Thomas, Ergänzender Leistungsschutz gemäß § 4 Nr. 9 UWG als „geistiges Eigentum" nach der Enforcement-Richtlinie (2004/48/EG), WRP 2005, S. 1354.

Bieber, Roland, Informationsrechte Dritter im Verwaltungsverfahren, DÖV 1991, S. 857.

Bitter, Melanie, Der Umgang mit Wissen als Steuerungsressource im Verwaltungsrecht – „Generierung und Transfer staatlichen Wissens im System des Verwaltungsrechts", DÖV 2007, S. 514.

Böckenförde, Ernst-Wolfgang, Die Bedeutung der Unterscheidung von Staat und Gesellschaft im demokratischen Sozialstaat der Gegenwart, in: ders., Recht, Staat, Freiheit – Studien zur Rechtsphilosophie, Staatstheorie und Verfassungsgeschichte, Frankfurt/M. 1991, S. 209.

Bödeker, Sebastian/Moldenhauer, Oliver/Rubbel, Benedikt, Wissensallmende – Gegen die Privatisierung des Wissens der Welt durch „geistige Eigentumsrechte", Hamburg 2005.

Boehme-Neßler, Volker, CyberLaw, Lehrbuch zum Internet-Recht, München 2001.

Boehme-Neßler, Volker, Datenschutz in der Informationsgesellschaft – Vom Datenschutzrecht zum Informationswirtschaftsrecht, K&R 2002, S. 217.

Böhm, Franz, Privatrechtsgesellschaft und Marktwirtschaft, ORDO 17 (1966), S. 75.

Bohne, Michael, Die Informationsfreiheit und der Anspruch von Datenbankbetreibern auf Zugang zu Gerichtsentscheidungen, NVwZ 2007, S. 656.

Borchert, Günter, Sind Daten über die Arzneimittelsicherheit Betriebsgeheimnisse?, ZRP 1996, S. 124.

Bornkamm, Joachim, Der Schutz vertraulicher Informationen im Gesetz zur Durchsetzung von Rechten des geistigen Eigentums – In-camera-Verfahren im Zivilprozess?, in: Ahrens, Hans-Jürgen/ders./Kunz-Hallstein, Hans P. (Hrsg.), Festschrift für Eike Ullmann, Saarbrücken 2006, S. 893.

Bosch, Tobias/Sommer, Julia, Akteneinsichtsrechte vor Gericht zum Zweiten – Das BVerwG setzt Maßstäbe für das Verfahren nach § 99 VwGO, Anmerkung zu BVerwG, Beschlüsse vom 14. 8. 2003 – 20 F 1/03 und 15. 8. 2003 – 20 F 7/03, K&R 2004, S. 67.

Bosch, Tobias/Sommer, Julia, Akteneinsichtsrechte vor Gericht zum Zweiten – Das BVerwG setzt Maßstäbe für das Verfahren nach § 99 VwGO, Anmerkung zu BVerwG, Beschlüsse vom 14. 8. 2003 – 20 F 1/03 und 15. 8. 2003 – 20 F 7/03, K&R 2004, S. 67.

Böttcher, Oskar, Die Problematik einer Verwertung von Anmelde- und Zulassungsunterlagen durch Behörden zugunsten späterer Anmelder, GRUR 1980, S. 78.

Boyle, James, A Manifesto on WIPO and the Future of Intellectual Property, Duke L. & Tech. Rev. 2004, S. 1.

Brammsen, Jörg, Anzeige von Kartellrechtsverstößen im Widerstreit mit dem Schutz von Unternehmensgeheimnissen, in: Schwerpunkte des Kartellrechts 1992/93, Köln u.a. 1994, S. 77.

Brammsen, Jörg, Rechtsgut und Täter der Vorlagenfreibeuterei (§ 18 UWG) – Eine Korrektur –, wistra 2006, S. 201.

Brammsen, Jörg, Wirtschaftsgeheimnisse als Verfassungseigentum – Der Schutz der Betriebs- und Geschäftsgeheimnisse gem. Art. 14 GG, DÖV 2007, S. 10.

Brand, Oliver, Die Ketten des Prometheus – Grenzen der Ausschließlichkeit im Immaterialgüterrecht, in: Halfmeier, Axel/Rott, Peter/Ciacchi, Aurelia/ Deinert, Olaf/Kolle, Tina/Thalheim, Sandy (Hrsg.), Zugang und Ausschluss als Gegenstand des Privatrechts, Jahrbuch Junger Zivilrechtswissenschaftler 2005, Bremer Tagung, 14. bis 17. September 2005, Stuttgart u.a. 2006, S. 77.

Branscomb, Anne Wells, Who owns information? – From privacy to public access, New York 1994.

Bräutigam, Tobias, Das deutsche Informationsfreiheitsgesetz aus rechtsvergleichender Sicht, DVBl 2006, S. 950.

Breuer, Rüdiger, Schutz von Betriebs- und Geschäftsgeheimnissen im Umweltrecht, NVwZ 1986, S. 171.

Britz, Gabriele, Vom Europäischen Verwaltungsverbund zum Regulierungsverbund? – Europäische Verwaltungsentwicklung am Beispiel der Netzzugangsregulierung bei Telekommunikation, Energie und Bahn –, EuR 2006, S. 46.

Britz, Gabriele/Eifert, Martin/Groß, Thomas, Verwaltungsinformation und Informationsrichtigkeit – Pflichten und Ansprüche nach dem Umweltinformations- und dem Informationsfreiheitsgesetz, DÖV 2007, S. 717.

Brocker, Manfred, Arbeit und Eigentum – der Paradigmenwechsel in der neuzeitlichen Eigentumstheorie, Darmstadt 1992.

Bröhmer, Jürgen, Transparenz als Verfassungsprinzip – Grundgesetz und Europäische Union, Tübingen 2004.

Brossette, Josef, Der Wert der Wahrheit im Schatten des Rechts auf informationelle Selbstbestimmung – ein Beitrag zum zivilrechtlichen Ehren-, Persönlichkeits- und Datenschutz, Berlin 1991.

Buchner, Benedikt, Informationelle Selbstbestimmung im Privatrecht, Tübingen 2006.

Büdenbender, Ulrich, Das System der Netzentgeltregulierung in der Elektrizitäts- und Gaswirtschaft, DVBl 2006, S. 197.

Bull, Hans Peter, Die Grundprobleme des Informationsrechts – De fundamentele problemen van het informatierecht, inaugurele rede uitgesproken als Cobbenhagen-Hoogleraar in het informaticarecht en het vergelijkend staats- en administratief recht aan de Katholieke Hogeschool Tilburg op vrijdag 7 sept. 1984, Zwolle 1985.

Bull, Hans Peter, Vom Datenschutz zum Informationsrecht – Hoffnungen und Enttäuschungen, in: Hohmann, Harald (Hrsg.), Freiheitssicherung durch Datenschutz, Frankfurt/M. 1987, S. 173.

Bull, Hans Peter, Was ist Informationsrecht?, iur 1986, S. 287.

Büllesbach, Alfred, Das Unternehmen in der Informationsgesellschaft, in: Wilhelm, Rudolf (Hrsg.), Information, Technik, Recht – Rechtsgüterschutz in der Informationsgesellschaft, Darmstadt 1993, S. 69.

Bullinger, Martin, Öffentliches Recht und Privatrecht – Studien über Sinn und Funktionen der Unterscheidung, Stuttgart 1968.

Bullinger, Martin, Regulierung als modernes Instrument zur Ordnung liberalisierter Wirtschaftszweige, DVBl 2003, S. 1355.

Bullinger, Martin, Wettbewerbsgefährdung durch präventive Wettbewerbsaufsicht – Gefährdung des Entwicklungsvorsprungs zulassungspflichtiger neuer Industrieprodukte, NJW 1978, S. 2121.

Bullinger, Martin/Fehling, Michael (Hrsg.), Elektrogesetz, Handkommentar, 1. Auflage, Baden-Baden 2005.

Bumke, Christian, Publikumsinformation – Erscheinungsformen, Funktionen und verfassungsrechtlicher Rahmen einer Handlungsform des Gewährleistungsstaates, DV 37 (2004), S. 3.

Bunte, Hermann-Josef (Hrsg.). Kommentar zum deutschen und europäischen Kartellrecht, Band 1, Deutsches Kartellrecht, 10. Auflage, München 2006.

Burgi, Martin, Das subjektive Recht im Energie-Regulierungsverwaltungsrecht, DVBl 2006, S. 269.

Burholt, Christian, Die Auswirkungen des Informationsfreiheitsgesetzes auf das Akteneinsichtsrecht in Kartell- und Fusionskontrollverfahren, BB 2006, S. 2201.

Burwell, Helen P., Online competitive intelligence – increase your profits using cyber-intelligence, Tempe, Ariz. 1999.

Bußmann, Joachim, Patentrecht und Marktwirtschaft, GRUR 1977, S. 121.

Bydlinski, Peter, Der Sachbegriff im elektronischen Zeitalter – zeitlos oder anpassungsbedürftig?, AcP 198 (1998), S. 287.

Callies, Christian/Ruffert, Matthias (Hrsg.), EUV/EGV, Das Verfassungsrecht der Europäischen Union mit Europäischer Grundrechtecharta, 3. Auflage, München 2007.

Callmann, Rudolf, Der unlautere Wettbewerb – Kommentar zum Gesetz gegen den unlauteren Wettbewerb mit Notverordnung vom 9. März 1932 und zu den materiellrechtlichen Vorschriften des Gesetzes zum Schutze der Warenbezeichnungen, 2. Auflage, Mannheim u.a. 1932.

Capurro, Rafael, Information – Ein Beitrag zur etymologischen und ideengeschichtlichen Begründung des Informationsbegriffs, München u.a. 1978.

Čas, Johann/Peissl, Walter, Datenhandel – ein Geschäft wie jedes andere?, in: Hofmann, Jeanette (Hrsg.), Wissen und Eigentum – Geschichte, Recht und Ökonomie stoffloser Güter, Bonn 2006, S. 263.

Coase, Ronald H., The Problem of Social Cost, J. L. & Econ. 3 (1960), S. 1.

Collin, Peter/Horstmann, Thomas, Das Wissen des Staates – Zugänge zu einem Forschungsthema, in: dies. (Hrsg.), Das Wissen des Staates – Geschichte, Theorie und Praxis, Baden-Baden 2004, S. 9.

Cornish, William, The Expansion of Intellectual Property Rights, in: Schricker, Gerhard/Dreier, Thomas/Kur, Annette (Hrsg.), Geistiges Eigentum im Dienst der Innovation, Baden-Baden 2001, S. 9.

Cosack, Tilman/Tomerius, Stephan, Betrieblicher Geheimnisschutz und Interesse des Bürgers an Umweltinformationen bei der Aktenvorlage im Verwaltungsprozeß, NVwZ 1993, S. 841.

Danwitz, Thomas von, Der Schutz von Betriebs- und Geschäftsgeheimnissen im Recht der Regulierungsverwaltung, DVBl 2005, S. 597.

Danwitz, Thomas von/Depenheuer, Otto/Engel, Christoph, Bericht zur Lage des Eigentums, Berlin, Heidelberg 2002.

de Bronett, Georg-Klaus, Akteneinsicht in Wettbewerbsverfahren der Europäischen Kommission, WuW 1997, S. 383.

de Wall, Heinrich, Die Anwendbarkeit privatrechtlicher Vorschriften im Verwaltungsrecht – dargestellt anhand der privatrechtlichen Regeln über Rechtsgeschäfte und anhand des allgemeinen Schuldrechts, Tübingen 1999.

Degen, Walter, Fabrikspionage und Geheimnisverrat, MuW 1927/28, S. 431.

Denninger, Erhard, Das Recht auf informationelle Selbstbestimmung – Folgerungen aus dem Volkszählungsgesetzurteil des Bundesverfassungsgerichts, in: Hohmann, Harald (Hrsg.), Freiheitssicherung durch Datenschutz, Frankfurt/M. 1987, S. 127.

Denninger, Erhard, Die Zweitanmelderproblematik im Arzneimittelrecht, GRUR 1984, S. 627.

Denninger, Erhard/Hoffmann-Riem, Wolfgang/Schneider, Hans-Peter/Stein, Ekkehart (Hrsg.), Alternativkommentar zum Grundgesetz für die Bundesrepublik Deutschland, 3. Auflage, Neuwied, Kriftel 2001.

Depenheuer, Otto, Öffentlichkeit und Vertraulichkeit, Einführung, in: ders. (Hrsg.), Öffentlichkeit und Vertraulichkeit, Theorie und Praxis der politischen Kommunikation, Wiesbaden 2001, S. 7.

Deutsch, Erwin/Lippert, Hans-Dieter (Hrsg.), Kommentar zum Arzneimittelgesetz (AMG), 2. Auflage, Berlin, Heidelberg u.a. 2007.

Di Fabio, Udo, Information als hoheitliches Gestaltungsmittel, JuS 1997, S. 1.

Dietlein, Johannes/Brandenberg, Alexandra, Betriebs- und Geschäftsgeheimnisse im mehrpoligen Rechtsverhältnis bei der gerichtlichen Kontrolle einer telekommunikationsrechtlichen Entgeltgenehmigung, N&R 2006, S. 95.

Dölemeyer, Barbara/Klipper, Diethelm, Der Beitrag der deutschen Rechtswissenschaft zur Theorie des gewerblichen Rechtsschutzes und Urheberrechts, in: Beier, Friedrich-Karl/Kraft, Alfons/Schricker, Gerhard/Wadle, Elmar (Hrsg.), Gewerblicher Rechtsschutz und Urheberrecht in Deutschland – Festschrift zum hundertjährigen Bestehen der Deutschen Vereinigung für Gewerblichen Rechtsschutz und Urheberrecht und ihrer Zeitschrift, Band 1, Weinheim 1991, S. 185.

Dömich, Christian, Praktisches Textmining von Wirtschaftsinformationen – Das Beispiel der Inhaltsanalyse von Handelsregisterdaten, in: Ockenfeld, Marlies (Hrsg.), Leitbild Informationskompetenz, Positionen – Praxis – Perspektiven im europäischen Wissensmarkt, 27. Online-Tagung der DGI, Frankfurt/M. 2005, S. 99.

Dormann, Ulrike, Drittklagen im Recht der Zusammenschlußkontrolle, Köln u.a. 2000.

Dozorcev, Victor A., An der Schwelle einer neuen Etappe – Zur Frage der Systematisierung, Kodifizierung und Klassifizierung der Rechte an Ergebnissen geistiger Tätigkeit, GRURInt 1996, S. 1186.

Drahos, Peter, A philosophy of intellectual property, Dartmouth, Aldershot u.a. 1996.

Dreier, Horst (Hrsg.), Grundgesetz-Kommentar, Bd. 1, 2. Auflage, Tübingen 2004.

Dreier, Thomas, Informationsrecht in der Informationsgesellschaft, in: Bizer, Johann/Lutterbeck, Bernd/Rieß, Joachim (Hrsg.), Umbruch von Regelungssystemen in der Informationsgesellschaft – Freundesgabe für Alfred Büllesbach, 2002, S. 65.

Dreier, Thomas, Urheberrecht an der Schwelle des 3. Jahrtausends – Einige Gedanken zur Zukunft des Urheberrechts, CR 2000, S. 45.

Drijber, Berend Jan, Access to File and Confidentiality in EEC Competition Proceedings, in: Schwerpunkte des Kartellrechts 1992/93, Köln u.a. 1994, S. 109.

Druey, Jean Nicolas, Geheimsphäre des Unternehmens – Grundfragen des Persönlichkeitsrechts auf Geheimsphäre, untersucht mit dem Blick auf einen Sonderfall, Basel, Stuttgart 1977.

Druey, Jean Nicolas, Information als Gegenstand des Rechts – Entwurf einer Grundlegung, Zürich 1995.

Druey, Jean Nicolas, Kommunikation als Gegenstand des Rechts, in: Kloepfer, Michael (Hrsg.), Kommunikation – Technik – Recht, Kommunikationsrecht in der Technikgeschichte, Berlin 2002, S. 73.

Durande, Serge/Kellerbauer, Manuel, Der Anhörungsbeauftragte in EG-Wettbewerbsverfahren, WuW 2007, S. 865.

Düsterdiek, Bernd, Das Akteneinsichtsrecht (§ 111 GWB), NZBau 2004, S. 605.

Ebsen, Ingwer, Öffentlich-rechtliche Rahmenbedingungen einer Informationsordnung, DVBl 1997, S. 1039.

Egloff, Willi, Information und Grundrechte, DVR 7 (1978), S. 115.

Ehmann, Horst, Informationsschutz und Informationsverkehr im Zivilrecht, AcP 188 (1988), S. 230.

Eifert, Martin, Die Beteiligung Privater an der Rechtsverwirklichung, DV 39 (2006), S. 309.

Eifert, Martin, Umweltinformation als Regelungsinstrument, DÖV 1994, S. 544.

Eilers, Stephan/Schröer, Thomas, Der Schutz der betrieblichen Informationssphäre im Umweltinformationsgesetz, BB 1993, S. 1025.

Eisenberg, Ewald, Die Anhörung des Bürgers im Verwaltungsverfahren und die Begründungspflicht für Verwaltungsakte – rechtsvergleichende Untersuchung zweier zentraler Grundsätze des Verwaltungsverfahrens in Deutschland und Frankreich, Baden-Baden 1999.

Ellger, Reinhard, Bereicherung durch Eingriff – das Konzept des Zuweisungsgehalts im Spannungsfeld von Ausschließlichkeitsrecht und Wettbewerbsfreiheit, Tübingen 2002.

Engel, Christoph, Eigentumsschutz für Unternehmen, AöR 118 (1993), S. 169.

Erichsen, Hans-Uwe, Das Recht auf freien Zugang zu Informationen über die Umwelt – Gemeinschaftsrechtliche Vorgaben und nationales Recht, NVwZ 1992, S. 409.

Eschenbach, Jürgen, Der verfassungsrechtliche Schutz des Eigentums, Berlin 1996.

Etro, Federico, Competition, innovation, and antitrust – a theory of market leaders and its policy implications, Berlin, Heidelberg u.a. 2007.

Evers, Hans-Ulrich, Privatsphäre und Ämter für Verfassungsschutz, Berlin 1960.

Fechner, Frank, Geistiges Eigentum und Verfassung – schöpferische Leistungen unter dem Schutz des Grundgesetzes, Tübingen 1999.

Fezer, Karl-Heinz, Leistungsschutz im Wettbewerbsrecht, WRP 1993, S. 63.

Fezer, Karl-Heinz, Modernisierung des deutschen Rechts gegen den unlauteren Wettbewerb auf der Grundlage einer Europäisierung des Wettbewerbsrechts, WRP 2001, S. 989.

Fezer, Karl-Heinz, Schadensersatz und subjektives Recht im Wettbewerbsrecht, WRP 1993, S. 565.

Fischer, Kristian, Die Zweit- und Parallelanmeldung im Chemikalienrecht, Köln u.a. 2003.

Fischer, Kristian, REACH – das neue europäische Chemikalienrecht, DVBl 2007, S. 853.

Fleischer, Holger, Informationsasymmetrie im Vertragsrecht – eine rechtsvergleichende und interdisziplinäre Abhandlung zu Reichweite und Grenzen vertragsschlußbezogener Aufklärungspflichten, München 2001.

Floridi, Luciano, Information, in: ders. (Hrsg.), The Blackwell Guide to the Philosophy of Computing and Information, Malden, Mass. 2004, S. 40.

Fluck, Jürgen, Der Schutz von Unternehmensdaten im Umweltinformationsgesetz, NVwZ 1994, S. 1048.

Fluck, Jürgen/Merenyi, Stefanie, Zugang zu behördlichen Informationen – Die Rechtsprechung zu den Umweltinformationsgesetzen und den Informationsfreiheitsgesetzen des Bundes und der Länder 2003-2005, VerwArch 97 (2006), S. 381.

Forkel, Hans, Zur Übertragbarkeit geheimer Kenntnisse, in: Hubmann, Heinrich/Hübner, Heinz (Hrsg.), Festschrift für Ludwig Schnorr von Carolsfeld zum 70. Geburtstag, Köln 1972, S. 105.

Friauf, Karl Heinrich/Wendt, Rudolf, Eigentum am Unternehmen – Legitimation und Funktion des privaten Produktiveigentums in Rechtsprechung und Rechtslehre, Köln 1977.

Friedlaender, Eugen, Der strafrechtliche Schutz des Geschäfts- und Betriebsgeheimnisses, Berlin 1903.

Friedrich, Justus, Der Begriff „Know-how" im europäischen Kartellrecht – eine Kritik der Definition dieses Begriffs und der kartellrechtlichen Beurteilung der den Vertragsgegenstand „Know-how" absichernden Gebietsschutzvereinbarungen durch die Kommission der Europäischen Gemeinschaften, Trier 1995.

Gallwas, Hans-Ullrich, Der allgemeine Konflikt zwischen dem Recht auf informationelle Selbstbestimmung und der Informationsfreiheit, NJW 1992, S. 2785.

Gasser, Urs, Variationen über „Informationsqualität", in: Schweizer, Rainer J. (Hrsg.), Festschrift für Jean Nicolas Druey zum 65. Geburtstag, Zürich u.a. 2002, S. 727.

Gassner, Ulrich M., Internet-Handelsplattformen im Spiegel des Kartellrechts, MMR 2001, S. 140.

Gehre, Horst/v. Borstel, Rainer, Steuerberatungsgesetz mit Durchführungsverordnungen, Kommentar, München 2005.

Geller, Paul Edward, Die Auflösung des geistigen Eigentums, GRURInt 2006, S. 273.

Geppert, Martin/Piepenbrock, Hermann-Josef/Schütz, Raimund/Schuster, Fabian (Hrsg.), Beck'scher TKG-Kommentar, 3. Auflage, München 2006.

Gerpott, Torsten J., Radikaler Regulierungsabbau auf Telekommunikationsmärkten? – Eine Analyse der Aussagekraft aktueller ökonomischer Studien zur Begründung eines ordnungspolitischen Richtungswechsels in Deutschland, N&R 2006, S. 100.

Glöckner, Jochen, Individualschutz und Funktionenschutz in der privaten Durchsetzung des Kartellrechts – Der Zweck heiligt die Mittel nicht; er bestimmt sie!, WRP 2007, S. 490.

Godt, Christine, Eigentum an Information – Patentschutz und allgemeine Eigentumstheorie am Beispiel genetischer Information, Tübingen 2007.

Gola, Peter, Zwei Jahre neues Bundesdatenschutzgesetz – Zur Entwicklung des Datenschutzrechts seit 1991, NJW 1993, S. 3109.

Gola, Peter/Schomerus, Rudolf, BDSG – Bundesdatenschutzgesetz, Kommentar, 9. Auflage, München 2007.

Goldhammer, Klaus, Wissensgesellschaft und Informationsgüter aus ökonomischer Sicht, in: Hofmann, Jeanette (Hrsg.), Wissen und Eigentum – Geschichte, Recht und Ökonomie stoffloser Güter, Bonn 2006, S. 81.

Gorz, Andre, Wissen, Wert und Kapital – zur Kritik der Wissensökonomie, Zürich 2004.

Gostomzyk, Tobias, Öffentlichkeitsverantwortung der Gerichte in der Mediengesellschaft, Baden-Baden 2006.

Götting, Horst-Peter, Persönlichkeitsrechte als Vermögensrechte, Tübingen 1995.

Gramm, Christof, Aufklärung durch staatliche Publikumsinformation – Staatshandeln als Aufklärung?, Der Staat 30 (1991), S. 51.

Grob, Heinz Lothar/Bieletzke, Stefan, Aufbruch in die Informationsgesellschaft, Münster 1997.

Gröschner, Rolf, Transparente Verwaltung: Konturen eines Informationsverwaltungsrechts, in: Veröffentlichungen der Vereinigung der Deutschen Staatsrechtslehrer (VVDStRL), Bd. 63, Berlin, New York 2003, S. 344.

Grzeszick, Bernd, Erfolg durch Offenheit – Geistiges Eigentum unter den Bedingungen der Kommunikationsgesellschaft. Ein Plädoyer für Vertrauen in und Erfolg durch zivile Öffentlichkeit, in: Depenheuer, Otto (Hrsg.), Öffentlichkeit und Vertraulichkeit, Theorie und Praxis der politischen Kommunikation, Wiesbaden 2001, S. 21.

Guckelberger, Annette, Informatisierung der Verwaltung und Zugang zu Verwaltungsinformationen, VerwArch 97 (2006), S. 62.

Gurlit, Elke, Akteneinsicht in den Vereinigten Staaten, in: Winter, Gerd (Hrsg.), Öffentlichkeit von Umweltinformationen, Europäische und nordamerikanische Rechte und Erfahrungen, Baden-Baden 1990, S. 511.

Gurlit, Elke, Das neue Umweltinformationsrecht: Grenzverschiebung im Verhältnis von Staat und Gesellschaft, EurUP 2006, S. 224.

Gurlit, Elke, Europa auf dem Weg zur gläsernen Verwaltung? Zum Vorschlag der Kommission für eine Richtlinie über den freien Zugang zu Informationen über die Umwelt, ZRP 1989, S. 253.

Gusy, Christoph, Die Informationsbeziehungen zwischen Staat und Bürger, in: Hoffmann-Riem, Wolfgang/Schmidt-Aßmann, Eberhard/Voßkuhle, Andreas (Hrsg.), Grundlagen des Verwaltungsrechts (GVwR), Band 2, Informationsordnung – Verwaltungsverfahren – Handlungsformen, München 2007, § 23.

Häberle, Peter, Vielfalt der Property Rights und der verfassungsrechtliche Eigentumsbegriff, AöR 109 (1984), S. 36.

Habersack, Mathias/Holznagel, Bernd/Lübbig, Thomas, Behördliche Auskunftsrechte und besondere Missbrauchsaufsicht im Postrecht, München 2002.

Haedicke, Maximilian, Rechtskauf und Rechtsmängelhaftung – Forderungen, Immaterialgüterrechte und sonstige Gegenstände als Kaufobjekte und das reformierte Schuldrecht, Tübingen 2003.

Hagen, Othmar, Das Unternehmen als nach Art. 14 Abs. 1 GG geschütztes eigenständige Rechtssubjekt, GewArch 2005, S. 402.

Hahn, Werner, Offenbarungspflichten im Umweltschutzrecht, Köln u.a. 1984.

Harhoff, Dietmar/Engel, Christoph/Möschel, Wernhard, Patentschutz und Innovation, Gutachten des wissenschaftlichen Beirats des Bundesministeriums für Wirtschaft und Technologie, http://www.bmwi.de/BMWi/Redaktion/PDF/G/gutachten-des-wissenschaftlichen-beirats-patentschutz-und-innovation,property=pdf,bereich=bmwi,sprache=de,rwb=true.pdf, (Stand: Juni 2007), 2007.

Harings, Lothar/Classen, Kai-Dieter, Europäische Informationsverwaltung durch behördliche Risikoanalyse – Regelungs- und Rechtsschutzdefizite beim internationalen Informationsaustausch am Beispiel des zollrechtlichen AEO-Informationssystems – zugleich Erwägungen zu einem unternehmensbezogenen Datenschutz, EuZW 2008, S. 295.

Hartge, Dagmar, Die Entwicklung des Informationsfreiheitsrechts in Brandenburg, LKV 2007, S. 7.

Hauck, Ernst, Wirtschaftsgeheimnisse – Informationseigentum kraft richterlicher Rechtsbildung? Zum Konflikt zwischen Freiheit, Eigentum und Öffentlichkeit, Berlin 1987.

Hausberg, Dietlind, Der Schutz von Betriebs- und Geschäftsgeheimnissen und das Akteneinsichtsrecht der Beteiligten in Entgeltgenehmigungsverfahren nach dem Telekommunikationsgesetz und dem Postgesetz, Frankfurt/M. u.a. 2004.

Hausmann, Hans-Christian, Das Microsoft-Urteil: Zwischen Kartellrecht und gewerblichen Schutzrechten., MMR 2008, S. 381.

Havenstein, Moritz/Heiden, Matthias, Markenwertmessung im betrieblichen Rechnungswesen – Entscheidungshilfe oder Sorgenkind?, BB 2003, S. 1272.

Hefermehl, Wolfgang/Köhler, Helmut/Bornkamm, Joachim, Wettbewerbsrecht – Gesetz gegen den unlauteren Wettbewerb, Preisangabenverordnung, 25. Auflage, München 2007.

Heidenreich, Jan Peter, Anhörungsrechte im EG-Kartell- und Fusionskontrollverfahren – zugleich ein Beitrag zu Aufgaben und Kompetenzen des Anhörungsbeauftragten der Europäischen Kommission, Baden-Baden 2004.

Heinemann, Andreas, Gefährdung von Rechten des geistigen Eigentums durch Kartellrecht? Der Fall Microsoft und die Rechtsprechung des EuGH, GRUR 2006, S. 705.

Heller, Michael A., The Tragedy of the Anticommons: Property in the Transition from Marx to Markets, Harv. L. Rev. 111 (1998), S. 621.

Hempel, Rolf, Privater Rechtsschutz im deutschen Kartellrecht nach der 7. GWB-Novelle, WuW 2004, S. 362.

Hempel, Rolf, Privater Rechtsschutz im Kartellrecht – eine rechtsvergleichende Analyse, Baden-Baden 2002.

Herrlinger, Justus/Kleine, Maxim, § 59 Abs. 1 Nr. 2 GWB als Rechtsgrundlage aktueller Auskunftsbeschlüsse des Bundeskartellamtes, WuW 2007, S. 222.

Herrmann, Danielle/Bosch, Tobias, Anmerkung zum Beschluss des BVerwG vom 9. Januar 2007 – 20 F 1.06, N&R 2007, S. 79.

Herrmann, Stephanie, Informationspflichten gegenüber der Verwaltung, dargestellt am Recht der Gefahrenabwehr, Frankfurt/M. u.a. 1997.

Heyser, Sylvia, Publizität im kartellrechtlichen Bußgeldverfahren, Pfaffenweiler 1990.

Hirte, Heribert, Mitteilung und Publikation von Gerichtsentscheidungen – Zum Spannungsverhältnis von Persönlichkeitsschutz und Interessen der Öffentlichkeit, NJW 1988, S. 1698.

Hochhuth, Martin, Der Informationsbegriff des Rechts und die Medien- und Repräsentanten-Spirale, in: Cottier, Michelle/Rüetschli, David/Sahlfeld, Konrad W. (Hrsg.), Information & Recht – ein Projekt von Assistentinnen und Assistenten der Juristischen Fakultät Basel, Basel u.a. 2002, S. 89.

Hodik, Kurt H., Leistungsschutzrechte zwischen geistigem und gewerblichem Eigentum, ZUM 1989, S. 65.

Hoeren, Thomas, Information als Gegenstand des Rechtsverkehrs – Prolegomena zu einer Theorie des Informationsrechts, MMR Beilage 9/1998, S. 6.

Hoeren, Thomas, Internet und Recht – Neue Paradigmen des Informationsrechts, NJW 1998, S. 2849.

Hoeren, Thomas, Urheberrecht 2000 – Thesen für eine Reform des Urheberrechts, MMR 2000, S. 3.

Hoeren, Thomas, Zur Einführung: Informationsrecht, JuS 2002, S. 947.

Hoffjan, Andreas, Competitor Accounting – Nutzen des Jahresabschlusses in der Konkurrenzanalyse, BB 2003, S. 1494.

Hoffmann, Martin, Der grundrechtliche Schutz der marktwirtschaftlichen Unternehmenstätigkeit und der gesellschaftsrechtlichen Unternehmensorganisation durch die „Unternehmensfreiheit“, München 1988.

Hoffmann-Riem, Wolfgang, Grundrechtsanwendung unter Rationalitätsanspruch – Eine Erwiderung auf Kahls Kritik an neueren Ansätzen in der Grundrechtsdogmatik, Der Staat 43 (2004), S. 203.

Hoffmann-Riem, Wolfgang, Informationelle Selbstbestimmung in der Informationsgesellschaft – Auf dem Weg zu einem neuen Konzept des Datenschutzes –, AöR 123 (1998), S. 513.

Hoffmann-Riem, Wolfgang, Öffentliches Recht und Privatrecht als wechselseitige Auffangordnungen – Systematisierung und Entwicklungsperspektiven, in: ders./Schmidt-Aßmann, Eberhard (Hrsg.), Öffentliches Recht und Privatrecht als wechselseitige Auffangordnungen, Baden-Baden 1996, S. 261.

Hoffmann-Riem, Wolfgang, Verwaltungsrecht in der Informationsgesellschaft – Einleitende Problemskizze, in: ders./Schmidt-Aßmann, Eberhard (Hrsg.), Verwaltungsrecht in der Informationsgesellschaft, Baden-Baden 2000, S. 9.

Hoffmann-Riem, Wolfgang/Schulz, Wolfgang/Held, Thorsten, Konvergenz und Regulierung – Optionen für rechtliche Regelungen und Aufsichtsstrukturen im Bereich Information, Kommunikation und Medien, Baden-Baden 2000.

Hofmann, Ekkehard, Abwägung im Recht – Chancen und Grenzen numerischer Verfahren im Öffentlichen Recht, Tübingen 2007.

Holoubek, Michael, Rechte, Lasten und Pflichten von Beteiligten und Behörden im Verwaltungsverfahren – zur Bedeutung des Untersuchungsgrundsatzes, in: Hoffmann-Riem, Wolfgang/Schmidt-Aßmann, Eberhard (Hrsg.), Verwaltungsverfahren und Verwaltungsverfahrensgesetz, Baden-Baden 2002, S. 193.

Holzleithner, Elisabeth/Mayer-Schönberger, Viktor, Deconstructing Cyberlaw, http://ezines.onb.ac.at:8080/www.cyberlaw.at/beitraege/decyberlaw.html, (Stand: Okt. 2006), 1996.

Holznagel, Bernd, Die Erhebung von Marktdaten im Wege des Auskunftsersuchens nach dem TKG – Befugnisse der Regulierungsbehörde für Telekommunikation und Post, München 2001.

Holznagel, Bernd, Geheimnisschutz vs. effektiver Rechtsschutz, MMR Beilage 12/2002, S. 34.

Holznagel, Bernd, Informationsbeziehungen in und zwischen Behörden, in: Hoffmann-Riem, Wolfgang/Schmidt-Aßmann, Eberhard/Voßkuhle, Andreas (Hrsg.), Grundlagen des Verwaltungsrechts (GVwR), Band 2, Informationsordnung – Verwaltungsverfahren – Handlungsformen, München 2007, § 24.

Holznagel, Bernd, Rechtsschutz und TK-Regulierung im Referentenentwurf zum TKG – Neue Ansätze für eine Verfahrensbeschleunigung, MMR 2003, S. 513.

Holznagel, Bernd/Schulz, Christian, Die Auskunftsrechte der Regulierungsbehörde aus § 72 TKG und § 45 PostG, MMR 2002, S. 364.
Hopf, Michael, Informationen für Märkte und Märkte für Informationen, Frankfurt/M. 1983.
Hösch, Ulrich, Der Schutz von „Image" als unternehmerische Leistung im UWG und seine Grenzen durch Art. 30 EGV und den freien Wettbewerb, WRP 1994, S. 796.
Hösch, Ulrich, Eigentum und Freiheit – ein Beitrag zur inhaltlichen Bestimmung der Gewährleistung des Eigentums durch Art. 14 Abs. 1 Satz 1 GG, Tübingen 2000.
Hubmann, Heinrich, Das Persönlichkeitsrecht, 2. Auflage, Köln 1967.
Hubmann, Heinrich/Götting, Horst-Peter, Gewerblicher Rechtsschutz (Patent-, Gebrauchsmuster-, Geschmacksmuster-, Marken- und Wettbewerbsrecht), ein Studienbuch, 7. Auflage, München 2002.
Hueck, Alfred, Unkörperliche Geschäftswerte – ein Beitrag zur Lehre vom Unternehmen, Münster 1914.
Hüsken, Stefanie, Informationsfreiheit und urheberrechtlicher Schutz des geistigen Eigentums – eine verfassungsrechtliche Untersuchung unter Berücksichtigung rechtsökonomischer Diskussionsansätze, Bochum 2003.

Immenga, Ulrich/Mestmäcker, Ernst-Joachim (Hrsg.), Gesetz gegen Wettbewerbsbeschränkungen, Kommentar, 3. Auflage, München 2001.
Immenga, Ulrich/Mestmäcker, Ernst-Joachim (Hrsg.), Wettbewerbsrecht, Kommentar zum Europäischen Kartellrecht, 4. Auflage, München 2007.
Ingerl, Reinhard/Rohnke, Christian, Markengesetz, Gesetz über den Schutz von Marken und sonstigen Kennzeichen, 2. Auflage, München 2003.
Isensee, Josef/Kirchhof, Paul (Hrsg.), Handbuch des Staatsrechts der Bundesrepublik Deutschland, Band 6, Heidelberg 1989.

Janich, Peter, Was ist Information? – Kritik einer Legende, Frankfurt/M. 2006.
Jänich, Volker, Geistiges Eigentum – eine Komplementärerscheinung zum Sacheigentum?, Tübingen 2002.
Jänich, Volker, Sonderrechtsschutz für geschäftliche Methoden, GRUR 2003, S. 483.
Jansen, Thomas, Der Schutz von Unternehmensdaten im Verwaltungsrecht der Bundesrepublik Deutschland – eine Untersuchung unter besonderer Berücksichtigung der Rechtslage nach dem Umweltinformationsgesetz, Frankfurt/M. u.a. 2002.
Jarass, Hans D., Bundes-Immissionschutzgesetz, Kommentar unter Berücksichtigung der Bundes-Immissionsschutzverordnungen, der TA Luft sowie der TA Lärm, 6. Auflage, München 2005.
Jenny, Andreas, Die Nachahmungsfreiheit, Zürich 1997.

Jestaedt, Matthias, Das Geheimnis im Staat der Öffentlichkeit – Was darf der Verfassungsstaat verbergen?, AöR 126 (2001), S. 204.

Joshua, Julian M., Balancing the Public Interest: Confidentiality, Trade Secrets and Disclosure of Evidence in EC Competition Procedures, ECLR 15 (1994), S. 68.

Kahl, Wolfgang, Neuere Entwicklungslinien der Grundrechtsdogmatik – Von Modifikationen und Erosionen des grundrechtlichen Freiheitsparadigmas, AöR 131 (2006), S. 579.

Kahlenberg, Harald/Hempel, Rolf, Identifizierende Pressemitteilungen des Bundeskartellamts bei der Einleitung von Untersagungsverfahren, WuW 2006, S. 127.

Kählert, Jens-Peter/Lange, Sabine, Zur Abgrenzung immaterieller von materiellen Vermögensgegenständen, BB 1993, S. 613.

Kalpakidou, Anatoli, Business Method Patents. Should they survive in Europe?, Int. J. L. & Inf. Tech. 13 (2005), S. 243.

Katzenberger, Paul, Recht am Unternehmen und unlauterer Wettbewerb, Köln 1967.

Kersting, Mark Oliver, Der Schutz des Wirtschaftsgeheimnisses im Zivilprozeß – eine rechtsvergleichende Untersuchung anhand der Federal Rules of Civil Procedure und der ZPO, Bielefeld 1994.

Keßler, Jürgen, Vom Recht des unlauteren Wettbewerbs zum Recht der Marktkommunikation – Individualrechtliche und institutionelle Aspekte des deutschen und europäischen Lauterkeitsrechts, WRP 2005, S. 1203.

Kevekordes, Johannes, Zur Rechtsstellung des Beigeladenen im Kartellrecht, WuW 1987, S. 365.

Kiethe, Kurt/Groeschke, Peer, Informationsfreiheitsgesetz – Informationsfreiheit contra Betriebsgeheimnis? – Notwendige Vorkehrungen für den Schutz von Betriebs- und Geschäftsgeheimnissen, WRP 2006, S. 303.

Kiethe, Kurt/Hohmann, Olaf, Der strafrechtliche Schutz von Geschäfts- und Betriebsgeheimnissen, NStZ 2006, S. 185.

Kilian, Wolfgang, Informationelle Selbstbestimmung und Marktprozesse, CR 2002, S. 921.

Kind, Benedikt/Geppert, Martin/Schütze, Marc/Schulze zur Wiesche, Jens, Änderung des Rechtswegs im Rahmen der TKG-Novelle?, MMR Beilage 12/2003, S. 3.

Kirchgässner, Gebhard, Homo oeconomicus – das ökonomische Modell individuellen Verhaltens und seine Anwendung in den Wirtschafts- und Sozialwissenschaften, 2. Auflage, Tübingen 2000.

Kirchhof, Paul, Der verfassungsrechtliche Gehalt geistigen Eigentums, in: Fürst, Walther/Herzog, Roman/Umbach, Clemens (Hrsg.), Festschrift für Wolfgang Zeidler, Band 2, Berlin 1987, S. 1639.

Kirchner, Christian, Informationsrecht: ein institutionenökonomischer Zugang, in: Taeger, Jürgen (Hrsg.), Informatik – Wirtschaft – Recht: Regulierung in der Wissensgesellschaft – Festschrift für Wolfgang Kilian zum 65. Geburtstag, Baden-Baden 2004, S. 103.

Kitch, Edmund W., The Law and Economics of Rights in Valuable Information, in: Stehr, Nico/Grundmann, Reiner (Hrsg.), Knowledge, Critical Concepts, Vol. III – Knowledge and the Economy, London, New York 2005, S. 305.

Klees, Andreas, Europäisches Kartellverfahrensrecht mit Fusionskontrollverfahren, Köln u.a. 2005.

Kloepfer, Michael, Die öffentliche Verwaltung in der Informationsgesellschaft, in: ders. (Hrsg.), Die transparente Verwaltung – Zugangsfreiheit zu öffentlichen Informationen, Berlin 2003, S. 9.

Kloepfer, Michael, Grundprobleme der Gesetzgebung zur Informationszugangsfreiheit, K&R 2006, S. 19.

Kloepfer, Michael, Gutachten D – Geben moderne Technologien und die europäische Integration Anlaß, Notwendigkeit und Grenzen des Schutzes personenbezogener Informationen neu zu bestimmen?, in: Verhandlungen des zweiundsechzigsten Deutschen Juristentages (Bremen), München 1998, S. D 1.

Kloepfer, Michael, Information als Intervention in der Wettbewerbsaufsicht, Tübingen 1973.

Kloepfer, Michael, Informationsfreiheit und Datenschutz: Zwei Säulen des Rechts der Informationsgesellschaft, DÖV 2003, S. 221.

Kloepfer, Michael, Informationsgesetzbuch – Zukunftsvision?, K&R 1999, S. 241.

Kloepfer, Michael, Informationsrecht, München 2002.

Kloepfer, Michael, Umweltrecht als Informationsrecht, UPR 2005, S. 41.

Kloepfer, Michael/v. Lewinski, Kai, Das Informationsfreiheitsgesetz des Bundes (IFG), DVBl 2005, S. 1277.

Kloepfer, Michael/Rehbinder, Eckard/Schmidt-Aßmann, Eberhard, Umweltgesetzbuch, Allgemeiner Teil, Forschungsbericht 10106028/01-03, 2. Auflage, Berlin 1991.

Knack, Hans Joachim (Begr.), Verwaltungsverfahrensgesetz (VwVfG), Kommentar, 8. Auflage, Köln u.a. 2004.

Knauff, Matthias, Der Gewährleistungsstaat: Reform der Daseinsvorsorge – eine rechtswissenschaftliche Untersuchung unter besonderer Berücksichtigung des ÖPNV, Berlin 2004.

Knauff, Matthias, Regulierungsverwaltungsrechtlicher Rechtsschutz, VerwArch 98 (2007), S. 382.

Knemeyer, Franz- Ludwig, Geheimhaltungsanspruch und Offenbarungsbefugnis im Verwaltungsverfahren, NJW 1984, S. 2241.

Knoblauch, Hubert, Wissenssoziologie, Konstanz 2005.

Knorr, Gerhard, Probleme der Geheimhaltungspflichten im Bereich der Gewerbeaufsicht, GewArch 1980, S. 281.

Köbl, Ursula, Der arbeitsrechtliche Schutz von Geschäfts- und Betriebsgeheimnissen in Deutschland, in: Leipold, Dieter (Hrsg.), Rechtsfragen des Internet und der Informationsgesellschaft – Symposium der rechtswissenschaftlichen Fakultäten der Albert-Ludwigs-Universität Freiburg und der Städtischen Universität Osaka, Heidelberg 2002, S. 265.

Koenig, Christian/Kühling, Jürgen/Rasbach, Winfried, Energierecht, Frankfurt/M. 2006.

Koenig, Christian/Neumann, Andreas, Sektorspezifische Regulierung im neuen Telekommunikationsrecht – Umsetzungsspielräume, verfassungsrechtliche Vorgaben und Verfahrensgestaltung, K&R Beilage 2/2003, S. 1.

Koenig, Christian/Schellberg, Margret/Spiekermann, Kristin, Energierechtliche Entflechtungsvorgaben versus gesellschaftsrechtliche Kontrollkompetenzen? – Regelungskonflikte am Beispiel der Tätigkeiten von Aufsichtsräten in vertikal integrierten Energieversorgungsunternehmen, RdE 2007, S. 72.

Koenig, Christian/Senger, Marion, Methoden und Maßstäbe der ex ante-Entgeltregulierung nach dem TKG – Anwendung der Vergleichsmarktmethode im Vorabgenehmigungsverfahren, MMR 2007, S. 290.

Köhler, Helmut, Erweiterung des gewerblichen Rechtsschutzes durch UWG-Normen, in: Ott, Claus/Schäfer, Hans-Bernd (Hrsg.), Ökonomische Analyse der rechtlichen Organisation von Innovationen, Tübingen 1994, S. 245.

Kohler, Josef, Der unlautere Wettbewerb – Darstellung des Wettbewerbsrechts, Berlin, Leipzig 1914.

Körber, Torsten, Die Konkurrentenklage im Fusionskontrollrecht der USA, Deutschlands und der Europäischen Union, Baden-Baden 1996.

Kraayvanger, Jan/Richter, Malte, Die US-amerikanische Beweishilfe nach der Intel-Entscheidung des Supreme Court, RIW 2007, S. 177.

Kraßer, Rudolf, Der Schutz des Know-how nach deutschem Recht, GRUR 1970, S. 587.

Kraßer, Rudolf, Grundlagen des zivilrechtlichen Schutzes von Geschäfts- und Betriebsgeheimnissen sowie von Know-how, GRUR 1977, S. 177.

Kraßer, Rudolf, Patentrecht – ein Lehr- und Handbuch zum deutschen Patent- und Gebrauchsmusterrecht, Europäischen und Internationalen Patentrecht, München 2004.

Kreutzer, Till, Das Spannungsfeld zwischen Wissen und Eigentum im neuen Urheberrecht, in: Hofmann, Jeanette (Hrsg.), Wissen und Eigentum – Geschichte, Recht und Ökonomie stoffloser Güter, Bonn 2006, S. 109.

Krieger, Albrecht, „Innovation" im Spannungsfeld zwischen Patentschutz und Freiheit des Wettbewerbs, GRUR 1979, S. 350.

Kröger, Detlef, Informationsfreiheit und Urheberrecht, München 2002.

Krone, Peter, Horizontale Markttransparenz im Zeitalter einer Informationsgesellschaft – Eine kartellrechtliche Analyse unter besonderer Berücksichtigung der Marktmechanismen des elektronischen Handels, Hamburg 2003.

Kronman, Anthony T., Mistake, Disclosure, Information, and the Law of Contracts, J. L. Stud. 7 (1978), S. 1.

Kropff, Bruno/Semler, Johannes (Hrsg.), Münchner Kommentar zum Aktiengesetz, Bd. 9/2, 2. Auflage, München 2006.

Kube, Hanno, Die Zugänge der Informationsgesellschaft und der Gegenstandsbezug des Rechts – Eigentumsschutz, Urheberrecht, Steuerrechtfertigung, JZ 2001, S. 944.

Kube, Hanno, Eigentum an Naturgütern – Zuordnung und Unverfügbarkeit, Berlin 1999.

Kugelmann, Dieter, Das Informationsfreiheitsgesetz des Bundes, NJW 2005, S. 3609.

Kugelmann, Dieter, Die informatorische Rechtsstellung des Bürgers – Grundlagen und verwaltungsrechtliche Grundstrukturen individueller Rechte auf Zugang zu Informationen der Verwaltung, Tübingen 2001.

Kugelmann, Dieter, Informationsfreiheit als Element moderner Staatlichkeit, DÖV 2005, S. 851.

Kuhlen, Rainer, Informationsmarkt – Chancen und Risiken der Kommerzialisierung von Wissen, Konstanz 1995.

Kühling, Jürgen, Datenschutz in einer künftigen Welt allgegenwärtiger Datenverarbeitung – Aufgabe des Rechts?, DV 40 (2007), S. 153.

Kühling, Jürgen, Sektorspezifische Regulierung in den Netzwirtschaften, Typologie – Wirtschaftsverwaltungsrecht – Wirtschaftsverfassungsrecht, München 2004.

Kur, Annette, Funktionswandel von Schutzrechten: Ursachen und Konsequenzen der inhaltlichen Annäherung und Überlagerung von Schutzrechtstypen, in: Schricker, Gerhard/Dreier, Thomas/dies. (Hrsg.), Geistiges Eigentum im Dienst der Innovation, Baden-Baden 2001, S. 23.

Kürschner, Wolfgang, Parteiöffentlichkeit vor Geheimnisschutz im Zivilprozeß, NJW 1992, S. 1804.

Ladeur, Karl-Heinz, Datenschutz – vom Abwehrrecht zur planerischen Optimierung von Wissensnetzwerken, Zur „objektiv-rechtlichen Dimension“ des Datenschutzes, DuD 2000, S. 12.

Ladeur, Karl-Heinz, Der Staat gegen die Gesellschaft – zur Verteidigung der Rationalität der „Privatrechtsgesellschaft“, Tübingen 2006.

Ladeur, Karl-Heinz, Die Dynamik des Internet als Herausforderung der Stabilität des Rechts – „Virtuelles Eigentum“, Copyright, Lauterkeitsrecht und Grundrechtsbindung im Internet als Exempel, in: Eifert, Martin/Hoffmann-Riem, Wolfgang (Hrsg.), Innovation und rechtliche Regulierung – Schlüsselbegriffe und Anwendungsbeispiele rechtswissenschaftlicher Innovationsforschung, Baden-Baden 2002, S. 339.

Ladeur, Karl-Heinz, Die Kommunikationsinfrastruktur der Verwaltung, in: Hoffmann-Riem, Wolfgang/Schmidt-Aßmann, Eberhard/Voßkuhle, Andreas (Hrsg.), Grundlagen des Verwaltungsrechts (GVwR), Band 2, Informationsordnung – Verwaltungsverfahren – Handlungsformen, München 2007, § 21.

Ladeur, Karl-Heinz, Drittschutz des Entgeltregulierungsverfahrens nach §§ 23 ff. TKG?, CR 2000, S. 433.

Ladeur, Karl-Heinz, Privatisierung öffentlicher Aufgaben und die Notwendigkeit der Entwicklung eines neuen Informationsverwaltungsrechts, in: Hoffmann-Riem, Wolfgang/Schmidt-Aßmann, Eberhard (Hrsg.), Verwaltungsrecht in der Informationsgesellschaft, Baden-Baden 2000, S. 225.

Ladeur, Karl-Heinz/Gostomzyk, Tobias, Der Gesetzesvorbehalt im Gewährleistungsstaat, DV 36 (2003), S. 141.

Ladeur, Karl-Heinz/Möllers, Christoph, Der europäische Regulierungsverbund der Telekommunikation im deutschen Verwaltungsrecht, DVBl 2005, S. 525.

Lampert, Thomas/Weidenbach, Georg, Akteneinsicht zur Substantiierung einer Schadensersatzklage gegen Mitglieder eines Kartells – Beweisprobleme gibt es nicht!, WRP 2007, S. 152.

Landes, William M./Posner, Richard A., The Economic Structure of Intellectual Property Law, Cambridge, Mass., London 2003.

Landmann, Robert, Gewerbeordnung für das Deutsche Reich, Nördlingen 1884.

Landmann, Robert/Rohmer, Gustav (Begr.), Umweltrecht, Kommentar, Band 3, Sonstiges Umweltrecht (Bundesrecht), Gesamtstand: 51. Lieferung (Mai 2007), München 2007.

Landmann, Robert/Rohmer, Gustav, Gewerbeordnung und ergänzende Vorschriften, Band 1, Kommentar, Gesamtstand 49. Lfg. (Jan. 2007), München 2007.

Larenz, Karl, Methodenlehre der Rechtswissenschaft, 6. Auflage, Berlin u.a. 1991.

Lau, Ulrich, Wer behindert wen? – die Rechtsprechung die Regulierung oder die Regulierung die Rechtsprechung?, MMR Beilage 12/2002, S. 3.

Lecheler, Helmut/Germelmann, Friedrich, Verfahrensrechtliche Bindungen der Bundesnetzagentur im Genehmigungsverfahren nach § 23a EnWG, WuW 2007, S. 6.

Leisner, Walter, „Privatisierung" des Öffentlichen Rechts von der „Hoheitsgewalt" zum gleichordnenden Privatrecht, Berlin 2007.

Lenk, Klaus, Außerrechtliche Grundlagen für das Verwaltungsrecht in der Informationsgesellschaft: Zur Bedeutung von Information und Kommunikation in der Verwaltung, in: Hoffmann-Riem, Wolfgang/Schmidt-Aßmann, Eberhard (Hrsg.), Verwaltungsrecht in der Informationsgesellschaft, Baden-Baden 2000, S. 59.

Leopold, Anders, Die Kartellbehörden im Angesicht der Informationsfreiheit, WuW 2006, S. 592.

Leopold, Anders, Rechtsprobleme der Zusammenarbeit im Netzwerk der Wettbewerbsbehörden nach der Verordnung (EG) Nr. 1/2003, Baden-Baden 2006.

Lerche, Peter, Fragen sozialbindender Begrenzungen urheberrechtlicher Positionen, in: Scheuermann/Strittmatter (Hrsg.), Urheberrechtliche Probleme der Gegenwart, Festschrift für Ernst Reichardt zum 70. Geburtstag, Baden-Baden, S. 101.

Lessig, Lawrence, The Innovation Commons, in: Stehr, Nico (Hrsg.), The governance of knowledge, New Brunswick, NJ 2004, S. 227.

Lieberknecht, Die Behandlung von Geschäftsgeheimnissen im deutschen und EG-Recht, WuW 1988, S. 833.

Linde, Frank, Ökonomie der Information, Göttingen 2005.

Lipton, Jacqueline, Information property: Rights and Responsibilities, Florida L. Rev. 56 (2004), S. 135.

Lodde, Stephan W. H., Informationsrechte des Bürgers gegen den Staat, Köln 1996.

Loewenheim, Ulrich, Bereicherungsansprüche im Wettbewerbsrecht, WRP 1997, S. 913.

Lubberger, Andreas, Grundsatz der Nachahmungsfreiheit?, in: Ahrens, Hans-Jürgen/Bornkamm, Joachim/Kunz-Hallstein, Hans P. (Hrsg.), Festschrift für Eike Ullmann, Saarbrücken 2006, S. 737.

Lübbig, Thomas/le Bell, Miriam, Die Reform des Zivilprozesses in Kartellsachen, WRP 2006, S. 1209.

Lüdemann, Jörn/Bechtold, Stefan, Europäisches Telekommunikationsrecht zwischen Dezentralisierung und Kohärenzsicherung, in: Stolleis, Michael/Streeck, Wolfgang (Hrsg.), Aktuelle Fragen zu politischer und rechtlicher Steuerung im Kontext der Globalisierung, Baden-Baden 2007, S. 167.

Lukes, Rudolf/Vieweg, Klaus/Hauck, Ernst, Schutz von Betriebs- und Geschäftsgeheimnissen in ausgewählten EG-Staaten – Grundlagen und Grenzen der behördlichen Verwendung, Berlin 1986.

Lupberger, Dirk R., Auskunfts- und Prüfungsverfahren der Kartellbehörden gegen Unternehmen und verfassungsrechtlicher Datenschutz, Köln u.a. 1987.

Lutterbeck, Bernd, Die Zukunft der Wissensgesellschaft, in: Hofmann, Jeanette (Hrsg.), Wissen und Eigentum – Geschichte, Recht und Ökonomie stoffloser Güter, Bonn 2006, S. 319.

Lutterbeck, Bernd, Harmonisierung des Europäischen Informationsrechts? – Zum Aufbau der Wissensordnung, in: Heymann, Thomas (Hrsg.), Informationsmarkt und Informationsschutz in Europa – Rechtliche Fragen – Europäische Harmonisierung, Köln 1995, S. 127.

Maass, Hans-Heinrich, Information und Geheimnis im Zivilrecht – eine rechtshistorische und rechtsvergleichende Kritik der privaten und der gewerblichen Geheimsphäre, Stuttgart 1970.

Machlup, Fritz, Knowledge, Vol. 1: Knowledge and Knowledge Production – Its Creation, Distribution, and Economic Significance, Princeton 1980.

Machlup, Fritz, Knowledge, Vol. 3: The Economics of Information and Human Capital – Its Creation, Distribution, and Economic Significance, Princeton 1984.

Mag, Wolfgang, Grundzüge der Entscheidungstheorie, München 1990.

Martins, Renata, Grundrechtsdogmatik im Gewährleistungsstaat: Rationalisierung der Grundrechtsanwendung?, DÖV 2007, S. 456.

Masing, Johannes, Der Rechtsstatus des Einzelnen im Verwaltungsrecht, in: Hoffmann-Riem, Wolfgang/Schmidt-Aßmann, Eberhard/Voßkuhle, Andreas (Hrsg.), Grundlagen des Verwaltungsrechts (GVwR), Band 1, Methoden – Maßstäbe – Aufgaben – Organisationen, München 2006, § 7.

Masing, Johannes, Die Mobilisierung des Bürgers für die Durchsetzung des Rechts – europäische Impulse für eine Revision der Lehre vom subjektiv-öffentlichen Recht, Berlin 1997.

Masing, Johannes, Gutachten D – Soll das Recht der Regulierungsverwaltung übergreifend geregelt werden?, in: Verhandlungen des sechsundsechzigsten Deutschen Juristentages (Stuttgart), Band 1, München 2006, S. D 1.

Masing, Johannes, Transparente Verwaltung: Konturen eines Informationsverwaltungsrechts, in: Veröffentlichungen der Vereinigung der Deutschen Staatsrechtslehrer (VVDStRL), Bd. 63, Berlin, New York 2004, S. 377.

Maunz, Theodor/ Dürig, Günter (Begr.)/ Herzog, Roman/ Scholz, Rupert/ Herdegen, Matthias/ Klein, Hans H. (Hrsg.), Grundgesetz, Kommentar, Gesamtstand: Lfg. 49 (März 2007), München 2007.

Mayen, Thomas, Anmerkung zu OVG Münster 13 B 632/99 (MMR 1999, S. 553), MMR 2000, S. 117.

Mayen, Thomas, Verwertbarkeit von geheim gehaltenen Verwaltungsvorgängen im gerichtlichen Verfahren?, NVwZ 2003, S. 537.

Mayer-Ladewig, Jens/Keller, Wolfgang/Leitherer, Stephan, Sozialgerichtsgesetz, Kommentar, 8. Auflage, München 2005.

Mayer-Schönberger, Viktor, Information und Recht – vom Datenschutz bis zum Urheberrecht – praxisbezogene Perspektiven für Österreich, Deutschland und die Schweiz, Wien 2001.

Mayer-Schönberger, Viktor, Informationsrecht für die Informationsgesellschaft, SJZ 97 (2001), S. 383.

McReynolds, Kevin Eric, Are Business Method Patents a Good Thing?, UCLA J. L. & Tech. 2003, S. 17.

Meister, Herbert, Datenschutz im Zivilrecht – das Recht am eigenen Datum, 2. Auflage, Bergisch Gladbach 1981.

Merkt, Hanno, Unternehmenspublizität – Offenlegung von Unternehmensdaten als Korrelat der Marktteilnahme, Tübingen 2001.

Mes, Peter, Patentgesetz und Gebrauchsmustergesetz, Kommentar, 2. Auflage, München 2005.

Mestmäcker, Ernst-Joachim, Der verwaltete Wettbewerb – eine vergleichende Untersuchung über den Schutz von Freiheit und Lauterkeit im Wettbewerbsrecht, Tübingen 1984.

Mestmäcker, Ernst-Joachim, Gewerbliche Schutzrechte und Urheberrechte in der Eigentums- und Wirtschaftsordnung, in: Fuchs, Andreas/Schwintowski, Hans-Peter/Zimmer, Daniel (Hrsg.), Wirtschafts- und Privatrecht im Spannungsfeld von Privatautonomie, Wettbewerb und Regulierung – Festschrift für Ulrich Immenga zum 70. Geburtstag, München 2004, S. 261.

Mestmäcker, Ernst-Joachim/Schweitzer, Heike, Europäisches Wettbewerbsrecht, München 2004.

Meyer, Lena/Müller, Ulf, Die Zukunft des Geheimwettbewerbs in einer vernetzten Welt, WuW 2007, S. 117.

Montag, Frank/Jaspers, Michael Bo, Fusionskontrolle, in: Dauses, Manfred A. (Hrsg.), Handbuch des EU-Wirtschaftsrechts, Band 2, Stand: November 2006, München 2007, H. I. § 2.

Morris, Charles W., Signs, language and behavior, New York 1946.

Möschel, Wernhard, Behördliche oder privatrechtliche Durchsetzung des Kartellrechts?, WuW 2007, S. 483.

Möschel, Wernhard/Haug, Jochen, Der Referentenentwurf zur Novellierung des TKG aus wettbewerbsrechtlicher Sicht, MMR 2003, S. 505.

Möstl, Markus, Die neue dogmatische Gestalt des Polizeirechts – Thesen zur Integration eines modernen informationellen Vorfeldrechts in das klassische rechtsstaatliche Gefahrenabwehrrecht, DVBl 2007, S. 581.

Moufang, Rainer, Information als Vertragsgegenstand, in: Fiedler, Herbert/Ullrich, Hanns (Hrsg.), Information als Wirtschaftsgut – Management und Rechtsgestaltung, Köln 1997, S. 213.

Müller, Friedrich/Christensen, Ralph, Juristische Methodik, Band 1, Grundlagen, Öffentliches Recht, 9. Auflage, Berlin 2004.

Müller, Miriam, Verkürzung von Informationszugang und -nutzung durch technischen Urheberrechtsschutz?, in: Cottier, Michelle/Rüetschli, David/Sahlfeld, Konrad W. (Hrsg.), Information & Recht – ein Projekt von Assistentinnen und Assistenten der Juristischen Fakultät Basel, Basel u.a. 2002, S. 173.

Müller, Steffen, Der Schutz von Know-how nach dem TRIPS-Übereinkommen, Münster 2003.

Müller, Thomas, Exekutivischer Geheimnisschutz und parlamentarische Kontrolle, München 1991.

Müller, Ulf/Meyer, Lena, Unternehmenstransparenz und Geheimwettbewerb im digitalen Umfeld, Arbeitsbericht Nr. 43 des Kompetenzzentrums Internetökonomie und Hybridität, http://www.wi.uni-muenster.de/aw/download/hybride-systeme/Hybrid%2043.pdf, (Stand: Juli 2007), 2006.

Murswiek, Dietrich, Das Bundesverfassungsgericht und die Dogmatik mittelbarer Grundrechtseingriffe – Zu der Glykol- und der Osho- Entscheidung vom 26. 6. 2002, NVwZ 2003, S. 1.

Nastelski, Karl, Der Schutz des Betriebsgeheimnisses, GRUR 1957, S. 1.

Neef, Andreas, Drittbeschwerde nicht beigeladener Unternehmen in der Fusionskontrolle, GRUR 2008, S. 30.

Neubert, Jens/Wollenteit, Ulrich/Gebauer, Jochen, Zum Verhältnis von Informationsfreiheit und Betriebsgeheimnisschutz im Gentechnikrecht, Anmerkung zu OVG NRW v. 20.6.2005, Az. 8 B 940/05 (=NVwZ-RR 2006, 248), ZUR 2005, S. 424.

Niemann, Ursula, Immaterielle Wirtschaftsgüter im Handels- und Steuerrecht – Bilanzierung, Bewertung, Sonderfälle, Berlin 2006.

Ohlenburg, Anna, Geheimnisschutz im Verwaltungsprozess – Die Modifikation des § 99 II VwGO in § 138 TKG, NVwZ 2005, S. 15.

Ohly, Ansgar, Geistiges Eigentum?, JZ 2003, S. 545.

Ohly, Ansgar, Gibt es einen Numerus clausus der Immaterialgüterrechte?, in: ders./Bodewig, Theo/Dreier, Thomas/Haedicke, Maximilian/Lehmann, Michael/Götting, Horst-Peter (Hrsg.), Perspektiven des geistigen Eigentums und des Wettbewerbsrechts – Festschrift für Gerhard Schricker zum 70. Geburtstag, München 2005, S. 105.

Oppenhoff, Walter, Die strafbare Verletzung fremder Gewerbegeheimnisse nach dem Gesetz gegen den unlauteren Wettbewerb, Köln 1928.

Ossenbühl, Fritz, Die Freiheiten des Unternehmers nach dem Grundgesetz, AöR 115 (1990), S. 1.

Ost, Wolfgang, Die Zuordnung als Kriterium des subjektiven Rechts – dargestellt am subjektiven Vermögensrecht, Tübingen 1965.

Ott, Sascha, Information – zur Genese und Anwendung eines Begriffs, Konstanz 2004.

Otto, Harro, Verrat von Betriebs- und Geschäftsgeheimnissen, § 17 UWG, wistra 1988, S. 125.

Pahlow, Louis, Erfindungsschutz vor Patenterteilung, GRUR 2008, S. 97.

Papier, Hans-Jürgen, Unternehmen und Unternehmer in der verfassungsrechtlichen Ordnung der Wirtschaft, in: Veröffentlichungen der Vereinigung der Deutschen Staatsrechtslehrer (VVDStRL), Bd. 35, Berlin, New York 1977, S. 7.

Papier, Hans-Jürgen, Verfassungs- und verwaltungsrechtliche Probleme der Zweitanmeldung, NJW 1985, S. 12.

Peifer, Karl-Nikolaus, Individualität im Zivilrecht – Der Schutz persönlicher, gegenständlicher und wettbewerblicher Individualität im Persönlichkeitsrecht, Immaterialgüterrecht und Recht der Unternehmen, Tübingen 2001.

Petersen, Jens, Medienrecht und Informationsrecht eine Standortbestimmung am Beispiel des Kartellrechts, Baden-Baden 2005.

Petersen, Jens/Schoch, Friedrich, Einführung in das Informationsrecht und Medienrecht, Jura 2005, S. 681.

Pethig, Rüdiger, Information als Wirtschaftsgut in wirtschaftswissenschaftlicher Sicht, in: Fiedler, Herbert/Ullrich, Hanns (Hrsg.), Information als Wirtschaftsgut – Management und Rechtsgestaltung, Köln 1997, S. 1.

Pfister, Bernhard, Das technische Geheimnis „Know How“ als Vermögensrecht, München 1974.

Pitschas, Rainer, Allgemeines Verwaltungsrecht als Teil der öffentlichen Informationsordnung, in: Hoffmann-Riem, Wolfgang/Schmidt-Aßmann, Eberhard/Schuppert, Gunnar Folke (Hrsg.), Reform des Allgemeinen Verwaltungsrechts: Grundfragen, Baden-Baden 1993, S. 219.

Pitschas, Rainer, Berufsfreiheit und Berufslenkung, Berlin 1983.

Pitschas, Rainer, Das Informationsverwaltungsrecht im Spiegel der Rechtsprechung, DV 33 (2000), S. 111.

Pitschas, Rainer, Entwicklung der Handlungsformen im Verwaltungsrecht – Vom Formendualismus des Verwaltungsverfahrens zur Ausdifferenzierung der Handlungsformen, in: Blümel, Willi/ders. (Hrsg.), Reform des Verwaltungsverfahrens, Vorträge und Diskussionsbeiträge des Forschungsseminars am Forschungsinstitut für öffentliche Verwaltung bei der Hochschule für Verwaltungswissenschaft Speyer vom 3. bis 5. März 1993, Berlin 1994, S. 229.

Portmann, Wolfgang, Wesen und System der subjektiven Privatrechte, Zürich 1996.

Posner, Richard A., The Economics of Justice, 2. Auflage, Cambridge, Mass. u.a. 1983.

Posner, Richard A., The Economics of Privacy, Am. Econ. Rev. 71 (1981), S. 405.

Posner, Richard A., The Right of Privacy, Ga. L. Rev. 12 (1978), S. 393.

Prein, Paul, Der Geheimnisschutz im wirtschaftlichen Wettbewerb nach deutschem Recht, Köln 1932.

Pretnar, Bojan, Die ökonomischen Auswirkungen von Patenten in der wissensbasierten Marktwirtschaft, GRURInt 2004, S. 776.

Prieß, Hans-Joachim/Gabriel, Marc, Das Akteneinsichtsrecht im Zivilprozess als vergaberechtliches Rechtsschutzproblem, NJW 2008, S. 331.

Püschel, Jan Ole, Informationen des Staates als Wirtschaftsgut, Berlin 2006.

Pünder, Hermann, „Open Government leads to better Government" – Überlegungen zur angemessenen Gestaltung von Verwaltungsverfahren, NuR 2005, S. 71.

Rassow, Reinhard, Staatliche Schutzpflichten für geistiges Eigentum, Hamburg 2006.

Redeker, Martin/Kothe, Peter, Die Neuregelung zur Überprüfung verweigerter Aktenvorlage im Verwaltungsprozess, NVwZ 2002, S. 313.

Rehbinder, Manfred, Urheberrecht, ein Studienbuch, München 2006.

Reimer, Franz, Das Parlamentsgesetz als Steuerungsmittel und Maßstab, in: Hoffmann-Riem, Wolfgang/Schmidt-Aßmann, Eberhard/Voßkuhle, Andreas (Hrsg.), Grundlagen des Verwaltungsrechts (GVwR), Band 1, Methoden – Maßstäbe – Aufgaben – Organisationen, München 2006, § 9.

Richrath, Borris, Das Spannungsverhältnis zwischen dem Akteneinsichtsrecht und dem Schutz von Geschäftsgeheimnissen im deutschen und europäischen Kartellverfahrensrecht – eine rechtsvergleichende Darstellung, Augsburg 2001.

Richters, Swantje/Wodtke, Carolina, Schutz von Betriebsgeheimnissen aus Unternehmenssicht – „Verhinderung von Know-how Abfluss durch eigene Mitarbeiter", NZA-RR 2003, S. 281.

Rifkin, Jeremy, Access – das Verschwinden des Eigentums, Warum wir weniger besitzen und mehr ausgeben werden, 3. Auflage, Frankfurt/M. u.a. 2007.

Rigamonti, Cyrill P., Geistiges Eigentum als Begriff und Theorie des Urheberrechts, Baden-Baden 2001.

Ritter, Jan-Stephan, Private Durchsetzung des Kartellrechts – Vorschläge des Weißbuchs der Europäischen Kommission, WuW 2008, S. 762.

Rittstieg, Helmut, Eigentum als Verfassungsproblem – zu Geschichte und Gegenwart des bürgerlichen Verfassungsstaates, 2. Auflage, Darmstadt 1976.

Röger, Ralf, Die Regulierungsbehörde für Telekommunikation und Post als zukünftiger Energiemarktregulierer – Eine regulierungsrechtliche Bestandsaufnahme, DÖV 2004, S. 1025.

Röhl, Hans Christian, Soll das Recht der Regulierungsverwaltung übergreifend geregelt werden?, JZ 2006, S. 831.

Röpke, Jochen, Handlungsrechte und wirtschaftliche Entwicklung, in: Schüller, Alfred (Hrsg.), Property rights und ökonomische Theorie, München 1983, S. 111.

Rösch, Ulrich, Geheimhaltung in der rechtsstaatlichen Demokratie – demokratietheoretische Überlegungen zum Informationsverhältnis zwischen Staat und Bürger sowie zwischen den Staatsgewalten, Baden-Baden 1999.

Rosenberger, Stefan, Geheimnisschutz und Öffentlichkeit in Verwaltungsverfahren und -prozeß, 1998.

Rossen-Stadtfeld, Helge, Beteiligung, Partizipation und Öffentlichkeit, in: Hoffmann-Riem, Wolfgang/Schmidt-Aßmann, Eberhard/Voßkuhle, Andreas (Hrsg.), Grundlagen des Verwaltungsrechts (GVwR), Band 2, Informationsordnung – Verwaltungsverfahren – Handlungsformen, München 2007, § 29.

Rossen-Stadtfeld, Helge, Kontrollfunktion der Öffentlichkeit – ihre Möglichkeiten und ihre (rechtlichen) Grenzen, in: Hoffmann-Riem, Wolfgang/Schmidt-Aßmann, Eberhard (Hrsg.), Verwaltungskontrolle, Baden-Baden 2001, S. 117.

Rossi, Matthias, Informationsfreiheitsgesetz, Handkommentar, 1. Auflage, Baden-Baden 2006.

Rossi, Matthias, Informationszugangsfreiheit und Verfassungsrecht – zu den Wechselwirkungen zwischen Informationsfreiheitsgrenzen und der Verfassungsordnung in Deutschland, Berlin 2004.

Roßnagel, Alexander, Konflikte zwischen Informationsfreiheit und Datenschutz?, MMR 2007, S. 16.

Roßnagel, Alexander/Bizer, Johann, Geheimnis- und Datenschutz der Gewerbeaufsichtsakten und die Aufgabe der Altlastenerhebung, GewArch 1992, S. 121.

Roßnagel, Alexander/Pfitzmann, Andreas/Garstka, Hansjürgen, Modernisierung des Datenschutzes – Gutachten im Auftrag des Bundesministeriums des Inneren, 2001.

Roth, Gregor, Das einheitliche Recht auf Information – ein Beitrag zur Institutionenbildung, Köln u.a. 2006.

Rothfuchs, Hermann, Zum effektiven Rechtsschutz des in seinen Betriebs- oder Geschäftsgeheimnissen Betroffenen bei drohendem Zugang seines Konkurrenten zu Umweltinformationen, UPR 2006, S. 343.

Ruffert, Matthias, Regulierung im System des Verwaltungsrechts, AöR 124 (1999), S. 237.

Ruffert, Matthias, Von der Europäisierung des Verwaltungsrechts zum Europäischen Verwaltungsverbund, DÖV 2007, S. 761.

Ruffert, Matthias, Vorrang der Verfassung und Eigenständigkeit des Privatrechts – Eine verfassungsrechtliche Untersuchung zur Privatrechtswirkung des Grundgesetzes, Tübingen 2001.

Rumpf, Hartmut, Datenschutz für juristische Personen und Personenvereinigungen?, DSWR 1984, S. 135.
Rützel, Stefan, Illegale Unternehmensgeheimnisse?, GRUR 1995, S. 557.

Sachs, Michael (Hrsg.), Grundgesetz, Kommentar, 4. Auflage, Tübingen 2007.
Sack, Rolf, Das Recht am Gewerbebetrieb, Geschichte und Dogmatik, Tübingen 2007.
Säcker, Franz Jürgen, Das Regulierungsrecht im Spannungsfeld von öffentlichem und privatem Recht, AöR 130 (2005), S. 180.
Salevic, Marc, BVerwG: Wahrung von Betriebs- und Geschäftsgeheimnissen im verwaltungsgerichtlichen Verfahren, Anmerkung zu BVerwG, Beschl. v. 9.1.2007 - 20 F 1.06, CR 2007, S. 435.
Salger, Carsten/Breitfeld, Anja, Regelungen zum Schutz von betrieblichem Know-how – die Sicherung von Geschäfts- und Betriebsgeheimnissen, BB 2005, S. 154.
Salje, Peter, Energiewirtschaftsgesetz – Gesetz über die Elektrizitäts- und Gasversorgung vom 7. Juli 2005 (BGBl. I S. 1970), Kommentar, Köln u.a. 2006.
Sauerländer, Thomas, Sind die Vorschriften des Energiewirtschaftsgesetzes über die Engeltregulierung drittschützend?, RdE 2007, S. 153.
Sauter, Herbert, Verfahren in Kartellsachen, in: Dauses, Manfred A. (Hrsg.), Handbuch des EU-Wirtschaftsrechts, Band 2, Stand: November 2006, München 2007, H. I. § 3.
Schalast, Christoph/Rößner, Sören, Beiladung und Beschwerdebefugnis nach der pepcom-Entscheidung des BGH – das GWB auf dem Weg nach Europa?, WuW 2007, S. 589.
Scherer, Joachim, Streitbeilegung und Rechtsschutz im künftigen TK-Recht, MMR Beilage 12/2002, S. 23.
Scherzberg, Arno, Die öffentliche Verwaltung als informationelle Organisation, in: Hoffmann-Riem, Wolfgang/Schmidt-Aßmann, Eberhard (Hrsg.), Verwaltungsrecht in der Informationsgesellschaft, Baden-Baden 2000, S. 195.
Scherzberg, Arno, Die Öffentlichkeit der Verwaltung, Baden-Baden 2000.
Scherzberg, Arno, Wissen, Nichtwissen und Ungewissheit im Recht, in: Engel, Christoph/Halfmann, Jost/Schulte, Martin (Hrsg.), Wissen – Nichtwissen – Unsicheres Wissen, Baden-Baden 2002, S. 113.
Schiller, Dan, How to Think About Information, in: Mosco, Vincent/Wasko, Janet (Hrsg.), The Political Economy of Information, Madison, Wisc. 1988, S. 27.
Schiller, Herbert I., Die Verteilung des Wissens – Information im Zeitalter der großen Konzerne, Frankfurt/M. 1984.

Schink, Marion A., Die Informationsgesellschaft, Charakterisierung eines neuen gesellschaftlichen Konzeptes anhand quantitativer Indikatoren und qualitativer Veränderungen, Frankfurt/M. u.a. 2004.

Schlosser, Peter, Zum Umfang des Zeugnisverweigerungsrechts über Gewerbegeheimnisse, ZZP 95 (1982), S. 364.

Schmid, Paul, Der gesetzliche Schutz der Fabrik- und Geschäftsgeheimnisse in Deutschland und im Ausland, Tübingen 1907.

Schmidt, Eberhard, Gutachten – Bedarf das Betriebsgeheimnis eines verstärkten Schutzes?, in: Verhandlungen des sechsunddreißigsten Deutschen Juristentages (Lübeck), Bd. 1, Berlin, Leipzig 1930, S. 101.

Schmidt, Karsten, Drittschutz, Akteneinsicht und Geheimnisschutz im Kartellverfahren, Köln u.a. 1992.

Schmidt, Karsten, Kartellverfahrensrecht – Kartellverwaltungsrecht – Bürgerliches Recht – Kartellrechtspflege nach deutschem Recht gegen Wettbewerbsbeschränkungen, Köln 1977.

Schmidt, Karsten, Umdenken im Kartellverfahrensrecht!, BB 2003, S. 1237.

Schmidt-Aßmann, Eberhard, Das allgemeine Verwaltungsrecht als Ordnungsidee – Grundlagen und Aufgaben der verwaltungsrechtlichen Systembildung, 2. Auflage, Berlin, Heidelberg 2004.

Schmidt-Aßmann, Eberhard, Deutsches und Europäisches Verwaltungsrecht, DVBl 1993, S. 924.

Schmidt-Aßmann, Eberhard, Die Herausforderung der Verwaltungsrechtswissenschaft durch die Internationalisierung der Verwaltungsbeziehungen, Der Staat 45 (2006), S. 315.

Schmidt-Aßmann, Eberhard, Öffentliches Recht und Privatrecht: Ihre Funktionen als wechselseitige Auffangordnungen. Einleitende Problemskizze, in: Hoffmann-Riem, Wolfgang/ders. (Hrsg.), Öffentliches Recht und Privatrecht als wechselseitige Auffangordnungen, Baden-Baden 1996, S. 7.

Schmidt-Preuß, Matthias, Gegenwart und Zukunft des Verfahrensrechts, NVwZ 2005, S. 489.

Schmidt-Preuß, Matthias, Kollidierende Privatinteressen im Verwaltungsrecht – das subjektive öffentliche Recht im multipolaren Verwaltungsrechtsverhältnis, 2. Auflage, Berlin 2005.

Schmidt-Preuß, Matthias, Verwaltung und Verwaltungsrecht zwischen gesellschaftlicher Selbstregulierung und staatlicher Steuerung, in: Veröffentlichungen der Vereinigung der Deutschen Staatsrechtslehrer (VVDStRL), Bd. 56, Berlin, New York 1996, S. 160.

Schmillen, Markus, Das Umweltinformationsrecht zwischen Anspruch und Wirklichkeit, rechtliche und praktische Probleme des Umweltinformationsgesetzes unter Einbeziehung der UIG-Novelle und der neuen Umweltinformationsrichtlinie, Berlin 2003.

Schneider, Jens-Peter, Strukturen und Typen von Verwaltungsverfahren, in: Hoffmann-Riem, Wolfgang/Schmidt-Aßmann, Eberhard/Voßkuhle, Andreas (Hrsg.), Grundlagen des Verwaltungsrechts (GVwR), Band 2, Informationsordnung – Verwaltungsverfahren – Handlungsformen, München 2007, § 28.

Schneider, Martin, Schutz des Unternehmensgeheimnisses vor unbefugter Verwertung – eine rechtssystematische Untersuchung, St. Gallen 1989.

Schoch, Friedrich, Das Recht auf Zugang zu staatlichen Informationen – Informationszugangsfreiheit in Deutschland und der Schweiz –, DÖV 2006, S. 1.

Schoch, Friedrich, Informationszugangsfreiheit im Verwaltungsrecht, in: Krebs, Walter (Hrsg.), Liber amicorum Hans-Uwe Erichsen, Köln u.a. 2004, S. 247.

Schoch, Friedrich, Öffentlich-rechtliche Rahmenbedingungen einer Informationsordnung, in: Veröffentlichungen der Vereinigung der Deutschen Staatsrechtslehrer (VVDStRL), Bd. 57, Berlin, New York 1998, S. 158.

Schoch, Friedrich, Staatliche Informationspolitik und Berufsfreiheit – Das Urteil des BVerwG vom 18.10.1990 (3 C 2/88) im Spiegel der Rechtsordnung, DVBl 1991, S. 667.

Schoch, Friedrich, Verantwortungsteilung in einer staatlich zu regelnden Informationsordnung, in: Schuppert, Gunnar Folke (Hrsg.), Jenseits von Privatisierung und „schlankem" Staat, Baden-Baden 1999, S. 221.

Schoch, Friedrich/Kloepfer, Michael, Informationsfreiheitsgesetz (IFG-ProfE) – Entwurf eines Informationsfreiheitsgesetzes für die Bundesrepublik Deutschland, Berlin 2002.

Schoch, Friedrich/Schmidt-Aßmann, Eberhard/Pietzner, Rainer (Hrsg.), Verwaltungsgerichtsordnung, Kommentar (Gesamtstand: Lfg. 14, Feb. 2007), München 2007.

Scholl, Stefan, Die Zweitanmelderproblematik am Beispiel des Arzneimittelrechts, Frankfurt/M. u.a. 1992.

Scholz, Rupert, Informationspolitik des Bundeskartellamts und Informationsrecht der Öffentlichkeit, NJW 1973, S. 481.

Scholz, Rupert/Pitschas, Rainer, Informationelle Selbstbestimmung und staatliche Informationsverantwortung, Berlin 1984.

Schönfeld, Thomas, Die Gemeinschaftsmarke als selbständiger Vermögensgegenstand eines Unternehmens – eine rechtsdogmatische und ökonomische Analyse zur Property-rights-Theorie, Baden-Baden 1994.

Schönke, Adolf/Schröder, Horst, Strafgesetzbuch, Kommentar, 27. Auflage, München 2006.

Schow, Georg, Gewerbe-Ordnung für den Norddeutschen Bund vom 21. Juni 1869, Hannover 1870.

Schrader, Christian, UIG und IFG – Umweltinformationsgesetz und Informationsfreiheitsgesetz im Vergleich, ZUR 2005, S. 568.

Schröder, Meinhard, Der Geheimhaltungsschutz im Recht der Umweltchemikalien – Eine Untersuchung nach deutschem Recht und europäischem Gemeinschaftsrecht, Umweltforschungsplan d. Bundesmin. d. Innern, Umweltchemikalien, Forschungsbericht 10601010, Bd. 1, Berlin 1980.

Schröder, Meinhard, Die Berücksichtigung der Interessen der Wirtschaft bei der Gestaltung und Umsetzung der Umweltinformationsrichtlinie der Europäischen Gemeinschaft, ZHR 155 (1991), S. 471.

Schröder, Rainer, Verwaltungsrechtsdogmatik im Wandel, Tübingen 2007.

Schulte, Martin, Schlichtes Verwaltungshandeln – Verfassungs- und verwaltungsrechtsdogmatische Strukturüberlegungen am Beispiel des Umweltrechts, Tübingen 1995.

Schüly, Sven, Das „in camera"-Verfahren der Verwaltungsgerichtsordnung unter besonderer Berücksichtigung des Spannungsfeldes zwischen effektivem Rechtsschutz und Geheimhaltung, Baden-Baden 2006.

Schulz, Wolfgang, Regulierte Selbstregulierung im Telekommunikationsrecht – Die informationelle Beteiligung Dritter bei der Regelsetzung des Regulierers in Deutschland und den Vereinigten Staaten, DV Beiheft 4/2001, S. 101.

Schulze-Fielitz, Helmuth, Grundmodi der Aufgabenwahrnehmung, in: Hoffmann-Riem, Wolfgang/Schmidt-Aßmann, Eberhard/Voßkuhle, Andreas (Hrsg.), Grundlagen des Verwaltungsrechts (GVwR), Band 1, Methoden – Maßstäbe – Aufgaben – Organisationen, München 2006, § 12.

Schuppert, Gunnar Folke, Verwaltungswissenschaft – Verwaltung, Verwaltungsrecht, Verwaltungslehre, Baden-Baden 2000.

Schütze, Marc, Rechtskontrolle von Entgeltgenehmigungen der BNetzA im Wechselspiel der Höchstgerichte – Beendet das in-camera-Verfahren für Betriebs- und Geschäftsgeheimnisse das drohende Wechselspiel zwischen BVerwG und BVerfG oder führt es zu einem Kompetenzkonflikt zwischen BVerfG und EuGH?, CR 2006, S. 665.

Schwarze, Jürgen, Europäisches Verwaltungsrecht – Entstehung und Entwicklung im Rahmen der Europäischen Gemeinschaft, 2. Auflage, Baden-Baden 2005.

Seidel, Sabine, Anmerkung zu VG Düsseldorf 26 K 1585/04 vom 3.2.2006, NWVBl., S. 306.

Seith, Sebastian, Wie kommt der Urheber zu seinem Recht? – Zu den verfassungsrechtlichen Rahmenbedingungen staatlicher Politik zum Schutz des Urheberrechts im digitalen Zeitalter, Heidelberg 2003.

Sewczyk, Irene, Identifizierende Pressemitteilungen bei der Einleitung von Untersagungsverfahren – Antwort auf Kahlenberg/Hempel in WuW 2006 S. 127 ff., WuW 2006, S. 244.

Shapiro, Carl/Varian, Hal R., Information rules – a strategic guide to the network economy, Boston, Mass. 1999.

Sieber, Ulrich, Computerkriminalität und Informationsstrafrecht – Entwicklungen in der internationalen Informations- und Risikogesellschaft, CR 1995, S. 100.

Sieber, Ulrich, Informationsrecht und Recht der Informationstechnik – Die Konstituierung eines Rechtsgebietes in Gegenstand, Grundfragen und Zielen, NJW 1989, S. 2569.

Sieberg, Christoph/Ploeckl, Barbara, Das neue Bundes-Informationsfreiheitsgesetz: Gefahr der Ausforschung durch Wettbewerber?, DB 2005, S. 2062.

Sieckmann, Jan-Reinard, Modelle des Eigentumsschutzes – eine Untersuchung zur Eigentumsgarantie des Art. 14 GG, Baden-Baden 1998.

Simon, Jürgen, Das allgemeine Persönlichkeitsrecht und seine gewerblichen Erscheinungsformen – ein Entwicklungsprozeß, Berlin 1981.

Simon, Stefan, Der Schutz von Geschäftsgeheimnissen in kartellrechtlichen Veröffentlichungen, Jena 2005.

Sodan, Helge/Ziekow, Jan (Hrsg.), Verwaltungsgerichtsordnung, Großkommentar, 2. Auflage, Baden-Baden 2006.

Sokol, Bettina, Informationsfreiheit im Bund: Ein erster zögerlicher Schritt, CR 2005, S. 835.

Soltész, Ulrich, Private Rechtsdurchsetzung duch Wettbewerber im euro-päischen Beihilfenrecht – Vision oder Illusion?, ZWeR 2006, S. 388.

Sommer, Julia, Informationskooperation am Beispiel des europäischen Umweltrechts, in: Schmidt-Aßmann, Eberhard/Schöndorf-Haubold, Bettina (Hrsg.), Der europäische Verwaltungsverbund – Formen und Verfahren der Verwaltungszusammenarbeit in der EU, Tübingen 2005, S. 57.

Sommer, Julia/Bosch, Tobias, Akteneinsichtsrechte vor Gericht, K&R 2002, S. 456.

Spiecker gen. Döhmann, Indra, Das Verwaltungsrecht zwischen klassischem dogmatischen Verständnis und steuerungswissenschaftlichem Anspruch, DVBl 2007, S. 1074.

Spiecker gen. Döhmann, Indra, Der Schutz von Betriebs- und Geschäftsgeheimnissen im Öffentlichen Recht, insbesondere im Prozessrecht, Typoskript des Habilitationsvortrags, i.E. 2008.

Spiecker gen. Döhmann, Indra, Informationsgewinnung im Umweltrecht durch materielles Recht, DVBl 2006, S. 278.

Spiecker gen. Döhmann, Indra, Staatliche Informationsgewinnung im Mehrebenensystem – ein Überblick, in: Oebbecke, Janbernd (Hrsg.), Nicht-normative Steuerung in dezentralen Systemen, Stuttgart 2005, S. 253.

Spiegel, André, Die Befreiung der Information – GNU, Linux und die Folgen, Berlin 2006.

Spiegels, Thomas, Das Geheimverfahren (in camera) nach § 99 Abs. 2 VwGO und der Geheimschutz – So viel Information wie möglich, so viel Geheimnisschutz wie nötig, VBlBW 2004, S. 208.

Spielmann, Christoph, Die Verstärkungswirkung der Grundrechte, JuS 2004, S. 371.

Spindler, Gerald/Weber, Marc Philipp, Der Geheimnisschutz nach Art. 7 der Enforcement-Richtlinie, MMR 2006, S. 711.

Spinner, Helmut F., Die Wissensordnung – ein Leitkonzept für die dritte Grundordnung des Informationszeitalters, Opladen 1994.

Spinner, Helmut F., Ist Wissen analogiefähig? Über Sach-, Geld-, Wasser und andere Vergleiche, in: Schweizer, Rainer J. (Hrsg.), Festschrift für Jean Nicolas Druey zum 65. Geburtstag, Zürich u.a. 2002, S. 947.

Spitta, Thorsten, Informationswirtschaft, eine Einführung, Berlin, Heidelberg u.a. 2006.

Stadler, Astrid, Der Schutz des Unternehmensgeheimnisses im deutschen und U.S.-amerikanischen Zivilprozeß und im Rechtshilfeverfahren, Tübingen 1989.

Stadler, Astrid, Der Schutz von Unternehmensgeheimnissen im Zivilprozeß, NJW 1989, S. 1202.

Starck, Christian (Hrsg.), v. Mangoldt/Klein/Starck, Kommentar zum Grundgesetz, Band 1, 5. Auflage, München 2005.

Starck, Christian (Hrsg.), v. Mangoldt/Klein/Starck, Kommentar zum Grundgesetz, Band 3, 5. Auflage, München 2005.

Staudinger, Julius von (Begr.), J. von Staudingers Kommentar zum Bürgerlichen Gesetzbuch, Buch 2 (Recht der Schuldverhältnisse), §§ 823-825 (1999), 13. Auflage, Berlin, New York 1993 ff.

Stegh, Ralph, Erfahrungen mit der gerichtlichen Kontrolle von Regulierungsentscheidungen – Die bisherige Praxis aus der Sicht der Verwaltungsgerichte, MMR Beilage 12/2002, S. 12.

Stehr, Nico, Arbeit, Eigentum und Wissen – zur Theorie von Wissensgesellschaften, Frankfurt/M. 1994.

Stehr, Nico, Wissen und Wirtschaften – die gesellschaftlichen Grundlagen der modernen Ökonomie, Frankfurt/M. 2001.

Stehr, Nico, Wissenspolitik – die Überwachung des Wissens, Frankfurt/M. 2003.

Steinbicker, Jochen, Der Staat der Wissensgesellschaft. Zur Konzeption des Staats in den Theorien der Wissensgesellschaft, in: Collin, Peter/Horstmann, Thomas (Hrsg.), Das Wissen des Staates – Geschichte, Theorie und Praxis, Baden-Baden 2004, S. 91.

Steinbuch, Karl, Über den Wert von Informationen, GRUR 1987, S. 579.

Steinmüller, Wilhelm, Informationstechnologie und Gesellschaft – Einführung in die Angewandte Informatik, Darmstadt 1993.

Steinmüller, Wilhelm/Lutterbeck, Bernd/Mallmann, Christoph/Harbort, U./Kolb, Gerhard/Schneider, Jochen, Grundfragen des Datenschutzes – Gutachten im Auftrag des Bundesministeriums des Inneren, BT-DS VI/3826, Anlage 1, 1971.

Steinwärder, Philipp, Anmerkung zu BVerwG (20 F 1.03 und 20 F 8.03): RegTP muss Akten zu TAL-Entgelten vollständig vorlegen (II), MMR 2003, S. 732.

Stelkens, Paul/Bonk, Heinz Joachim/Sachs (Hrsg.), Michael, Kommentar zum Verwaltungsverfahrensgesetz, 6. Auflage Auflage, München 2001.

Stern, Klaus, Berufs-, Arbeitsplatz- und Ausbildungsfreiheit, in: Stern, Klaus (Hrsg.), Das Staatsrecht der Bundesrepublik Deutschland, Band IV/1, Die einzelnen Grundrechte, München 2006, § 111.

Stigler, George J., The Economics of Information, J. Pol. Econ. 59 (1961), S. 213.

Stiglitz, Joseph E., The Contributions of the Economics of Information to Twentieth Century Economics, Quart. J. Econ. 115 (2000), S. 1441.

Stober, Rolf, Grundrechtsschutz der Wirtschaftstätigkeit, Köln 1989.

Stohrer, Klaus, Informationspflichten Privater gegenüber dem Staat in Zeiten von Privatisierung, Liberalisierung und Deregulierung, Ein Beitrag zur Systematisierung und Vereinheitlichung des Allgemeinen Informationsrechts, Berlin 2007.

Storr, Stefan, Der Staat als Unternehmer – öffentliche Unternehmen in der Freiheits- und Gleichheitsdogmatik des nationalen Rechts und des Gemeinschaftsrechts, Tübingen 2001.

Streißler, Erich (Hrsg.), Information in der Wirtschaft – Jahrestagung des Vereins für Socialpolitik, Gesellschaft für Wirtschafts- und Sozialwissenschaften in Graz, vom 21. - 23. September 1981, Berlin 1982.

Stückelberger, Balz, Unternehmensinformation und Recht – eine Übersicht, Zürich 2004.

Stürner, Rolf, Die gewerbliche Geheimsphäre im Zivilprozeß, JZ 1985, S. 453.

Suchanek, Andreas, Grundsatzüberlegungen zur Verwaltungskontrolle aus ökonomischer Sicht, in: Hoffmann-Riem, Wolfgang/Schmidt-Aßmann, Eberhard (Hrsg.), Verwaltungskontrolle, Baden-Baden 2001, S. 247.

Sydow, Gernot, Staatliche Verantwortung für den Schutz privater Geheimnisse, DV 38 (2005), S. 35.

Taeger, Jürgen, Die Offenbarung von Betriebs- und Geschäftsgeheimnissen, Baden-Baden 1988.

Tauss, Jörg/Kollbeck, Johannes/Mönikes, Jan (Hrsg.), Deutschlands Weg in die Informationsgesellschaft – Herausforderungen und Perspektiven für Wirtschaft, Wissenschaft, Recht und Politik, Baden-Baden 1996.

Tettinger, Peter J./Wank, Rolf (Hrsg.), Gewerbeordnung, Kommentar, 7. Auflage, München 2004.

Teufel, Manfred, Verrat von Wirtschaftsgeheimnissen, ArchKrim 162 (1978), S. 129.

Theobald, Christian/Hummel, Konrad, Entgeltregulierung in Netzwirtschaften, N&R 2004, S. 2.

Theuer, Andreas, Der Zugang zu Umweltinformationen aufgrund des Umweltinformationsgesetzes (UIG), NVwZ 1996, S. 326.

Thiele, Günther, Das Geschäfts- und Betriebsgeheimnis in § 17 UWG, Würzburg 1934.

Thurow, Lester, Creating Wealth – The New Rules for Individuals, Companies and Countries in a Knowledge-based Economy, 1. Auflage, London 2000.

Tiedemann, Klaus, Rechtsnatur und strafrechtliche Bedeutung von technischem know how, in: Ficker, Hans Claudius (Hrsg.), Festschrift für Ernst von Caemmerer zum 70. Geburtstag, Tübingen 1978, S. 643.

Többens, Hans W., Die Straftaten nach dem Gesetz gegen den unlauteren Wettbewerb (§§ 16 - 19 UWG), WRP 2005, S. 552.

Topel, Julia, Das Verhältnis zwischen Regulierungsrecht und allgemeinem Wettbewerbsrecht nach dem europäischen Rechtsrahmen in der Telekommunikation und dem TKG, ZWeR 2006, S. 27.

Trantas, Giorgos, Akteneinsicht und Geheimhaltung im Verwaltungsrecht – eine vergleichende Untersuchung zum deutschen und französischen Verwaltungsverfahrensrecht, Berlin 1998.

Trute, Hans-Heinrich, Der Schutz personenbezogener Informationen in der Informationsgesellschaft, JZ 1998, S. 822.

Trute, Hans-Heinrich, Verzahnungen von öffentlichem und privatem Recht – anhand ausgewählter Beispiele –, in: Hoffmann-Riem, Wolfgang/Schmidt-Aßmann, Eberhard (Hrsg.), Öffentliches Recht und Privatrecht als wechselseitige Auffangordnungen, Baden-Baden 1996, S. 167.

Trute, Hans-Heinrich/Broemel, Roland, Die Regulierung des Zugangs in den Netzwirtschaften, ZHR 170 (2006), S. 706.

Tsiliotis, Charalambos, Der verfassungsrechtliche Schutz der Wettbewerbsfreiheit und seine Einwirkung auf die privatrechtlichen Beziehungen – eine grundrechtliche Untersuchung im deutschen Wirtschaftsverfassungsrecht mit einer Erweiterung im Wirtschaftsverfassungsrecht der EG/EU, Berlin 2000.

Tuner, Lotte, Gehört ein Datenschutz für juristische Personen ins allgemeine Datenschutzrecht?, DuD 1985, S. 20.

Turiaux, André, Umweltinformationsgesetz (UIG), Kommentar, München 1995.

Tyczewski, Thomas/Elgeti, Till, Der Schutz von Betriebs- und Geschäftsgeheimnissen im Informationsfreiheitsrecht, NWVBl. 2006, S. 281.

Uerpmann, Robert, Das Öffentliche Interesse – seine Bedeutung als Tatbestandsmerkmal und als dogmatischer Begriff, Tübingen 1999.
Ullrich, Hanns, Grenzen des Rechtsschutzes: Technologieschutz zwischen Wettbewerbs- und Industriepolitik, in: Schricker, Gerhard/Dreier, Thomas/Kur, Annette (Hrsg.), Geistiges Eigentum im Dienst der Innovation, Baden-Baden 2001, S. 83.
Ulmer, Eugen, Urheber- und Verlagsrecht, 3. Auflage, Berlin u.a. 1980.

v. Bogdandy, Armin, Die Informationsbeziehungen im europäischen Verwaltungsverbund, in: Hoffmann-Riem, Wolfgang/Schmidt-Aßmann, Eberhard/Voßkuhle, Andreas (Hrsg.), Grundlagen des Verwaltungsrechts (GVwR), Band 2, Informationsordnung – Verwaltungsverfahren – Handlungsformen, München 2007, § 25.
v. Danwitz, Thomas, Der Schutz von Betriebs- und Geschäftsgeheimnissen im Recht der Regulierungsverwaltung, DVBl 2005, S. 597.
v. Danwitz, Thomas, Was ist eigentlich Regulierung?, DÖV 2004, S. 977.
v. Gierke, Otto, Der Rechtsgrund des Schutzes gegen unlauteren Wettbewerb, Z. f. gewerbl. Rs. 4 (1896), S. 109.
v. Gierke, Otto, Deutsches Privatrecht, Band 1, Allgemeiner Teil und Personenrecht, Leipzig 1895.
v. Holleben, Horst, Gesetzliche und vertragliche Datenverteilung nach REACH, in: Führ, Martin/Wahl, Rainer/v. Wilmowsky, Peter (Hrsg.), Umweltrecht und Umweltwissenschaft, Festschrift für Eckard Rehbinder, Berlin 2007, S. 353.
v. Münch, Ingo /Kunig, Philip (Hrsg.), Grundgesetz-Kommentar, Band 1, 5. Auflage, München 2000.
v. Weizsäcker, Carl Friedrich, Materie, Energie, Information, in: ders., Die Einheit der Natur, 4. Auflage, München 1984, S. 342.
Veelken, Winfried, Drittschutz in der Fusionskontrolle, WRP 2003, S. 207.
Vesting, Thomas, Die Bedeutung von Information und Kommunikation für die verwaltungsrechtliche Systembildung, in: Hoffmann-Riem, Wolfgang/Schmidt-Aßmann, Eberhard/Voßkuhle, Andreas (Hrsg.), Grundlagen des Verwaltungsrechts (GVwR), Band 2, Informationsordnung – Verwaltungsverfahren – Handlungsformen, München 2007, § 20.
Vesting, Thomas, Subjektive Freiheitsrechte als Elemente von Selbstorganisations- und Selbstregulierungsprozessen in der liberalen Gesellschaft – Dargestellt am Beispiel der Bedeutung der Intellectual Property Rights in der neuen Netzwerkökonomie, DV Beiheft 4/2001, S. 21.
Vesting, Thomas, Zur Entwicklung einer „Informationsordnung“, in: Badura, Peter/Dreier, Horst (Hrsg.), Festschrift 50 Jahre Bundesverfassungsgericht, Zweiter Band, Tübingen 2001, S. 219.

Vesting, Thomas, Zwischen Gewährleistungsstaat und Minimalstaat – Zu den veränderten Bedingungen der Bewältigung öffentlicher Aufgaben in der „Informations- und Wissensgesellschaft", in: Hoffmann-Riem, Wolfgang/Schmidt-Aßmann, Eberhard (Hrsg.), Verwaltungsrecht in der Informationsgesellschaft, Baden-Baden 2000, S. 101.

Vogelgesang, Klaus, Grundrecht auf informationelle Selbstbestimmung?, Baden-Baden 1987.

Vorbrugg, Georg Christian, Öffentliche Namensnennung als Nebenstrafe in der Bußgeldpraxis des Bundeskartellamts, WuW 1984, S. 371.

Voßkuhle, Andreas, Beteiligung Privater an der Wahrnehmung öffentlicher Aufgaben und staatlicher Verantwortung, in: Veröffentlichungen der Vereinigung der Deutschen Staatsrechtslehrer (VVDStRL), Bd. 62, Berlin, New York 2003, S. 266.

Voßkuhle, Andreas, Das Kompensationsprinzip – Grundlagen einer prospektiven Ausgleichsordnung für die Folgen privater Freiheitsbetätigung – zur Flexibilisierung des Verwaltungsrechts am Beispiel des Umwelt- und Planungsrechts, Tübingen 1999.

Voßkuhle, Andreas, Der Wandel von Verwaltungsrecht und Verwaltungsprozeßrecht in der Informationsgesellschaft, in: Hoffmann-Riem, Wolfgang/Schmidt-Aßmann, Eberhard (Hrsg.), Verwaltungsrecht in der Informationsgesellschaft, Baden-Baden 2000, S. 349.

Voßkuhle, Andreas, Gesetzgeberische Regelungsstrategien der Verantwortungsteilung zwischen öffentlichem und privatem Sektor, in: Schuppert, Gunnar Folke (Hrsg.), Jenseits von Privatisierung und „schlankem" Staat, Baden-Baden 1999, S. 47.

Voßkuhle, Andreas, Neue Verwaltungsrechtswissenschaft, in: Hoffmann-Riem, Wolfgang/Schmidt-Aßmann, Eberhard/ders. (Hrsg.), Grundlagen des Verwaltungsrechts (GVwR), Band 1, Methoden – Maßstäbe – Aufgaben – Organisationen, München 2006, § 1.

Wadle, Elmar, Der Weg zum gesetzlichen Schutz des geistigen und gewerblichen Schaffens – Die Entwicklung im 19. Jahrhundert, in: Beier, Friedrich-Karl/Kraft, Alfons/Schricker, Gerhard/ders. (Hrsg.), Gewerblicher Rechtsschutz und Urheberrecht in Deutschland – Festschrift zum hundertjährigen Bestehen der Deutschen Vereinigung für Gewerblichen Rechtsschutz und Urheberrecht und ihrer Zeitschrift, Band 1, Weinheim 1991, S. 93.

Waelbroeck, Denis/Specker, Axel, Freedom of environmental information in the EU – confidential business information for free?, EurUP 2006, S. 236.

Wagner, Gerhard, Gutachten A – Perspektiven des Ausgleichsprinzips: Kommerzialisierung und Monetarisierung des Schadens, in: Verhandlungen des sechsundsechzigsten Deutschen Juristentages (Stuttgart), Band 1, München 2006, S. A 1.

Wagner-v. Papp, Florian, Marktinformationsverfahren: Grenzen der Information im Wettbewerb – Die Herstellung praktischer Konkordanz zwischen legitimen Informationsbedürfnissen und Geheimwettbewerb, Baden-Baden 2004.

Walz, Rainer, Wirtschaftsgüter und wirtschaftliches Eigentum. Rechtsvergleichende Überlegungen zur Gegenstandswelt von Zivilrecht und Steuerrecht, in: Kleineidam, Hans-Jochen (Hrsg.), Unternehmenspolitik und Internationale Besteuerung – Festschrift für Lutz Fischer zum 60. Geburtstag, Berlin 1999, S. 463.

Wandtke, Artur, Copyright und virtueller Markt in der Informationsgesellschaft – oder das Verschwinden des Urhebers im Nebel der Postmoderne?, GRUR 2002, S. 1.

Wandtke, Artur/Bullinger, Winfried (Hrsg.), Praxiskommentar zum Urheberrecht, 2. Auflage, München 2006.

Weichert, Thilo, Die Ökonomisierung des Rechts auf informationelle Selbstbestimmung, NJW 2001, S. 1463.

Weichert, Thilo, Wem gehören die privaten Daten?, in: Taeger, Jürgen (Hrsg.), Informatik – Wirtschaft – Recht: Regulierung in der Wissensgesellschaft – Festschrift für Wolfgang Kilian zum 65. Geburtstag, Baden-Baden 2004, S. 281.

Weiler, Frank, Die Eintragungsfähigkeit von Dienstleistungsmarken des Einzelhandels im deutschen und europäischen Markenrecht, zugleich eine Besprechung des Urteils des EuGH vom 7. Juli 2005 – C-418/02 – Praktiker –, WRP 2006, S. 195.

Weiß, Holger Tobias, Gemeinschaftsrecht als Determinante staatlicher Informationstätigkeit, EuZW 2008, S. 74.

Weiß, Wolfgang, Beteiligung Privater an der Wahrnehmung öffentlicher Aufgaben und staatliche Verantwortung, DVBl 2002, S. 1167.

Werckmeister, Georg, Begriff der Information – Ansatz einer dialektischen Informationstheorie, DVR 7 (1978), S. 225.

Werner, Rosemarie, Zur Behandlung von Geschäftsgeheimnissen im Kartellverfahren, AG 1988, S. 149.

Wersig, Gernot, Information – Kommunikation – Dokumentation, ein Beitrag zur Orientierung der Informations- und Dokumentationswissenschaft, Pullach 1974.

Wessling, Ewald, Individuum und Information – die Erfassung von Information und Wissen in ökonomischen Handlungstheorien, Tübingen 1991.

Westermann, Harm Peter (Hrsg.), Erman, Bürgerliches Gesetzbuch, Handkommentar, 11. Auflage, Köln 2004.

Westermann, Kathrin, Beiladung und Rechtsschutzmöglichkeiten Dritter in der deutschen Fusionskontrolle, WuW 2007, S. 577.

Wiebe, Andreas, Information als Naturkraft – Immaterialgüterrecht in der Informationsgesellschaft, GRUR 1994, S. 233.

Wieckmann, Hans-Joachim, Akteneinsicht und Wahrung von Geschäftsgeheimnissen im Kartellverwaltungsverfahren, WuW 1983, S. 13.

Wieddekind, Dirk, Innovationsforschung, Wettbewerbstheorie und Kartellrecht, in: Eifert, Martin/Hoffmann-Riem, Wolfgang (Hrsg.), Innovation und rechtliche Regulierung – Schlüsselbegriffe und Anwendungsbeispiele rechtswissenschaftlicher Innovationsforschung, Baden-Baden 2002, S. 134.

Wieland, Joachim, Rechtsfragen der Regulierung von Energiepreisen, in: Führ, Martin/Wahl, Rainer/v. Wilmowsky, Peter (Hrsg.), Umweltrecht und Umweltwissenschaft, Festschrift für Eckard Rehbinder, Berlin 2007, S. 653.

Wielsch, Dan, Wettbewerbsrecht als Immaterialgüterrecht, EuZW 2005, S. 391.

Wiener, Norbert, Kybernetik, Regelung und Nachrichtenübertragung im Lebewesen und in der Maschine, Düsseldorf u.a. 1963.

Willbrand, Jens, Gesetzlicher Regelungsbedarf von umweltrechtlichen Betriebs- und Geschäftsgeheimnissen – daten- und informationsrechtliche Überlegungen zur Neuregelung von § 99 VwGO, Hamburg 2006.

Windsheimer, Hans, Die „Information" als Interpretationsgrundlage für die subjektiven öffentlichen Rechte des Art. 5 Abs. 1 GG, Berlin 1968.

Wolff, Heinrich Amadeus, Der verfassungsrechtliche Schutz der Betriebs- und Geschäftsgeheimnisse, NJW 1997, S. 98.

Wulffen, Matthias von (Hrsg.), SGB X – Sozialverwaltungsverfahren und Sozialdatenschutz, Kommentar, 5. Auflage, München 2005.

Würtenberger, Thomas, Wandel des Rechts in der Informationsgesellschaft, in: Leipold, Dieter (Hrsg.), Rechtsfragen des Internet und der Informationsgesellschaft – Symposium der rechtswissenschaftlichen Fakultäten der Albert-Ludwigs-Universität Freiburg und der Städtischen Universität Osaka, Heidelberg 2002, S. 3.

Zerdick, Axel/Picot, Arnold/Schrape, Klaus/Artopé, Alexander/Goldhammer, Klaus/Lange, Ulrich T./Vierkant, Eckart/López-Escobar, Esteban/Silverstone, Roger, E-conomics – strategies for the digital marketplace, Berlin, Heidelberg 2000.

Zerres, Achim, Erfahrungen mit der gerichtlichen Kontrolle von Regulierungsentscheidungen – Die bisherige Praxis aus Sicht der Regulierungsbehörde für Telekommunikation und Post, MMR Beilage 12/2002, S. 8.

Zimmerlich, Antje/Müller, Ulf, Entgeltberechnung bei Infrastrukturzugang (§ 19 Abs. 4 Nr. 4 GWB), N&R 2006, S. 46.

Zimmermann, Paul A., Frühe Beispiele aus der Welt der gewerblichen Eigentumsrechte, GRUR 1967, S. 173.

Zöller, Richard (Begr.), Zivilprozessordnung mit Gerichtsverfassungsgesetz und den Einführungsgesetzen, mit Internationalem Zivilprozessrecht, EG-Verordnungen, Kostenanmerkungen, Kommentar, 26. Auflage, Köln 2007.

Zöllner, Wolfgang, Informationsordnung und Recht, Vortrag gehalten vor der Juristischen Gesellschaft zu Berlin am 25. Oktober 1989, Berlin 1990.

Zöllner, Wolfgang, Rechtsgüterschutz im Rahmen sinnvoller Informationsordnung, in: Wilhelm, Rudolf (Hrsg.), Information, Technik, Recht – Rechtsgüterschutz in der Informationsgesellschaft, Darmstadt 1993, S. 35.

Zuleeg, Manfred/Schefold, Dian, Die Zweitanmelderproblematik, Rechtsgutachten zur Regelung der Zweitanmelderfrage, Berlin 1983.

Zwach, Ulrich, Gerichtliche Kontrolle von Regulierungsentscheidungen – Auswirkungen auf die Märkte für Telekommunikation aus Sicht der Deutschen Telekom, MMR Beilage 12/2002, S. 15.

Zypries, Brigitte, Hypertrophie der Schutzrechte? – Vortrag auf der GRUR-Jahrestagung am 17.9.2004 in Berlin, GRUR 2004, S. 977.

Studien und Materialien zum Öffentlichen Recht

Herausgegeben von Herbert Bethge

Band 1 Hans-Georg Kamann: Die Mitwirkung der Parlamente der Mitgliedstaaten an der europäischen Gesetzgebung. National-parlamentarische Beeinflussung und Kontrolle der Regierungsvertreter im Rat der Europäischen Union im Spannungsfeld von Demokratie und Funktionsfähigkeit des gemeinschaftlichen Entscheidungsverfahrens. 1997.

Band 2 Gerhard Spieß: Der Grundrechtsverzicht. 1997.

Band 3 Stefan Hepach: Der Grundrechtsstatus der Landesmedienanstalten. 1997.

Band 4 Michael Fraas: Sicherheitsrat der Vereinten Nationen und Internationaler Gerichtshof. Die Rechtmäßigkeitsprüfung von Beschlüssen des Sicherheitsrats der Vereinten Nationen im Rahmen des VII. Kapitels der Charta durch den Internationalen Gerichtshof. 1998.

Band 5 Friedrich Loschelder: Die Durchsetzbarkeit von Weisungen in der Bundesauftragsverwaltung. 1998.

Band 6 Gunila Dieterich: Rechtsschutz der deutschen Bundesländer vor dem Bundesverfassungsgericht in Angelegenheiten der Europäischen Union. 1998.

Band 7 Wolfgang Weiß: Die Personenverkehrsfreiheiten von Staatsangehörigen assoziierter Staaten in der EU. Eine vergleichende Analyse der Assoziationsabkommen. 1998.

Band 8 Christian Bamberger: Verfassungswerte als Schranken vorbehaltloser Freiheitsgrundrechte. Vom Verfassungs- zum Gegenseitigkeitsvorbehalt. 1999.

Band 9 Andreas Rohde: Freier Kapitalverkehr in der Europäischen Gemeinschaft. 1999.

Band 10 Herbert Bethge: Rechtsberatung im privaten Rundfunk. Rechtsgutachten, erstattet auf Ansuchen von SAT 1, unter Mitwirkung von Christian von Coelln. 2000.

Band 11 Marcel Vachek: Das Religionsrecht der Europäischen Union im Spannungsfeld zwischen mitgliedstaatlichen Kompetenzreservaten und Art. 9 EMRK. 2000.

Band 12 Kerstin Ebock: Der Schutz grundlegender Menschenrechte durch kollektive Zwangsmaßnahmen der Staatengemeinschaft. Vom Interventionsverbot zur Pflicht zur humanitären Intervention? 2000.

Band 13 Christiane Gucht: Das Zensurverbot im Gefüge der grundrechtlichen Eingriffskautelen. 2000.

Band 14 Markus Ruttig: Der Einfluß des EG-Beihilferechts auf die Gebührenfinanzierung der öffentlich-rechtlichen Rundfunkanstalten. 2001.

Band 15 Jochen Murach: Die Haftung der öffentlichen Hand im Verwaltungsschuldrecht. 2002.

Band 16 Holger Schäfer: Die ungeschriebenen Freiheitsrechte in der schweizerischen Bundesverfassung von 1874 im Vergleich mit dem Grundgesetz. 2002.

Band 17 Alexander Glos: Die deutsche Berufsfreiheit und die europäischen Grundfreiheiten. Ein Strukturvergleich. 2003.

Band 18 Georg Blasberg: Verfassungsgerichte als Ersatzgesetzgeber. Entscheidungsaussprüche bei Normenkontrollen von Bundesverfassungsgericht und Corte Costituzionale. 2003.

Band 19 Artur Müller-Wewel: Souveränitätskonzepte im geltenden Völkerrecht. 2003.

Band 20 Helmut Wirner: Kommunale Wohnungsunternehmen als öffentliche Auftraggeber im Sinne der EG-Vergaberichtlinien. 2003.

Band 21 Christian Abt: Die Mitwirkung der deutschen Bundesländer bei völkervertraglichen Handlungen im Rahmen der Europäischen Union. 2003.

Band 22 Wolfram Wormuth: Die Bedeutung des Europarechts für die Entwicklung des Völkerrechts. 2004.

Band 23 Sonja Rademacher: Diskriminierungsverbot und „Gleichstellungsauftrag". Zur Auslegung des Art. 3 Abs. 2 Satz 2 GG. 2004.

Band 24 Thomas Lennarz: Die Rechtsprechung des Europäischen Gerichtshofs und des Gerichts erster Instanz zu prozessualen Fragen des Verfügungsgrundsatzes und der Fristen. 2004.

Band 25 Florian Niewöhner: Elektronische Benutzerführungssysteme und chancengerechter Zugang zum digitalen Fernsehen. Eine Untersuchung unter besonderer Berücksichtigung der Position des öffentlich-rechtlichen Rundfunks. 2004.

Band 26 Oliver Glück: § 24c KWG und das Recht auf informationelle Selbstbestimmung. Eine Untersuchung der Verfassungsmäßigkeit des automatisierten Abrufs von Kontoinformationen. 2005.

Band 27 Siegfried Kwanka: Die Einwirkungen des Europarechts auf den vorläufigen Rechtsschutz im nationalen Verwaltungsprozess. 2006.

Band 28 Christian von Coelln: Spielräume des Gesetzgebers für die Erweiterung des Zugangs der Zeitungsverlage zum Rundfunk in Bayern. Rechtsgutachten, erstattet auf Ansuchen des Verbandes Bayerischer Zeitungsverleger e.V. 2006.

Band 29 Christoph Schultes: Die verfassungsändernde Volksgesetzgebung in Bayern. Eine Untersuchung zur Revision der Bayerischen Verfassung durch Volksbegehren und Volksentscheid. 2006.

Band 30 Kai Thum: Einfachgesetzliche Präzisierung des verfassungsrechtlichen Funktionsauftrags des öffentlich-rechtlichen Rundfunks. Zugleich ein Beitrag zur Dogmatik der Rundfunkfreiheit. 2007.

Band 31 Stefan Remmert: Wirtschaftssanktionen zum Schutz der Menschenrechte. Zur Frage ihrer Vereinbarkeit mit dem allgemeinen Zoll- und Handelsabkommen (GATT). 2008.

Band 32 Anna-Mirjam Frey: Die Romanfigur wider Willen. 2008.

Band 33 Eva Schimpfhauser: Das Gewaltmonopol des Staates als Grenze der Privatisierung von Staatsaufgaben. Dargestellt am Beispiel des Strafvollzuges. 2009.

Band 34 Torben Frank: Der Schutz von Unternehmensgeheimnissen im Öffentlichen Recht. 2009.

www.peterlang.de